嶽麓書院南軒教育基金資助項目

張栻師友門人往還書札彙編

任仁仁 顧宏義——編撰

中華書局

圖書在版編目(CIP)數據

張栻師友門人往還書札彙編/任仁仁,顧宏義編撰. —北京:
中華書局,2018.1
ISBN 978-7-101-12888-8

Ⅰ.張… Ⅱ.①任…②顧… Ⅲ.張栻(1133~1180)-書信集
Ⅳ.B244.995

中國版本圖書館 CIP 數據核字(2017)第 269944 號

書　　名	張栻師友門人往還書札彙編	
編　　撰	任仁仁　顧宏義	
責任編輯	胡正娟	
出版發行	中華書局	
	（北京市豐臺區太平橋西里 38 號　100073）	
	http://www.zhbc.com.cn	
	E-mail:zhbc@zhbc.com.cn	
印　　刷	北京瑞古冠中印刷廠	
版　　次	2018 年 1 月北京第 1 版	
	2018 年 1 月北京第 1 次印刷	
規　　格	開本/880×1230 毫米　1/32	
	印張 12¾　插頁 2　字數 360 千字	
印　　數	1-2000 冊	
國際書號	ISBN 978-7-101-12888-8	
定　　價	48.00 元	

序

應顧宏義、任仁仁兩位先生之邀爲本書作序，我感到十分榮幸。二〇一〇年，我得到美國教育部富布萊特基金資助，前往華東師範大學古籍研究所訪問。其間我與他們兩位開始熟識。當時我們常就朱熹《家禮》、南宋書信整理與研究等議題進行討論。二〇一六年任仁仁來到亞利桑那州立大學跟隨我訪學。有人驚訝于他樂于從繁華的大上海"下放"到狹小而又偏遠的亞利桑那沙漠裏的學術群體當中。然而我和我的同事們對他的到來感到十分高興，並很樂于與他討論。我們共同關注的研究課題即是宋代儒學家的往來書信。

我對于宋代儒學的關注始于二十世紀七十年代在哈佛大學撰寫博士學位論文時期。當讀到有關朱熹的議題時，他和陳亮的往來書信吸引了我的注意力。在此之前，專攻宋史的王德毅先生曾送我一套臺北新興書局出版的國學基本叢書版《陳龍川文集》。但在某種程度上閱讀這些書信比較困難，因爲信裏涉及很多人以及當時發生的許多事。看起來我當時唯一的選擇即是將這些書信翻譯成英文，然後再對書信的内容加以精讀與研究。當重新審視這些書信的英譯時，我更加確信自己之前對書信中複雜的細節，以及其中涉及的人際關係感到困惑不解。自此之後，我投身于朱熹與陳亮的往來書信研究當中，因爲我有一個預感，或者説是直覺：較之當代學者已有的研究成果，這些書信中肯定包含了更多有價值的内容。然而對這些書信進行精讀和反思之後，我才發現自己當初是多麼的天真和不切實際。

　　我非常沮喪地向妻子抱怨，在浪費了幾個月的時間翻譯這些書信之後，却并沒有在其中發現之前預想的有關朱熹政治主張及仕履經歷的更加清晰的綫索。她隨即打斷我説，她不想聽我有關浪費時間的抱怨，因爲她和我們的小孩不打算永遠像研究生那樣生活。同時她談到如果這些書信沒有價值，中國古人就不會在幾百年間一直保存并不斷重印這些書信。她的這一番話讓我以更開闊的思路重新審視這些書信。一貫寬容的妻子對我這番尖鋭的批評，促使我將她的忠告銘記于心并繼續工作。我很快意識到自己之前太想把預設的思想建構在十二世紀的文本之上。

　　隨着對書信内容逐層剥析，我漸漸找到一種旁觀者的感覺，仿佛在傾聽他們彼此之間以及這些書信所流傳的朋友之間，甚或是後世讀者之間的交流，并體會其中的細微差别。正如陳亮所言，他向朱熹闡明觀點，不但希望努力説服這位更有影響力的學者，還希望將來的讀者能對他的看法有更多的理解，進而得到更多人的認同。

　　當我更深入地研究這些書信之後，我注意到自己遠不是唯一一個將個人的想法加諸文獻上的人。比如，幾個世紀以來，研究者們在討論朱熹書信中有關"道"的論述時，總會與其在朱熹思想體系中的含義相聯繫。朱熹在書信中的對"道"的解釋，很容易被認爲與其哲學著作中的觀點相悖。又如陳亮認爲朱熹所謂的"道"在漢唐時代並不存在，這使得清代及以後的學者容易以一個抽象的哲學概念理解他們有關"道"的論争。换言之，許多學者認爲朱熹闡述的"道"或"理"反映出一種極其一元或理想化的特點，但實際上，朱熹在書信中並沒有以一個抽象的哲學角度來解釋"道"或"理"，反而往往結合了現實世界中的氣、歷史、治國才華等因素。陳亮給朱熹的信對他們之間的辯論起到一定的催化作用，在研讀之後，我發現兩人有關"道"的不同觀點反映了他們的價值觀的差異。實際上，他們之間的交流看起來是在刻意避免給"道"一個形而上層面的論斷。誠然,我們可以把朱熹給陳亮信中的語句放在朱熹更爲廣闊的思想體系下進行解釋,不過我逐漸確信在推測這些話的含義或他們在其他方面的思想衝突之前,我們首先應該理解這些話在文本中的意思。

二十世紀七十年代,許多中國學者將陳亮和王安石作爲宋代法家的代表展開論述,與此同時,他們將朱熹批判爲中國古代封建思想最主要的代言人。這種思潮對當時的學界產生了相當深遠的影響,一個顯著的例子即一九七四年中華書局版標點本《陳亮集》的出版。那時候所有已知的陳亮作品集的版本都源于一六一六年明版陳亮文集。在修改并準備出版博士論文時,我找到了臺北"國家圖書館"所藏十三世紀善本《圈點龍川水心二先生文粹》,其中正好有一些陳亮未面世的文章。依靠這些新發現的文獻,我可以較完整地觀察陳亮從早年到中年道學思想逐漸成熟的過程。因此我在陳亮的個案研究中並沒有將陳亮視作"法家",而覺得"事功主義"的儒家或許更接近歷史的本來面貌。當然陳亮有關儒家傳統的看法顯然不同于朱熹對儒家思想的重塑。

總之,由于最初關注朱熹和陳亮之間往來書信,我得以有機會從他們互相爭辯或使對方信服的話題展開研究,否則就很容易受到後人建構的中心問題的影響。與此同時,經過一番自己對他們往來書信的挣扎、梳理之後,而非依賴于已有的研究成果,使得我可以更容易地得出自己的觀點和理解,雖然我也對自己之前的觀點做出了修正,同時也參考過其他學者的成果。

關注往來書信的另外一個好處,在于書信相較之其他載體更多的是一種彼此論辯的形式。在西方的傳統當中,尤其在古希臘,人們經常舉行當眾的辯論,並以此來決定哪一方勝出。一般來説,中國古代學者的論著較少受到直接挑戰或回應,更多的是在著作當中間接地回應最初的文章或評論。另外一種形式即是對師生之間對話或問答的記錄,雖然其中也偶有學生對老師的學説或觀點提出質疑。但中國古代尊師重道的傳統，使得師生互動中對老師的挑戰變得相當有限。雖然往來書信的作者——如陳亮和朱熹之間——存在地位或權威上的差別，但較之其他中國古代傳統文體，我發現書信在表達不同的思想或政治觀點方面具有相當大的自由空間。當然，我深知自己並非唯一一個對書信的重要性表示特別關注的學者。

　　衆所周知，書信整理、輯佚、編年的工作實際上相當困難，同時又對研究政治、學術至關重要，特別是在各方面變化劇烈的南宋時期。因此，顧宏義教授在南宋書信整理與編年考證方面的工作應當受到特別的讚譽。也正由于顧教授的培養，任仁仁學到了書信編年的方法並在這一領域得到了扎實的訓練。我也樂于看到"考證"這一治學方法在年輕學者中傳承和發揚。這項研究在推動書信研究深入的同時，還爲廣大學人提供了重要的研究資源。相信《張栻師友門人往還書札彙編》的出版，會讓大家得到更多的發現並推動相關領域的深入研究。本書的出版，無論對從事考證研究的學者還是其他領域的專家都是一個莫大的鼓舞。

田　浩

二〇一七年五月二十五日作于從北大返美途中太平洋某處上空

（田浩，美國亞利桑那州立大學國際語言與文化學院教授、北京大學中國古代史研究中心兼職研究員）

前　言

　　張栻（1133—1180），字敬夫，一字欽夫，號南軒，漢州綿竹（今屬四川）人，寓居長沙（今屬湖南）。丞相張浚子。隆興元年（1163）以蔭補官，辟宣撫司都督府書寫機宜文字，除直秘閣。乾道初，主講嶽麓書院。乾道五年（1169）除知撫州（今屬江西），未上，改嚴州（今浙江建德東）。乾道六年召爲吏部員外郎兼權起居郎，兼侍講，除左司員外郎。乾道七年出知袁州（今江西宜春），是年底罷歸長沙。淳熙元年（1174）詔除舊職，知靜江府（今廣西桂林）、廣南西路經略安撫使。淳熙四年，詔特進秩，直寶文閣。淳熙五年，除秘閣修撰、荆湖北路轉運副使。改知江陵府（今屬湖北），安撫本路。淳熙七年，詔以右文殿修撰提舉武夷山沖佑觀。是年二月卒，年四十八。嘉定間，賜諡曰宣。淳祐初，詔從祀孔子廟。事迹見《晦庵文集》卷八九《右文殿修撰張公神道碑》、《誠齋集》卷一一六《張左司傳》。《宋史》卷四二九有傳。

　　張栻是南宋學界乃至政界中一個地位頗爲貴顯而又善于溝通諸方的重要人物。作爲宰相張浚之子，張栻早年即以都督府書寫機宜文字的特殊身份，擔負在宋孝宗與張浚之間傳遞信息的重任，并由此與宋孝宗“遂定君臣之契”，得到天子的信任，並與當時朝廷大臣如劉珙、趙汝愚等人關係密切。同時，張栻早年師事胡宏，成爲湖湘學派的中堅人物，並主持嶽麓書院多年，培養了一批門人弟子，還與朱熹、吕祖謙、薛季宣、陸九齡等著名學者往來密切，成爲溝通不同學派學人的橋梁。

　　史載"乾道、淳熙間,儒風日盛。晦庵朱公在閩,南軒張公在楚,而東萊呂公講道婺女。是時,以學問著述爲人師表者相望,惟三先生天下共尊仰之"①。即南宋乾道、淳熙年間,朱熹、張栻、呂祖謙分別講學傳道于福建、湖南、浙江地區,鼎足而三,是當時學人歸向的學術重鎮。同時,這一時期也是南宋學術和思想發展最爲活躍的時段,各派學者彼此論學、互相請益論辨,其中通信是這些學者進行教學、學術交流的重要方式。而張栻還曾在與其門人曾撙的通信中叮囑:"因書謾及,不必語它人。"②可以看出書信作爲一種較爲私密的人際交流方式,其本身除了有關學問的討論外,還涉及對時局及朝野人物的臧否,以及其他較爲隱私的話題。職是之故,書信又可以稱爲現存文獻中最爲鮮活的研究材料。

　　因此,對這些學者往來書信加以彙編,考證其撰寫年月,并將書信按其往來次序加以編排,將對乾淳時期的學術(包括理學)及其交流、發展的研究產生一定的影響,並有益于南宋前期學術史、政治與黨爭研究、學人間交游情況等相關研究的進一步深入。故此,我們特取張栻師友門人往還書札進行編年考證。

　　據統計,現存有關張栻與其師友門人的往來書信,有張栻給他人的書信二百一十六封,他人致張栻的書信一百一十四封,共計三百三十封。與張栻通信的人有胡宏、朱熹、劉珙、呂祖謙、呂祖儉、薛季宣、胡大時、曾撙、吳翌、汪應辰、胡銓、王庭珪、史堯弼、員興宗、李椿、吳儆、王炎、李燾、周必大、楊萬里、虙居正、彭龜年等,共計有一百餘人。就現存書信的構成而言,以張栻與朱熹、呂祖謙的往來書信爲多,其數量佔到了張栻與友朋門生往來書信的二分之一左右。其中,張栻致朱熹存七

---

　　①　(宋)樓鑰:《攻媿集》卷五五《東萊呂太史祠堂記》,(上海)商務印書館《四部叢刊初編》本。

　　②　(宋)張栻:《新刊南軒先生文集》(以下簡稱《南軒集》)卷二八《與曾節夫撫幹》(茶賊在禾山),中華書局,2015年《張栻集》本。

十餘封，朱熹致張栻存五十餘封；張栻致吕祖謙存十封，吕祖謙致張栻存十七封。

因張栻與友朋門人往來書信多有散佚，故本次彙編中，對張栻致他人以及他人致張栻之書信進行了輯佚，所輯得的殘片斷章以及部分只能確定有書信往來但並無具體內容流存者，亦一併加以考證編年。此外，在所編輯之往來書信考證下，還附録了有關人員的往還交游詩，以期對有關張栻學術思想及其交游等研究有所助益。

本書得到湖南大學嶽麓書院的鼎力支持，并在朱熹、張栻會講八百五十周年之際得以付梓，實爲編者的一大榮幸，在此僅向湖南大學嶽麓書院及中華書局表示衷心的感謝。

任仁仁　顧宏義
二〇一七年八月

凡　例

　　一、《張栻師友門人往還書札彙編》（以下簡稱《彙編》）收錄迄今所見之張栻與朝中公卿、師友故舊、鄉親門人等往還書札，計張栻書札（包括殘篇、斷句）二百一十六通，他人致張栻書札（包括殘篇、斷句）一百一十四通。

　　二、本《彙編》所收載之書札全文，主要錄自張栻《南軒集》、張栻所交游者之文集以及後人之輯佚著述等；其殘篇、斷句則主要錄自張栻與時人之其他著述，如記文、序跋、碑傳志文等所收錄之文字，並有部分輯錄自元、明人著述。

　　三、本《彙編》，張栻書札以中華書局新近出版《張栻集》錄文，朱熹書札則據華東師範大學出版社《朱子全書》，呂祖謙書札據浙江古籍出版社《呂祖謙全集》等錄文。其書札中個別文字有明顯舛誤、脱漏、衍文者，則以“（ ）”標示其爲誤字、奪文、衍文，而以“〔 〕”標示其爲正字、補字，不另出校勘記。原書札中之缺字，以“□”標示。對書札之撰寫時間以及相關內容之考辨、説明文字，加以“【案】”標示。

　　四、本《彙編》以與張栻有書札往還者之姓名爲詞條，其姓名無考者，則以其官爵（如通判學士、某舉人）爲詞目，其姓名、身份皆無考者，則歸于“某人”等詞條下。諸詞條以漢語拼音爲序。其書札真僞存疑者，歸于最後之“存疑”條下。

　　五、本《彙編》所錄之條目下，首先簡述其生平事迹以及其與張栻之交游情況,然後收録其與張栻往還書札(包括殘篇、斷句),以所考辨出之撰寫時間先後爲序。條目之末附有其與張栻之交游詩等。

六、書札名以原書題名爲定,如吕祖謙《與張荆州敬夫書》、張栻《答胡廣仲》、張栻《答胡伯逢》等。自他書中所輯之佚書,則取其名爲題,如吕祖謙《致張栻書》、劉珙《致張栻書》等。

七、因張栻與某人之往還書札往往不止一通,爲示區别,則于書札題名下括注該書札之首句以爲區分,如張栻《答胡廣仲》(向來臨行時所示講論一紙)、張栻《答胡季隨》(諭及日閲致堂《史論》)、張栻《與曾節夫撫幹》(某昨方奉書)等。

八、爲行文簡明,本《彙編》于所徵引文獻名繁複者,一般予以簡稱:《東萊吕太史文集》,簡稱《東萊集》;《晦庵先生朱文公文集》,簡稱《晦庵文集》;《建炎以來繫年要録》,簡稱《繫年要録》;《新刊南軒先生文集》,簡稱《南軒集》;《鶴山先生大全文集》,簡稱《鶴山集》;《西山先生真文忠公文集》,簡稱《西山文集》。

目　　録

廖行之

劉　珙

劉光祖　劉昭祖

劉清之

吕祖謙

錢工侍

喬　拱

施少路

石　龑

史　某

史堯弼

舒　誼

宋教授

宋文仲　宋剛仲

孫監鎮

王定方

王光祖

王居之

王日休

王庭珪

王　炎

汪應辰

魏掞之

彪居正

　　彪居正，字德美，號敬齋，湘潭（今屬湖南）人也。彪虎臣子。"先生因事五峰。五峰疾病，先生問之，且求教焉。五峰曰：'聖門工夫，要處只在個"敬"字。游定夫先生所以得罪于程氏之門者，以其不仁不敬而已。'先生著述雖不傳，然觀五峰所答先生書，皆志其學之大者，蓋南軒之下即數先生，當時有'彪夫子'之稱。"《宋元學案》卷四二。

彪居正《致張栻書》

　　【案】本書今佚。據張栻答書"垂諭之詳，再三誦之，政所望于良友者。但鄙意不能無疑"，知有此書，時在乾道四年（1168）。

張栻《答彪德美》

　　垂諭之詳，再三誦之，政所望于良友者。但鄙意不能無疑，如"自滅天命固爲己私"一段，恐錯斷文句，故失先生之意，已于季立書中言之矣，想必須見，幸更深思。平心易氣，無爲己私橫截斷，庶乎其有取也。《知言序》可謂犯不韙，見教處極幸，但亦恐有未解區區之意處，故不得不白。如云夫子未嘗指言性，子思《中庸》首章獨一言之，此蓋是設或問之辭，故以"或曰"起之。然云"指言"，則謂如"天命之謂性"是指言也，其它説話固無非性命之奧，而非若此語指而言之也。故于答之之辭中引子貢之語，以爲夫子之言，無非天命之流行發見也，意則可見矣。更幸詳觀，却以見教。若夫辭氣不足以發，則淺陋之故也。來書雖援引之多，愈覺泛濫。大抵是捨實理而駕虛説，忽下學而驟言上達，掃去形而下者而自以爲在形器之表。此病恐不細，正某所謂雖辟釋氏，而不知正墮在其中者也。故無復窮理之工，無復持敬之妙，皆由是耳。某近來反復思之，不可不爲盡言。惟天資愨茂，必能受朋友之實攻，若忽而置之，曰"吾所得自高妙矣"，則僕亦不敢進説于前也。然某之見，亦豈敢以爲便是哉？願更講之耳。《南軒集》卷二五。

【案】本書考證見朱熹《答張敬夫》（所示彪丈書論天命未契處），時在乾道四年（1168）秋冬間。

附：

張栻《用前韵送彪德美》

嘗嗜貴知味，短綆難汲深。讀書不能發，但自成書淫。況復翻異説，橫流渺難禁。豈知言意外，妙此惟微心。初無古今異，歲月謾駸駸。五峰講學地，嘆息風雨侵。前時約同途，舊游愴追尋。鳴鳳不可見，修竹餘清陰。斯文天未喪，千載發《韶》音。春風滿天宇，魚鳥自飛沉。河流貫霄極，芥舟膠寸潯。神交獨吾子，妙處但微吟。文會匪易得，未應歸故林。君無泉石癖，膏肓詎須箴。《南軒集》卷一。

張栻《再用前韵》

元化首萬類，聖學極幾深。有如亞聖賢，尚謹殆與淫。淺見僅一斑，歡喜不自禁。豈知天地全，于穆千聖心。嗟哉我學子，進道宜駸駸。立志務弘毅，異説毋交侵。仁端驗發見，精微試探尋。超然見大體，皎日破重陰。重新鄒魯傳，挽回《韶》《濩》音。當年不自勉，與物終埋沉。神龍倏變化，豈復顧泥潯。有來南山友，更唱共迭吟。群材欲封殖，杞梓看成林。殷勤勸學子，逆耳成良箴。《南軒集》卷一。

張栻《次韵德美碧泉感舊之什且約胡廣仲伯逢季丘來會上封》

相逢傾蓋地，回首嘆川上。士窮不足怪，但喜氣愈王。凜然歲寒姿，儒林有龍象。栖遲似隱君，矍鑠真詩將。惟應一彈指，欲了四大藏。

舊習想冰消，豈復留餘恙。新篇更紆餘，和氣與醞釀。却思東魯游，幾載南陽葬。風霜摧宰木，日月隨過浪。豈期經世心，晚歲成獨往。蕭然屋半欹，使我懷抱愴。獨有千載傳，此事可憑仗。細觀宇宙間，何得復何喪。尚期浮雲開，衡岳來見狀。秋壑采蘭蓀，霜林收栗橡。曉看日浮空，夜賞雪侵帳。更憐二三友，前山屹相望。文會儻來尋，勝踐天所相。妙理須細論，長歌却雄放。褰裳請勿疑，當仁應不讓。《南軒集》卷二。

張栻《和德美韓吏部笋詩》

鐟龍春雨後，得勢類乘軒。驟長寧嫌速，駢生詎厭煩。錯連非異族，蒼老見玄孫。色並蒲葵扇，香侵老瓦盆。靜依花影轉，新帶蘚文昏。外美看彪炳，中虛驗晏溫。出欄俄競秀，侵徑恍孤騫。穎脫錐囊見，森嚴武庫存。風回飄粉霧，龜拆露坤垠。生理知無息，神功本不言。牙籌誰數個，玉斧莫傷根。錯立環兵衛，周羅儼翰藩。危岑遥寸露，睹浪忽驚奔。勁節回青眼，齊觀壯小園。嚴凝難奪志，霡霂合知恩。蛟鰐蟠深宅，牛羊隱半垣。委蛇隨戶牖，撐挂動荃蓀。愛惜滋千畝，高低辨兩番。藐真應莫稱，著譜欲重論。豈止同苞茂，真成後嗣繁。兒童防戲折，口腹謝空飧。深夜共椽燭，清朝列戟門。於菟真筆楗，季子屢髯掀。北海雖頻設，南山可盡髡。深培資後賞，獨倚莫消魂。看取炎歊候，清陰蔭午暾。《南軒集》卷二。

張栻《彪德美來會于泉有詩因次韵》

君臥衡山北，我行湘水濱。相逢還莫逆，清絕兩無塵。勝集追前日，輕陰近小春。濯纓聊復爾，舉首謝簪紳。《南軒集》卷四。

晁子健

晁子健，字伯彊，清豐（今屬河南）人。晁説之孫。紹興二年（1132）爲右迪功郎、特改差監潭州南岳廟。紹興二十三年爲右奉議郎、權通判蘄州軍州事。乾道三年(1167)以右朝散大夫權知汀州軍州、主管學事兼管内勸農事。《嵩山文集》卷二〇。乾道六年八月，以朝散大夫知常州。《咸淳毗陵志》卷八。淳熙四年(1177)任荆湖南路提點刑獄。《南澗甲乙稿》卷二二《太恭人李氏墓志銘》。

張栻《致晁子健書》

【案】本書今佚。據《南軒集》卷一三《多稼亭記》："歲辛卯之八月，予過毗陵。甲寅，郡守嵩山晁伯彊置酒郡齋，薄暮登城。……然則伯彊之復斯亭，豈爲游觀者哉！因書以寄。甲寅之集，通判州事吴興葛謙問與焉。伯彊名子健，謙問名邲。"知張栻寫成《多稼亭記》後，有書寄晁子健，由《多稼亭記》知張栻、晁子健、葛謙問相會于乾道七年(1171)八月十二日，推知張栻此書約在乾道七年秋末或稍後。

陳　概

陳概，字平甫，普城(今屬四川)人。"乾道進士，與兄栗皆隱居不仕，名重一時。"《蜀中廣記》卷四四。"對策慷慨，魏艮齋讀而奇之，告以'君鄉有張敬夫者，醇儒也'。先生遂以書問學，與兄栗同刻志于聖賢之道。……其時蜀士除宇文樞密外，尚未有從南軒游者，平甫請益最先。自是范文叔、范季才始負笈從之，則皆平甫倡導之功也。"《宋元學案》卷七二。

陳概《致張栻書》

【案】本書今佚。據張栻答書"今得足下書並所論著，連緘累牘，伏而讀之，無非以討論問學爲事，而果有以知足下之所存，甚幸，甚惠”，知陳概有書致張栻，並附上其論著，又由“往歲得建安魏元履書，始知足下之名，且聞廷對所陳大略，念足下天資剛毅人也，恨未之識耳”知，此書當爲陳概首次致書張栻，時張、陳兩人尚未謀面。

張栻《答陳平甫》

某自幼侍親來南，周旋三十餘年間，又且伏守墳墓于衡山之下，是以雖爲蜀人，而不獲與蜀之士處，以親友其仁賢，每以是念。往歲得建安魏元履書，始知足下之名，且聞廷對所陳大略，念足下天資剛毅人也，恨未之識耳。雖然，世固有天資之美者，苟不知進乎學，則終身安于其故而已。蓋氣質雖美而有限，天理至微而難明，是以君子必貴乎學也。近得猶子然書，復聞足下超然拔出流俗，志于古道，孜孜不捨，則又嘆足下于世衰道微之際，能獨見自立如此，其進也何可量！則願見之心益厪。今得足下書並所論著，連縅累牘，伏而讀之，無非以討論問學爲事，而果有以知足下之所存，甚幸，甚惠！惟是不以僕爲不敏，意欲與之共講斯道，而勉爲君子之歸，固所願者。若夫推予期待之過，其實則非所敢當也。

僕自惟念，妄意于斯道有年矣，始時聞五峰胡先生之名，見其話言而心服之，時時以書質疑求益。辛巳之歲，方獲拜之于文定公書堂。先生顧其愚而誨之，所以長善救失，蓋有在言語之外者。然僅得一再見耳，而先生沒。自爾以來，僕亦困于憂患，幸存視息于先廬，紬繹舊聞，反之吾身，寖識義理之所存。湘中二三學者時過講論，又有同志之友自遠而至，有可樂者。如是又五載，而上命爲州，不得辭，繼爲尚書郎，猥以戇言，誤被簡遇，遂得執經入侍，且須都省下士。誠欲自竭，庶幾以報，而學力不充，迄亡毫髮之補。歸來惟自省屬，蓋愈覺己偏之難矯，聖學之無窮，而存察之不可斯須忘也。誦《伐木》“神之聽之，終和且平”之章，思欲與海內賢士切磋琢磨，庶幾卒以無負初志。然則自治之不暇，又烏能有益于人哉！念辱足下萬里盛意，則亦不敢隱耳。蓋道之不明久矣，自河南二程先生始得其傳于千有餘載之下，今二先生之言雖行于世，然識其真者或寡矣。夫二先生之言，凡以明孔、孟之道而已。孔、孟之道，其博厚高明，雖曰配二儀之無疆，然其端豈遠于人心而欲它求哉？人病不能推而充之耳。世之聞二先生之言而驚疑竊怪者固不足道，而其間有慕高遠者，則又懍恍虛矜而不循其實，亦爲失其真而已。竊考二先生所以教學者，不越于居敬、窮理二事。取其書反復觀之，則可以見。蓋居敬有力，則其所窮者益精；窮理寖明，則其所居者益有地。二者蓋互相發也。爲仁之要，孰尚于此！學而不知其要，則泛濫而無功。二者言之雖近，而意味工夫無窮。其間曲折精微，惟能用力者當漸知之耳。升高自下，陟遐自邇，務本循序而進，久自有所至。不可先起求成之心。起求成之心，則有害于天理。孔子之所謂獲，孟子之所謂正者，政此病也。區區誦其所聞，言不盡意，惟願足下毋忽于卑近以卒至于遠大，則幸甚幸甚！別紙所諭，亦各以鄙意批呈，未知然否。自爾既定交于萬里之外，則不惜時惠音。有箴有誨，有得有疑，一一詳及，勿爲無益之書，所願望也。《南軒集》卷二六。

【案】本書中“歸來惟自省屬，蓋愈覺己偏之難矯，聖學之無窮，而存察之不可斯須忘也”中“歸來”，當指張栻乾道七年(1171)末罷官歸長沙事，故推知本書當撰于長沙。另胡宗楙《張宣公年譜》繫此書于乾道八年，今從之。

陳槩《致張栻書》

某不幸，今不獲奉共養，深惟所以報親者，惟是澡身瀹德，庶幾終身無玷缺之行，則或可以塞萬一之責。家故有堂，因取《周詩·白華》“孝子潔白”之義，名之曰“潔白”，兄弟朝夕其間，以警以戒，敢請爲記。《南軒集》卷一二《潔白堂記》。

【案】張栻《南軒集》卷一二《潔白堂記》云：“劍南陳君自蜀以書抵予

曰:'某不幸,今不獲奉共養……'予雖未識陳君,而嘗聞之吾友魏掞之元履,謂君直諒,又得君書勤甚,則不果辭。"又云:"陳君往歲奉對大廷,蓋盡言無隱者。今又孜孜然志于古道,充是心以往,吾知其終有以無負于斯堂之名也,然則可不懋乎!陳君名概,字平甫云。"知張栻與陳概其時尚未謀面,然已非初次書信往來,推知當在上書以後,具體時間待考。

陳俊卿

　　陳俊卿(1113—1187),字應求,興化(今福建莆田)人。紹興八年(1138)登進士第。累遷中書舍人,充江淮宣撫判官兼權知建康府事。隆興初,除禮部侍郎、參贊都督府軍事。後知建康府,逾年授吏部尚書,拜同知樞密院事、參知政事。乾道四年(1168)十月拜尚書右僕射、同中書門下平章事兼樞密使,五年正月爲左相,以觀文殿大學士出知福州,提舉洞霄官。淳熙二年(1175)再知福州,改判建康府兼江東安撫,以少師、魏國公致仕。十三年十一月卒,年七十四,諡正獻。事迹見朱熹《晦庵文集》卷九六《陳公行狀》及楊萬里《誠齋集》卷一二三《陳公墓志銘》。《宋史》卷三八三有傳。

張栻《謝宰執啓太師加贈》

　　仰祇明詔,追述遺忠。惟聖主明燭無疆,莫掩中天之照;而大臣言乃底績,豈無前席之陳?孤生藐然,有涕滂若。永言先父之志,粵自靖康而來。蓋以爲天理所安,期没身而後已;人臣之義,不與賊以俱生。國餘三户而可以亡秦,田有一成而卒能祀夏。苟精誠之自竭,豈利鈍之逆知?惟其不渝,是以克濟。若謀國懷畏懦之見,則事仇甘陵夷之歸,妄希一日之安,莫思千載之耻。三綱不振,萬事曷成?皎若丹心,歷多艱而愈厲；凜乎白首，曾孤立以奚傷。痛易簀之有言，恨枕戈之未遂。
孰謂閱時之久，忽形當宁之思？肆命有司，昭加卹典。焚中山之篋，既
空讒慝之群；祭曲江于家，益戀始終之眷。而平章僕射相公扶持公論，
翌贊化原。想夫正色于朝，蔚有沃心之助，致此休命，賁于幽扃。豈私
門以爲榮，實吾道之增重。某奉書而告，追往更深。記先友以示方來，
所願勳名之懋；銘上恩而思報效，敢忘忠義之傳！《南軒集》卷八。

　　【案】書中"太師加贈"，乃指《宋史》卷三四《孝宗本紀》載乾道五年
(1169)二月"戊戌，贈張浚太師，謚忠獻"。則此書當撰于乾道五年春。又
據《宋史》卷二一三《宰輔年表》，知乾道五年春之宰執爲陳俊卿諸人。

陳　琦

　　陳琦(1136—1184)，字擇之，號克齋，臨江軍清江縣(今江西清江西)
人。父善，明經，尤邃于《易》。登乾道二年(1166)進士第。爲衡州衡陽主
簿，未上。張孝祥知潭州，愛其才，招之，因從南軒張栻受學。用薦舉授從
事郎，調贛州贛縣丞。"南軒先生帥桂，招君攝幕府。廣西諸郡計仰漕司鹽
子錢，漕輒嗇，帥以聞，請益下漕，漕輒格。會漕闕，帥攝漕，君贊帥，歲增諸
郡子錢十三。"《誠齋集》卷一二九《陳擇之墓志銘》。用薦舉轉宣教郎，知贛州興
國縣，未上。會留正制置四川，辟掌機宜文字。"君自受學于南軒，進進日
新。嘗扁其齋曰'克'，南軒銘焉，其屬意于君，蓋甚遠云。爲文覃思深湛，
詞乃夷易，尤工于詩，得江西體。"《誠齋集》卷一二九《陳擇之墓志銘》。淳熙十一
年(1184)五月二十六日卒，年四十九。有《克齋集》。事迹見楊萬里《誠齋
集》卷一二九《陳擇之墓志銘》。

陳琦《致張栻書》

【案】本書今佚。由張栻答書云"伏蒙賜書,陳義粲然",知有此書。

張栻《答陳擇之》

　　伏蒙賜書,陳義粲然。重惟兹世講學之緒不絶如帶,有如高致,感嘆何勝!而某荒疏,不足以辱來問,姑以其所從事焉者試共論之。左右謂異端之惑人,未必非賢士大夫,信哉斯言也!然而今日異端之害烈于申、韓,蓋其説有若高且美,故明敏之士樂從之。惟其近似而非,逐影而迷真,憑虚而捨實,拔本披根,自謂直指人心,而初未嘗識心也。使其果識其心,則君臣、父子、兄弟、夫婦,是乃人道之經,而本心之所存也,其忍斷弃之乎?嗟乎!天下之禍莫大于似是而非。似是而非,蓋霄壤之隔也。學者有志于學,必也于此一毫勿屑,而後可得其門而入也。然而欲游聖門,以何爲先?其惟求仁乎!仁者,聖學之樞,而人之所以爲道也。有見于言意之表,而後知吾儒真實妙義,配天無疆,非異端空言比也。孟子曰"思則得之",又曰"求則得之"。左右試取《魯論》所載,精思而深求焉。某也不敏,尚庶幾切磋之益。《南軒集》卷二五。

　　【案】此書當爲陳琦與張栻較早時期通問之書,或在乾道四年(1168)、五年間,待考。

戴之邵

　　戴之邵,字才美,吉州安福(今屬江西)人。寓居鹿門山。"少涉獵書記，無所成名，貧不能自養，傭書于里中富家。"《夷堅志》甲卷八。少家貧好學，倜儻有豪氣。"紹興末，京西招討吳珙以書招之，差充忠義破敵統制。之邵遂率所募忠義千人入西京修葺祖宗諸陵，且創置永安軍收復鄭密等州。日與敵戰屢勝，以兵糧不繼而歸。"《萬姓統譜》卷九九。隆興間擢知均州。乾道五年（1169）知雷州。"孝宗時録功，特改京官，後以刑部員外郎將漕西京，卒于官。"《（雍正）江西通志》卷二八。

戴之邵《致張栻書》

雷之爲州，窮服嶺而並南海，士生其間，不得與中國先生長者接，于聞見爲寡，而其風聲氣習亦有未能遽變者。某惟念所以善其俗，宜莫先于學校。而始至之日，謁先聖祠，則頹然在榛莽中，用不敢遑寧，乃度郡治之西，有浮屠廢宮，撤其材，即其地少下而得山川之勝，殿堂齋廡，輪奐爽塏，凡所以爲學宮者無一不具。用錢一千萬。既成，則延其長老，集其子弟，而語之以學之故，某之心亦庶幾其塵者，願不鄙爲記以詔之。《南軒集》卷九《雷州學記》。

【案】張栻《雷州學記》云："廬陵戴君爲雷州之明年，以書抵某曰：'雷之爲州……'"記文撰于乾道六年（1170）七月十日。又據明歐陽保《（萬曆）雷州府志》卷一〇云："乾道六年郡守戴之邵遷于府治西，張栻記。"推知戴之邵此書約撰在乾道六年春、夏間。

范成象

范成象（？—1180），字致先，號澹齋，平江府吳縣（今江蘇蘇州）人。范成大兄。紹興五年（1135）進士。《（紹定）吳郡志》卷二八。紹興二十五年任太學録,後爲太學博士。《建炎以來繫年要録》卷一七〇、卷一七八。乾道二年(1166)十一月官湖南路提舉常平范君成象,乾道五年四月召。《永樂大典》卷八六四一七《衡州府九》。乾道七年八月以左朝散郎提點兩浙東路刑獄公事,乾道九年改除福建提刑。《(寶慶)會稽續志》卷二。淳熙七年卒。《永樂大典》卷一四〇五一范成大《祭亡兄工部文》。

范成象《致張栻書》

【案】本書已佚。《南軒集》卷一〇《衡州石鼓山諸葛忠武侯祠記》云:"宋乾道戊子之歲,湖南路提舉常平范君成象始以圖志搜訪舊迹,得廢宇于榛莽中,乃率提點刑獄鄭君思恭、知衡州趙君公邁,乃徙于高明而一新之,移書俾某爲記。某謂侯之名不待祠而顯,而侯之心亦不待記而明。然而仁賢昔時經履之地,山川草木光采猶在,表而出之,以詔來世,使見聞者竦然知所敬仰師慕,當道術衰微之際,其爲益蓋非淺也。惟某不敏,不足以推本侯胸中所存萬一,是則愧且懼焉耳。"知有是書,時在乾道四年(1168)。

鄭思恭(1099—1171),初名安恭,字子禮,以避皇后諱而改思恭,拱州襄邑(今屬河南)人。南渡後居衡山縣。歷知邵州、廣南東路轉運判官,改西路,加直秘閣,陞計度轉運副使,移荆湖南路,進秘閣修撰,除荆湖南路提點刑獄公事,復提舉崇道觀。乾道七年(1171)七月二十日卒。所居號西湖,作佚老堂以自適,衡人舉尊重之。事迹見韓元吉《南澗甲乙稿》卷二〇《秘閣修撰鄭公墓志銘》。

趙公邁(1115—1179),字志行,魏王廷美六世孫。紹興後寓居徽州(今屬安徽)。弱冠以詞賦中選,授保義郎。紹興十六年(1146)中國子監,紹興二十四年擢太常第,賜進士出身,知臨安府鹽官縣丞,後改休寧尉,遷僉書威武軍節度判官廳公事,兼西外宗正簿,知大宗正事,擢知衡州,後改知澧州,主管台州崇道觀,添差福建路參議。淳熙六年(1179)冬卒,年六十五。事迹見陳宓《復齋集》卷二一《參議趙公墓志銘》。

范念德

范念德，字伯崇，建寧府建陽（今屬福建）人。范如圭子。從朱熹游。調廬陵簿，辟吉州録事參軍。累遷朝奉郎、江東帥司機宜文字。淳熙中爲尤溪縣丞。仕終宜黄令。《閩中理學淵源考》卷二〇。

張栻《答范主簿伯崇》

《書説》比寄《酒誥》到元晦處，曾見否？某近讀諸誥，反復其温厚和平之氣，深足以感發人。若夫編簡脱誤，可疑處則不必强爲之説也。垂諭仁之説，若只將做周流無滯礙氣象看了，却只是想象。又云其所以然者乃仁也，不知其所以然者果何歟？願只于日用間，更因其發見苗裔而深察默求之，勿捨勿弃，當的然見其樞機之所由發者矣。不識如何？《南軒集》卷二七。

【案】本書《張宣公年譜》繫于乾道九年（1173），今從之。

附：

張栻《送范伯崇》

堂堂延閣老，遺範見斯人。孝友傳家舊，詩書用力新。人心危易失，聖學妙難親。願勉思弘毅，求仁可得仁。《南軒集》卷五。

房　某

房某,名里未詳,號坐忘居士。

張栻《致房某書》

【案】本書已佚。魏了翁《鶴山集》卷五九《跋南軒與坐忘居士房公帖》云:"自義理不競,士不知有爲己之學,喪志于記誦,滅質于文采,乃且沾沾自喜,以爲是射名干利之具。流風益遠,頹俗莫返。而坐忘居士房君生長西南,獨能不狃于俗,旁搜博取,以求其會。心有未釋,亦不敢有愛于言,將以究詰其疑,圖爲真是之歸。今南軒遺墨,謂其技于流俗,謂其剥去華飾,謂其白首守道,凛然如霜松雪竹者,嗚呼,其賢矣乎!因歸其所與南軒往來書尺于其孫興卿,而嘆美之不置也,附姓名其後。"知張栻與房某有書信往來,魏了翁曾睹其真迹。

馮時行

馮時行(1101—1163),字當可,號縉雲,恭州壁山(今屬四川)人。宣和初應進士舉。《縉雲文集》卷四《白子安墓志銘》。建炎中調奉節尉,紹興中官江原丞,五年(1135)"川陝撫諭楊愿薦其才行,詔赴都堂審察,旋擢左奉議郎知丹稜縣"。《宋史翼》卷一〇。紹興八年六月以奉禮郎召對,不附和議,爲秦檜所惡。紹興八年八月擢知萬州,紹興十一年冬十月罷,紹興二十七年三月知蓬州。至官五日,又罷。紹興二十九年用王剛中薦知黎州,紹興三十一年八月以左朝請郎知彭州。《建炎以來繫年要錄》卷一二〇、卷一四二、卷一七六、卷一八二、卷一九二。隆興元年(1163)卒于官。積官左朝請大夫、提點成都府刑獄公事。《縉雲文集》附錄蹇駒《古城馮侯廟碑》。著有《易論》《縉雲文集》等。據《(萬曆)合州志》卷一"馮時行記曰:'紹興己卯(1159),行年五十九'",推知其生于建中靖國元年(1101)。

張栻《致馮時行書》

【案】本書已佚。朱熹《晦庵文集》卷八四《跋張敬夫與馮公帖》云:"此張敬夫與縉雲馮當可書也。味其詞意,知其一時家庭之間定省從容,未嘗食息不在中原之復,令人感慨不已。馮公獨不及識,然嘗見故端殿汪公甚推重之。近得其文集讀之,論議偉然。而所論人主正心親賢爲所謂建極者,明禹、箕之傳,破諸儒之陋,乃適與鄙意合,尤恨不得一見其面目而聽其話言也。慶元丁巳七月二十五日。"知有是書,撰時未詳。

韓元吉

韓元吉(1118—?),字無咎,開封(今屬河南)人。韓維四世孫。"仕至吏部尚書、龍圖閣學士,封潁川公。嘗師尹焞,與朱熹友善,又得呂祖謙爲婿。師傅淵源,儒林推重。徙居上饒,居前有澗水,號南澗。"所著有《愚讟錄》、《周易繫辭》。《兩宋名賢小集》卷一六〇。約卒于紹熙元年(1190)後。《宋人生卒行年考》。

張栻《致韓元吉書》

　　栻自來嚴陵，與令婿伯恭游從。每聞起居狀，及論議□詳，用以自慰。兹承□御祥琴，皇家急賢，除日亟下，甚慰士望。栻孤拙者，遂有聯事之便，日承警誨。庶其寡悔，欣幸預深。即日春首尚寒，伏惟趣裝有相，台侯動止萬福。栻備數亡補，日夜悚懼，自此皆傾耳車音之日也。顒介走前，敬此承侯。敢祈衝涉珍護，以對休嘉。百懷並須面致。右謹具呈右司台坐。正月日。右承務郎、試尚書左司員外郎、兼侍講張栻札子。故宫博物院藏《嚴陵帖》。

　　【案】由"栻自來嚴陵，與令婿伯恭游從"之語，知此爲張栻致韓元吉書簡。據胡宗楙《張宣公年譜》知張栻之官嚴陵在乾道五年(1169)末，乾道六年十二月兼侍講，除左司員外郎，乾道七年六月出知袁州，則此書當在乾道七年正月間。

胡參議

　　胡參議，名里未詳。時官湖南帥府參議。

張栻《答胡參議啓》

　　空冀北之野，昔知人物之英；佐湖南之軍，今喜風猷之近。辱書先及，佩意惟深。伏惟某官以淳茂之資，富通明之學。持心近厚，蔚聞平讜之風；正色不求，雅有安恬之樂。惟瀟湘之都會，控江、漢之上流。溪山阻深，户口繁夥。雖民安俗阜，必資元帥之得人；然川泳雲飛，亦賴嘉賓之贊畫。是煩耆德，來慰輿情。諒坐席之未温，即鋒車之趨駕。某深惟亡補，退切自修。好語見貽，知有斷金之義；從游在即，更歌《伐木》之詩。《南軒集》卷八。

　　【案】由"辱書先及"語，知胡參議先有書致張栻，今未見。本書撰時未詳。

胡大本

　　胡大本，字季立，建州崇安（今福建武夷山市）人。胡寧次子，胡大原從弟。"父寧，安國第二子。以蔭補官，試館職。遷祠部郎官。出爲夔路安撫司參議，除知澧州。大本學于叔父宏，與張栻共學。栻徙館嶽麓，大本從之。最敬重栻，以爲同門所不及。胡氏諸子中亦無有篤信栻如大本者。大本樂道不求仕，以隱居終其身。"《（光緒）湘潭縣志》卷八之三。

胡大本《致張栻書》

　　【案】本書已佚。據張栻答書"垂諭，足見講學之勤，至所願幸"，知有此書。

張栻《答胡季立》

　　垂諭，足見講學之勤，至所願幸。某愚，惟不敢不深潛其思，時有所見，亦未必是也，惟願與朋友共論焉。夫天命之全體流行無間，貫乎古今，通乎萬物者也。衆人自昧之，而是理也何嘗有間斷？聖人盡之，而亦非有所增益也。未應不是先，已應不是後，立則俱立，達則俱達，蓋公天下之理，非有我之得私。此仁之道所以爲大，而命之理所以爲微也。若釋氏之見，則以爲萬法皆吾心所造，皆自吾心生者，是昧夫太極本然之全體，而返爲自利自私，天命不流通也，故其所謂心者是亦人心而已，而非識道心者也。《知言》所謂"自滅天命，固爲己私"，蓋謂是也。若何所斷句則不成文義，失先生意矣。更幸思之，却以見教。《南軒集》卷二五。

【案】此書撰時未詳，或在乾道初年張栻講學長沙時。

胡大時

胡大時，字季隨，潭州衡山縣（今屬湖南）人。胡安國孫，胡宏季子，張栻婿。"湖湘學者以先生與吳畏齋爲第一。南軒卒，其弟子盡歸止齋，先生亦受業焉。又往來于朱子，問難不遺餘力。或説季隨才敏，朱子曰：'須確實有志，而才敏方可，若小小聰悟，亦徒然。'最後師象山，象山作《荆公祠記》，朱子譏之，先生獨以爲荆公復生，亦無以自解。先生于象山最稱相得云。"《宋元學案》卷七一。

胡大時《致張栻書》

【案】據張栻下書（邇來玩繹）云及"垂諭浩然之氣"，知有此書。佚。

張栻《答胡季隨》

邇來玩繹，想自不廢，有可見告者否？若入浙因一見伯恭，甚善。近來士子肯向學者亦時有之，但實作工夫耐久者極難得也。且是要鞭辟向裏，如此下工，方自覺病痛多耳。

垂諭浩然之氣，工夫正在集義，當于慊、餒處驗之。集義以敬爲主，孟子此一段雖不説着敬字，勿忘、勿助長，是乃敬之道也。《南軒集》卷二五。

【案】本書有"若入浙"云云,而張栻下書(辱惠書)中云及"審聞侍奉平達武林",當在其前,推知約撰于乾道七年(1171)間。

胡大時《致張栻書》

【案】據下書"辱惠書,審聞侍奉平達武林,履候勝福,極以爲慰。諭及日讀二程先生《遺書》,甚善",知有此書。佚。

張栻《答胡季隨》

辱惠書,審聞侍奉平達武林,履候勝福,極以爲慰。諭及日讀二程先生《遺書》,甚善。要當平心易氣,優游涵泳。所讀其間談性命處,讀之愈勤,探義愈晦,無怪其然。若只靠言語上求解,則未是。須玩味其旨,于吾動靜之中體之,久久自別也。歸來所作《洙泗言仁序》、《主一箴》錄去。所要詩亦寫在別紙。彼中過從謂誰?歲月易邁,人心易危,華盛之地,奪志者多,惟敬自勉,以承先世之業。更祝厚愛,所見所疑,便中不惜頻示。還轅當在何時耶?《南軒集》卷二五。

【案】武林即杭州,此時胡大時去往杭州。由本書"歸來所作《洙泗言仁序》、《主一箴》錄去",推知此時張栻當在長沙,而此書或撰于乾道八年(1172)。又據《朱熹年譜長編》卷上,乾道六年秋,朱熹校訂程氏《遺書》、《文集》、《經説》,由鄭伯熊刊于建寧府。

張栻《答胡季隨》

元晦所編《遺書》,只是哀聚逐家所編全入之,都無所删也。其間傳錄失指者固有之,正要學者玩味耳。若便删去,却殊無意味也。得此等文字,且當服膺沉浸其間,未宜以己意直斷輕議也。《南軒集》卷二五。

【案】張栻上書(辱惠書)云及胡大時"諭及日讀二程先生《遺書》",而本書乃云"元晦所編《遺書》,只是哀聚逐家所編全入之",當承其後。

胡大時《致張栻書》

【案】據張栻答書"所諭《二先生遺書》"云云，知有此書。佚。

張栻《答胡季隨》

所諭二先生《遺書》，其間固有傳寫失真者，向來龜山欲刪正，而迄未下筆，要須究極精微，無所憾者，乃可任此，未容輕議也。今元晦所集皆存元本，在學者亦好玩味，其間真僞，在我玩味之久，自識別之耳。所謂未容輕議者，非是爲尊讓前輩，蓋理未易明，不應乘快便據目前斷殺，須是潛心。若果下工夫，方覺其未易也。只據前人所辨，亦須自家胸中自見得精神乃可。不然，亦只是隨人後贊嘆而已。某頃年編《希顔錄》，如《莊子》等諸書所載顔子事多削去，先生以書抵某云："其它諸説亦須玩味，于未精當中求精當，不可便容易指以爲非而削之也。"此事是終身事，天地日月長久，今十有二年矣，愈覺斯言之有味，願吾友深體之。它希篤沉潛之功，以輕易爲戒，勉茂遠圖，厚自愛。《南軒集》卷二五。

【案】本書中張栻與胡大時討論《二先生遺書》傳寫問題，當爲接續前書（元晦所編《遺書》）所作。

張栻《答胡季隨》

《遺書》云："有人胸中若有兩人焉，欲爲善，如有惡以爲之間，欲爲不善，又若有羞惡之心者，此正交戰之驗也。持其志使氣不能亂，此大可驗。"不知如何而持其志？方其欲持志之時，而二者猶交戰于胸中，則奈何？

持志者主一之謂。若曰欲持志之時，二者猶交戰于胸中，是不能主一也，志不立也。

又云："義理與客氣常相勝，只看消長分數，爲君子小人之别。"嘗深思之，謂誠然也。而或云初不可如此分，一言之善則天理矣，一言之惡則人欲矣。竊恐其言太快，政如日月之運行，寒暑之推移，恐當進之以漸也。

所謂義理與客氣看消長分數，爲君子小人之別者，謂一日之間，察其所發孰多孰少爾。天理只是天理，人欲只是人欲，都無夾雜念慮。毫釐之間，霄壤分焉，此昔人所以戰兢不敢少弛也。

又云："所見所期，不可不遠大，然行之亦須量力。"夫以學者力量較之聖人，霄壤異矣。若不一向自期以遠大，而欲量力而行之，恐或至于卑近。而心之所期，與身之所履，分爲兩段矣。恐當先立學聖人之心，日可見之行，皆須爲聖人之事，然後內外貫通耳。

所謂行之亦須量力者，恐學者貪高慕遠，躐等以進，非徒無益，而又害之也。大抵學者當以聖人爲準的，而自邇自卑，循序不捨，斯有進益耳。

又云："天下善惡皆天理，謂之惡者非本惡。"又云："事有善有惡，皆天理也，天理中物須有美惡。"孟子曰：人之性善，皆天理也。既非本惡，則人欲矣，恐非天理中物。天理中恐亦着惡字不得。

事物之始，無有不善。然二氣之運不齊，故事物之在天下亦不容無善惡之異。謂之惡者，非本惡，因其不齊而流爲惡耳。然亦在天理中也。所貴乎人者以其能保其性之善，不自流于惡爲一物耳。

又云："學者須敬守此心，不可急迫，當栽培深厚，涵養于其間，然後可以自得。"今于下工夫之時不痛自警策，而遽栽培涵泳，不知何所栽培涵泳？恐或近于放倒也。

敬守此心，栽培涵泳，正是下工處。若近于放倒，則何栽培涵泳之有？《南軒集》卷三二。

【案】本書張栻乃答胡大時有關《二程遺書》之疑問，或爲前書（所論二先生《遺書》）之別書，約撰于同時或稍後。

胡大時《致張栻書》

【案】據張栻答書"承諭夸勝之爲害"，知有此書。佚。

張栻《答胡季隨》

承諭夸勝之為害，可見省察之功，正當用力自克也。克之之道，要須深思夸勝之意何自而生，于根源上用工銷磨乃善。若只待其發見而後遏止，將見滅于東而生于西也，正惟勉之。

季隨邇來下工如何？聞時往見晦叔，甚有講論否？君子之所不可及者，其惟人之所不見乎。要須深惟尚絅之義，鞭辟儻覺有味也。《南軒集》卷二五。

【案】此書《張宣公年譜》繫于乾道八年（1172）。待考。

胡大時《致張栻書》

【案】據張栻下書"諭及日閱致堂《史論》"，知有此書。佚。

張栻《答胡季隨》

諭及日閱致堂《史論》，甚善。秦、漢以來，學道不明，士之見于事業者固多可憾，然其間豈無嘉言善行與一事之得者乎？要當以致遠自期，而于人則一善之不廢，是乃擴弘恕之方，而為聚德之要也，正惟勉之。《名臣言行錄》未有別本可寄，得之即附往。但此書編得未精細，元晦正欲更改定耳。《南軒集》卷二五。

【案】乾道八年（1172）朱熹編成《五朝名臣言行錄》與《三朝名臣言行錄》，約與《語孟精義》同下建寧刊板，九月《五朝錄》先成。《朱熹年譜長編》卷上。本書有云"《名臣言行錄》未有別本可寄，得之即附往。但此書編得未精細，元晦正欲更改定耳"，則推知本書約撰于乾道九年間。

胡大時《致張栻書》

【案】據張栻答書（錄示序文）"錄示序文，三復，足見所志"，知有此書。佚。

張栻《答胡季隨》

　　録示序文，三復，足見所志。雖然，升高自下，陟遐自邇，善學者志必在乎聖人，而行無忽于卑近，不爲驚怪恍惚之見，而不捨乎深潛縝密之功。伊、洛先覺謂學聖人當以顏子爲準的，誠明訓也。德門令質，惟益勉之。《南軒集》卷二五。

　　【案】本書中所云"序文"，所指未詳。疑本書或撰于乾道末。

張栻《答胡季隨》

　　"一日克己復禮，天下歸仁。"蓋是積累工夫到處，非謂只勇猛便能如此，如釋氏一聞一超之説也。

　　如云尚何序之循，又何必待于自邇自卑而後有進？此等語意，全不是學者氣象，切宜戒之。所謂循序者，自灑掃應對進退而往皆序也，由近以及遠，自粗以至精，學之方也。如適千里者，雖步步踏實，亦須循次而進。今欲闊步一蹴而至，有是理哉？自欺自誤而已。前日謂二氣之運不齊，故事在天下，不容無善惡之異云者，論氣故不容無善惡之異，且須將《程子遺書》詳考精思，未可易而言也。

　　人人固有秉彝。若不栽培涵泳，如何會有得？古人教人自灑掃應對進退禮樂射御之類，皆是栽培涵泳之意。若不下工，坐待有得而後存養，是柸腹不食而求飽也。

　　《葵軒語解》其舊來所解不滿意。自去冬來，再以己見下筆，今方七篇。

　　《洙泗言仁》寄一本去，有可見告者，不惜疏示。《南軒集》卷三二。

　　【案】本書中所云"《葵軒語解》其舊來所解不滿意。自去冬來，再以己見下筆，今方七篇"，知張栻此時重新修訂《論語解》。又據張栻《與吳晦叔》（示教久假不歸之説）："某今夏以來，時時再看《語》、《孟説》，又多欲改處。緣醫者見戒，未欲多作文字，近日方下筆改正《語説》，次當及《孟子》。"則知兩書撰于同年。張栻與吴翌書撰于淳熙元年(1174)，則本書亦在其時。

胡大原

　　胡大原，字伯逢，建州崇安(今福建武夷山市)人。胡寅子，五峰胡宏從子。"寅常官于外，又久遷謫，大原皆不及從，故不傳其父學，得于宏者爲多。宏弟子以張栻爲最，栻初守師説，先察識後涵養，及後與朱熹更定其説。熹有中和舊説之輯，詳著其説，明改義所由也。唯彪居正以爲栻見大本未明，故爲人所移。大原與其季父實及吴翌等亦仍守師説甚固，與朱、張並有辨論，不以《知言疑義》爲然。大原于兄弟最長，逮事祖父安國、諸父，從楊時游，習聞其緒論，又嘗追録其語焉。"《(光緒)湘潭縣志》卷八之三。嘗任官建康府，張栻爲作《送胡伯逢之官金陵》詩。《南軒集》卷四。

胡大原《致張栻書》

　　【案】據張栻下書(《中庸解》録未畢)云"垂諭性善之説"，知有此書。佚。

張栻《答胡伯逢》

　　《中庸解》録未畢，今先寫三段去，大綱規摹如此也，未知如何？垂諭性善之説，詳程子之言，謂"人生而静"以上更不容説，才説性時便已不是性，繼之曰凡人説性只是説"繼之者善也"，孟子言人性善是也。但請詳味此語，意自可見。大抵性固難言，而惟善可得而名之，此孟子之言所以爲有根柢也。但所謂善者，要人能名之耳。若曰難言而遂不可言，曰不容説而遂不可説，却恐渺茫而無所止也。《知言》之説，究極精微,固是要發明向上事,第恐未免有弊,不若程子之言爲完全的確也。某所恨在先生門闌之日甚少,兹焉不得以所疑從容質扣于前,追恨何極! 然吾曹往返論辨,不爲苟同,尚先生平日之志哉! 熱甚,近郊已復覺旱,彼中何如? 更幾以遠業自重。《南軒集》卷二五。

　　【案】由"熱甚,近郊已復覺旱,彼中何如? 更幾以遠業自重",推知張栻此時居長沙,時或在乾道八年(1172)夏。

張栻《答胡伯逢》

　　明道先生曰:"上天之載,無聲無臭,其體則謂之易,其理則謂之道,其用則謂之神,其命于人則謂之性。率性則謂之道,修道則謂之教。"又曰:"民受天地之中以生,天命之謂性也。'人之生也直',意亦如此。"又曰:"孟子曰'仁也者,人也',合而言之,道也,《中庸》所謂'率性之謂道'是也。"詳此兩説,則是《中庸》首兩句明道便屬人説矣。而伊川先生乃曰:"天命之謂性,率性之謂道者,天降是于下,萬物流形,各正性命者,是所謂性也;各正性命而不失,是所謂道也。"此亦通人物而言。循性者,馬則爲馬之性,又不做牛之性。云云。所謂率性也。修道之謂教,此則專在人事。伊川之説,則自首兩句已兼人物而言之矣。吕、游、楊之説則同乎明道,侯子之説則同乎伊川,二先生之説所以不同者,如何?

　　某竊詳所録明道先生之説,蓋明性之存乎人者也;伊川先生之説,蓋明性之統體無乎不在也。天命之謂性者,大哉乾元,人與物所資始也;率性之謂道者,在人爲人之性,在物爲物之性,各正性命而不失,所謂道也。蓋物之氣禀雖有偏,而性之本體則無偏也。觀天下之物,就其形氣中,其生理何嘗有一毫不足者乎? 此性之無乎不在也。惟人禀得其秀,故其心爲最靈而能推之,此所以爲人之性,而異乎庶物者也。若元不喪失,率性而行,不假修爲,便是聖人。故惟天下之至誠能盡其性,而人之性、物之性亦無不盡。惟其有所喪失,則不能循其性,故有修道之教焉，所以復其性之全也。明道于人身上指出，要人就己體認耳，然亦豈遂謂物無天命乎？伊川發明其説，統體可謂完備矣。侯子解稱兼人物而言者爲明道説，恐此亦必有據。或曰天命獨人有之，而物不與焉。爲是説者，但知萬物氣禀之有偏，而不知天性之初無偏也；知太極之有一，而不知物物各具太極也。故道與器離析，而天地萬物不相管屬，有害于仁之體矣，謂之識太極可乎？不可不察也。伊川不獨解"天命之謂性"一章有此意，《遺書》中如此説處極多，如説"萬物皆備于我"處亦然，幸詳考而深思之。區區所見，未知然否？且辭不逮意，惟高明察之。

曰："心有知覺之謂仁，此上蔡謝子之言也。此言固有病。"切謂心有知覺謂之仁，此一語是謝先生傳道端的之語，以提省學者也，恐不可謂有病。夫知覺亦有深淺，常人莫不知寒識暖，知飢識飽，若認此知覺爲極至，則豈特有病而已？伊川亦曰覺不可以訓仁，意亦猶是，恐人專守着一個覺字耳。若夫謝子之意自有精神，若得其精神，則天地之用即我之用也，何病之有？

謝上蔡之言，固是要指其發見以省學者，然便斷殺知覺爲仁，故切以爲未免有病。伊川先生所謂覺不可訓仁者，正謂仁者必覺，而覺不可以訓仁。侯子、師聖亦嘗及此矣。若夫今之學者嚚嚚然自以爲我知之者，只是弄精魂耳，烏能進乎實地哉！此又上蔡之罪人也。

又曰："以覺言仁，固不若愛之切。"此亦似遷就之説。切謂以愛言仁，不若覺之爲近也。

就愛人上窮究仁之所以愛，宜莫親切于此，所謂知覺者亦在其中矣。

"大公之理得，則天地之心即己之心"，此語善矣。而其下語云"萬物之體即己之體"，却似未識仁。"大公之理"四字亦恐未親切。

萬物之體即我之體，立言者之意，乃是仁者以天地萬物爲一體，認得爲己，何所不至之意。"大公之理"四字也要人看。

解《盡心》首章云："理之自然謂之天，具于人爲性，主于性爲心。"又于"人之所不學而能者，其良能也"，解云："天命爲性，循性曰道，而主于身爲心。"何故言性、心有不同？且"主于身"者似專指軀殼之内言之，"主于性"者似性外有主矣，恐立言未瑩也。

主宰處便是心，故有主于性、主于身之言。然兩處語亦當瑩之，歸于一也。

又曰："若夫爲不善，則是物誘于外，而血氣隨之，性無是也。"然則所謂不善者，是性之所不爲也。夫論性不及氣則不備，而謂不善者，是血氣而非性，可乎？且謂性所不爲，夫誰爲之？

性無不善。謂性有不善者，誣天者也。夫水搏而躍之可使過顙，激而行之可使在山，是豈水之性也哉？此前日所以有"不善者性所不爲"之論，而不自知其過也。夫血氣固出于性，然因血氣之有偏而後有不善，不善一于其偏也。故就氣稟言之，則謂善固性也，惡亦不可不謂之性也則可；即其本源而言之，則謂不善者性之所不爲，乃所以明性之理也。若如來説，則是混天理、人欲而莫别，其故何異于性可以爲善、可以爲不善之論哉？

"萬物皆備于我矣"，解曰："凡有是性者，理無不具，是萬物無不備也。故程子曰非獨人也，物亦然。"却于"親親而仁民"處解云："人與人類，則其性同；物則各從其類，而不得與吾同矣。"有牴牾否？竊謂萬物皆備于我，乃仁之道，與天下歸仁之義同。蓋謂人能備之耳。我者指人而言也。昨見《知言》有疑議，切所未安。若夫萬物素備之説，别是一義。

此難以言語盡，請無橫舊説于胸次，玩味伊川先生之言而深體之。《南軒集》卷二九。

【案】據本書中所云："謝上蔡之言，固是要指其發見以省學者，然便斷殺知覺爲仁，故切以爲未免有病。伊川先生所謂覺不可訓仁者，正謂仁者必覺，而覺不可以訓仁。侯子、師聖亦嘗及此矣。若夫今之學者囂囂然自以爲我知之者，只是弄精魂耳，烏能進乎實地哉！此又上蔡之罪人也”，云云，知其當與張栻《答胡廣仲》(心有所覺謂之仁)撰于同時，或在乾道八年(1172)末。

附：

張栻《送胡伯逢之官金陵》

相望數舍已云疏，遠別何因執子祛。漫仕想應同捧檄，舊聞當不廢觀書。月明淮水空陳迹，山繞新亭有故墟。暇日更須頻訪古，因來爲我道何如。《南軒集》卷四。

胡大壯

胡大壯，字季履，潭州衡山縣(今屬湖南)人。胡安國孫，胡宏子。衛涇《奏舉布衣胡大壯乞賜褒錄狀》稱其學于其父，“研究經術，博通墳典，其持論以明義利爲本，其立己以尚誠實爲要。冠歲學成，即不事科舉，隱居衡岳之下，躬耕自給，讀書自娛”。《後樂集》卷一二。“早傳父學，復問學于張栻，又與弟大時卒業于朱子。其後群從零落殆盡，獨大壯老壽，學業益精進，造請問業者戶履常滿，邦人尊之曰‘西園先生’，四方欽仰焉。”《(光緒)湘潭縣志》卷八之三。

胡大壯《致張栻書》

【案】據張栻答書“承諭觀史工夫，要當考其治亂興壞之所以然，察其人之是非邪正”，知有此書。佚。

張栻《答胡季履》

承諭觀史工夫，要當考其治亂興壞之所以然，察其人之是非邪正，至于幾微節目，與夫疑似取捨之間，尤當三復也。若以博聞見助，文辭抑末矣。此間士子輩觀《通鑑》，嘗令先將逐代大節目會聚始末而觀之，頗有意味。如高祖入關、滅項、誅功臣之類，皆作一門，備其源流，此亦編得有次第，方欲取前輩議論之精者入于其間也。《南軒集》卷二五。

【案】此書撰時未詳，或在乾道初年。

胡大壯致張栻書

【案】據張栻下書“所論讀書欲自博而趨約”，知有此書。佚。

張栻《答胡季履》

所論讀書欲自博而趨約，此固前人規摹，其序固當爾。但旁觀博取之時，須常存趨約之意，庶不至溺心。又博與雜相似而不同，不可不察也。有所發明，毋惜示教。《南軒集》卷二五。

【案】此書撰時未詳，或在乾道初年。

胡　宏

胡宏（1105—1162），字仁仲，崇安（今屬福建）人。胡安國季子。學者稱五峰先生。幼事楊時、侯仲良，而卒傳其父之學。優游衡山下二十餘年，爲嶽麓書院山長，張栻師事之。以蔭補右承務郎，不調。秦檜當國，意欲用之，不應。檜死，宏被召，以疾辭。紹興三十二年（1162）卒于家，年五十七。

著有《知言》、《皇王大紀》、《易外傳》、《五峰集》等。《宋史》卷四三五有傳。

胡宏《與張敬夫書》

　　愚無知，而賢者過聽，以爲似有所聞，可與論學，下問以爲仁之方。世衰道微，及此者鮮，過望，幸甚！第某孤陋，不足以發賢者之深思也，然蒙謙下之誠，不敢虛辱，請試道愚見。私意害仁，賢者之言是也。如令尹子文之忠，似不可謂之私意，而孔子不以仁許之；如陳文子之清，亦似不可謂之私意，而孔子亦不以仁許之。仁之道大，須見大體，然後可以察己之偏而習于正。乍見孺子入井之時，孟子舉一隅耳。若內交，若要譽，若惡其聲，此淺陋之私，甚易見也。若子文之忠、文子之清，而不得爲仁，則難識也。敬夫試思之。此言或有理，幸深思之，則天地之純全，古人之大體，庶幾可見乎！《五峰集》卷二。

　　【案】據本書"愚無知，而賢者過聽，以爲似有所聞"云云，當爲張栻入門下前，先以書通問，故胡宏撰本書以答，時約在紹興二十九年(1159)中。

胡宏《與張敬夫書》

　　尋常士子講學，舉疑義，欲相滋益，其不復嗣音者多矣。向以子文、文子不得爲仁之義聞于左右，左右久而不忘，復以見教，此所以加于人一等也。來教曰："仁豈易言哉！須會于言意之表，而的然有見焉，可也。"此言誠是也。某反覆來教，以左右未能進于此者。然則欲進于此，奈何左右試以身處子文、文子之地，按其事而繩以仲尼之道，則二子之未知者庶幾可見，而仁之義可默識矣。孤陋據所到而言，未必是也，惟留意裁察，幸甚！《五峰集》卷二。

　　【案】上書(愚無知)有云"如令尹子文之忠，似不可謂之私意，而孔子不以仁許之；如陳文子之清，亦似不可謂之私意，而孔子亦不以仁許之"。而本書乃云"向以子文、文子不得爲仁之義聞于左右，左右久而不忘，復以見教"，知在其後。

胡宏《與張敬夫書》

示諭子文、文子之説，善矣。然猶是緣文生義，非有見于言意之表者也。子思曰：“思事親，不可以不知人；思知人，不可以不知天。”仁也者，人之所以爲天也，須明得天理盡，然後克己以終之，以聖門實不與異端空言比也。空言易曉，實際難到，所以顏回、仲弓亞聖資質，必請事斯語，不敢以言下悟便爲了也。敬夫高明謙下，愚見及此，不敢不告，然亦未必便是極致也。有以見教，却望毋惜。《五峰集》卷二。

【案】上書（尋常士子講學）有云“向以子文、文子不得爲仁之義聞于左右，左右久而不忘，復以見教”，而本書乃云“示諭子文、文子之説，善矣。然猶是緣文生義，非有見于言意之表者也”，知承其後。

胡宏《與張敬夫書》

辱示《希顏録》，足見稽考之勤。輒忘固陋，肆筆寫其所聞，未必皆當也。敬夫所得，却以見告，至望。先賢之言，去取大是難事。如《程子語録》，去顏子，合下完具，只是小要，漸漸充擴之。此乃常人，非顏子也。既是小，則如何謂之完具？若論秉彝，則人人完具也，何獨顏子？顏子所以資稟過人者，正以其大，便有一個合德于天地氣象也。此段正先生所謂“一兩字錯，便轉了，只知得他意”，此類是矣。又如《正蒙》云：“顏氏之進，則欲一朝而至焉，可謂好學也已。”似如此迫切，亦説顏子未著也。文中子之言誕漫不親切，揚子雲淺陋不精通，莊子坐忘，費力心齊，支離家語，如不容，然後見君子，恐亦未免于陋也。敬夫猛勇精進，諸人有未到處，他日當自見。以下喻謙勤，故不敢不摘其一二也。《五峰集》卷二。

【案】張栻《南軒集》卷三三《跋希顏録》云“某己卯之歲嘗裒集顏子言行爲《希顏録》上下篇，今十有四年矣”，知張栻《希顏録》撰于紹興二十九年（1159），本書當在其後。據下書（莊子之書）“某之意，《希顏録》如《易》、《論語》、《中庸》之説不可瑕疵，亦須真實見得不可瑕疵，然後可也”，知本書當撰于其前。

胡宏《與張敬夫書》

莊子之書，世人狹隘執泥者，取其大略，亦不爲無益。若篤信君子，句句而求，字字而論，則其中無真實妙義，不可依而行也。其説夫子奔軼絶塵事，類如此矣。如關西夫子説顔子之嘆，于顔子分上雖未精當，然正學者之所當有事也。與“欲一朝而至”迫切之語，蓋不同矣。龜山如字之解，左右之論是也。某之意，《希顔録》如《易》、《論語》、《中庸》之説不可瑕疵，亦須真實見得不可瑕疵，然後可也。其它諸説，亦須玩味，于未精當中求精當。此事是終身事，天地日月長久，斷之以勇猛精進，持之以漸漬薫陶，升高自下，陟遐自邇，故能有常而日新，日新而有常，從容規矩，可以贊化育、參天地而不過也。《五峰集》卷二。

【案】張栻《答胡季隨》（所論《二先生遺書》）云：“某頃年編《希顔録》，如《莊子》等諸書所載顔子事多削去，先生以書抵某云：‘其它諸説亦須玩味，于未精當中求精當，不可便容易指以爲非而削之也。此事是終身事，天地日月長久。’今十有二年矣，愈覺斯言之有味，願吾友深體之”，即指本書，當撰于紹興三十年（1160）間。

胡宏《與張敬夫書》

不意尊夫人傾背，伏惟孺慕號絶，何以堪居！然先王制禮，歸于一者也，所以消息以道，毋過摧傷，勉襄大事。古之人進德修業，正在難處之間，要不失至理而已。《五峰集》卷二。

【案】本書所云“不意尊夫人傾背”，當指紹興三十年（1160）張栻母蜀國夫人宇文氏去世一事，故本書當在其時。

胡宏《與張敬夫書》

比得款論，竊識左右胸中正矣，大矣。大體既是，正好用功，近察

諸身，遠察諸物，窮竟萬理，一以貫之，直造寂然不動之地，然後吉凶
與民同患，爲天之所爲矣。此聖門事業也。敬夫勉之哉！則又有進
于左右者。堯授舜，舜授禹，曰："人心惟危，道心惟微。"微，言微妙
也。危，言無常也。故孔聖自十五志于學，積十五年工夫，然後敢以
立自許。自是而後，每積十年工夫而一進。未至從心所欲不逾矩，則
猶有人心消磨，未瑩徹也；及至從心所欲不逾矩，方纔純是道心，與天
無二。故《中庸》稱孔子之德，終以"天地之所以爲大"結之，更不稱仲
尼也。今之學者少有所得，則欣然以天地之美爲盡在己，自以爲至足
矣。就世俗而言，亦可謂之君子；論于聖人之門，乃是自暴自弃耳。
左右方妙年，所見大體已是，知至矣當至之，知終矣當終之，則曾、顏
地位何患不到？敬夫戒之哉！乾乾不舍，工夫深後，自然已不得也，
今且當以速成爲戒耳。某病渴已十餘年，又見中外兄弟皆不壽，心常
不自保。道學不明，卒至禽獸，逼人甚矣，未有能振起者。敬夫資稟
穎異，故樂以告，不自知其愚也。有不中理，却幸指摘，當益思其所未
至。《五峰集》卷二。

【案】本書云及"比得款論，竊識左右胸中正矣，大矣"，推知當撰于紹
興三十一年（1161）張、胡初次會面之後。

胡宏《與張敬夫書》

時蒙不弃，訪以大道，殊激頑衷。夫理不窮，則物情不盡；物情不
盡，則釋義不精；義不精，則用不妙；用不妙，則不能所居而安；居不安，
則不能樂天；不能樂天，則不能成其身矣。故學必以窮極物理爲先也。
然非親之，則不能知味。惟不知味也，故終有疑，必待人印證也。左右
既進乎實弟，必敬以持之，高明博厚，日進無疆，聖門有人，幸甚幸甚！
《五峰集》卷二。

【案】上書（比得款論）有云"堯授舜，舜授禹，曰：'人心惟危，道心惟
微'"，而本書又云"時蒙不弃，訪以大道"，推知當在其後。

胡宏《與張敬夫書》

學聖人之道，得其體必得其用。有體而無用，與異端何辨？井田、封建、學校、軍制，皆聖人竭心思致用之大者也。秦、漢而下興者，雖是英雄，亦豈能勝于聖人哉？改制立法，出其私意，一世不如一世。至于近世，壞亂極矣。欲復古者，最是田制難得便合法，且井之可也。封建，擇可封者封之，錯雜于郡縣之間，民自不駭也。古學校之法，今掃地矣，復古法與今法相增減，亦可也。軍制，今保伍之法猶在，就其由增修循，使之合古，行之二十年，長征兵自減而農兵日盛。但患人不識聖人因天理、合人情、均平精確、廣大悠久之政，不肯行耳。圖盡是死法，無用也。心之精微，筆舌豈能既哉？其法具在方冊，只是散亂不成條理，精考精思，便自可見。《五峰集》卷二。

【案】上書（時蒙不弃）稱張栻“訪以大道”，而本書有云“學聖人之道，得其體必得其用”，又云“但患人不識聖人因天理、合人情、均平精確、廣大悠久之政”，疑在其後。

胡宏《與張敬夫書》

疊蒙相公親翰之賜，又蒙特遣名醫爲之切脉察病，而叔父處又傳致鈞念之厚，下情感戴，不可言陳。竊伏自念所以得此者，豈不以其粗能安貧守道，或不玷其先人，故乎大君子顧盼後進，成人之美，幸甚幸甚！愚望相公推此心，廣收天下真才實能忠信之士，使無遺弃，以俟明天子赫然震怒，欲匡天下，圖仕舊勳，則拔茅連茹，使各盡其器用，臨時無乏使之嗟，而中原可復矣。此固相公之素有，區區之意，自不能已耳，不敢專札塵瀆，告代次致此愚誠。《五峰集》卷二。

【案】上書（比得款論）云及“某病渴已十餘年，又見中外兄弟皆不壽，心常不自保。道學不明，卒至禽獸，逼人甚矣，未有能振起者”，而本書有“疊蒙相公親翰之賜，又蒙特遣名醫爲之切脉察病”，知承其後。本書又云

"愚望相公推此心,廣收天下真才實能忠信之士,使無遺弃,以俟明天子赫然震怒,欲匡天下,圖仕舊勳,則拔茅連茹,使各盡其器用,臨時無乏使之嗟,而中原可復矣",據朱熹《晦庵文集》卷九五《少師保信軍節度使魏國公致仕贈太保張公行狀》,紹興三十一年(1161)"十月,復公觀文殿大學士,判潭州",則推知本書當撰于紹興三十一年冬。

胡　銓

胡銓(1102—1180),字邦衡,號澹庵,廬陵(今江西吉安)人。建炎二年(1128),"廷對行在所,考官初以冠多士,或畏其切直,置第五,授左文林郎、撫州軍事判官。……尋丁父憂。服除,與兄鑄從鄉先生蕭楚講《春秋》學,無仕進意。"周必大《省齋文稿》卷三〇《胡忠簡公神道碑》。紹興七年(1137)改左通直郎,留爲樞屬。秦檜等與金人議和。銓上封事,乞斬秦檜、王倫、孫近三人之頭,遠謫嶺南。後量移衡州。三十二年復左奉議郎、知饒州。隆興元年(1163)正月遷秘書少監,四月擢起居郎、兼侍講、國史編修官。乾道五年(1169)冬,除集英殿修撰、知漳州,未赴。六年春改泉州。淳熙四年(1177)秋,特命提舉隆興府玉隆萬壽宮。五年夏,進端明殿學士。七年四月加資政殿學士致仕。五月卒,年七十九。事迹見楊萬里《誠齋集》卷一一八《胡公行狀》、周必大《省齋文稿》卷三〇《胡忠簡公神道碑》。《宋史》卷三七四有傳。

胡銓《與張欽夫小簡》

某伏承頒賜大丞相先生傑作,跪受正冠伏讀,粲然動心駭目,端所謂變化若雷霆,浩汗若河漢,正聲諧韶濩,勁氣阻金石,豐而不餘一言,約而不失一辭,其事信,其理切者也。端所謂本諸身、徵諸庶民、考諸三王而不謬,建諸天地而不悖,質諸鬼神而無疑,百世以俟聖人而不惑者也。端所謂清明象天,廣大象地,始終象四時,周旋象風雨,五色成文而不亂,八風從律而不奸,百度得數而有常,小大相生,終始相成者也。夫制作之盛,至于包括天地四時,風雨之妙,禮樂之蘊,雷霆河漢,韶濩金石,萬物之變,可謂至矣。自非所養至大至剛,所學至純至正,所得至渾至厚,決不能詣其極有如此者,決不能不阿世以違道有如此者。顧不肖愚曷足以仰副期望之意,而骫骳之文何足以當華袞之飾!古人冠玉之喻,誠不欺矣。謹當寫之琬琰,以傳不朽,使千萬年知尊吾聖人之道,不在斯文乎!方丈遣人迫甚,不及臚縷,伏祈台照。《胡澹庵先生文集》卷一三。

　　【案】《胡澹庵先生文集》卷一二《與張丞相小簡》中云:"某伏蒙頒賜鈞翰,并序文一通,百拜跽受,謹什襲藏衍,子子孫孫世寶之。旦夕刻之琬琰,別具稟次。"文末注云:"謝鈞翰題母曾夫人墓額及撰述《春秋序》,故柬中及之。"知其書爲胡銓答謝張浚所作曾夫人墓額及《春秋序》所作,本書所云"大丞相先生傑作"當指此事,推知張浚所作文章由張栻轉呈胡銓,胡銓作書答謝。是書當在紹興末張浚永州居住期間。

胡銓《與張欽夫小簡》

　　某自二水拜違台範,轉盼許時,跂仰德誼,不啻飢渴。去夏抵里中,人事破頭,加以連有功緦之制,記室之問,闊焉不講,必辱照恕。大丞相起鎮大藩,天下歌思,歸相天子,萬方一概也。議者皆謂用不用繫天下重輕焉,某獨謂實存亡所繫,如孟軻氏所云不用則亡者,重輕不足言也。僭越及此,不寒而栗。《胡澹庵先生文集》卷一三。

　　【案】書中所云"大丞相起鎮大藩,天下歌思,歸相天子,萬方一概也",當指隆興元年(1163)正月張浚開府事,故本書當撰于是年春。

胡　寔

　　胡寔(1136—1173)，字廣仲，建州崇安(今福建武夷山市)人，紹興間徙家衡岳之下。胡宏從弟。早以門蔭補將仕郎，後得欽州靈山縣主簿，未上。乾道九年(1173)十月卒，年三十八。張栻《南軒集》卷四〇《欽州靈山主簿胡君墓表》。

張栻《答胡廣仲》

　　向來臨行時所示講論一紙，連日尋未獲，然其略亦頗記得矣。大抵某之鄙意以爲民受天地之中以生，均有是性也，而陷溺之，陷溺之則不能有之。惟君子能存其良心，故天性昭明。未發之中，卓然著見。涵養乎此，則工夫日益深厚，所謂存心養性之妙。然而其見也，是心體流行上發見矣，不是有時而心，有時而性也。此精微處，須究極之，只爲世間人思慮紛擾百出，故無未發之時，自信不及。此話須要以收放心爲先。此意非言語可盡，遠書姑道萬一，試更與伯逢、德美共思，不可以舊所安爲至，更不研窮也。某所見亦豈敢自以爲是，亦幸往復焉。《南軒集》卷二七。

　　【案】本書云及“向來臨行時所示講論一紙”，知此前張栻嘗與胡寔相見。本書或撰于乾道八年(1172)張栻居長沙時。待考。

張栻《答胡廣仲》

　　龜山所得，誠甚弘裕，但宣和一出，在某之隘，終未能無少疑如劉元城。然以聖門論之，恐自處太高。磨而不磷，涅而不淄，在聖人乃可言，自餘高第如閔子騫，蓋有汶上之言矣。至于以世俗利心觀龜山者，則不知龜山者也，何足辨哉！前輩未容輕看，然吾人講學，則不可一毫有隱爾。《南軒集》卷二七。

【案】此書撰時未詳。或亦在乾道八年（1172）前後。待考。

胡寅《致張栻書》

【案】據張栻答書"來書所謂性善之説，于鄙意殊未安"，知有此書。佚。

張栻《答胡廣仲》

來書所謂性善之説，于鄙意殊未安。夫善惡相對之辭，專善則無惡也；猶是非相對之辭，曰是則無非矣。性善云者，言性純是善，此"善"字乃有所指。若如彼善于此之善，則爲無所指，而體不明矣。而云如彼善于此之善，非止于至善之善，不亦異乎？且至善之外，更有何善？而云恐人將理低看了，故特地提省人，使見至善之淵源，無乃頭上安頭，使人想象描貌而愈迷其真乎？切幸更精思之也。《主一箴》之論甚荷，但某之意正患近來學者多只是想象，不肯着意下工。伊、洛老先生所謂主一無適，真是學者指南，深切著明者也。故某欲其于操舍之間體察，而居毋越思，事靡它及，乃是實下手處，此正爲有捉摸也。若于此用力，自然漸覺近裏趨約，意味自別。見則爲實見，得則爲實得，不然，徒自談高拽妙，元只在膠膠擾擾域中三二十年，恐只是空過了，至善之則烏能實了了乎？《箴》之作，亦以自警云爾，更幸察焉，却有以見教是望。正作此書間，又領葉家便价所持帖，尤慰。所論《大學》知止知至之説，大略是如此。蓋知止是知其所止，慮而後能得，得是得其所止，未至于得，未可謂知至也。然《易》所謂知至而曰至之，此知至字却須輕看；而至之者乃《大學》知至者也，如何？尺紙無由盡意，加以私家有少修造，未能詳，幸察。《南軒集》卷二七。

【案】由本書所云"《主一箴》之諭甚荷",知張栻此前曾寄《主一箴》與胡寔,《主一箴》約撰于乾道七八年間,故推知本書約撰于乾道八年(1172)或稍後。

張栻《答胡廣仲》

"心有所覺謂之仁",此謝先生救拔千餘年陷溺固滯之病,豈可輕議哉!云云。夫知者,知此者也;覺者,覺此者也。果能明理居敬,無時不覺,則視聽言動莫非此體之流行,而大公之理在我矣,尚何憤驕險薄之有?

元晦前日之言固有過當,然知覺終不可以訓仁。如所謂"知者知此者也,覺者覺此者也",此言是也,然所謂此者,乃仁也。知覺是知覺此,又豈可遂以知覺爲此哉?

以愛名仁者,指其施用之迹也。以覺言仁者,明其發見之端也。

愛固不可以名仁,然體夫所以愛者,則固求仁之要也。此孔子答樊遲之問以愛人之意。

《復卦》下面一畫乃是乾體,其動以天,且動乎至静之中,爲動而能静之義,所以爲天地心乎?

至静而動不窮焉,所以爲天地心也。《南軒集》卷三〇。

【案】本書中"元晦前日之言固有過當,然知覺終不可以訓仁"之語,當指朱熹《答胡廣仲》(熹承諭向來爲學之病),其書云:"至于仁之爲説,昨兩得欽夫書,詰難甚密,皆已報之。近得報云,却已皆無疑矣。今觀所諭,大概不出其中者,更不復論。但所引《孟子》'知'、'覺'二字,却恐與上蔡意旨不同。蓋孟子之言知、覺,謂知此事、覺此理,乃學之至而知之盡也。上蔡之言知、覺,謂識痛癢、能酬酢者,乃心之用而知之端也。二者亦不同矣。然其大體皆智之事也。今以言仁,所以多矛盾而少契合也。憤驕險薄,豈敢輒指上蔡而言,但謂學者不識仁之名義,又不知所以存養,而張眉努眼、説知説覺者,必至此耳。如上蔡詞氣之間,亦微覺少些小温粹,恐亦未必不坐此也。夫以愛名仁固不可,然愛之理則所謂仁之體也。天地萬物與吾一體,固所以無不愛,然愛之理則不爲是而有也。須知仁、義、禮、智四字一般,皆性之德,乃天然本有之理,無所爲而然者。但仁乃愛之理、生之道,故即此而又可以包夫四者,所以爲學之要耳。細觀來諭,似皆未察乎此,此熹之所疑者七也。"朱書撰于乾道八年(1172)中,本書或在是年末。

附:

張栻《喜廣仲伯逢來會》

二阮向來俱莫逆,支筇爲我到山巔。濁醪共飲聊復爾,勝集于今亦偶然。人立千峰秋色裹,月生滄海暮雲邊。高談此地曾知幾,一笑歸來對榻眠。《南軒集》卷四。

張栻《胡丈廣仲與范伯崇自岳市來同登絶頂舉酒極談得聞比日講論之樂》

久憩珠林寺,高軒自遠來。攜朋上喬岳,載酒到瓊臺。論道吟心樂,吟詩笑眼開。遥觀松柏樹,風韵有餘哀。《南岳倡酬集》。

胡提舉

胡提舉,名里未詳。

張栻《答胡提舉啓》

伏審持節載驅,襄帷來届。送以禮樂,上資周度之聞;雖則劬勞,民有安居之托。伏惟提舉郎中以疏明之稟，負通達之才。執法漢庭，夙著平反之譽；觀風周道，已聞忠厚之言。載惟推擇之公，實寄丁寧之旨。蓋念茲土，重罹歉災。尚遠食新之期，居多仰哺之衆。是勤賢德，來布上恩，正茲救患之時，何異拯焚之急！儻誠心惻怛，惟恐一夫之傷，則惠澤周流，自然千里之及。政施有序，風動可期。既寬宵旰之深憂，且召豐年之和氣，遂因成績，入步要津。某昨幸朝班，數瞻風宇。方衡門之自省，喜廣蔭之可依。染翰見貽，先辱瓊瑤之贈；造門不遠，行修桑梓之恭。《南軒集》卷八。

【案】由"染翰見貽"，知胡提舉嘗有書致張栻，今未見。本書撰時未詳，待考。

黄　鈞

黄鈞，字仲秉，綿竹（今屬四川）人。登紹興二十四年（1154）進士。乾道二年（1166）四月除秘書省正字，六月除著作佐郎，三年五月爲起居舍人。六年十一月以太常少卿兼國史院編修官。八年四月以秘閣修撰知瀘州，七月以權兵部侍郎兼實錄院同修撰。《南宋館閣錄》卷七、卷八。乾道八年九月除集英殿修撰守鎮江。次年十二月改知瀘州。《（嘉定）鎮江志》卷一五。

黄鈞《致張栻書》

【案】張栻《南軒集》卷四三《祭黄侍郎》中云："去年君歸，道荆鄂間，數寄手書，眷焉不舍。"知黄鈞有數書致張栻，時在張栻任官江陵期間，推知當在淳熙五年（1178）、六年間。佚。

江文叔

江文叔(1128—1194)，初名澄，字清卿，一字清之，《(淳熙)三山志》卷二九。福州侯官縣(今福建福州)人。紹興二十七年(1157)進士，調雄州州學教授。歷靜江府、鬱林州、沅州學教授，通判建寧府，改通判泉州，兼南外宗正丞，賜緋衣銀魚。淳熙十三年(1186)爲廣南提舉市舶，奉祠歸。紹熙五年(1194)五月戊辰卒，年六十七。乾道五年(1169)編修《桂林志》一卷。《直齋書録解題》卷八。與張孝祥相善。事迹見周必大《平園續稿》卷三二《廣南提舉市舶江公文叔墓志銘》。

江文叔《致張栻書》

【案】由張栻答書"垂諭《大學》格物之説，顧某淺陋，何足以發高明之思"，知有此書。佚。

張栻《答江文叔》

垂諭《大學》格物之説，顧某淺陋，何足以發高明之思？抑嘗聞之，格，至也；格物者，至極其理也。此正學者下工夫處。吕舍人之説雖美，乃是物格知至以後事，學者未應躐等及此也。雖然，格物有道，其惟敬乎！是以古人之教，有小學，有大學。自灑掃應對而上，使之循循而進，而所謂格物致知者，可以由是而施焉。故格物者，乃大學之始也。因下問及之，併幸詳焉，有以見教。《南軒集》卷二六。

【案】本書撰時未詳，或在乾道八年(1172)前後。待考。

蔣允濟

蔣允濟(1104—1166)，字德施，興安(今屬廣西)人。與其兄允升俱中紹興二年(1132)進士第。歷柳州柳城尉、容州普寧令，改知邵州新化縣、賀州富川縣，通判賓州，知潯州、邕州。在州縣凡四十年，積官朝請大夫。乾道二年(1166)卒，年六十三。事迹見張孝祥《于湖居士文集》卷三〇《邕帥蔣公墓志銘》。

張栻《致蔣允濟書》

【案】據周必大《省齋文稿》卷一八《書張欽夫栻劉文潛焞與蔣邕州書》："亡友張欽夫、劉文潛皆眼高四海，未嘗輕以一字許人。先後帥桂林，聞邕州遺愛及華夷，大書至數百言。推是以考其平生，則張安國之銘，豈諛墓者？壽禄不于其身，有子而才，自宜光顯于世；而礪也三抑于春官，六十未離選調，以此知遠方賢能阨窮不少矣。予嘗在進退人材之地，深有愧于斯文。紹熙元年九月甲子。"知張栻、劉焞皆有書致蔣允濟，張栻書當撰于乾道初。佚。

李　椿

李椿(1111—1183)，字壽翁，洺州永年(今屬河北)人。以遺澤補迪功郎、潭州衡山縣尉，歷知鄂州、廣西提點刑獄，入爲吏部郎官，樞密院檢詳，遷左司。除直龍圖閣、荆湖南路轉運副使，遷司農卿，兼知臨安府。復除江南西路轉運副使，改知婺州，進秘閣修撰。尋召吏部侍郎，以集英殿修撰知寧國府，改太平州。年六十九，以敷文閣待制致仕。復起以顯謨閣待制知潭州，爲荆湖南路安撫使。再告歸，進敷文閣直學士致仕。"朝拜命，夕登舟，歸老衡陽故居野塘之上。"《晦庵文集》卷九四《李公墓志銘》。淳熙十年（1183）十一月卒，年七十三。"椿年三十始學《易》有得，不著訓傳，或先儒未言則述之。在臨安，奉詔擇靈隱寺主僧，椿復于上，願崇先王之道，正人倫之本，毋鬻度僧牒，撤無名佛屋，漸汰游惰，歸之農桑。"《誠齋集》卷一一六《李侍郎傳》。《宋史》卷三八九有傳。

李椿《與張栻書》

　　復讎討賊，天下之大義也。然必正名定分，養威觀釁，然後可圖。今議不出于督府，而出于諸將，則已爲興尸之凶矣。況藩籬不固，儲備不豐，將多而非才，兵弱而未練，節制未允，議論不定，彼逸我勞，雖或有獲，得地不守，未足多也。《齊東野語》卷二《張魏公三戰本末略・符離之師》。

　　【案】據《齊東野語》卷二《張魏公三戰本末略・符離之師》有云"督府準遣李椿以書遺浚子栻曰"云云。又《晦庵文集》卷九四《敷文閣直學士李公墓志銘》中所載略有不同："公在外，亟奏記張公曰：'復讎討賊，天下之大義也。然必正名定分、養威觀釁而後可圖。今議不出于督府而出于諸將，則已爲興尸之凶矣。況藩籬不固，儲備不豐，將多而非才，兵弱而未練，節制未允，議論不定，雖得其地，不能守也。'書未入而師已行，則又言曰：'大將勇而無謀，願授成算，俾進退可觀，毋損威重。'"書中所言"復讎討賊"指隆興元年（1163）張浚等人籌劃北伐事，知此書當在隆興北伐之前，或在是年春。

李　壁

　　李壁，字仲信，眉州丹稜（今屬四川）人。李燾子。乾道七年（1171）十一月中賢良方正直言極諫科。《宋史》卷三四《孝宗紀二》。"壁既中制科，爲秘書省正字，尋遷著作郎兼國史實録院編修檢討官。父子同主史事，搢紳榮之。"《宋史》卷三八八《李燾傳》。淳熙四年（1177），近臣復舉李燾次子塾應制科，以閣試不中程黜。壁偶考上舍試卷，發策問制科，爲御史所劾，語連及李燾，罷。終奉議郎、主管成都府玉局觀。周必大《平園續稿》卷二六《敷文閣學士李文簡公燾神道碑》。

張栻《答李賢良仲信》

　　比承奉對天陛，正學以言，歸拜親庭，榮則多矣。竊在游從，深用慰嘆。未及具問，來教先貽，佩戢至意。即此春晚，伏惟侍旁從容，德履勝裕。國家稽古建科，得人爲盛。中雖廢于邪臣，卒莫掩于公議。逮兹舉首，乃得昌言，將必有聞風而起者，幸甚幸甚！雖然，盛名之下難居，而問學之方無窮。責人者易爲言，而克己者難其功。任重道遠，惟益勉之，以副蘄望。某歸來舊廬已三閲月，無事可以讀書，玩味存察，不敢墮弛，惟孤陋少友是懼，每馳情于公家父子兄弟間也。因來，尚警告之。西溯未有日否？臨紙更切依然，重幾良食自厚。《南軒集》卷二七。

　　【案】本書有云"某歸來舊廬已三閲月，無事可以讀書"，當指乾道七年（1171）末張栻罷官歸長沙事，又據書中"即此春晚"云云，推知本書當撰于乾道八年三月。

李　茆

李茆，字叔茂，長沙（今屬湖南）人。淳熙初知雷州，終湖南路提舉常平。吳芾婿。其女適吳獵。事迹見張栻《南軒集》卷九《雷州學記》、卷四〇《吳監廟墓志銘》，魏了翁《鶴山大全集》卷八九《吳公行狀》。

李茆《致張栻書》

雷舊有學宮，比歲日以頹壞。今焉葺治一新，願請記以詔其士。且希白先生嘗爲是州，宜公之所加念也。《南軒集》卷九《雷州學記》。

【案】《南軒集》卷九《雷州學記》："淳熙四年秋，知雷州李侯以書來告曰：'雷舊有學宮……'"知本書撰于淳熙四年（1177）秋。

李　塾

李塾（1148—1180），字季修，眉州丹稜（今屬四川）人。李燾第四子。應制科，以閣試不中程式見黜。《文忠集》卷一二四。"兄種學績文，涵濡演迤，至論當世之故，則諳練通達、燭照龜占，雖久宦游，有所不能及也。挾瑰瑋之才，備純固之行，充之以正大之學，謂雖暫屈，必將踔厲風發，霖雨于四海。"《永樂大典》卷一四〇五一李壁《祭季修九兄文》。淳熙七年（1180）六月卒，年三十三。《南軒集》卷一二《約齋記》稱："吾友眉山李塾季修，自幼居其親旁,凡所見聞,無非詩書禮樂之事,上下數千載間,其考之詳講之熟矣。頃年相遇于武昌,求予名其齋,而予以‘約’爲言,欲其趨夫要也。”事迹見《永樂大典》卷一四〇五一李壁《祭季修九兄文》。

李塾《致張栻書》

【案】由張栻下書“垂示《浩氣集傳》,足見留意,亦一再觀矣”,知李塾有書致張栻。佚。

張栻《答李季修》

某別來無日不念,辱近問爲慰。垂示《浩氣集傳》,足見留意,亦一再觀矣。大抵論學之難,如此等要切處,須涵泳體認,持之以久,方能通達。若只以己意懸斷,則失之遠矣。如蘇與秦之説,辯則辯矣,然只是以聰明揣量,非講學之道也。且是未識心之所以爲心,既未識心,則所謂浩然之氣者安所本哉?本源既差,則其立言何適而非病?縱使時有一二語摸度近是,亦非是也。後生顧豈當議前輩?然講學不可不精于決擇,雖毫髮亦不容放過,況本源初未是者哉?今當本孟子之意,而參以程子之説。孟子以集義爲本,程子以居敬爲先,皆其深造自得者然也。學者于是二者朝夕勉焉,循循不已,則所謂浩然之氣者,淺深當自知之。若不于此下工,遽欲想象,强氣體使之充,正是助長之甚者,其爲害反大矣。以直養之説,要將直來養氣,便是私意,有害于養,故孟子只説養而無害,不是將一物養一物也,與涵養以敬自大不同。敬便是養也,敬者心之道,所以生生也,與直字義異,須細味之。所問《大學》正心之道,克己所以治怒,明理所以治懼,程子固嘗言之。至于憂患好樂,所以治之者亦不越乎此。蓋克己所以治好樂,而明理所以治憂患也。大抵用工處,克己、明理二端而已。如前所云,居敬則克己在其中,集義則明理在其中,亦是二端也。汪玉山所謂《二程語録》嘗因探討一事,即爲刊正數處,此論亦未然。蓋在己若見未到,看先生説話未出,却便據己見刊正,豈不爲害?要須平心易氣，深潛默體，于其疑則與師友講論問辯焉可也。《諸葛忠武傳》録呈，有當删正及當增益者，不惜示及。家亦有集，但殊不類諸葛公語，當非本書。王子思所編似太草草，某中間所載公之語云"吾心如秤，不能爲人作輕重"，乃得之《貞觀政要》中，不知向前別曾有處載此否？劉子澄亦得書。仲信令兄必歸侍旁，煩爲致意。某見吾友下問之誠，據鄙懷不敢有隱切，不必示它人也。寒甚，呵筆奉此，更惟自愛。《南軒集》卷二七。

【案】據胡宗楙《張宣公年譜》考證，張栻《諸葛武侯傳》成于乾道二年（1166）冬，今從之。則此書當在乾道二年冬。

李塾《致張栻書》

【案】由張栻下書（兩兄既皆歸）云"所諭敬之説"，知李塾有書問張栻。佚。

張栻《答李季修》

兩兄既皆歸，子職良厪。孟子論事親爲仁之實，蓋人心之至親至切，孰尚乎此！此實問學之根柢也。所論敬之説，謂用力誠不可怠惰，而向晦宴息亦須隨時。某以爲向晦入燕息乃敬也，知向晦燕息之爲非怠惰，乃可論敬之理矣。《南軒集》卷二七。

【案】本書中所云"兩兄既皆歸，子職良厪"，與張栻前書（某別來無日不念）"仲信令兄必歸侍旁，煩爲致意"相符，故推知本書或撰于稍後。

李　燾

李燾（1115—1184），字仁甫，一字子真，號巽岩，丹稜（今屬四川）人。登紹興八年（1138）進士第，調華陽簿，歷知雙流縣、知榮州，後除潼川府路轉運判官。乾道中歷除兵部員外郎兼禮部郎中，遷秘書少監兼權起居舍人，尋兼實録院檢討官。後以直顯謨閣出爲湖北轉運副使。乾道八年（1172）直寶文閣，帥潼川兼知瀘州。淳熙中除江西運副，進秘閣修撰、權同修國史、權實録院同修撰，累官至禮部侍郎、敷文閣待制。後知遂寧府，除敷文閣學士，致仕。淳熙十一年（1184）卒，享年七十，謚文簡。著述甚豐，以《續資治通鑑長編》最著名。張栻嘗稱"李仁甫如霜松雪柏"。《宋史》卷三八八《李燾傳》。事迹見周必大《平園續稿》卷二六《敷文閣學士李文簡公燾神道碑》。《宋史》卷三八八有傳。

李燾《致張栻書》

【案】據張栻答書"竊聞除書，復長道山，固爲吾道慶"，知有此書。佚。

張栻《答李秘監》

竊聞除書，復長道山，固爲吾道慶。然而進退去就之義，高明所素講，今日必有以處之，而亦士類之所屬望也。《詩》曰："戰戰兢兢，如臨深淵，如履薄冰。"此古人所以周旋乎理義，動中節奏而不失也。辭章儻未報可，則繼此何如耶？辱在下風，所願聞也。《南軒集》卷二六。

【案】本書有云"竊聞除書，復長道山，固爲吾道慶"，推知當撰于淳熙三年（1176）李燾除秘書監之後未久。

附：

張栻《李仁父寄伏苓酥賦長句謝之》

岷峨山中千歲松，枝虬幹直摩青空。雪霜剥落中不槁，膏液下與靈泉通。龜跧鳧伏自磊砢，金堅玉潔仍豐融。篝明夜取喜得雋，煮鼎朝聽如吟風。杵成坐上看飛雪，更和酪乳收全功。當知至味本無味，子若服之壽莫窮。巽岩脊梁硬如鐵，冠峨切雲佩明月。百好都隨春夢空，大藥獨傳鴻寶訣。中宵咀嚼不搖頭，玉池生肥嚥不徹。憐我百慮形蚤衰，裹贈扶持意何切。丹砂着根謾爾傳，脂澤釀黍計已拙。由來妙道初不煩，此法莫從兒輩説。徑思舉袂揖浮丘，下視塵世真一哄。朱顏留得亦何爲，追逐同堅歲寒節。《南軒集》卷一。

張栻《三茅觀李仁父劉文潛員顯道趙温叔崔子淵置酒分韵得高字》

節物歲云暮，九衢塵滿袍。起我二三友，招要步林皋。仰看冥飛鴻，俯覽千丈濤。石徑上深窈，竹風更蕭騷。杯槃自真率，更起瀉濁醪。嘆我會合難，慰我涉歷勞。薰然鄉社游，飲少意已陶。我亦壽長者，萬里欣所遭。嗟哉士業艱，逝矣日月滔。古義重金石，外物真秋毫。願言共勉厲，勿負岷山高。《南軒集》卷二。

張栻《李仁甫用東坡寄王定國韵賦新羅參見貽亦復繼作》

三韓接蓬萊，祥雲護山頂。涵濡雨露春，吞納日月景。美蔭背幽壑，靈根發奇穎。艱難航瀚海，包裹走湖嶺。仙翁閱世故，未肯遽生瘿。相期汗漫游，歲晚共馳騁。願持紫團珍，往扣黃庭境。想翁面敷腴，玉色帶金井。芸芸納歸根，湛此方寸靜。清規照濁俗，不惑類楊秉。懸知藥籠中，此物配丹鼎。從今談天舌，不用更澆茗。《南軒集》卷三。

李 埜

李埜，字叔文，南康（今屬江西）人。紹興三十二年（1162）任贛縣知縣。《（嘉靖）贛州府志》卷七。《（嘉靖）江西通志》卷三一載李師愈"博學多聞，從劉子澄講學于廬山。朱文公高弟李埜嘗訪師愈，有詩稱之"。當即此人。

張栻《致李埜書》

【案】由張栻答書中"某自舟中草草具謝，爾後不克嗣音，辱近告從審，侍履萬福，慰甚”，知張栻嘗有書答李叔文，時約在乾道七年（1171）冬。佚。

張栻《答李叔文》

　　某自舟中草草具謝，爾後不克嗣音，辱近告從審，侍履萬福，慰甚。某歲前抵舊廬，應接殊不暇，數日來方得從事簡編中，但可與講論者極患其難得耳。幸教以少康而下中興説，敬以詳觀。少康年次，邵康節《皇極經世》中以寒浞滅相係于壬寅，是歲或癸卯，少康生，而克復舊物乃在癸未，凡四十有一年。方少康在襁褓，而夏之臣靡固有滅浞而立之之心，經營許久，乃遂其志，若靡者可謂忠之盛者矣。方寒浞在上，澆、豷縱橫之時，少康獨有田一成，衆一旅，其勢可謂湮微，而卒用以興，其間圖回謀慮，必大有曲折，惜不復傳于後，猶幸有《左氏傳》所載耳。要之，靡與有鬲氏、有仍氏皆佐少康以有爲者也。若使少康之君臣此數十年中不忍而欲速，則身且不保，而況國乎？惟其潛也若深淵之靚，故其發也如春陽之振，動惟其時者也。恐當以是觀之。燈下布復，它冀以時厚愛。《南軒集》卷二七。

　　【案】本書中云“某自舟中草草具謝，爾後不克嗣音，辱近告從審，侍履萬福，慰甚。某歲前抵舊廬，應接殊不暇，數日來方得從事簡編中，但可與講論者極患其難得耳”，當指乾道七年（1171）張栻罷官歸長沙事，撰本書時張栻已抵長沙，故推知其當在乾道八年初。

李　壁

　　李壁（1161—1238），字季允，號悦齋，眉州丹稜（今屬四川）人。李燾子。“受業于樓迂齋、劉静春，遂從張南軒游。時先生求道甚鋭，南軒戒以勿急于

求成，自是循序而進。”《宋元學案》卷七一《文肅李悅齋先生塈》。登紹熙元年
(1190)進士第。慶元中任秘書省正字，除校書郎。黨禁中名列僞學逆黨籍。
後歷知江陵、潼川、常德、虁州，召爲吏部郎官，兼國史院編修官，擢秘書少
監、起居舍人，江東制置副使。紹定四年(1231)除四川制置使、知成都府，召
拜權刑部尚書。嘉熙元年(1237)爲同知樞密院事、四川宣撫使、知成都府。
明年，四月以同簽書樞密院事督視江淮京湖軍馬。六月卒。《宋史》卷四二《理
宗本紀》。諡文肅。著有文集、《皇宋十朝綱要》《續帝學》《趙鼎行狀》等。

張栻《致李𬤝書》

　　無急于成。《鶴山集》卷六一《跋南軒所與李季允𬤝帖》。

　　【案】魏了翁《鶴山集》卷六一《跋南軒所與李季允𬤝帖》云：“南軒先生
受學于五峰胡子，久而後得見，猶未與之言也。泣涕而請，僅令思忠清，未
得爲仁之理，蓋往返數四而後予之。前輩所以成就後學，不肯易其言若此。
故得其説者啓發于憤悱之餘，知則真知，行則篤行，卒能以學問名世，有非
俗儒四寸口耳之比。今帖所謂‘無急于成’，乃先生以其所以教于人者教人
耳。”知有是書，約撰于淳熙前期。

廖行之

　　廖行之(1137—1189)，字天民，號省齋，衡陽(今屬湖南)人。登淳熙十
一年(1184)進士第，調岳州巴陵尉，到官數月以親老丏養而歸。淳熙十三
年覃恩轉修職郎，授潭州寧鄉縣主簿，未赴。淳熙十六年三月二十三日卒，
年五十三。有《省齋集》。事迹見《省齋集》附録《宋故寧鄉主簿廖公行狀》、
《宋故寧鄉主簿廖公墓記》《宋故寧鄉主簿廖公修職墓志銘》。

廖行之《爲長兄賀張南軒荆南開府啓》

開南服之价藩,建元戎之幕府。誠明所格,不煩褰刺史之帷;號令一新,豈獨壯三軍之氣。俯愜蒼生之望,上寬當宁之懷,仰惟慶愜。恭以某官于道得古人之傳,以身任天下之重。時則有若伊陟,烈可紹于阿衡;我亦欲正人心,功足齊于孟氏。言行當時之師表,出處繫世之污隆。贊策膺戎,自得安强之本;矢謨造膝,居多仁義之陳。粵去國之幾年,惟許君之一節。謀非身爲,志與時行。人定勝天,天定勝人,素其位而奚慊;仕優則學,學優則仕,顧其道之當然。三載于南,百蠻既輯。文軫且逾于桂海,聲名益簡于冕旒。祈退甚堅,受知彌渥。伊荆州用武之地,最今日任人之先。食貨生財,雖云當務;詩書謀帥,宜莫如公。聯翩綸綍之頌,從容縉紳之喜。國家倚重,蓋根本之上游;兵民屬心,將權輿于大用。矧是經綸之計,及夫閑暇之時,先爲不可勝之資,其取杜生之自治;故將大有爲之主,必若宣王之内修。既上得其道而下得其宜,則守無不安而征無不服。惟久負胸中之素,宜咸俟日新之功。行且登庸,措之事業。某門闌晚進,宦海餘波。讀一卷之書,亦粗知于模範;處百僚之底,曾何補于毫分。欣聞山甫賦政之初,佇見尼父復疆之效。言《詩》三百,在《蒸民》、《江漢》之篇;逢世半千,見《大學》、《中庸》之治。其爲瞻頌,莫罄敷陳。

《省齋集》卷七。

【案】本書爲賀張栻江陵開府事,據胡宗楙《張宣公年譜》,知張栻到任當在淳熙五年(1178)秋,本書撰于其時。

劉　琪

劉琪(1122—1178),字共父,一字共甫,一作恭父,建寧崇安(今福建武

夷山市)人。劉子羽子。建炎三年(1129)補承務郎。紹興十二年(1142)中
進士第。乾道元年(1165)三月除敷文閣待制、知潭州、荊湖南路安撫使。三
年正月召除赴行在,除翰林學士、知制誥兼侍讀。十一月,拜同知樞密院事,
四年七月兼參知政事,八月除端明殿學士在外宮觀,改知隆興府、江南西路
安撫使。五年四月除資政殿學士、知荊南府、荊湖北路安撫使。六年九月丁
母慶國夫人憂。八年十二月服除,除知潭州、荊湖南路安撫使。九年三月赴
闕奏事,進大學士以行。淳熙二年(1175)正月除知建康府、江南東路安撫
使。五年七月卒,年五十七。諡忠肅。在潭州時"大修潭州嶽麓書院,養士
數十人,而屬張子敬夫往游其間,告以古人爲己之學。謂明道程公先生嘗官
建康屬邑,爲之立祠學官,而刻陳忠肅公《責沈》之文于壁,以示學者"。《晦庵
文集》卷八八《劉公神道碑》。朱熹代劉坪(平甫)撰《劉公神道碑》、《晦庵文集》卷八
八。《劉樞密墓記》、《劉公行狀》。《晦庵文集》卷九四。《宋史》卷三八六有傳。

劉珙《致張栻書》

【案】由張栻下書中"來教自以爲報人主之心有加無已",知劉珙有書
致張栻。佚。

張栻《寄劉共甫樞密》

某幸安湘濱,不敢廢學,無足塵記念。自惟不敏,竊守樸學。顧世
衰道微,邪說並作,肯信此者少。獨樞密發慨然之志,而下取及一得之
愚,久而益眷眷焉。每念無以裨補萬分,退用愧悚。來教自以爲報人主
之心有加無已,而向者之爲有所未慊于中,方將沛然用力于古道。區區
聞之,喜且不寐。嗟乎!靖康之變,亙古所無。夷狄腥膻中原四十餘年
矣。三綱不明,九法盡廢,今爲何時耶?士大夫宴安江左,而恬莫知其
爲大變也。此無他,由不講學之故耳。今樞密以天子大臣而志乎此道,
則某之喜爲如何!雖然,學之難明也久矣。毫釐之差,而千里之繆。其
用極天地,而其端不遠乎視聽食息之間,識其端則大體可求,明其體則

妙用可充。願樞密勉之!《南軒集》卷一九。

【案】由本書中"來教自以爲報人主之心有加無已",知本書乃答劉珙所作。張栻書中稱劉珙爲"樞密",時張栻居長沙。據《晦庵文集》卷九四《劉樞密墓記》,劉珙首次除同知樞密院事在乾道三年(1167)十一月。又張栻罷官歸長沙在乾道七年底,乾道八年末劉珙有知潭州之任,故推知本書約撰于乾道八年中。

張栻《寄劉共甫樞密》

程先生《易》,得樞密鋟木傳遠,實學者之厚幸。夫所謂易者何哉?聖人之言曰:"生生之謂易。"又曰:"天地定位,而易行乎其中矣。"又曰:"乾坤成列,而易立乎其中矣。"此豈獨謂此數卷書乎? 其必有所謂矣。而此數卷之書所以述其蘊也,言有盡,蘊無窮,故學者必于言意之表識《易》,而後《易》可讀也。胡文定《春秋》,此路有邵陽本,字差小。栻所看舊日嚴州本謹納去。《春秋》即事而明天理,窮理之要也。樞密觀此書,取其大義數十,斷爲定論,而詳味其抑揚予奪輕重之宜,則有以權萬變矣。《南軒集》卷一九。

【案】本書中云:"胡文定《春秋》,此路有邵陽本,字差小。栻所看舊日嚴州本謹納去。"張栻知嚴州在乾道五年(1169),此書在其後;又據"邵陽本"云云,推知此時張栻當居長沙,故本書亦約撰于乾道八年中。

張栻《寄劉共甫樞密》

湘民望樞密之至,不減赤子之于慈父,使人咨嗟嘆仰。然某之愚,有敢爲先事之獻者,輒以布之。某觀近世再臨舊鎮者,聲望率減于前。或曰上下玩習之故,某以爲無是理,殆由在我者有忽之之心耳。前者既已得譽,及其復來,將曰此易治耳,是心一萌,則敬肆分,宜乎美惡之不同也。而況樞密今兹之來,勢位益尊,聲名益重,則下民之情將有不敢以自盡者,隔絕壅塞之患,此亦不可以不慮也。《易》曰:"德言盛,禮言恭。"此言德貴于盛，而禮貴于恭也。伏惟樞密警懼存心，益敬其事，謙虛自處，不負其有，降其辭色，惟恐不及，使匹夫匹婦之情皆得以通，而士大夫有懷皆得以吐露，至于箴規指摘，畢聞于前，而無所謂不敢者，則善政日新而無斁矣。豈惟一路之幸，實經綸之業益以光大，將邦家是賴，而天下之福也。昔人自逆于境、逆于郊，即觀聽其辭色而議之。蓋人心之向背，首謹于茲時，用敢陳于未及境之前，側承風聲，以慰願望。《南軒集》卷一九。

【案】書中所云："湘民望樞密之至，不減赤子之于慈父，使人咨嗟嘆仰。然某之愚，有敢爲先事之獻者，輒以布之。某觀近世再臨舊鎮者，聲望率減于前。"所謂"再臨舊鎮"，指劉珙再除知潭州事，據《晦庵文集》卷九四《劉樞密墓記》，劉珙初知潭州在乾道元年(1165)："乾道元年三月，除敷文閣待制、知潭州、荊湖南路安撫使。"再臨舊鎮在乾道八年："(乾道)八年十二月，服除，除知潭州、荊湖南路安撫使。進爵、加食邑、實封如前。九年三月，赴闕奏事，進大學士以行。"劉珙除知潭州在乾道八年末，其時張栻亦在長沙。又本書中云"然某之愚，有敢爲先事之獻者，輒以布之"，則知在劉珙蒞任之前夕，當撰于是年十二月上半月或稍前。

劉珙《致張栻書》

【案】據張栻答書(某輒有愚見)云"前領鈞翰，其間有云'自到江上，未見人才'"，知有是書，時在劉珙知建康府之初。據《晦庵文集》卷九四《劉樞密墓記》："淳熙二年正月，除知建康府、江南東路安撫使，兼行宮留守"，故推知其在淳熙二年(1175)春。佚。

張栻《寄劉共甫樞密》

某輒有愚見，仰裨海岳。前領鈞翰，其間有云"自到江上，未見人才"。某竊以爲人才在今日誠難得其備，然而捨短取長，隨才而用，則恐所至亦不容無，而況通都大府乎？甘苦燥冷，惟良醫所擇，又負僵植，惟大匠所施。伏惟鈞慈洪取人之方，酌采葑之義，庶幾片善寸長，盡歸掄選。又惟樞密高明傑出之資，人之有長，固未易進于前，儻非虛心降己，不忽隱微，懇惻敦篤以招來之，則非惟抱實能者有所不能盡察，而懷高見者彼亦烏肯自售哉？某之區區，以爲天下事要須衆力共濟，乃可有成。伏惟樞密負天下之望者也，故依鄉祈望之切，而不自知其僭越，伏紙皇恐之至！《南軒集》卷一九。

【案】書中云“前領鈞翰，其間有云‘自到江上，未見人才’”，本書爲答劉珙所作，約撰于淳熙二年春夏之際。

張栻《寄劉共甫樞密》

某近因到一岩穴中，得石刻載昭陵盛德一事，可以補史之遺，已移置府治廳事，敬以一軸上呈。此語祖宗家法也，伏想鈞慈三復焉。此邦山岩之勝，誠它處所未見。環城奇觀，柳柳州所謂“拔地峭堅，林立四野”，可盡大概。然拙守但一涉歷，不欲數出游，時獨憑樓覽觀耳。《南軒集》卷一九。

【案】據書中云：“此邦山岩之勝，誠它處所未見。環城奇觀，柳柳州所謂‘拔地峭堅，林立四野’，可盡大概。”知此書撰于靜江府任内，或在淳熙二年（1175）到任時所作。另據《南軒集》卷二八《與曾節夫撫幹》云：“前日春祭，親往舜廟，廟負奇峰，唐人磨崖在石壁中，貌象甚古。”或指書中石刻，張栻致曾搏書在淳熙二年二月，則此書當撰于是年中。

張栻《寄劉共甫樞密》

某效職于此，亦以十閲弦晦，佩心誠求之之訓，味哀矜勿喜之言，怵惕黽勉，幸而未得罪于斯民。又幸而適遇稔歲，盜賊屏戢，人情頗相安。惟是區區不敢但爲目前計，考究緝理，庶幾萬有一久遠之云補。今最急者，諸州窘匱，無以支梧。一路財計，本可以均濟，其如計臺之壅利何？秋中有請，願與憲、漕共究一路財賦底裏，通融均撥，幸蒙賜可，詳細紬繹，頗見涯緒。若此論遂定，庶幾諸州官吏有俸，軍兵有糧，而民力因得少寬也。邕、宜諸邊雖幸悉安靜，然野心豈可保？惟當充吾備禦之實，使有隱然之勢，以折其萌，選練親兵，立伍結隊，明其訓習，教以親睦，激以忠義，至于旂鼓器械，皆從一新，收拾强壯，不敢惜費。今所增已近三百，率皆選士，江淮健者視亦無以相遠也。邕、宜將兵亦與選練按試矣，獨患難得好將官，只得短中取長耳。諸蠻一以信義待之，如買馬一事，舊弊革去凡數十事。最害是鹽銀輒虧，其輕重彼顧豈不曉？吾所得幾何，而所喪者丘山。帥司先利夫出剩銀之得，受此利啗，而其下官吏悉從而刻減乾没。今先罷出剩銀，正名以率之，而嚴法以核之，必使輕重悉以實，毋得少罔之。招馬官先以此意出塞喻蠻落。舊來馬至，二月末方有來者，而羅殿又四年不來市，正以吏侵牟之之故。今方中冬，數日前邕州已申羅殿將馬千七百匹近塞矣，益知忠信之可行，而在我者誠當自檢也。素荷教誨愛念，輒以及之。自惟孤迹，蒙上使令于此，一日不敢不盡一日之心力，其它非所能計。獨恐淺短綿薄，有所不能勝，又所部闊遠，防虞非一，每懷淵冰之念。鈞慈不忘，誨旨時及，不勝幸願！《南軒集》卷一九。

【案】由書中云"某效職于此，亦以十閱弦晦"，知張栻在任十月有餘，又云"邕、宜諸邊雖幸悉安靜，然野心豈可保"，知時在靜江任上。張栻除知靜江府在淳熙元年（1174），又據胡宗楙《張宣公年譜》卷下知張栻于淳熙二年二月到任，對照書中所云"今方中冬"，知此書當在淳熙二年十一月。

又據《宋史全文》卷二六上："（淳熙二年）八月甲戌，廣西經略張栻言：……乞委本司及提刑鄭丙、漕臣趙善政公共將一路財賦，通融斟酌爲久遠之計，既于漕計不乏，又使一路州郡有以支吾，見行鹽法不致弊壞。"與本書所云"秋中有請，願與憲、漕共究一路財賦底裏，通融均撥，幸蒙賜可"相合。

張栻《寄劉共甫樞密》

某承乏遠藩，未速罪戾，實惟庇蔭之及。近日鄭憲既行，趙漕物故，兩臺俱闕官，不免兼攝，事緒叢委。然向來兩臺于諸州多興獄事，紛紜淹久，一切觀望，不敢與決，困于囹圄，疲于道路，深可憐惻。今得以決遣解釋，頗有次第。又向來會議財賦事，正緣所見異趣者，不肯商量，計司虛實，終未知其底裏，今得以考究無遺，始知異趣者前日誠有掊聚爲羨獻意，坐視諸州困極，恬莫之恤，深可嘆息。兩日來，子細區處，爲一定久遠之計，頗有條理，且夕徑奏于上。自餘敕條合放而不放，道理不當取而妄取者，悉施行以次蠲卹矣。自惟愚戆，苟一日在職，不敢不究心，此外身之利害，非所遑卹。《南軒集》卷一九。

【案】由書中云"某承乏遠藩"，知張栻時在桂林。據《宋史全文》卷二六上："（淳熙二年）八月甲戌，廣西經略張栻言：'諸郡賦入甚寡，用度不足。近年復行官般賣鹽，此誠良法，然官般之法雖行而諸郡之窘猶故，蓋以此路諸州全仰于漕司，漕司發鹽使之自運，除本脚之外其息固有限，而就其息之中以十分爲率，漕收其八，諸州僅得其二。逐州所得既微，是致無力盡行般運，而漕司據已撥之數，責八分之息以爲寄椿，則其窮匱何時而已。幸有僅能般到者，高價抑買，豈保其無欲。乞委本司及提刑鄭丙、漕臣趙善政公共將一路財賦，通融斟酌，爲久遠之計，既于漕計不乏，又使一路州郡有以支吾，見行鹽法不致弊壞。'"知本書中"近日鄭憲既行，趙漕物故，兩臺俱闕官，不免兼攝，事緒叢委"中鄭憲當爲鄭丙，字少融，福州長樂人。趙漕爲趙善政，字養民，《南軒集》卷四四有《祭趙養民運使》。

據周必大《平園續稿》卷二五《吏部尚書鄭公丙神道碑》："閩部鹽筴壞，上雅信公，徙本路轉運副使。……淳熙四年召爲吏部郎中，逾月兼中書門下省檢正諸房公事。"本書中所云"近日鄭憲既行"，當指鄭丙徙福建轉運副使，時當在淳熙三年（1176），故推知本書亦撰于其時。

張栻《寄劉共甫樞密》

某少意冒稟鈞聽。前知光州滕瑞編管在此，其人乃是滕樞族人，比歲自山東來歸正，粗勇習兵事，可以在軍中任使，而虞丞相用之過當，畀以郡符，此豈其才哉？其所以速今日顛隮者，實虞使之然也。然東北人流落，爲可憐憫。其孥累尚留江上，在此極栖栖然。今爲差兵校前往般取，欲望鈞慈頤旨，應副一客舟津致其來，俾其骨肉得以團聚謀生，恩賜甚大。其人雖愚，異日可備顔，得荷戟之用，伏乞鈞察。《南軒集》卷一九。

【案】書中言滕瑞妻兒"尚留江上"，張栻遣人前去建康迎接，并請劉珙協助。據《宋會要輯稿·職官》七二《黜降官九》："（淳熙二年）九月九日，前知光州滕瑞送静江府羈管。坐淮西帥司按其在任不法故也。"則推知本書曰撰于淳熙三年（1176）間。

劉珙《致張栻書》

【案】據《南軒集》卷三七《少傅劉公墓志銘》："淳熙四年，珙爲建康留守，病且革，自力作書與其友張某，以銘公墓爲屬。某蓋公所從忠獻張公之嗣子也，奉書而泣，且無所從辭。于是取公弟子肇舊所狀行實，掇其大節，次第之如此。"知此書撰于淳熙四年（1177），乃劉珙求張栻爲其父劉子羽撰墓志銘。另據《晦庵文集》卷九四《劉樞密墓記》，劉珙卒于淳熙五年七月三日，則此書當在淳熙五年六月末。佚。

又，據《晦庵文集》卷八八《觀文殿學士劉公神道碑》云其"臨没時所上疏極言近習用事之禍。……別以手書訣敬夫，而熹亦與焉，其言皆以未能爲國家報雪讎恥爲深恨"。知劉珙臨終前嘗有書分致張栻、朱熹，皆佚。

附：

張栻《時爲桂林之役斜川前一日刑部劉公置酒相餞曾節夫預焉既而劉公用陶靖節斜川詩韵見貽亦復同賦以謝》

通籍念無補，先廬獲歸休。所忻三載間，暇日從公游。城中十畝園，頗復依清流。渺渺送歸雁，翩翩下輕鷗。駕言欲南鶩，踟蹰眷林丘。況且遠晤言，公唱孰與酬。祖席近佳日，呼客仍我儔。相與千載思，誰復念此不？新詩更紆餘，用以寬離憂。它年南皋約，剥啄時相求。自注：城南有丘歸然，名以南皋。它年當與公歲講是游也。《南軒集》卷三。

張栻《送劉樞密留守建康》

整駕欲南鶩,乃復送公舟。公行民所瞻,願言勿淹留。向來秉事樞,正色有忠謀。坐覺國勢尊,已驗權綱收。如何霖雨澤,偏使及南州。新春紫詔下,聞者寬百憂。誰昇今重鎮,百萬宿貔貅。控江撫長淮,聲勢接上流。吾皇志經略,此地合綢繆。不應萬全策,歲月空悠悠。先當植本根,次第施良籌。未聞欲外攘,而乃忽內修。幕府方宏開,人才要旁搜。可不念葑菲,惟當別薰蕕。留鑰豈淹久,即歸侍前旒。盡舒醫國手,調瘵會有瘳。還憶遐荒守,時能寄音不。《南軒集》卷三。

張栻《次韵劉樞密》

朔風漠漠低黃雲,曉看繽紛萬鶴群。爲應農祥眉一展,更將餘力付斯文。

燕寢凝香意自長,不須乘月據胡床。新正更喜身強健,和氣都歸柏子觴。《南軒集》卷六。

劉光祖　劉昭祖

劉光祖、劉昭祖(一作述祖)兄弟,光祖字炳先,昭祖字繼先。廬陵(今江西吉安)人,后徙居長沙,從張栻學。

張栻《答劉炳先昆仲》

某求去未得,尚爾電勉。春來,城南花柳每見夢寐中也。聞昆仲相處益雍怡,諸郎亦皆孝謹,知公家門户方昌未艾耳。此間士人伍氏兄弟本章貢人,亦以友睦爲鄉閭所稱重,每延接慰勞,用以風厲其俗也。《南軒集》卷二五。

【案】據周必大《省齋文稿》卷一九《題劉炳先家五賢帖》:"劉君光祖、昭祖兄弟自廬陵徙家長沙,兩邦賢士如林,王瀘溪、胡忠簡公、劉子駒、張敬夫、楊廷秀又兩邦之喬木,皆推其孝友,或賦詩,或作記,或通問,諄諄稱道。予來假守,人無間言,甚可嘉也。出示前五賢真筆,敬題其後。紹熙癸丑臘日,周某書。"知劉炳先昆仲名光祖、昭祖,由廬陵遷至長沙;又由本書中"春來,城南花柳每見夢寐中也",知張栻此時不在長沙;由"此間士人伍氏兄弟本章貢人,亦以友睦爲鄉閭所稱重,每延接慰勞,用以風屬其俗也",推知張栻此時當在静江任上。又《張宣公年譜》載"某求去未得"時在淳熙四年(1177)末。則此書當撰于淳熙四年末或次年春。

另據楊萬里《誠齋集》卷七二《怡齋記》:"炳先名光祖,弟繼先,名述祖,吾州安福人也,徙長沙今再世云",則劉光祖之弟又名劉述祖。待考。

劉清之

劉清之(1133—1189),字子澄,號静春,吉州廬陵(今江西吉安)人。受業于兄劉靖之。登紹興二十七年(1157)進士第,歷任建德縣主簿、萬安縣丞、宜黄知縣、太常寺主簿、通判鄂州、權發遣衡州。光宗即位,起知袁州。淳熙十六年(1189)九月卒,年五十七。《宋名臣言行録外集》卷一四。"初,清之既舉進士,欲應博學宏詞科。及見朱熹,盡取所習焚之,慨然志于義理之學。吕伯恭、張栻皆神交心契,汪應辰、李燾亦敬慕之。"《宋史》卷四三七《本傳》。所著有《曾子内外雜篇》、《訓蒙新書》、《外書》、《戒子通録》、《墨莊總録》、《祭儀》、《時令書》、《續説苑》、文集等。《宋史》卷四三七有傳。

劉清之《致張栻書》

【案】由下書"垂諭識大本、除物欲之説"及"頃得婺女所惠書，未及遣款"云云，知有此書；又由下書知劉清之書中嘗問及張栻健康狀況，則此書當在淳熙元年（1174）張栻疾作之後，推知約在淳熙元年春、夏間。佚。

張栻《答劉宰》

垂諭識大本、除物欲之説。蓋義理精微處，毫釐易差，故以呂與叔游伊川、横渠之門，所得非不深，而至論中處，終未契先生之意，知未易至也。今學者未循其序，遽欲識大本，則是先起求獲之心，只是想象模量，終非其實。要須居敬窮理工夫日積月累，則意味自覺無窮，于大本當漸瑩然。大抵聖人教人，具有先後始終。學者存任重道遠之思，切戒欲速也。物欲之防，先覺所謹。蓋人心甚危，氣習難化，誠當兢業乎此。然隨起隨遏，將滅于東而生于西，紛擾之不暇。惟端本澄源，養之有素，則可以致消弭之力。舊見謝上蔡謂"透得名利關，便是小歇處"，疑斯言太快。透得名利關亦易事耳，如何便謂之小歇處？年大更事，始知真透得誠未易。世有自謂能擺脱名利者，是亦未免被它礙着耳。前人之言不苟然類如此，要用力，乃知之耳。《南軒集》卷二六。

【案】此書在《鳳墅帖》前帖卷一五中亦有收録，題爲"與子澄知縣書"，曰：

栻頓首再拜子澄知縣學士老兄座下：頃得婺女所惠書，未及遣款。潘無愧來，出近問，且詳動静，極以爲慰。即日秋半氣清，伏惟侍奉外尊履萬福。栻涉夏及秋，大半安健，不必爲念。承得邑宜黄，推學道愛人之心，當有以幸彼民，未知闕在何□也。講學想不廢。垂諭識大本、除物欲之説。蓋義理精微處，毫釐易差，故以呂與叔游伊川、横渠之門，所得非不深，而至論中處，終未契先生之意，知未易至也。今學者未循其序,遽欲識大本,則是先起求獲之心,只是想象模量,終非其實。要須居敬窮理工夫日積月累,則意味自覺無窮,于大本當漸瑩然。大抵聖人教人,具有先後始終。學者存任重道遠之思,切戒欲速也。物欲之防,先覺所謹。蓋人心甚危,氣習難化,誠當兢業乎此。然隨起隨遏,將滅于東而生于西,紛擾之不暇。惟端本澄源,養之有素,則可以致消弭之力。舊見謝上蔡謂"透得名利關,便是小歇處",疑斯言太快。透得名利關亦易事耳,如何便謂之小歇處?年大更事,始知真透得誠未易。世有自謂能擺脱名利者,是亦未免被它礙着耳。前人之言不苟然類如此,要用力,乃知之耳。潘君志趣誠可喜,亦頗約款,正亦能面詳。子充天資美茂,但于學問幾成自弃。遽問,每亦不敢不盡其愚,未知能有益否。既見之願,尚未克遂。彼中想有可見教者□毋惜。千里之外□可冀往來之益也。□當爲遠業□□之請,太夫人壽體康寧。令兄亦恨未及際識,眷集鈞慶。不宣。栻頓首再拜子澄知縣學士老兄座下。

　　由《與子澄知縣書》知,《答劉宰》中劉宰即劉清之,書中"承得邑宜黄"即指劉清之知宜黄縣事,由周必大《文忠集》卷一二三《舉劉清之自代狀》:"乾道九年秋,用舉主考第改官,嘗有旨同張駒召赴都堂審察,清之獨赴部注知縣而去。"知劉清之知宜黄縣在乾道九年(1173)秋。又由"即日秋半氣清,伏惟侍奉外尊履萬福。栻涉夏及秋,大半安健,不必爲念",當指劉清之得聞張栻淳熙元年(1174)春疾作,書中問及,故知此書約撰于淳熙元年秋。

劉清之《致張栻書》

　　【案】據《南軒集》卷四〇《教授劉君墓志銘》中云:"前贛州教授開封劉君靖之,淳熙五年四月二十四日以疾没于家。後三月,其弟前太常寺主簿清之葬君于廬陵先墓之側,書來請銘。"知本書撰于淳熙五年(1178)七月。佚。

劉清之《致張栻書》

【案】據真德秀《西山文集》卷三六《跋劉静春與南軒帖》："此静春劉先生與張宣公帖也。是歲淳熙戊戌，眉山參政李公年甫冠，其季今制閫侍郎十有八耳，静春皆以蜀中師表許之。二公果能以文章德業自著，不負所期。然静春不惟知之，又屬宣公成就之，蓋人材世道之所賴，故其惓惓如此。知人之智，愛人之仁，于是乎兼之，前修用心，真可敬仰。"知是書撰于淳熙五年(1178)。"參政李公"即李壁，"其季"指其季弟李𡐣。佚。

劉　芮

劉芮，字子駒，號順寧，東平(今屬山東)人。劉摯曾孫。其學蓋得之孫奇父、尹和靖，終官刑部員外郎、湖南提點刑獄，卒年七十有一。楊萬里"紹興己卯之冬，負丞永之零陵，則聞有大夫士爲永之決曹掾，以與太守爭議獄而弃官去者，曰劉子駒。余固起敬，恨未識也"。又，"魏國忠獻張公時尚居永，館子駒于所居之精舍曰'讀易堂'，公未嘗館士于此也"。《誠齋集》卷八一《順寧文集序》。著有《順寧集》二十卷。

張栻《致劉芮書》

栻頃在湘中，嘗約刑部劉公修斜川故事。城南有丘巋然，因以南阜名之。是歲來守桂林，負此約三年矣。戊戌五月，與周允叔、吳德夫、宇文正父、傅父登雪觀，和五柳翁韵，謹書以寄劉公。栻再拜。《式古堂書畫彙考》卷一四《張敬夫寄劉公詩帖》。

【案】此書撰于淳熙五年(1178)五月。

附：

張栻《寄劉公詩》

行客念故里，勞者思少休。如何歲華新，當爾天南游。涉五遇佳日，品題自名流。聊復揩病眼，沙邊玩輕鷗。和風著冠巾，春意動林丘。昕懷千載人，孤高諒能儔。亦有一二士，舉酒相勸酬。未知吾故國，草木如此否？政拙甘下考，智短忘百憂。賜歸儻蒙幸，舊盟良可求。《式古堂書畫彙考》卷一四《張敬夫寄劉公詩帖》。另載于《珊瑚木難》卷三、《趙氏鐵網珊瑚》卷三、《六藝之一録》卷三八二。

劉芮《致張栻書》

敬夫寄斜川詩，叙往年之約，殊不知芮今病久矣，非如昔時，獨心不忘耳。勉和一章以叙謝意。芮再拜。

病著不仕事，淹卧心自休。經時不出門，況復斜川游。每覯節物換，恍驚時序流。少年喜追逐，聚散水上鷗。沉舟枯木畔，風帆春樹丘。我病正爾許，懷念老朋儔。有酒不能飲，徒有獻與酬。故人遇佳日，亦復我念不？佳章寫懷抱，一讀寬百憂。吾君念遠民，歸計未易求。戊戌三月乙丑順寧閣。《式古堂書畫彙考》卷一四《劉刑部和敬夫詩帖》。

【案】檢淳熙五年(1177)三月無乙丑日，六月初二爲乙丑日，另淳熙六年三月初七爲乙丑日。張栻來書在五月，劉芮覆書不當在同年三月，故疑劉芮覆書在淳熙五年六月初二或在淳熙六年三月初七。

柳　楹

柳楹，字安叟，東海（今屬江蘇）人。乾道元年(1165)任吳江縣知縣。

《(同治)蘇州府志》卷五三。乾道三年閏七月十五日以右朝奉郎權知嚴州,乾道五年十二月二十八日滿。《(淳熙)嚴州圖經》卷一。

張栻《答柳嚴州啓》

奉詔牧民,方待臨川之次;蒙恩易郡,更叨桐水之除。自揆初心,敢忘素守!已上奉祠之請,輒辭乘傳之行。豈不知在今此州,實拱行闕。仰雲天之在望,知日月之可依。地望既隆,民俗且簡。几席枕湖山之上,簿書雜魚鳥之間。前瞻文正之風流,尚想子陵之節概。叨逾過分,夫復何言!然某方茲退伏于里閭,且欲從容于學問。斯未能信,敢言輕試于治人;道之難明,只合靜求于在己。庶幾有得,不辱其先。日冀大君之仁,俯從小己之願;豈謂山川之阻,忽勤魚素之頒。敢占蕪辭,少叙鄙意。恭惟知府朝議以德履之甚茂,全天才之有餘。惟自處期忠厚之歸,故所至以牧養爲事。翱翔中外,益著聲猷。咏《中和》之詩,已騰聲于近服;陳《治安》之策,即趨對于明庭。某未諧先睹之期,徒負告新之意。敢借偃藩之樂,少留坐嘯之娛。秋律既深,霜飆愈厲。願體眷毗之厚,益精調護之宜。瞻頌之深,敷宣罔既。《南軒集》卷八。

【案】本書當在張栻乾道五年(1169)得除嚴州之命後,又據本書中"秋律既深",知本書當在乾道五年秋。

陸九齡

陸九齡(1132—1180),字子壽,撫州金溪(今屬江西)人。父賀,九淵五兄。少補郡博士弟子員。後歸家,從父兄講學。游湖、湘,抵邵陽東至臨江。入太學,司業汪應辰舉爲學錄。登乾道五年(1169)進士第,迪功郎、桂陽軍軍學教授。以母老道遠，改調興國軍軍學教授。服除，調全州州學教授。未上，淳熙七年(1180)九月二十九日卒，年四十九。"荆州牧廣漢張公栻，與先生不相識，晚歲還書，相與講學問大端，期以世道之重。"《東萊呂太史文集》卷一三呂祖謙《陸先生墓志銘》。嘗與弟九淵講學鵝湖，時稱"二陸"。學者稱"復齋先生"。子臮之。事迹見《象山集》卷二七陸九淵《全州陸先生行狀》、《東萊呂太史文集》卷一三呂祖謙《陸先生墓志銘》。《宋史》卷四三四有傳。

陸九齡《致張栻書》

【案】由張栻下書云："某聞昆仲之賢有年矣，近歲得之爲尤詳，每懷願見，以共講益，渺然相望而未克遂，向往可知。忽辱枉教，三復辭義，有感于中。"知陸九齡有書致張栻，且爲陸九齡初次致書張栻，約撰于淳熙六年(1179)中。佚。

張栻《答陸子壽》

某聞昆仲之賢有年矣，近歲得之爲尤詳，每懷願見，以共講益，渺然相望而未克遂，向往可知。忽辱枉教，三復辭義，有感于中。第惟孤陋，不足以當盛意也，然而不敢以虛來貺。講學不可以不精也，毫釐之差，則其弊有不可勝言者。故夫專于考索，則有遺本溺心之患；而騖于高遠，則有躐等憑虛之憂，二者皆其弊也。考聖人之教人，固不越乎致知力行之大端，患在人不知所用力耳。莫非致知也，日用之間，事之所遇，物之所觸，思之所起，以至于讀書考古，苟知所用力，則莫非吾格物之妙也。其爲力行也，豈但見于孝悌忠信之所發，形于事而後爲行乎？自息養瞬存以至于三千三百之間，皆合内外之實也。行之力則知愈進，知之深則行愈達，區區誠有見乎此也。如箋注、詁訓，學者雖不可使之溺乎此，又不可使之忽乎此，要當昭示以用工之實，而無忽乎細微之間，使之免溺心之病，而無躐等之失，涵濡浸漬，知所用力，則莫非實事也。凡左右之言,皆道其用力之實也,故樂以復焉。聖上聰明不世出,真難逢之會,所恨臣下未有以仰稱明意。大抵後世致君澤民之事業不大見于天下者,皆吾儒講學不精之罪。故區區每願從世之賢者相與切磋究之,而盛意之辱,欣幸至于再三也。元晦卓然特立,真金石之友也,然作別十餘年矣,書問往來,終豈若會面之得盡其底裏哉!伯恭一病,終未全復,深可念,向來亦坐枉費心思處多耳。心之精微,書莫能究,布復草草,正惟亮之。《南軒集》卷二六。

【案】以書中文字判斷,本書當爲張栻初次致書陸九齡。胡宗楙《張宣公年譜》卷下繫此書于淳熙六年(1179)。《東萊呂太史文集》卷一三《陸先生墓志銘》:"荆州牧廣漢張公栻,與先生不相識,晚歲還書,相與講學問大端,期以世道之重。無幾何而張公没,又半歲而先生下世矣,豈道之顯晦果有數存乎其間邪?"又據本書中所云"伯恭一病,終未全復,深可念,向來亦坐枉費心思處多耳",當指呂祖謙淳熙五年中風事,又據杜海軍《呂祖謙年譜》淳熙六年條,是年三月呂祖謙"病少愈",當年十月,陸九齡還曾拜訪呂祖謙。故推知本書約撰于淳熙六年中。

羅孟弼

羅孟弼,名里不詳。王庭珪《盧溪文集》卷二一《送羅孟弼并引》稱:"孟弼,吾年家子也。少年高薦未第。今之行朝就蔭補,兼謁徑山妙喜和尚。"知其父與王庭珪爲同年進士。

羅孟弼《致張栻書》

【案】據張栻答書"數日欲答前書",知有此書。佚。

張栻《答羅孟弼》

數日欲答前書，檢未得，但記其間所引濂溪"無欲則静虛動直"之語，念不可不報。所謂無欲者，無私欲也。無私欲則可欲之善著，故静則虛，動則直。虛則天理之所存，直則其發見也。順理之謂直。若異端之談無欲，則是批根拔本，泯弃彝倫，淪實理于虛空之地，此何翅霄壤之異哉？不可不察也。《南軒集》卷二六。

【案】本書論及"無欲則静虛動直"，然撰時未詳，待考。

附：

張栻《訪羅孟弼竹園》

籃輿嘔軋上荒坡，奈此緣成修竹何？歷眼向來誰復領？買山未覺費金多。

林深谷窈路詰曲，慘澹西山橫遠青。想得天寒來獨倚，空雲彷彿下湘靈。

江梅獨立蔭頹墙，苔蘚封枝色老蒼。手剪荆榛增嘆息，眼中春意滿三湘。

知君日來修竹底，却課市樓朱墨程。應是禪門嫌揀擇，不論清濁要圓成。是日見孟弼方校市樓簿書。《南軒集》卷六。

吕郎中

吕郎中，名里不詳。時官郎中。

吕郎中《致張栻書》

【案】《南軒集》卷四三《祭吕郎中》中云：“前年之春，識公嚴陵。……別後之書，情何篤也！”知吕郎中嘗有書致張栻，佚。又，張栻官嚴州在乾道五年(1169)年末，乾道七年召爲吏部員外郎兼侍講，“前年之春，識公嚴陵”，當在乾道六年春，則本書或在淳熙七年(1180)前後。

吕勝己

吕勝己，字季克，號渭川居士，邵武(今屬福建)人。歷官朝請大夫。《朱子實紀》卷八。“與張栻、朱熹講學，工隸書，得漢法。仕爲湖南幹官，歷倅江州，知杭州。”《佩文齋書畫譜》卷三五。知沅州。《晦庵文集》卷九二《贛州趙使君墓碣銘》。“嘗爲沅州守，部使者忌之，中以事，罷歸。有別業一洲可五百畝，植花竹其上，號‘小渭川’，作《渭川行樂詞》。”《鐵琴銅劍樓藏書目録》卷二四《集部六》。

張栻《答吕季克》

《原説》中弊病似不難見，不知李伯諫何故下喬木而入幽谷如此？如克己復禮之説，所謂禮者天之理也，以其有序而不可過，故謂之禮。凡非天理，皆己私也。己私克則天理存，仁其在是矣。然克己有道，要當深察其私，事事克之。今但指吾心之所愧者必其私，而其所無負者必夫禮，苟工夫未到，而但認己意爲，則且將以私爲非私，而謂非禮爲禮，不亦誤乎？又如“格物”之説，格之爲言至也，理不循乎物，至極其理，所以致其知也。今乃云物格則純乎我，是欲格去夫物，而己獨立，此非異端之見而何？且物果可格乎？如其説，是反鏡而索照也。推此二端，其它可見。《南軒集》卷二六。

　　【案】本書與張栻《答王居之》(《原説》前日吕季克已寄來)撰時相近，約在淳熙三年(1176)春。

呂祖儉

　　呂祖儉(？—1198)，字子約，號大愚，婺州金華(今屬浙江)人。呂祖謙弟。曾幾婿。受業于吕祖謙。監明州倉，將上，會祖謙卒，爲終期喪。調衢州法曹，除籍田令，爲司農簿，通判台州。寧宗繼位，除太府丞。忤韓侂胄，安置韶州，改送吉州。遇赦，量移高安。在謫所，讀書窮理，賣藥自給。慶元四年(1198)卒，謚曰忠。有《大愚集》。《宋史》卷四五五有傳。

張栻《答呂子約》

　　樊遲問知，子曰："敬鬼神而遠之，可謂知矣。"所謂知者，知鬼神之德是已。知事乎此則敬，敬則有事乎此矣。有事乎此，勿忘勿助，則鬼神著矣。故其洋洋如在者，狀其昭著云耳。于此知之有所未明，體之有所未盡，迫切而求的見，則愈近而愈妄，愈親而愈非，計度想料，妄而益妄，所謂鬼神之德何從而可識乎？其爲不知，孰大于是！《中庸》論鬼神之德，始曰"視而不見，聽而不聞"，而又繼之曰"體物而不可遺"。觀乎此，恐是敬而遠之之旨，敢乞指誨。

　　《遺書》中有一段："或問：'知鬼神之道，然後能敬能遠否？'曰：'亦未説到深遠處，且大綱説當敬不惑也。迫切而求的見，則愈近而愈妄，愈親而愈非。'"此數語好，但更當深思孔子答子路之意。

"敬鬼神而遠之"，可謂知矣。惑而信之，非知也；孟浪不信，非知也。能敬能遠，始謂之知。敬而不能遠者，則其敬也生于畏禍與福而已，非所謂敬也；遠而忘乎敬者，則其遠也生于忘禍與福而已，非所謂遠也。二者均于疑以爲有，疑以爲無，非的實有見乎？此兩句固大綱，説示人以知之事，然非知鬼神之情狀，則安能敬而遠之乎？

"敬鬼神而遠之"，或問伊川："知鬼神之道，然後能敬能遠否？"先生曰："亦未説到如此深遠處。且大綱説當敬不惑。"此是玩味經旨之法，若更別生出事，却失了當時意。

氣聚則生，氣散則死。大化一移，升于天者爲魂氣，落乎地者爲體魄。魂游魄降，形質安有？其理固然。然暗處獨行，畏心或生，則疑以爲或有，豈非緣于習俗而中主不立故耶？又豈非隱微之中，神明集舍，而自有不可揜者耶？今固不敢徇于流俗，而返之于理。然孟浪不信，卒然撞出駭異之事，安敢自保其不爲所移乎？如魂魄之影響，奪胎受蔭之説，理安有之？然亦當了然無疑，乃爲可耳，窺識彷彿，何得于己？

此等事不可放過，須窮究到實然無疑處。不然，被一兩件礙阻著，或爲異説動了，未可知也。

"君子上交不諂，下交不瀆"，何以謂之知幾其神乎？

交際易于因循。上交主于恭，過其則斯爲諂；下交主于和，過其則斯爲瀆。能持而不失，非知幾其能之乎？聖人論"介于石"之義，而獨以上下交之事爲言，惟篤實爲己者，知其爲甚切要也。《南軒集》卷三二。

【案】此書撰時未詳，或在乾道八年(1172)間，待考。

吕祖儉《致張栻書》

【案】據張栻答書云"來書猶未免欲速逼迫之病"，知吕祖儉有書致張栻。佚。

張栻《答呂子約》

來書猶未免欲速逼迫之病。任重道遠，要須弘毅爲先。循循有常，勿起求獲之意乃佳。理義固須玩索，然求之過當，反害于心。涵泳栽培，日以深厚，則玩索處自然有力也。勉之勉之！平時病痛，所貴求以銷磨矯揉之，却不可徒自悔恨，于胸中反添一病。《遺書》中所謂"罪己責躬不可無，却不可留在胸中爲悔"，是也。《希顏録》舊來所編，不甚精切。顏子氣象但當玩味于《論語》中，及考究二程先生所論，則庶幾得所復求矣。《南軒集》卷二五。

【案】張栻《答朱元晦秘書》(示及諸君操舍出入之説)云："示及諸君操舍出入之説，呂子約所論病痛頗多，後一説亦頗得之，然其間似未子細"云云，提及與呂祖儉論學事。《答朱元晦秘書》撰于淳熙元年(1174)秋左右，推知本書約在其時。

呂祖儉《致張栻書》

【案】由張栻答書中"諭及邇來工夫，足見不輟"，知呂祖儉有書致張栻。佚。

張栻《答呂子約》

諭及邇來工夫，足見不輟。但所謂二病，若曰荒怠因循，則非游泳之趣；若曰蹙迫寡味，則非矯揉之方。此正當深思，于"主一"上進步也。要是常切省屬，使凝斂清肅時寖多，則當漸有向進，不可求近功也。別紙亦各答去。區區固未必能深益高明，加以所懷非書可究，惟幸深思，有以見復。《南軒集》卷二五。

【案】本書當與張栻前書(來書猶未免欲速逼迫之病)相先後，皆爲張、呂論學書札，或在淳熙元年(1174)冬或稍後。

吕祖儉《致張栻書》

【案】據張栻答書"所謂近日之病却不在急迫,而懼失于因循,此亦可見省察之功",知有此書。佚。

張栻《答吕子約》

所謂近日之病却不在急迫,而懼失于因循,此亦可見省察之功。然此亦只是一病,不失之此則失之彼矣。以至于閨門之間,不過于嚴毅則過于和易;交游之際,厚者不失于玩則失于過。紛紛擾擾,滅于東而生于西。要須本源上用工,其道固莫如敬。若如敬字有進步,則弊當漸可減矣。楊龜山所舉富公"崇深"之説,固爲有益于學者,然特拈出此二字,却似未穩。更幸思之。侍旁雜務,于職所當任,豈容少有厭煩忽細之意?惟主敬以立本,而事事必察焉,學之要也。《南軒集》卷二五。

【案】本書接續上述張、吕諸論學之書,約撰于淳熙二年(1175)間。

吕祖謙

吕祖謙(1137—1181),字伯恭,婺州金華(今屬浙江)人。吕好問孫。初蔭補入官,後登隆興元年(1163)進士第,復中博學宏詞科,調南外宗學教授。乾道五年(1169)除太學博士,添差教授嚴州。乾道六年召爲太學博士兼國史院編修官、實録院檢討官,七年改左宣教郎,召試館職。淳熙元年(1174)主管台州崇道觀。三年,除秘書郎、國史院編修官、實録院檢討官。五年除著作郎兼權禮部郎官,請祠。淳熙八年七月二十九日卒,年四十五。謚曰成。"祖謙之學本之家庭,有中原文獻之傳。長從林之奇、汪應辰、胡憲游，既又友張栻、朱熹，講索益精。"《宋史》卷四三四《呂祖謙傳》。"乾道、淳熙間，儒風日盛。晦庵朱公在閩，南軒張公在楚，而東萊呂公講道婺女。是時以學問著述爲人師表者相望，惟三先生天下共尊仰之。而婺人被東萊之教尤深，至今名士班班，其傳蓋未艾也。"《攻媿集》卷五五《東萊呂太史祠堂記》。事迹見《東萊集》附錄卷一呂祖儉《呂祖謙壙記》。《宋史》卷四三四有傳。

呂祖謙《通張嚴州啓》

伏審温詔起家，仁聲先路。四封歡動，不勝朝夕之思；一世瞻觀，獨任《春秋》之責。敬陳悃愊，上徹崇嚴。恭惟某官傳世精忠，潛心正學。彌綸開濟，尚期素定于胸中；牧養拊摩，夫亦何勞于掌上！然君子之誠本無息，而儒者之效久不明。在昔諸賢，固嘗有志，或遠近未孚而奪于時命，或内外未合而窒于物情。譏評交興，疑信相半，思少伸于此恨，顧將付于何人？歷訪縉紳，咸推墻仞。惟魏國既行而復尼，惟衡山有韞而莫施。今兹一來，任是二責，實繫斯文之興廢，豈徒闔境之戚休？必將尊其所聞，奠而後發。臨事而懼，佩洙泗之格言；視民如傷，奉澗瀍之遺訓。使群議蔑毫髮之隙，則吾道增丘山之崇。某久矣鄉風，于焉效役。寫拙誠于簡牘，敢爲駢儷之虛辭；委陋質于斧斤，尚賴琢磨之厚賜。《東萊集》卷四。

【案】由張栻下書（兹蒙薰慈），知本書約撰于乾道五年（1169）九月末。

張栻《答呂太博啓》

兹蒙薰慈，委眎箋翰。不爲華藻，無非忠信之言；歷舉大猷，備著切磋之義。咏味數過，感藏至深。伏惟某官世德相傳，天資甚茂。立志靡追于時好，行身力慕于昔賢。暫分典于泮宮，益養成于遠器。某相聞雖久，既見末繇。永惟事道之難，莫若求仁之要。考麗澤之象，正資講習之功；誦《伐木》之詩，益見和平之助。顧驅車之寘邁，知傾蓋之可期。所忻有過之必聞，庶或臨民之寡悔。《南軒集》卷八。

【案】本書云及"顧驅車之寖邇,知傾蓋之可期",知兩人尚未見面。據《吕祖謙年譜》,張栻除嚴州在乾道五年(1169)九月,故推知本書約撰于是年十月初。

吕祖謙《與張荆州敬夫書》

恭以某官聞道達者,積有歲時。身歷世變,而獨貫盈虚消息之幾;心玩至理,而處清曠幽閒之地。所蓄既厚,所養既深,海内之士,共俟應聘而起,以觀儒者之效。今兹旌纛之來,萬目共視,一舉一措,蓋將占吾道之盛衰。雖小國寡民,不勞餘刃,然儆戒祗懼,固自昔聖賢不已之誠也。《東萊集》別集卷七。

【案】本書撰于乾道五年(1169)十月中,見吕祖謙下書(某質魯材下)考證。

吕祖謙《與張荆州敬夫書》

某質魯材下,雖竊有意于學,而顓蒙蔀塞,莫知入德之門,願承下風而請餘教,爲日久矣。乃者免于憂患,適有校官之除,近復例受分教之命。到官甫數日,而恭聞麾幢既有近問,遂獲進預指呼之末,積年所願,一旦獲伸。尚容俯伏坐隅,側聆謦欬,以酬夙志。若乃道諛不情之言,蓋非晚進事君子以誠之義,有所不敢也。《東萊集》別集卷七。

【案】據杜海軍《吕祖謙年譜》,上述二書皆撰于乾道五年(1169)中,聽聞張栻除嚴州,吕祖謙致書張栻望其早日成行;且吕祖謙十月十八日抵嚴州,而本書中云"到官甫數日",推知本書當撰于是年十月下旬。

吕祖謙《與張荆州敬夫書》

觀史先自《書》始,然後次及《左氏》、《通鑑》,欲其體統源流相承接耳。《東萊吕太史別集》卷七。

【案】張栻下書(某讀書先廬)"所示讀書次第皆着實。蓄德喪志之分,

誠不可不察"云云，乃答本書而作。據張栻答書時間，本書約撰于乾道八年
（1172）春間。

呂祖謙《與張荆州敬夫書》

國朝典故，亦先考治體本末及前輩出處大致。于《大畜》之所謂畜
德，明道之所謂喪志，毫釐之間，不敢不致察也。但恐擇善未精，非特自
誤，又復誤人。《東萊集》別集卷七。

【案】張栻下書（某讀書先廬）"畜德喪志之分，誠不可不察。《易傳》所
謂考迹以觀其用，察言以求其心，此語極緊要"云云，乃答本書，張書撰于乾
道八年（1172）五月末或六月間，推知呂書約撰于是年春、夏之際。

呂祖謙《與張荆州敬夫書》

平時徒恃資質，工夫悠悠，殊不精切。兩年承教，可謂浹洽。然于
要的處或鹵莽領略，于凝滯處或遮護覆藏。爲學不進，咎實緣此。《東萊
集》別集卷七。

【案】張栻下書（某讀書先廬）"來教有云'平時徒恃資質，工夫悠悠，殊
不精切'，此可見體察之功"，乃知答本書，張栻答書作于乾道八年（1172）五
月末或六月間，因呂祖謙五月十六日辦妥其父喪事，嘗致書張栻討論喪
禮、祭禮，故推知本書約撰于是年四月或稍後。

張栻《寄呂伯恭》

某讀書先廬，粗安晨夕。顧存養省察之功固當並進，然存養是本，
覺向來工夫不進，蓋爲存養處不深厚，存養處欠，故省察少力也。方于
閑暇，不敢不勉。但良朋在遠，每誦"一日不可無俟無可"之言，未嘗不
引領東望也。所示讀書次第皆着實。畜德喪志之分，誠不可不察。《易
傳》所謂"考迹以觀其用，察言以求其心"，此語極緊要。近來讀諸先生
說話，惟覺二程先生完全精粹，愈看愈無窮，不可不詳味也。來教有云

“平時徒恃資質，工夫悠悠，殊不精切”，此可見體察之功。某每思尊兄于尋常人病痛往往皆無之，此在資質固爲美，然在學問不可不防有病。它人所有病痛，却不干學問事，若只坐在此上，却恐頹墮少精神。惟析夫義理之微，而致察于物情之細，每存正大之體，尤防己意之偏，好事上一毫才過，便是私意。如要救正此人，盡吾誠意以告之，從與不從，固不可必也。若必欲救正得便有偏。推此類可見。擴而充之，則幸甚幸甚！相從諸人多長進者否？有書來者，各隨其說，以鄙見答之矣。薛士龍及陸、徐、薛叔似諸君比恨未及識。士龍正欲詳聞其爲人，但所舉兩說甚偏，恐如此執害事。事功固有所當爲，若曰喜事功，則喜字上瞞有病。元晦數通書講論，比舊尤好。《語》、《孟精義》有益學者，序引中所疑曾與商確否？但仁義中正之論，終執舊說。濂溪自得處渾全，誠爲二先生發源所自。然元晦持其說，句句而論，字字而解，故未免返流于牽強，而亦非濂溪本意也。觀二先生《遺書》中，與學者講論多矣，若《西銘》則再四言之，至《太極圖》則未嘗拈出此意，恐更當研究也。此間士子資質好，有意于學者亦四五人，每教以着實，于主一上進步耳。晦叔已兩來相見，非久欲遷城居。岳下相識，如胡廣仲、伯逢亦留意，但向來多是想像懸度，殊少工夫，故病痛多不精進，亦數有書往來也。《孟子解》雖已寫出，其間毛病改綴不停，正如春草，旋刬旋有，且欲自家體當，遽敢傳諸人。見録一本，它時欲奉寄求益也。《仁説》所題數段極有開警，別紙奉報，並後來改正處亦録去。《祭儀》向來元晦寄本頗詳，亦有幾事疑，後再改來，往往已正，今録去，但墓祭一段，鄙意終不安。尋常到山間，只是頓顙哭灑掃而已，時祭只用二分二至，有此不同耳。家間方謀建家廟，異時廟成定祭禮，庶幾正當伯恭所考，因來却幸見寄也。它懷非遠書所可盡，有便不惜寄音。《南軒集》卷二五。

【案】《張宣公年譜》繫本書于乾道八年（1172）。是年，吕祖謙《與朱侍講》有云：“忍死營辦，以五月十六日敬終襄事。音容永隔，攀號摧裂，哀慕無窮。扶力布稟，執筆氣塞，不能多述。喪禮，鄉無恙時，婁戒飭令一遵典制,毋參以臆禮,今不敢有違。祭禮,數年來尤勤催督,竟不及裁定。俟暑退,亦欲稍稍講訂。往時吾丈所定條目,便望早付下,或有暇更爲參酌,令使可遵行,尤幸。"《東萊集》別集卷七。與朱熹討論祭禮、喪禮,而本書亦與張杖論及墓祭諸禮,約撰于同時或稍後。呂祖謙《與朱侍講》書當在五月末,推知本書約撰于五月末或六月間。

呂祖謙《與張荆州敬夫書》

大概以收斂操存,公平體察爲主。《東萊集》別集卷七。

【案】本書撰時見下書(吾丈者世道所繫)考證。

呂祖謙《與張荆州敬夫書》

吾丈者世道所繫,居之實難,謂宜深體志未平之戒,朝夕省察所存者果常不違乎? 所感者果皆正乎? 日用飲食之間果皆不逾節乎? 疏密生熟,歷歷可見,于此實用力焉,工夫自無不進之理。《東萊集》別集卷七。

【案】此兩書述及"工夫"、"省察"與張杖前書(某讀書先廬)中所論"顧存養省察之功固當並進,然存養是本,覺向來工夫不進,蓋爲存養處不深厚,存養處欠,故省察少力也。方于閑暇,不敢不勉"相近,故推知本書或撰于此後,約在乾道八年(1172)秋間。

呂祖謙《與張荆州敬夫書》

始欲和合彼此,而是非卒以不明;始欲容養將護,而其害反致滋長。屑屑小補,迄無大益。所謂州平、幼宰之徒,初豈大過人? 孔明惓惓之意,乃至于是。故身後猶留數番人材,社稷不隕者數十年,其原蓋在此也。《東萊集》別集卷七。

【案】書中論及"所謂州平、幼宰之徒,初豈大過人? 孔明惓惓之意,乃至于是",或與張杖討論其所撰《諸葛忠武侯傳》,據《張宣公年譜》,《諸葛忠武侯傳》成于乾道二年(1166),推知此書或撰于乾道八年。待考。

呂祖謙《與張荆州敬夫書》

儉德所難。所謂儉德，蓋凡事斂藏不放開之謂。《東萊集》別集卷七。

【案】此書撰時未詳，或在乾道八年。待考。

呂祖謙《與張荆州敬夫書》

從前病痛，良以嗜欲粗薄，故却欠克治經歷之功；思慮稍少，故却欠操存澄定之力。積蓄未厚而發用太遽，涵泳不足而談説有餘。《東萊集》別集卷七。

【案】本書“從前病痛”云云，與張栻下書（自歸抵此）中“來書所自，察向來之病，其間有云以私爲公，以情爲性者，可見察之之精，更宜深勉于篤敬之功也”所云相合，故推知本書約撰于乾道九年（1173）夏、秋之際。

張栻《寄呂伯恭》

自歸抵此，亦既半歲，省過矯偏，但覺平日以爲細故粗迹者，乃是深失銷磨，雖庶幾兢兢焉，惟恐乘間之竊發耳。深味《論語》一書，聖人所以教人與學者所當用力者，蓋可以見着實務本乃爲至要，才不帖帖地便使有外之心也。來書所自，察向來之病，其間有云以私爲公，以情爲性者，可見察之之精，更宜深勉于篤敬之功。向來每見衣冠不整，舉止或草草，此恐亦不可作小病看。古人衣冠容止之間，不是要作意矜持，只是循它天則合如是，爲尋常因循怠弛，故須着勉强自持。外之不肅，而謂能敬于内，可乎？此恐高明所自知，但不可以爲小病耳。語學者躐等之病，鄙懷近來正謂如此，敢不深思而謹之也？今世學者慕高遠而忽卑近之病爲多。此間有肯來講論者，今殊不敢泛告，想渠輩聽某以前説話，覺得有滋味，今却鈍悶，若信得及，却可與講習也。“其言也訒”之説誠然。彼中諸人如何？今次寄來問目，却覺子約會思量，雖是泛然，且須令思量，要是須從此過耳，此亦是自己見得曾如此也。元晦《仁説》後來看得渠説"愛之理"之意却好，繼而再得渠書，只拈此三字，却有精神，但前來所寄言語間終多病。兼渠看得某意思亦老草。後所答今録呈，但渠議論商確間，終是有意思過處，早晚亦欲更力言之。《南軒集》卷二五。

【案】《張宣公年譜》繫本書于乾道九年(1173)。又書中云及"元晦《仁説》後來看得渠説'愛之理'之意却好，繼而再得渠書，只拈此三字，却有精神，但前來所寄言語間終多病……"，據以下張栻與朱熹往來書信考證，朱熹與張栻就"愛之理"討論在乾道九年七八月間，推知本書當撰于同時或稍後。

張栻《寄呂伯恭》

某前月半間積寒成疾，勢極危，諸事亦已處置，順聽之耳。一夕氣復，諸證盡退，蓋服熱劑灼艾之力，今幸已復常。病中念平日頗恃差壯，嗜欲少，故飲食起居多不戒生冷，不避風寒，此亦是自輕。觀《鄉黨》中聖人衛生之嚴，豈是自私？蓋理合如是耳。尋常忽略，亦是豪氣中病痛也。每得來書，未嘗無所開警，所謂威儀辭氣間，豈特兄所當勉？某日從事于此，而每恐其不逮也。曾子所以告孟敬子者最爲親切，每覺上蔡所解，《語録》中所説，猶似未精穩，此要須自家子細下工夫耳。某自覺向來于沉潛處少工夫，故本領尚未完。一二年來，頗專于"敬"字上勉力，愈覺周子主靜之意爲有味。程子謂于喜怒哀樂未發之前更怎生求，只平日涵養，便是此意，須深體之也。氣質居處之説甚善，當深察之，不敢虛來意。此間士子目今亦有向方者，但看長遠如何。文字小小開解，誠不濟事，着實肯做工夫者，乃有可望耳。去年聞從學者甚衆，某殊謂未然。若是爲舉業而來，先懷利心，豈有就利上誘得就義之理！今已謝遣，甚幸。但舊已嘗謝遣，後來何爲復集？今次須是執得定、斷得分明，不然，猶有絲毫牽滯，恐復因循于它日也。亦非特此事，大抵覺得老兄平日似于果斷有所未足，時有牽滯，流于姑息之弊，雖是過于厚、傷于慈，爲君子之過，然在它人視我，則觀過可以知仁，在我自檢點，則終是偏處。仁義之道常相須，若于義不足，則所謂仁者亦失其正矣。又如論朱元晦出處，亦似未安。"周之則可受"，謂不使飢餓于土地，只是來相周，故可受。今乃是受加之官寵，豈有安坐于家而坐享之理？元晦辭不敢當爲合義。但當時托一二不同志者，使之宛轉求遂己之請，却似不消得如此添加耳，更幸思之。某舊在臨安，已覺兄之病有此，今復因此二事詳及，推此可以概見也，如何如何？《南軒集》卷二五。

【案】據《張宣公年譜》，淳熙元年（1174）春張栻染重疾，又汪應辰《與朱元晦》云："敬夫正月間一病甚殆，今雖良愈，尤當加意調護，要須止酒乃善也。"《文定集》卷十五。知張栻染疾在正月間，而本書云及"某前月半間積寒成疾，勢極危"，故推知其當撰于淳熙元年三月間。

張栻《與東萊帖》

元晦之約竟能成否？宜春闕在來年六月，若不被汰斥，果成赴上，則明秋可邀二兄過彼相會。《金華黃先生文集·張宣公與東萊帖》。

【案】此爲張栻致呂祖謙書之殘卷，輯錄自黃溍《金華黃先生文集·張宣公與東萊帖》，云："乾道辛卯春，詔以知閤門事張說簽書樞密院事。公時以左司兼侍講，手疏極言其不可，命中寢。而宰相陰主之，乃出公守袁州。壬辰春，遂伸說前命。帖中云：'元晦之約竟能成否？宜春闕在來年六月，若不被汰斥，果成赴上，則明秋可邀二兄過彼相會。'然公自去國退居三年，袁州之闕竟不及赴。淳熙甲午，乃起帥廣西。東萊以正字丁外艱，是年夏服除，奉崇道祠，秋入越，故帖中稱之曰'主管正字'，且問其留會稽幾日。公作此帖于冬初，廣西之命蓋未下也。"故知本書撰于淳熙元年（1174）冬初。

呂祖謙《致張栻書》

【案】張栻《答朱元晦》云："伯恭今次講論如何？得渠書，云兄猶有傷急不容耐處，某又恐伯恭却有太容耐處。然吾曹氣習之偏，乘間發見，誠難消化，想兄存養有道，如某病痛，多兢兢之不遑，正有望時加砭劑也。"《南軒集》卷二二。本書佚。其"伯恭今次講論如何"云云，當指淳熙二年(1175)五月鵝湖之會，故推知本書約撰于是年秋中。

呂祖謙《與張荆州敬夫書》

我方閑居，既非其同寮，又非其掾屬，義亦有所止矣。《易傳》隨"孚于嘉"義，恐最宜精玩，蓋多爲其樂善美意所移，易得侵過爾。又賓主資禀皆明快，則欠相濟之義，尤易得侵過也。《東萊集》別集卷七。

【案】淳熙三年(1176)三月上旬朱熹有書與呂祖謙論讀《易》之法："讀《易》之法，竊疑卦爻之詞本爲卜筮者斷吉凶，而因以訓戒。"本書呂祖謙述及研讀《易傳》，或在同時。

張栻《致呂祖謙書》

【案】據呂祖謙《東萊集》別集卷八《與朱侍講元晦》："某冗食館下，行已及期。……靜江時得書，喪耦後頗無况，求去見却，勢須申前請耳。"知張栻有書致呂祖謙。據《張宣公年譜》，張栻夫人宇文氏卒于淳熙四年(1177)八月，故張栻此書當撰于淳熙四年秋、冬之際。佚。

呂祖謙《致張栻書》

【案】據張栻下書"來書所謂辭氣務令平和"，知呂祖謙嘗有書致張栻，據張栻答書時間，推知當在淳熙四年(1177)秋末、冬初。佚。

張栻《寄呂伯恭》

來書所謂辭氣務令平和，然實處不可回互，此語盡之矣。頃見相識間有好爲調護審細之論，退而察之，其實畏怯。名曰憂國，恐只是爲身耳，故臨利害則氣懾志喪，而縈于寵利，見不已焉。知人之難，恐不可以不察也。蓋直前妄發，固爲不是，然于所當然而不然，又別爲之説，恐終不免爲奸而已矣。此論不須爲它人説。思慮所及，因來諭，有發于中，故及之耳。《南軒集》卷二五。

【案】本書爲答呂祖謙所作。朱熹淳熙四年（1177）冬《與張敬夫論癸巳論語説》（學而時習之）中同張栻討論"癸巳論語説"，多處涉及"辭氣"，或本書爲朱熹、張栻、呂祖謙討論時所作。由下文張栻、朱熹往來書信考證知朱熹《與張敬夫論癸巳論語説》（學而時習之）撰于淳熙四年冬，故推知本書約撰于其時。

呂祖謙《與張荆州問論語孟子説所疑》

"十世可知"章。若夫自嬴秦氏廢先王之典，而一出于私意之所爲。有王者作，其于繼承之際，非損益之可言，直當盡變革之宜而已。低字者並南軒本説。

以大《易》觀之，因時會通以行典禮，其損其益百世可知也。或少潤色之，或盡變革之，蓋莫不在其中矣。恐不必特然拈出。

"富與貴是人之所欲"章。不以其道得處富貴，則不處。不以其道得去貧賤，則不去。

恐于本文未協。

"朝聞道"章。聞道則不忍斯須而離于道。安常順理，雖夕死可矣。

伊川曰："人不可以不知道，苟得聞道，雖死可也。"辭義最完。若謂"安常順理，雖夕死可矣"，聞道者固如此，但于文義爲不協。似是懲艾異端了此一大事之説，故發此義。然深味伊川之語，自與異端驚怪超悟之論判然不同，低字者並南軒本説闕自不必懲艾也。

"能以禮讓"章。謂雖繁文末節具存，而躬率者不先，則其本既亡矣，而何以謂之禮乎？

上篇所云："爲禮而不敬，臨喪而不哀，則其繁文末節雖多，亦何以觀？"此語却穩。蓋就其人分上説，既不知本，則所爲無非繁文末節也。

若施之于此章，則似未安。此章之意恐是不能以禮讓，其本既亡矣，則其爲國也，將如禮何？禮未嘗亡也。人能弘道，非道弘人故也。

“宰予畫寢”章。而又謂今吾于人聽言觀行，而勉之以改是。

“于予與改是”，蓋言因宰我而改此觀人之法，所以深屬之也。若曰“勉之以改是”，則文意似不平直。

“夫子之言性與天道”章。曰“性”，又曰“天道”者，兼體用，合天人而明之也。

自人言之則曰“性”，自理言之則曰“天道”，天、人本無二。然有鼓萬物而不與聖人同憂者焉，所以合天、人而明之也。謂之“兼體用”，則未安。以性爲體而以天道爲用，可乎？

“伯夷叔齊不念舊惡”章。二子者，于其所爲，胸中休休然，初無一毫介于其間，亦率夫天理之常而已。

惡惡之心，所過者化，無復凝滯。蓋其所惡在事不在己，怨之所以希也。然當如以朝衣朝冠坐于塗炭之時，恐難以胸中休休然形容之。蓋陰陽慘舒，各有氣象。如雷霆震擊，固隨即開霽。然雷霆只可謂之雷霆，不可謂之春風和氣也。夷、齊之惡惡，固皆天理，然終是有“聖之清”意思，必如孔子，乃可謂之“率夫天理之常”也。

“孰謂微生高直”章。乞醯之事，若不失于欺僞，則失之于姑息。

恐只有委曲姑息之病。

“巧言令色足恭”章。是皆常人之所安行而不以爲恥者。

此句待世太輕。巧言、匿怨之類，常人固多不免。然其間豈無知其非者？但爲已不切，視之悠悠，不以爲恥耳。例謂之以“常人所安行”，則不可。

已上並《論語》。

“中也養不中”章。開其明而袪其惑。

此句已涉教，恐當刪。

“大人不失赤子之心”章。大人，能反之者也，所謂“自明而誠”者也。若夫上智生知之聖，則赤子之心元不喪失，所謂“自誠而明”者也。

大與聖對言之，則有等級。若曰“大人與天地合其德，與日月合其明”，則非聖人莫能與此。蓋自“充實”、“輝光”以上，皆可通謂之大人也。謂之“不失赤子之心”，則反之而不失者與“元不喪失”者皆可包矣，恐不必區別。

“君子深造之以道”章。資者，憑藉據依之謂。

資固爲憑藉，兼資養資用之意，其義乃完。

“仲尼亟稱于水”章。然則，其在人也，本安在乎？仁是也。

著書與講說不同。與學者講説，以此指示之可也。若解釋此章，則似不須推至此，止就本文發明，使其玩索爲善。若引而伸之太盡，則味薄，而觀者不甚得力。《語》、《孟解》中，此比頗多，姑舉其一爾。

“《詩》亡然後《春秋》作”章。《春秋》作于隱公，適當《雅》亡之後，故曰：“《詩》亡然後《春秋》作。”

文定之説頗似費力。變風訖于陳靈，至孔子之時，《詩》之亡久矣。其曰：“《詩》亡然後《春秋》作。”蓋指筆削《春秋》之時，非謂《春秋》之所始也。《詩》既亡，則人情不止于禮義，天下無復公好惡，《春秋》所以不得不作歟！

“君子之澤”章。小人，對君子而小者，其在上爲政，亦未嘗不流澤也。

善之薰陶，惡之污染，流芳遺臭，皆不能遽息。觀紂之俗，至康王猶未殄，則“小人之澤五世而斬”者可見矣。小人正是與君子善惡相反者，恐非對君子而小者也。

“逢蒙學射于羿”章。程子曰：“孟子取庾公之斯不背師之意，然人須就上理會事君之義當如何。然則，果何如哉？蓋亦曰審其重輕而已矣。”

按《遺書》此段，戒人尋枝摘葉，言孟子只是取庾公之斯不背師之意，人却節外生事，須就上理會事君之義當何如。蓋戒學者不領本意而展轉滋蔓也。上下文極分明，細讀可見。

"君子所以異于人"章。人而妄，則何以異于庶物哉！此非疾而詆之之辭，言其理然也。又曰而橫逆之至，則非所患也。雖非所患，然自反之功則無窮也。

此章所云："如此，則與禽獸何擇焉！于禽獸又何難焉！"雖非疾而詆之，然所謂并秋殺盡見者也。"如有一朝之患，則君子不患矣。"意蓋在上文，謂若有前面許多功夫，到得"非仁無爲，非禮無行"地位，則雖橫逆之至，非所患矣，所謂"無妄之疾，勿藥有喜"也。大意欲學者移畏外患之心而篤志于內修耳。恐不須添"雖非所患，然自反之功則無窮也"兩句。

"堯舜與人同耳"章。聖人雖獨盡其道，而立則俱立，達則俱達，未嘗不與人同也，故曰"堯舜與人同耳"。

恐只須説"聖人與人均之"章，不必推至此。

"咸丘蒙問臣瞽瞍"章。天子之父，又天子之所當尊。此太極之所以爲一，古今之通義也。

理固如此，但不必説得高深，何莫非太極？只平解文義，自在其中也。

《書》曰："祇載見瞽瞍，夔夔齋慄，瞽瞍亦允若。"是爲父不得而子也。

《孟子》前章既斷"君不得而臣，父不得而子"，爲齊東野人之語矣。此章復引《書》指實事辨之。舜見瞽瞍，夔夔齋慄，盡子道之恭如此，是得爲父不得而子乎！若以感格之端在舜，而曰"斯謂之父不得而子可矣"；又以君受教于臣，而曰"謂之君不得而臣亦可也"。恐非孟子本意。雖下文云："在子則知盡事父之道而已，在臣則知盡事君之道而已。而自後世觀之則云爾。"已自説破，但父子、君臣名分不容倒置，難爲下"可"字，直須謹嚴。觀《易傳》"在師中吉"，辨人臣不能爲之功處，蓋可見矣。

　　"萬章問禹傳子"章。孔子曰："唐、虞禪，夏后、殷、周繼，其義一也。"一者何也？亦曰奉天命而已矣。

　　其禪其繼，固皆奉天命也，但云："一者何也？亦曰奉天命而已矣。"似未親切。如孟子論三子不同道，其趨一也。一者何也？曰仁也。"仁"字上更難添語言。若云："一者何也？曰由仁而已矣。"則可乎？

　　"萬章問伊尹"章。謂"非予覺之而誰"者，非不讓也，理固若是也。又云：謂以堯、舜之道要湯者，言伊尹行堯、舜之道而湯往致之耳，非伊尹有要湯之心也。若行道于此，而要君之聘于彼，則豈所謂道者哉！

　　理固若是，然亦有任之意。

　　因其問伊尹以割烹要湯，故告之以伊尹所以致湯之聘者，非割烹也，乃堯、舜之道。政如子禽問："夫子至是邦，必聞其政，求之與？"子貢告以"夫子之求之，其諸異乎人之求之與"同意。曰"要"曰"求"，皆因問者之辭指之，使知在此不在彼爾。以意逆志，讀之自可見，不須更辨伊尹有心無心于要也，"要"字文義，謂湯往致之，亦頗費力。只是伊尹以堯、舜之道自致湯之聘，非枉己有求也。

　　"伯夷伊尹柳下惠"章。于惡聲惡色，視聽不加焉，則其立心高而守已固矣。

　　伯夷，聖之清者也。"立心高而守已固"，恐説得頗輕。

　　又云：雖然，以三子而論之，伊尹其最高乎！故于伯夷之風，則以爲聞之者頑夫廉，懦夫有立志。于柳下惠之風，則以爲聞之者鄙夫寬，薄夫敦。而獨不言伊尹之風所被者廣也。

　　三子似難分高下，伊尹得時得位，澤加于民，所被者廣，故獨不言風耳。

　　"萬章問不見諸侯"章。禮之所以謂之門者，以其節之不可越也。

　　以君子所出入，故曰門。若謂"節之不可越"，則説禮之防亦得。

　　"告子湍水"章。惟人得二氣之精五行之秀。其虛明知覺之心，有以推之，而萬善可備，以不失其天地之全，故性善之名獨歸于人。

自"有以推之"而下，皆是推擴功夫，所以盡其性也。此章方論性善，恐未須説到此。下文又云："人之有不善，何也？蓋有是身，則形得以拘之，氣得以汩之，欲得以誘之，而情始亂。情亂，則失其性之正，是以爲不善也。"亦似未該備。品物流形，參錯不齊，亦或有得氣之偏駁而不善者，但其資始者則無不善耳。

　　"告子生之謂性"章。告子"生之謂性"之説，以言夫各正性命之際則可也。

"物與無妄"所謂"各正性命"也。告子"生之謂性"之説，恐只説得氣禀。使果識所謂各正者，則人物之分，必不至混然無別矣。下文所云，則其所謂"生之謂性"者，語雖似而意亦差。此則立義甚精。

　　"公都子問性無善"章。是乃仁、義、禮、智之具乎性者也。性之中有是四者而已。有外，則非天心矣。

此章所謂"仁、義、禮、智，非由外鑠我也，我固有之也"。"鑠"如"陵鑠"之"鑠"，蓋言仁、義、禮、智非自外來加我，實我所固有也，性之德也。若云："性之中有是四者而已。有外，則非天心矣。"恐與文義不相協。

　　"富歲子弟多賴"章。口耳目麗乎氣，故有形者皆得其同。而心則宰之者也，形而上者也。故其所同者，反隔于有形而莫之能通，反躬而去其蔽，則斯見其大同者矣。

推其所以然，則固如此。然孟子之意，恐只是舉口耳目同然分明處，使人自顯推隱，反求其心之所同然耳。

　　"牛山之木"章。自旦而至，其晝之所爲，則無非害之者矣。

解旦晝文義恐費力。旦晝猶俗語所謂朝日云爾。

已上並《孟子》。《東萊集》別集卷一六。

【案】張栻《癸巳論語説》成于乾道九年（1173），此後其多與朱熹、吕祖謙等人討論、修訂，據前文及束景南《朱熹年譜長編》知，淳熙四年（1177）八月張栻與朱熹討論《癸巳論語説》，另據張栻下書（《學而》篇數段甚有滋益），推知本書約撰于淳熙四年冬。

張栻《寄吕伯恭》

《學而》篇數段甚有滋益，三段已改過，別録去。"巧言令色"章前已曾改。今送《言仁》一册去。"父没觀其行"，却恐文意只當于居喪説，若謂泛言行，則父在，固亦當觀其行，但有所不得行，要以觀志爲主耳。論子思摽使者之説甚有味。停蓄鎮重之戒，敢不深佩！以不當憂責爲幸。近世士君子墮在此病爲多，此意殊不厚，非惟先自隔絶，無由感通，存心既爾，若一旦臨事，豈復更有力乎？詳味《考槃》之詩與夫"志在君也"之辭，使人三嘆也。元晦向來《詩集解》必已曾見。某意謂不當删去前輩之説，今重編過，如二程先生及横渠、吕、楊之説皆載之，其他則采其可者録之，如此備矣。而其間或尚有餘意，則以己見附之。觀《魯論》中教人以《詩》爲先，蓋興起情性、使人深篤于人倫之際，學者須是先教存忠厚之心也。《南軒集》卷二五。

【案】由前書可知，朱熹、張栻有關"癸巳論語説"討論在淳熙四年（1177）年末，故本書約撰于淳熙五年初。

張栻《致吕祖謙書》

【案】據吕祖謙《與朱侍講元晦》"比得桂林書，猶未聞移漕之命，計今當出嶺矣。書中具道所以箴戒儆厲之意，不勝感悚。去冬舍弟轉致教賜，一一深中膏肓之疾，朝夕玩省，不敢忘"，知張栻有書致吕祖謙，佚。據《張宣公年譜》，知張栻除秘閣修撰、荆湖北路轉運副使在淳熙五年（1178）五月，據"比得桂林書，猶未聞移漕之命，計今當出嶺矣"，知張書當在是年三四月間。

張栻《致吕祖謙書》

【案】據吕祖謙《東萊集》外集卷五《與陳同父》書云："張欽夫近喪子，得書，極無況，力請出廣，遂有鄂漕之命，亦且得歸也。"知張栻有書致吕祖謙，佚。張栻子焯淳熙五年（1178）卒于五月，推知張栻此書約撰于是年六月前後。

呂祖謙《與張荆州敬夫書》

士大夫私意克治不盡，自納敗闕，令在旁者得以指點，故不知所倚耳。《東萊呂太史別集》卷七。

【案】本書撰時未詳，疑在淳熙五年(1178)或稍後。

某進士

張栻《答新及第啓》

兹審承恩天陛，拜慶親庭，閭里知榮，士友增慰。惟策名委質，當思忠義之勉圖；而學道愛人，豈其利禄之是慕！顧擴昔賢之志，永爲鄉國之光。《南軒集》卷八。

【案】本書撰時未詳。待考。

某舉人

張栻《答新舉人啓》

伏承起從里選，遂與計偕，顧兹勸駕之初，是乃策名之漸。惟國之取士，豈將富貴其身；而士之逢時，盍厲忠嘉之節。行觀大對，用卜遠圖。願希董子之奏篇，更加剴切；毋若公孫之曲學，徒取譏羞。輒因報賀之辭，少致贈言之義。敷宣罔既，悚惕增深。《南軒集》卷八。

【案】本書撰時未詳。待考。

某舉人

張栻《答新舉人啓》

茲審起從里選，榮與計偕。惟蘊積之素充，宜發揮之有漸。待時而動，豈爲干祿之云；正學以言，斯乃事君之始。蔚辭章之辱貺，惟推轂之何功。報贈不文，謹藏爲好。《南軒集》卷八。

【案】本書撰時未詳。待考。

某　人

張栻《與某人書》

栻稽顙再拜：先公平生心純王室，深痛讎恥之大，誓不與俱存，至于易簀，惟以未克報兩宮知遇爲念。嗚呼痛哉！不肖孤泣血何極，輒章讀之，更重感慟。邇來盜賊屏息否？長才淹汩，爲重嘆也。栻稽顙再拜。《寶真齋法書贊》卷二六。

【案】本書有"輓章讀之"云云，推知當撰于張浚卒後未久。

某　人

張栻《與某人書》

栻叩首再拜：齋醞及寶峰新笋見寄，得以備薦奉，愧感愧感！建茶
廿片，輒馳浼，幸檢留。栻叩首再拜。《寶真齋法書贊》卷二六。

【案】由"寶峰新笋見寄"云云，推知受信人當在江西，時在春晚。餘未
詳，待考。

某　人

張栻《致友人書》

詰朝陽至。《鶴山集》卷六四《跋張宣公帖》。

【案】《鶴山集》卷六四《跋張宣公帖》云："公以淳熙五年守荆，七年二
月七日易簀。今其十四日書云：'詰朝陽至。'蓋六年長至正在月半，則此帖
距公之亡纔八十四日耳。其二十日帖云：'氣體未復，不免灼艾。'想公之疾
自此日侵。嗚呼！所謂任重而道遠，于此亦可略見。拊卷太息，書其末以

歸諸范文叔甫之婿師氏。"知張栻有書致某友人。張栻卒于淳熙七年
(1180)二月二日,跋文中所云"七年二月七日易簀"不確。其十四日書當指
淳熙六年十一月十四日書,二十日書則指淳熙六年十一月二十日書。

張栻《致友人書》

氣體未復,不免灼艾。《鶴山集》卷六四《跋張宣公帖》。

【案】參見前書考證。

某　人

張栻《致某人書》

　　(軾)[栻]此間官屬中有游九思誠之,自長沙邀來攝經幕,其人有志
趣,曉民事,亦嘗從元晦游。又有嚴昌裔慶曾,永州人,(軾)[栻]舊與之
款,愨實可委信。又有李悰静翁,見爲經屬,雖才短,頗氣直敢言。此外
又有兩三人,頗習史事,自楚來。旁一行云:武行中勇毅者極難得收拾得數輩。
其餘亦頗似肯向前,亦未有顯過者。凡百姓教詔之,甚而不悛,然後不免治
之耳。諸郡守得人者寡,例多苟且,其問亦多闕。向來三司共作一味,是人
情,今與兩臺約,請公是選,不可一毫欺。朝廷但却似目前難得人,到任後
今已辟兩處□詣頗以爲然也。吴伻到遵州後,彼中事殊闕覺血脉通貫,見
已攝守,極通曉也。李天亨規摹只是理會兵財兩事,甚有條緒,至今傳道
之。林君《本政書》未盡,要其根本之論,得其家,更有數書,已往録矣。廣
州農事尤滅裂,若今冬尚備數于此,亦當考究料理也。此間士人,聞見極
陋,然資質寧無佳者?(軾)[栻]再過學中,與之講論經史。學宫弊甚,已修

治增廣。講堂之旁，列前政生祠，不免徙置佛寺，用其處新濂溪、二程先生祠，庶來者知向方耳。（軾）［栻］比領御筆理會買馬事，既而（軾）［栻］奏聞，又御筆批下“依奏依奏”。往返自更遞共不廿日，荷上不弃外，應之如響，（軾）［栻］凡有所見，其敢不自竭，況敢自有疏外耶？其他可□者□一二示免之。（軾）［栻］再拜。

　　偶有肘子納二十枚，并川墨兩笏同寄。（軾）［栻］又拜。《六藝之一録》卷三九四，又載于《式古堂書畫彙考》卷一二、《珊瑚網》卷六。

　　【案】《六藝之一録》卷三九四載本帖原題“蘇子瞻官屬帖汪珂玉藏宋名公翰墨合卷内”，然案云：“帖内有嘗從元晦游，又有新濂溪、二程先生祠，又有御筆會買馬事，皆非東坡語，或是南宋人與東坡同名者，此題作子瞻帖，似誤。”又案云：“此帖似是張南軒書，南軒名栻，想誤看邊傍，故題作子瞻耳。”即由書中文字知此帖實爲張栻所作，或後人改“栻”爲“軾”，以冒爲蘇軾之作。

　　書中有云“廣州農事尤滅裂，若今冬尚備數于此，亦當考究料理也。此間士人，聞見極陋，然資質寧無佳者”，又云“御筆理會買馬事”，知其當撰于靜江府任上。書中又及“講堂之旁，列前政生祠，不免徙置佛寺，用其處新濂溪、二程先生祠，庶來者知向方耳”。據胡宗楙《張宣公年譜》，知張栻立三先生祠在淳熙二年（1175）六月，書中又及“若今冬尚備數于此”，則推知張栻本書當撰于淳熙三年秋。又本書中言及朱熹并僚屬游九思、嚴昌裔等，當爲致同輩友人書。待考。

某　人

張栻《謝生朝啓》

　　歲晚而思益艱，蓋重《蓼莪》之感；齒長而學不進，更深《伐木》之求。

方渴佇于良規，乃忽塵于善頌。意則厚矣，吾惟闕然。敢云初度之光，實積中心之愧。《南軒集》卷八。

　　【案】由"歲晚"、"齒長"，推知本書或撰于淳熙年間。

某提刑

張栻《佳雪帖》

　　栻敬以深冬佳雪應時，伏惟提刑台簿尊兄，趣裝多餘，神所相右，台候起居萬福。栻正爾相望之遠，敢幾若時尊生，進德任道，以對休嘉。右謹具呈提刑台簿尊兄分坐。十二月一日，承事郎充秘閣修撰、權發遣江陵府張栻札子。轉引自吕書慶《宋代札子及其形制考叙》，載《中國書法》2006年12月。

　　【案】據《張宣公年譜》，淳熙五年(1178)張栻除秘閣修撰、除荆湖北路轉運使、知江陵府，是年底張栻抵江陵。淳熙六年底張栻得疾。推知此帖當在淳熙五年十二月一日。

某通判學士

張栻《與通判學士書》

　　栻稽顙再拜，上狀通判學士座下：即晨梅雨蒸濕，伏惟開決有相，台候萬福。栻孤露餘生，不足深軫，尚冀若時厚自衛重，不次。栻稽顙再拜，上狀通判學士座下。《寶真齋法書贊》卷二六。

【案】書中有云"栻孤露餘生，不足深軫"，疑撰于乾道初。待考。

潘景憲

潘景憲(1134—1190)，字叔度，婺州金華(今屬浙江)人。九歲以童子貢京師，"詔許特試禮部，且賜束帛。後入太學，益自刻勵。一時學官如汪公應辰、芮公燁、王公十朋皆推重焉"。擢隆興元年(1163)進士第。"與東萊呂祖謙伯恭父同年而齒長，聞其論説行身探道之意，慨然感悟，遂弃所學而學焉。"既而遭父憂，服除，不復仕，"日游呂氏之門，躬執弟子之禮，誦詩讀書，旁貫史氏，下至于兹，靡不該覽，而尤于程氏之《易》爲盡心焉。至它書史，考訂蒐輯，日有程課，鉛黄朱墨，未嘗去手"。並"買田儲書，以待四方之學者。又嘗取建寧社倉法，出私穀數百斛，歲時斂散"。"君既無當世之願，士友知其心者，如韓尚書元吉、張左司栻、曾卿逢、鄭卿伯熊，皆愛敬之，而不敢有推挽意。"紹熙庚戌(1190)致仕，六月卒，年五十七。其長女適朱熹子朱塾。事迹見朱熹《晦庵文集》卷九三《承事郎致仕潘公墓志銘》。

潘景憲《致張栻書》

【案】據張栻答書"所論讀書平易則簡略放過"，知有此書。佚。

張栻《答潘叔度》

所論讀書平易則簡略放過，稍思則似做時文，固當如此省察。但所貴于平易者，謂平心易氣，優游玩味其旨，正非簡略放過也。若夫家庭間事,于己見有阻礙,其間曲折萬端,乃是進修深切處,大要返求吾身而已矣。《南軒集》卷一九。

【案】本書撰時未詳,疑在乾道中。待考。

潘景憲《致張栻書》

【案】據張栻答書"來書得以窺近日所存",知有此書。佚。

張栻《答潘叔度》

來書得以窺近日所存,甚幸。但以鄙見,尚恐未免于迫切之病。如云以是心事親則爲孝,以是心從兄則爲悌,視聽言動無非是心,推之無所不用其極之類,辭氣皆傷太迫切。要當于勿忘、勿助長中優游涵泳之,乃無窮耳。孝弟爲仁之本,《遺書》中有一段説,非是謂由孝悌可以至仁,乃是爲仁自孝悌始,此意試玩味之。《南軒集》卷二七。

【案】本書撰時未詳,或在乾道七年(1171)、八年間。待考。

潘景憲《致張栻書》

【案】據張栻答書"垂諭吕、蘇所苦思慮紛擾之患",知有此書。佚。

張栻《答潘叔度》

垂諭吕、蘇所苦思慮紛擾之患,大是難事,可見近思之功。主一之謂敬,無適之謂一,持守誠莫要乎此,要是久益有味耳。孝弟爲仁之説,某近來玩程先生"爲仁自孝悌始"之意,極爲精切。若如來説,于事親從兄之時,體孝悌所從出,則仁可識,却未盡。蓋未免將一心體一心之病,更幸深思之。孟子論勿忘、勿助長後引揠苗爲喻,言助長爲多。蓋學者雖或知忘之爲害,而未知助長之甚,故返復言之也。《南軒集》卷二七。

【案】張、潘兩人頻繁書信往還或在張栻居長沙時,故推知本書或撰于乾道八年(1172)間。待考。

潘景愈

　　潘景愈，字叔昌，婺州金華（今屬浙江）人。潘好古子。《東萊集》卷一
〇。潘景憲弟。登進士第，仕至安慶府學教授。《敬鄉錄》卷一三。"嘗爲
太學解魁。年三十餘，甚有志趣，東萊稱其有意務實。"《宋元學案》卷
七三。

潘景愈《致張栻書》

　　【案】據張栻答書"來書所謂思慮時擾之患，此最是合理會處"，知有是
書。佚。

張栻《答潘叔昌》

　　來書所謂思慮時擾之患，此最是合理會處。其要莫若主一。《遺
書》中論此處甚多，須反復玩味。據目下看底意思，用工譬如汲井，漸汲
漸清。如所謂未應事前，此事先在，既應之後，此事尚存，正緣主一工夫
未到之故。須是思此事時只思此事，做此事時只做此事，莫教別底交互
出來，久久自別。看時似乎淺近，做時極難。某比作《主一箴》，爲一相
識所刊，其間亦有此意。《南軒集》卷二七。

　　【案】本書《張宣公年譜》繫于乾道八年（1172），今從之。

潘景愈《致張栻書》

　　【案】據張栻答書"所諭收斂則失于拘迫，從容則失于悠緩，此學者之
通患"，知有此書。佚。

張栻《答潘叔昌》

　　所論收斂則失于拘迫，從容則失于悠緩，此學者之通患。于是二者之間，必有事焉，其惟敬乎！拘迫則非敬也，悠緩則非敬也，但當常存乎此，本原深厚，則發見必多。而發見之際，察之亦必精矣。若謂先識所謂一者而後可以用力，則用力未篤，所謂一者只是想象，何由意味深長乎？言不逮意，更幸思之。《南軒集》卷二七。

　　【案】此書撰時未詳，當爲接續前書所作，故亦撰于乾道八年（1172），待考。

潘景愈《致張栻書》

　　【案】據張栻下書"來諭于主一用工，此正所望"，知有此書。佚。

張栻《答潘叔昌》

　　來諭于主一用工，此正所望。若實下手，乃知其間艱難曲折甚多，要須耐苦辛，長遠而勿捨焉，則寖有味，"爲仁由己，而由人乎哉"？勉之勉之！如某孤陋，正有望于諸友講益也。《南軒集》卷二七。

　　【案】本書疑撰于乾道八年（1172），待考。

潘友端

　　潘友端（1154—？），字端叔，婺州金華（今屬浙江）人，居紹興上虞（今屬浙江）。潘時子。登淳熙甲辰（1184）進士第，爲太學博士。"聰敏俊秀。從南軒張公，超然有得，士類服從。授徒里門，屢滿户外。"《會稽續志》卷五。又乾道六年(1170)張栻《答朱元晦》(某邇來思慮)云"潘友端年方十七,而立志殊不凡,皆肯用力",《南軒集》卷二二。故推知其生于紹興二十四年(1154)。

張栻《答潘端叔》

大抵讀經書須平心易氣,涵泳其間,若意思稍過,當亦自失却正理。要切處乃在持敬。若專一,工夫積累多,自然體察有力。只靠言語上苦思,未是也。事親之心,至親至切,古人謂起敬起孝,"起"字更須深體而用力焉。《南軒集》卷一九。

【案】本書胡宗楙《張宣公年譜》繫于乾道八年(1172)。又,《南軒集》卷三三《跋西銘》末尾云:"辛卯孟秋寓姑蘇書以示學生潘友端",本書或在其後,時張栻居長沙。

張栻《答潘端叔》

細觀書辭,有務實近本意味,良愜所望。致知力行,要須自近,步步踏實地,乃有所進。不然,貪慕高遠,終恐無益。近來士子亦往往有喜聞正學者,但多徇名遺實,反覺害事。間有肯作工夫者,又或不奈苦辛長遠,若非走作,即成間斷,亦何益也,吾友勉之!《論語》不可一日不玩味,《伊川易傳》亦宜細讀。某近年來讀此二書,益覺有深味耳。《南軒集》卷二七。

【案】本書約與前書同時而稍後。張栻《答朱元晦》(某自附陳明仲書後)云:"某自附陳明仲書後,一向乏便嗣音,惟是懷仰,未嘗忘也。秋凉行大江,所至游歷山川,復多濡滯,今方欲次鄂渚,更數日可解舟。舟中無事,却頗得讀《論語》、《易傳》、《遺書》,極覺向來偏處,取所解《孟子》觀之,段段不可,意義之難精,正當深培其本耳",與本書"《論語》不可一日不玩味,《伊川易傳》亦宜細讀。某近年來讀此二書,益覺有深味耳"相合,推知本書與張栻《答朱元晦》(某自附陳明仲書後)時間相近,或亦在乾道八年(1172)或稍後。

潘友文

潘友文,字文叔,號櫟庵,東陽(今屬浙江)人。潘時從子。"少從張南軒、呂東萊學,步趨必則焉。而又方卒業于朱晦庵。"《陳亮集》卷二五《信州永豐縣社壇記》。"朱熹、呂祖謙皆與友善。"《(正德)姑蘇志》卷四一。紹熙間,爲永豐令。《晦庵文集》卷八九《旌忠愍節廟碑》。開禧初,知昆山縣,寬慈愛人,人呼爲"潘佛子"。《(正德)姑蘇志》卷四一。嘉定初,知真州,"時兵燹後,民無屋廬,饑饉相望,乃築翼城,架屋居之,開賑局,施藥餌,全活數萬户"。《江南通志》卷一一五。

潘友文《致張栻書》

【案】據張栻答書"所諭雖間有平帖安静之時,意思清明,四體和暢,念慮不作,覺無所把摸,遇事接物則涣散矣",知有此書。佚。

張栻《答潘文叔》

所諭雖間有平帖安静之時,意思清明,四體和暢,念慮不作,覺無所把摸,遇事接物則涣散矣。此蓋未能持敬之故。所謂平帖安静者,亦只是血氣時暫休息耳。且既曰覺無所把摸,烏得爲安静乎?敬則有主宰,涵養漸熟,則遇事接物,此意思豈容遽涣散乎?主一之義,且深體之。《南軒集》卷二七。

【案】此書撰時未詳,疑在乾道末,待考。

彭龜年

　　彭龜年(1142—1206)，字子壽，號止堂，臨江軍清江(今屬江西)人。登乾道五年(1169)進士第，授左迪功郎、袁州宜春縣尉。"以'毋自欺'名齋，以書問南軒張公《中庸》、《語》、《孟》大義，至是義理愈明，開發後進，摳衣北面者日衆。復與劉子澄清之往復問辯，時相與折衷于晦庵朱公，而學愈成矣。"《攻媿集》卷九六《忠肅彭公神道碑》。歷國子監丞、秘書郎兼嘉王府直講。寧宗即位，除侍講，遷吏部侍郎，升兼侍讀。上疏攻韓侂胄，以煥章閣待制出知江陵府、湖北安撫使，丐祠。慶元二年(1196)落職，追三官勒停。嘉泰元年(1201)除集英殿修撰、提舉沖佑觀。開禧二年(1206)，以待制寶謨閣致仕。三月二十三日卒，年六十五。《攻媿集》卷九六《忠肅彭公神道碑》。後賜諡"忠肅"。著《內治聖鑑》二十卷等，藏于家塾。事迹見樓鑰《攻媿集》卷九六《忠肅彭公神道碑》。《宋史》卷三九三有傳。

彭龜年《致張栻書》

　　【案】據張栻答書"別紙示以所疑"云云，知有是書。佚。

張栻《答彭子壽》

　　別紙示以所疑，深慰孤寂，輒據所見奉呈，正望往復之益。第詳觀所論，不喜分析，窮理不應如此。理有會有通，會而爲一，通則有萬，釐分縷析，各有攸當，而後所謂一貫者，非溟涬臆度矣。此學所以貴乎窮理，而吾儒所以殊夫異端也，更幸深思焉。《南軒集》卷二六。

【案】本書中"別紙示以所疑，深慰孤寂，輒據所見奉呈，正望往復之益"推知本書或在乾道八年(1172)張栻居長沙時所作。

張栻《答彭子壽》

"中也者，天下之大本也；和也者，天下之達道也。"朱編修云："大本者，天下之理皆由此出，道之體也；達道者，由此而出無所不通，道之用也。"龜年竊謂大本者即此理之存，達道者即此理之行，謂之中和，已是説出性情之理。若曰大本者，天下之理由此而出，無所不通，則是大本達道之外，又有所謂理也，不識此言如何？

大本者理之統體。會而統體，理一而已；散而流行，理有萬殊。若曰大本即此理之存，達道即此理之行，却恐語意近類釋氏。萬殊固具于統體之中。

"致中和，天地位焉，萬物育焉。"朱編修云："敬而無失則極其中，而天地位矣；義之與比則極其和，而萬物育矣。"龜年竊謂未有極其中而不和者，未有天地位而萬物不育者，亦不必如此分説。不識如何？

分説無害。固未有天地位而萬物不育者，然天地位言其體，萬物育言其用，體用自殊，要須分看。但元晦之語不若龜山云"中故天地位焉，和故萬物育焉"爲得解經之法。

"君子時中"，朱編修云："以其有君子之德，而又能隨時以取也。"龜年竊謂君子精義故能時中。謂之時中者，以其全得此理，故無時而不中，非是就時上取中也。今曰"以其有君子之德，而又能隨時以取中"，心切疑焉。

隨時以取中，非元晦語，乃先覺之意，此意甚精。蓋中字若統體看，是渾然一理也；若散在事物上看，事事物物各有正理存焉。君子處之，權其所宜，悉得其理，乃"隨時以取中"也。然元晦云"以其有君子之德，又能隨時以取中",語却有病,不若云"所貴于君子之中庸者,以君子能隨時以取中也"。

《大學》曰:"古之欲明明德于天下者,先治其國;欲治其國者,先齊其家;欲齊其家者,先修其身;欲修其身者,先正其心;欲正其心者,先誠其意;欲誠其意者,先致其知。致知在格物。"自物格而後知至,自國治而後天下平,如自本而葉,沿流而下。學者用力之處,莫切于格物致知。而此篇之書,自誠意至平天下,條析甚明,而獨于格物致知無説,朱編修以爲闕文是也。然龜年嘗以爲自平定天下,遡而求之,其極至于格物致知;自物格知至,順而達之,其極至于國治天下平。其間雖節目繁夥,而其道甚要。所謂要道,蓋不過格物致知而已耳。然聖人自"誠意"而下,又各疏其説焉,非謂格物致知之外又別有所謂誠意、正心、修身、齊家、治國、平天下之道。此蓋聖人深指人以格物致知者然也。故聖人于齊家之條,引《書》曰"若保赤子,心誠求之,雖不中不遠矣"。此格物致知之最近者也,不識是否?

自誠意、正心以至平天下,固無非格物致知事也。然疑致知格物一段解説自須有闕文。《南軒集》卷三一。

【案】張栻前書（別紙示以所疑）中云:"別紙示以所疑,深慰孤寂,輒據所見奉呈,正望往復之益。"此答問當即爲"別紙",當撰于同時。

張栻《答彭子壽》

非禮勿視,非禮勿聽。

主一,則視聽有其則矣。

人心惟危。

人心因血氣而動,蓋危而難安也。

喜怒哀樂未發謂之中。

喜怒哀樂之未發,無所偏倚,中之所以得名。中者,所以狀性之體段。若曰目視、耳聽、手舉、足履，則是已發矣。其無不當者，乃是中節，所謂時中也。

"鳶飛戾天，魚躍于淵"，言其上下察也。

鳶飛魚躍，指道之體用無乎不在也。

盡心知性。

明盡心體之本然爲盡其心，非善窮理者莫之能也。

無極而太極。

此語只作一句玩味。無極而太極存焉，太極本無極也。若曰自無生有，則是析爲二體矣。

堯舜豈無所用其心哉？

豈可謂堯舜無所用心？特動無非天耳。

過化存神。

存神，體也；過化，用也。存神故能過化。

君子行法以俟命。

行吾法則聽天所命，故富貴貧賤，夷狄患難，無不安也。《南軒集》卷三一。

【案】據本答問云云，乃承前書，故推知其約撰於乾道九年（1173）前後。

戚如珪

戚如珪，字德銳，婺州金華（今屬浙江）人。乾道間進士。淳熙元年（1174）爲迪功郎、紹興府嵊縣尉。《東萊集》卷一一《金華戚如圭母周氏墓志銘》。嘗從呂祖謙游。弟如玉、如璧、如理。

戚如珪《致張栻書》

【案】據張栻下書"垂諭心量褊狹，是己太重之病，伯恭相勉看《西銘》，善矣"云云，知有此書，或撰于乾道八年(1172)、九年間。佚。

張栻《答戚德銳》

垂諭心量褊狹，是己太重之病，伯恭相勉看《西銘》，善矣。第某尋常切謂《西銘》須是全篇渾然體認涵泳之，所謂理一而分殊者，句句皆是也。人只被去軀殼上起意思，故有許多病痛，須是體認公共底道理，此所貴日用間實做工夫，卻不可想象臆度也。《南軒集》卷二七。

【案】由本書中"伯恭相勉看《西銘》"，知戚如珪時或在金華從呂祖謙游。另據《東萊集》卷一一《金華戚如圭母周氏墓志銘》云："季年，長子以進士入官。間一歲，次子亦游太學。閭里相謂夫人當喜不自勝，瞯之泊如也。以淳熙元年二月己卯終于寢，年六十有二。"推知如珪至遲當在乾道八年(1172)登進士第。又據呂祖謙《金華戚如圭母周氏墓志銘》，如珪淳熙元年(1174)之官紹興府嵊縣尉，則此書當在其前，呂祖謙歸婺在乾道八年，則此書或在乾道九年前後。

戚如珪《致張栻書》

【案】據張栻下書"所諭居敬，雖收斂此心，乃覺昏昏不活，而懈意漸生"，知有是書，約亦在乾道九年(1173)前後。佚。

張栻《答戚德銳》

所諭居敬，雖收斂此心，乃覺昏昏不活，而懈意漸生。夫敬則惺惺，而乃覺昏昏，是非敬也，惟深自警屬，以進主一之功，則幸甚。《南軒集》卷二七。

【案】本書當與張栻《答戚德銳》(垂諭心量褊狹)撰時相近，約在乾道九年(1173)或稍後。

戚如玉

戚如玉，金華（今屬浙江）人。淳熙十四年（1187）進士。《浙江通志》卷一二六。《儒林宗派》列戚如玉爲呂祖謙門人。

戚如玉《致張栻書》

【案】據張栻答書“垂諭忿怒之病，氣習偏私處，正當深致其力”，知有此書。佚。

張栻《答戚如玉》

垂諭忿怒之病，氣習偏私處，正當深致其力。《損卦》：“懲忿窒欲。”懲之爲言，須思其所以然而懲艾之。先覺謂惟思爲能窒欲，某謂懲忿亦然。若爲正當發時，最好看吾本心，此却有病。本心須是平日涵泳，庶幾私意漸可消磨。若當其發時，如明道先生所謂遽忘其怒而觀理之是非則可，若直待此時看吾本心，則天理人欲不相參，恐無力也，更幸思之。《南軒集》卷二六。

【案】本書或在乾道八年（1172）張栻居長沙時所作。待考。

錢工侍

錢工侍，名里未詳。嘗官工部侍郎。

張栻《賀錢工侍啓》

誕揚宸命，擢貳冬官。天生五材，盍謹民彝之用；國有六職，尤難藝事之精。朝著得人，士心交慶。恭惟某官氣涵剛大，行道中庸。傳師友之法言，淵衷有自；明國家之大體，表裏無遺。方賢業之時昇，固貴名之日起。參陪諸彦，久從藏室之游；舉正宏綱，式助文昌之政。果由迪簡，進簉高華。峻從班于貳師之聯，付邦土于起曹之重。將展近臣盡規之益，且觀知者創物之能。文武可尋，方急備修之效；元戎罕及，坐期精巧之功。某遠托餘光，欣聞異數。屬自麋于符守，莫親賛于廈成。百工惟時，既啓其凝之治；一德咸有，行攄自任之心。《五百家播芳大全文粹》卷一三。

【案】本書撰時未詳。待考。

喬　拱

喬拱（1145—1173），字德瞻。"質甚茂，貌甚和，志向甚正。從前輩游，深繹默味，蓋非易其言者。其事親油油然，若不足也。其奉兄惓惓然，左右之不欲違也。其處宗族鄉黨惕惕然，恐恩意之或不孚也。其講習將求盡乎此，其踐行亦既深知其難矣。"乾道九年（1173）十一月一日卒，年二十九。事迹見呂祖謙《東萊集》卷一一《喬德瞻墓志銘》。

喬拱《致張栻書》

【案】據張栻下書所云："觀來書，有以見玩繹不廢，甚幸"及"來諭謂舊雖知有主一無適之言，至臨時又難下手"，知喬拱有書致張栻，時約在乾道五年（1169）間。佚。

張栻《答喬德瞻》

觀來書，有以見玩繹不廢，甚幸！近日學者論"仁"字，多只是要見得"仁"字意思，縱使逼真，亦終非實得。看《論語》中聖人所言，只欲人下工夫，升高自下，陟遐自邇。循序積習，自有所至。存養體察，固當並進。存養是本，工夫固不越于敬，敬固在主一。此事惟用力者方知其難。來諭謂舊雖知有"主一無適"之言，至臨時又難下手。夫"主一無適"，正爲平日涵養，遇事接物方不走作，非可臨時下手也。《南軒集》卷二七。

【案】張栻《答朱元晦》（某邇來思慮）云："……喬拱在此，如此等士人甚難得。潘友端年方十七，而立志殊不凡，皆肯用力。潘今暫歸省，俟其來，皆令拜書去求教。李伯諫、林擇之兄弟各有報書，陳、韓在此時相見，亦肯回頭，但頗草草耳。某近因與喬、潘考究《論語》論仁處，亦有少説，續便錄呈。晦叔猶未得到長沙書"，其中"某近因與喬、潘考究《論語》論仁處，亦有少説，續便錄呈"，與本書中所云"近日學者論'仁'字，多只是要見得'仁'字意思，縱使逼真，亦終非實得"相合，約與張栻致朱熹書同時。張書撰于乾道五年（1169）九、十月間，故推知本書約撰于是年秋。

喬拱《致張栻書》

【案】據張栻下書云及"諭及陸、薛、徐三君，恨未之識"，知喬拱有書致張栻。佚。

張栻《答喬德瞻》

栻頓首啓德瞻秘校吾友：潘叔度兄弟因會致言，晦叔已兩來相見，歲晚可遷來城中。諭及陸、薛、徐三君，恨未之識。此間數士，略見正字書中矣。《敬亭記》潘叔昌寄來，方見之。敬則實、實則虛之意，《遺書》中已有，但虛則無事矣，亦疑傷快了。蓋"無事"字殺此段意思不了。如明道云"兩忘則澄然無事矣，無事則靜，靜則明"，便完全近看。惟二先生説話完全精粹，比其它先生不干事，其次則尹，又其次則楊，方到謝上蔡。後生何足以窺前輩？但講論間又不可含糊耳。"更以其大者移于小物，作日用工夫"，此語大意固好，亦疑立言有病也。栻又上。《南軒集》卷二七。

【案】本書中云"諭及陸、薛、徐三君，恨未之識"，薛當指薛季宣，據張栻與薛季宣書信往來考證可知，薛季宣與張栻乾道八年(1172)即有通信，此書當在此前。又據本書中"晦叔已兩來相見，歲晚可遷來城中"，晦叔即吳翌，《晦庵文集》卷九七《南岳處士吳君行狀》云："時君方買田築室于衡山之下，有竹林水沼之勝，因取程夫子'澄濁求清'之語，榜之曰'澄齋'，日與賓客從容其間，講道讀書"，知吳翌長年居于衡山之下，可推知此時張栻居長沙，時或在乾道五年或稍後。

喬拱《致張栻書》

【案】由張栻下書"所謂靜思與臨事有異，要當深于靜處下涵養之功，本立則臨事有力也"，知喬拱有書致張栻。時在乾道五年(1169)。佚。

張栻《答喬德瞻》

所謂靜思與臨事有異，要當深于靜處下涵養之功，本立則臨事有力也。某自覺病痛如此，不敢不勉，願與同志者共之耳。《南軒集》卷二七。

【案】本書撰時未詳，或在乾道六年(1170)間。

喬拱《致張栻書》

【案】據張栻下書(栻頓首拜啓德瞻茂才吾友座下)云及"來諭克己之偏之難"，知喬拱有書致張栻。佚。

張栻《答喬德瞻》

栻頓首拜啓德瞻茂才吾友座下：爲別寖久，每用懷想，手問遠貽，慰懼可知也。暑雨，緬惟義履勝福。栻幸爾安常，不必念。承在城中親炙正字，想當日有進益。來諭克己之偏之難，當用大壯之力，誠然也。然而力貴于壯而工夫貴于密，若工夫不密，雖勝于暫，而終不能持于久而銷其端。觀諸顔子沉潛積習之功，爲如何哉！有不善未嘗不知，知之未嘗復行，非工夫篤至，久且熟者，其能若是乎？別紙一一答去，有以復之是望。其他互見諸書中矣。晦叔多時不相見，却嘗通書，書已寄去。未知再會之日，更希茂勉厚愛。不宣。栻再拜德瞻茂才吾友座下。《南軒集》卷二七。

【案】此書撰時未詳，書中有云"暑雨"，推知或在乾道七年（1171）夏中。

張栻《答喬德瞻書》

栻許時幸款晤，雪川之別，良用悵然。從者遂還金華否？栻留此已幾半月，館舍寬涼，可以觀書，但恨友朋之遠耳。《論語仁説》亦稍稍改正矣，早晚寫寄伯恭，可就觀也。左右天資之茂，加以思慮審細，竊所期望。惟力自勉，惟宏惟毅，以進篤實之功。君舉後來曾相見否？近亦一得書也。詣叔來吳江相見，歸侍傍，欲再求假來此，猶未得，却數通問。他非此可既，今日得雨，再數日可以西去矣。《寶真齋法書贊》卷二六。

【案】本書中云"詣叔來吳江相見，歸侍傍，欲再求假來此，猶未得，却數通問。他非此可既，今日得雨，再數日可以西去矣"，知張栻時旅居蘇州，擇日西歸。據胡宗楙《張宣公年譜》卷上乾道七年（1171）條："六月十三日出公知袁州，十四日出都過吳興，七月寓蘇，八月過毘陵，十二月游鄂渚歸抵長沙"，則此書當撰于乾道七年七月間。

施少路

施少路，名里未詳。時官于蘄州。

張栻《與施蘄州少路》

久聞蘄春文物彬彬,有前輩遺澤漸濡未泯也,計士人中器質多美者。鐵錢事如何計? 循其理而爲之,不若它人做工作事也。大抵今日人才之病,其號爲安靜者則一切不爲,而其欲爲者則又先懷利心,往往賊害。要是儒者之政,一一務實,爲所當爲,以護養邦本爲先耳,此則可貴也。某冒居要藩,日夜悚仄,蓋日勉焉,而未之能有益也。臭味一家,偶及之耳。《南軒集》卷二六。

【案】本書與施少路論及蘄州(今湖北蘄春)"鐵錢事",或在張栻江陵任上所作,約在淳熙六年(1179)前後。

石 憝

石憝(1128—1182),一作墅,字子重,號克齋,台州臨海(今屬浙江)人。紹興十五年(1145),年十八登進士第,歷授左迪功郎、郴州桂陽縣主簿,改宣教郎、知常州武進縣事。調南劍州尤溪縣待次,家食三年。後從吏部選授福建路安撫司幹辦公事。丞相史浩薦于朝,差監登聞檢院。未幾,除將作監主簿,尋改太常。頃之不樂,因請得奉祠終養。除知南康軍事,將行而遭內艱。淳熙九年(1182)六月卒,年五十五。爲《周易》、《大學》、《中庸解》數十卷,有文集十卷藏于家。事迹見朱熹《晦庵文集》卷九二《知南康軍石君墓志銘》。

石憝《致張栻書》

【案】張栻《南劍州尤溪縣學傳心閣銘》:"乾道九年,知南劍州尤溪縣事石塾既新其縣之學,復建閣于學之東北,買書五千卷藏之其上,而命工人繪濂溪周先生、河南二程先生之像置于其中,使學者得共朝夕瞻仰焉。新安朱熹爲之名曰'傳心之閣',而塾又以書請銘于廣漢張某。"知本書撰于乾道九年(1173)。佚。

史　某

史某,名里未詳。時官于鄂州。

史某《致張栻書》

【案】據張栻《南軒集》卷三五《跋孫忠愍帖》中云"鄂州史君千里寓書,敬題卷末",知有是書,佚。其撰時未詳。待考。

史堯弼

史堯弼(1119—約1162),字唐英,世稱蓮峰先生,眉州(今屬四川)人。史堯俊弟。紹興二年(1132)爲眉州解試第二,年僅十四。後束書游東南,"魏公得其文,以示南軒曰:'此東坡先生之學也。'留館于潭。明年,試湖南漕,蓮峰第一,南軒第二"。《蓮峰集》卷首《蓮峰集序》。紹興二十七年與其弟堯夫同登第。"辛巳用兵,魏公復起,蓮峰亦登第,人爲之喜。蓮峰則曰:'魏公再用,勿用兵乃可。不然,必再敗。'未幾,果有符離之蚍,人以爲知言。"《蓮峰集》卷首《蓮峰集序》。約卒于紹興三十二年(1162)。
《宋人生卒行年考》卷一。

張栻《致史堯弼書》

【案】《蓮峰集》卷首任清全《蓮峰集序》云:"歲丁丑,蓮峰偕其弟堯夫
登第。弟卒,南軒以書相開勉,具述《中庸》復性之理。是時南軒蓋年未二
十也,其自得已如此,非蓮峰養正之功也哉?"知張栻有書致史堯
弼,然史堯
弼與其弟堯夫紹興二十七年(1157)登第,其時張栻年已二十五,與"是時南
軒蓋年未二十也"相牴牾。疑"弟卒"當爲"兄卒"之誤,實指史堯弼之兄史
堯俊,其兄卒于紹興十七年。《宋人生卒行年考》卷一。時張栻年十五,此書或
在其時。本書佚。

張栻《致史堯弼書》

【案】由史堯弼下書(今歲來綿竹)"五收所惠書",知張栻數有書致史
堯弼。佚。

史堯弼《與張丞相子欽夫》

今歲來綿竹,五收所惠書,三得所著文,眷眷于我厚甚。累年別
來,無如此慰滿也。仲隨所附書,果在嚴隆後到。冬氣已深。比來侍
秦國太夫人、和國大丞相起居復何如?近與仲隨數數款晤,具言欽夫
夙夜孝友,上奉重親,外接事物,酬酢一切,周旋切至之狀。賢業方進
如此,仲隨極言之,不覺感慨出涕,聞之重增嘆想。益充此心,放之四
海,何往而不可也?文字真小技哉!願益勉之,不倦不息,深所望者。
楚蜀邈然,恨不得相與朝夕。仲隨每過從相對,日相念耳。小道士聞
益奇。近作何文,懷抱千萬,殊未能布,惟萬萬爲親益盡珍重。《蓮峰
集》卷一〇。

【案】書中言及秦國太夫人尚在,又據"楚蜀邈然,恨不得相與朝夕",

知此時秦國夫人在湖南。據胡宗楙《張宣公年譜》,知秦國夫人紹興二十一年(1151)四月至永州,卒于紹興二十六年,則是書撰于紹興二十二年至二十五年間。

舒　誼

舒誼,字周臣,一字周仁,湘鄉(今屬湖南)人。從張栻受學。

舒誼《致張栻書》

【案】據張栻下書"別紙之諭,備見至意",知舒誼有書致張栻。佚。

張栻《答舒秀才周臣》

別紙之諭,備見至意。某向者受五峰先生之教,浹于心腑,佩之終身。而先生所造精微,立言深切,亦豈能盡窺其藩?向者元晦有所講論,其間亦有與鄙見合者,因而反復議論,以體當在己者耳,固吾先生所望于後人之意也。如晦叔、廣仲、伯逢皆同志者,故以示晦叔,而晦叔復以示二公,庶幾往返之有益耳。蓋嘗丁寧,不可示之非其人。其間所論有前後之不同者,蓋旋據窺測所到而言,何敢執一而不惟其是之從也?若世俗之人以私意淺量觀者,亦無如之何。但此議論只當同志者共紬繹所疑,不當遽泛示,以啓見聞者輕妄心也。若左右謂以爲成書而傳之,則大誤矣。《南軒集》卷二七。

【案】胡宗楙《張宣公年譜》繫本書于乾道六年(1170),今從之。

宋教授

　　宋教授，或疑此人即宋傅。楊世文《讀〈南軒集〉札記》，《蜀學》（第八輯）。宋傅（1125—1194），字岩老，永嘉（今屬浙江）人。中紹興二十四年（1154）進士第，爲台州黃岩縣主簿、郴州州學教授、知福州閩縣、江西轉運司幹辦公事，通判袁州，授沿海制置司參議官，乞致仕。紹熙五年（1194）七月卒，年七十，官至朝奉大夫。《水心文集》卷一四《參議朝奉大夫宋公墓志銘》。

張栻《答宋教授》

　　講聞令譽爲有日矣，兹辱過訪，開慰可知。且蒙委貺盛文，退而三復，非惟辭氣暢裕，使人嘆愛，而有以窺所志之遠大，欣幸曷勝！第某不足以當之也。自惟不敏，雖有志于古道，而晨夕自省，矯偏救過之不暇，其何能有益于人？邇來愈覺論學之難。蓋升高自卑，陟遐自邇，學者多忽遺乎所謂卑與邇者，而渺茫臆度夫所謂高與遠者，是以本根不立，而卒無所進。彼蓋未知聖賢本末精粗非二致，而學之有始有卒也。左右謂二程先生之説天下知誦之，而不知習察之功，謂之不傳可也，斯言是也。以左右之高明而欲從事乎此，其何可量！願因下問，紬繹其端，惟不以爲卑與邇而忽焉，則幸甚幸甚！《南軒集》卷二七。

　　【案】楊世文以爲本書當撰于宋傅乾道年間爲郴州州學教授時。《讀〈南軒集〉札記》，《蜀學》（第八輯）。又由本書中云“講聞令譽爲有日矣，兹辱過訪”，知宋教授嘗往長沙訪張栻，或在乾道初年張栻主講嶽麓書院時，待考。

宋文仲　宋剛仲

　　宋文仲，字伯華，安陸（今屬湖北）人，寓居衡陽。宋祁之後。張栻門人。歷官萍鄉丞、桂陽録事參軍、潭州長沙縣知縣。紹熙五年（1194）任行在雜買務雜賣場提轄官。《永樂大典》卷六。陳傅良嘗薦舉宋文仲。《止齋文集》卷二〇《湖南提舉薦士狀》。事迹見《（光緒）湖南通志》卷一六〇、《宋元學案》卷七一《縣令宋先生文仲》。

　　宋剛仲，字仲潛。文仲弟。亦從南軒學。歷臨江軍司户參軍、《盧溪集》卷四八《故左奉直大夫直秘閣向公行狀》。潭州湘陰縣丞。《誠齋集》卷一三〇《通判吉州向侯墓志銘》。事迹見《宋元學案》卷七一《縣令宋先生剛仲》。

張栻《答宋伯潛》

　　明道云："志動氣者什九，氣動志者什一。所謂氣動志者，非獨趨、蹶，藥也、酒也亦是也。"若止以藥與酒與蹶、趨言之，謂之少可也。明道又云："氣專在喜怒，豈不動志？"夫人爲私欲所勝，喜怒不公，以移奪其志者多矣，而謂氣動志者什一，此則未諭。

　　所以有喜怒，亦志動氣也，但因喜怒之氣而志益不能自寧，是氣復動志也。蓋常人志動氣，而氣復動志，無窮已耳。然自其始動而言，只可謂之志動氣也，惟趨、蹶與藥也、酒也，則是氣先之也。

　　孟子曰："可欲之謂善。"伊川謂與"元者善之長"同理，又曰："乾，聖人之分也，可欲之善屬焉。"剛仲嘗謂孟子言可欲，非私欲之欲也，自性之動而有所之焉者耳。于可與不可之際甚難擇，姑以近者言之。如飲食男女，人之所大欲。人孰不欲富貴，亦皆天理自然，循其可者而有所之，如飢而食、渴而飲，以禮則得妻、以其道而得富貴之類，則天理也。過是而恣行妄求，則非天理矣。故《書》曰"敬修其可願"，孟子又曰"無欲其所不欲"是也。乾，聖人之分，豈謂聖人之動皆循天理而然歟？以坤爲學者之事，莫是有馴致之意否？元者天德也，孟子所謂善，豈指天理而言歟？横渠又曰："明善必明于未可欲之際。"未可欲謂大本未發者否？見于可欲，則性之苗裔已發見者，未可欲則本性全體渾然，不容一毫之僞。明之之功何自而先？莫亦當先從事于可不可之際，審擇而固執之否？愚見如此，中心亦未安，恐伊川引乾元處別有深意。

人具天地之心，所謂元者也。由是而發見，莫非可欲之善也。其不由是而發，則爲血氣所動，而非其可矣。聖人者，是心純全渾然。"乾知（大）［太］始"之體也，故曰："乾，聖人之分，可欲之善屬焉。"在賢者則由積習以復其初。"坤作成物"之用也，故曰："坤，學者之事也，有諸己之信屬焉。"今欲用工，宜莫先于敬。用工之久，人欲寖除，則所謂可者益可得而存矣。若不養其源，徒欲于其發見之際辨擇其可與不可，則恐紛擾，而無日新之功也。《南軒集》卷三一。

【案】《南軒集》卷三二《跋西銘示宋伯潛》云："乾道八年七月己卯敬書以遺宋剛仲伯潛父"，本書或撰于同時。

宋文仲、宋剛仲《致張栻書》

閏月癸酉既畢窆事矣，敢請立諸墓。《南軒集》卷四一《宜人王氏墓志銘》。

【案】《南軒集》卷四一《宜人王氏墓志銘》云："淳熙二年秋，安陸宋文仲與其弟剛仲書來告其母夫人八月辛酉没于袁州教授官舍，以喪歸葬，求予銘。予辭未果，又書來曰：'閏月癸酉既畢窆事矣，敢請立諸墓。'爲辭甚哀。予念文仲兄弟從予游有年矣，其哀亡已，誠不忍拒也，則爲之書。"知前書撰于淳熙二年(1175)秋,已佚;後書即本書,撰于是年冬或稍後。

孫監鎮

孫監鎮,名里不詳。時監沙市鎮。

張栻《答沙市孫監鎮》

某辱諭伍員廟事,足見致思相助之意,甚幸甚幸!惟是時有古今,而君臣之義無古今也。楚乃伍員之宗國,君臣之義其來有素矣。父以無罪誅,子逃之而勿仕,終身蔬食布衣可也,豈有假手于讎,覆其宗國,快心于其君耶?狄梁公乃與大禹、吳泰伯一例存之,前輩蓋嘗有議論,梁公之賢,偶未之思耳。今敕額在吳,以慰吳人之思可也,在楚地則不可以施。按祀典,有功德于民則祀之。員于此地,何止無功德而已哉!然復讎之義,又不可不詳講。如今日中原之人本吾宋之臣子,虜乃仇讎也,向來不幸而污于虜,若幸而脫歸,則當明復讎之義,覆虜之宗、鞭虜之尸,所當爲也。若員則家世爲楚之臣子,而以復讎之義自施于君,其可乎哉?使員而果有靈也,其敢饗于茲地乎?此義恐不可不正。來意雖深荷,然皇恐不敢從也,更惟思之。《南軒集》卷二六。

【案】沙市鎮屬荆州,推知本書當在張栻江陵任內所作,或在淳熙五(1178)、六年間。

王定方

　　王定方，字能應，《(乾隆)福寧府志》卷一八。長溪(今屬福建)人。紹興三十年(1160)進士。王亮功子。淳熙初爲建寧府學教授。《南軒集》卷一一《建寧府學游胡二公祠堂記》。淳熙三年(1176)知瑞安縣。《(嘉靖)瑞安縣志》卷四。

王定方《致張栻書》

　　【案】據張栻《建寧府學游胡二公祠堂記》："蓋隆興癸未，知府事陳侯正同始祠游公于東廡之北端；後六年，轉運副使任侯文薦、判官芮侯燁又以邦人之請命祠胡公，且徙游公之祠爲東西室于堂上，未畢而皆去。又五年，今轉運副使沈侯樞始因其緒而卒成之，而教授王定方遂以書來屬某爲記。"《南軒集》卷一一。知此書撰于淳熙元年(1174)中。佚。

王光祖

　　王光祖，字仲顯，睢陽(今屬河南)人。王堯臣五世從孫。祖勇，建炎末守臨江軍(今屬江西)，因家焉。光祖乾道中知衡陽縣，《(同治)衡陽縣志》卷九。淳熙初知昭州，《文獻通考》卷六《田賦考六》。後知潭州。丁内艱，服除，知瓊州。"嘗病廣右鹽法不便，光宗即位，乃以光祖爲都提舉兩路，鹽法盡行，公私便之。卒于官。"事迹見《(隆慶)臨江府志》卷一二。

王光祖《致張栻書》

郡故有公祠,紹興中守臣陳廷傑所建,荒蕪久矣,故其地卑陋,亦不足以奉蒸嘗。按郡城之西北,有所謂得志軒者,公所嘗游歷也。下臨長塘曰木梁,廣數十畝。群山環于前,其秀曰龍岳,舊爲郡士張雲卿之居,公實名而記之,棟宇今無復存者。乃即其地爲屋四楹,繪公像于中,門廡悉具。又葺茅其下,俾張氏之後人居而世守之,敢請記。《南軒集》卷一〇《昭州新立吏部侍郎鄒公祠堂記》。

【案】張栻《昭州新立吏部侍郎鄒公祠堂記》云:"淳熙二年秋,清江王光祖爲昭州,道桂,問政所宜先。某告以道鄉先生當有祠,盍圖之,則應曰諾。明年春,使來告成,且曰:'郡故有公祠,紹興中守臣陳廷傑所建……'"《南軒集》卷一〇。知本書在淳熙三年(1176)春。

王居之

王居之,名里不詳。

張栻《答王居之》

《原說》前日呂季克已寄來。觀其言殊無統紀,其所安乃是釋氏,而又文其說。說亦淺陋,本不足以惑人,不意伯諫乃爾。向來與元晦相從,不知講論甚事?其人亦可謂不善變矣。前日答季克書謾錄去,今得所示伯諫之語,益知蘄州李君乃是類告子之不動心者,不知既不窮理,如何去得物蔽?其所謂非蔽者,未必非蔽,而不自知也。釋氏之學,正緣不窮理之故耳,又將盡性至命,做一件高妙恍惚事，不知若物格知至、意誠心正，則盡性至命亦在是耳。《南軒集》卷二六。

【案】本書所云"前日答季克書謾録去"，當指張栻《答吕季克》(《原說》中弊病似不難見)，又《南軒集》卷二三張栻《答朱元晦》(某覶勉于此，亦復一載)云："近見季克寄得蘄州李士人周翰一文來，殊無統紀。其人所安本在釋氏，聞李伯諫爲其所轉，可慮可慮。"張栻《答朱元晦》撰于淳熙三年(1176)二月間。推知本書約撰于是時或稍後。

王日休

王日休，字作德，嚴州分水(今屬浙江)人。紹興五年(1135)賜同學究出身。《宋會要輯稿・選舉八》。乾道權發遣筠州軍州事。《南軒集》卷三八《王司諫墓志銘》。乾道六年(1170)知筠州。《(正德)瑞州府志》卷五。淳熙間知池州。六年(1179)八月八日上所撰《九丘總要》三百四十卷，詔轉一官，添差沿海制置司參議官。《宋會要輯稿・崇儒五》。另著有《養賢録》二十二卷。《郡齋讀書附志》卷上。

王日休《致張栻書》

【案】據張栻《南軒集》卷三八《王司諫墓志銘》云："乾道己丑歲，某被命守嚴陵，驅車入境，俯仰其山川。……越三年，予屏居潭湘之上，筠州走書以清江劉清之之狀來請銘公墓。以予曩日之所敬，固不得以荒陋辭也，乃叙而銘之。"知本書撰于乾道八年(1172)。又，張栻《王司諫墓志銘》云司諫王縉有子二人，"日休，右承議郎、權發遣筠州軍州事"，知"筠州"即指王縉之子王日休。本書佚。

王庭珪

　　王庭珪（1080—1172），字民瞻，號盧溪，一作瀘溪，吉州安福（今屬江西）人。政和八年（1118）登進士第，調衡州茶陵丞。宣和末退居瀘溪之上。“時年未四十，弃官却掃，教授鄉里，執經登堂者肩摩，人不稱其官，曰瀘溪先生。”《胡澹庵先生文集》卷二九《監簿敷文王公墓志銘》。胡銓因上疏乞斬秦檜，紹興十二年（1142）秋謫嶺表，親交無敢通問，庭珪獨作詩送行，有“痴兒不了官家事，男子要爲天下奇”之句。詔江西帥沈昭遠鞫治以聞，除名竄夜郎，後許自便，時年幾八十。孝宗召對便殿，除直敷文閣。乾道八年（1172）三月卒，年九十三。著有《瀘溪集》五十卷、《易解》二十卷、《六經講義》十卷、《論語講義》五卷等。事迹見周必大《省齋文稿》卷二九《左承奉郎直敷文閣主管台州崇道觀王公廷珪行狀》、《胡澹庵先生文集》卷二九《監簿敷文王公墓志銘》。

王庭珪《答張欽夫機宜書》

　　某疵賤之（疾）［迹］，平昔未獲掃相君之門，雖天下士大夫誦閣下偉才謙德，獨某無階進謁，嘗恐抱終身之恨。曩者竄居夜郎七年，王彦恭時出所惠書，屢蒙記恤。東歸之日，道經長沙，始獲進拜大丞相于服制中，仰辱盼睞之意，視如門闌舊物，過于所望。既而退瞻履幕，且承顧接，存撫甚厚，一見忘其流落之情，以盡釋平生之願，此幸豈多得哉！伏自拜違以來，屢欲修起居問，而身賤迹疏，坐是不敢。比者忽奉教墨，詞謙禮勤，獎引不倦，顧衰朽何以當此？閣下席相門之貴，平生講磨道德，佩服仁義，凡著于言行之際者，皆欲仰希聖賢君子事業而不鄙。謂某可以追逐其間，此蓋閣下好賢喜士，出于誠素，心追古人而姑從今之人，其使某踴躍而不能自已也。竊惟丞相龍卧湘波，天下企望霖雨久矣。一旦父子接武雲衢，發舒素志，海内蒙福，則某亦受賜一人之數，猶恨老病，不獲日承議論之末，惟矯首遐想而已。靈壽杖敬拜佳惠，輒成古詩一首，聊致謝意，更冀采覽，幸甚。《盧溪文集》卷三〇。

　　【案】書中所云"靈壽杖敬拜佳惠，輒成古詩一首"，指《盧溪文集》卷三《謝張欽夫機宜惠靈壽杖》一詩。書中又云："竊惟丞相龍卧湘波，天下企望霖雨久矣"，知此時張浚尚在，而書中未談及隆興北伐事，則此書或在北伐之前。張栻隆興元年（1163）正月辟宣撫司都督府書寫機宜文字，同年四月隆興北伐，隆興二年八月張浚卒，則此書當在隆興元年春。

附：

王庭珪《謝張欽夫機宜惠靈壽杖》

　　九疑連綿青未了，郴江擘出蛟龍吼。雷公霹靂搜岩幽，化爲鬱律黄蛇走。飛電迸火出奇節，黄蛇走立僵如鐵。攜看玉女洗頭盆，拄上九疑探禹穴。莫挑馬箠渡黄河，莫扣天門閽者訶。但掛百錢時一醉，從教風雨濕漁簑。青錢學士年方少，年少羞爲老人調。即看飛步上蓬瀛，别有青藜夜相照。《盧溪文集》卷三。

王　炎

　　王炎（1138—1218），字晦叔，婺源（今屬江西）武口人。登乾道五年（1169）進士第，調明州司法參軍，改鄂州崇陽簿。"時南軒先生張公帥江陵，聞而器之，檄于幕府，議論相得。秩滿授潭州教授，以教養爲己責。"《新安文獻志》卷六九胡升《王大監炎傳》。歷臨江軍通判，除太學博士、著作郎兼考功郎、吳興郡王府教授，除軍器少監，主管武夷山沖佑觀。起知饒州，改知湖州，再奉祠。積官至中奉大夫、軍器監，賜金紫。嘉定十一年（1218）卒于家，年八十一。所居有雙溪匯爲一潭，築亭寄興，人稱“雙溪先生”。著有《讀易筆記》、《尚書傳》、《諸經考疑》等，總曰《雙溪類稾》。事迹見胡升《王大監炎傳》。《新安文獻志》卷六九。又，其“與淳熙中觀文殿大學士王炎名姓偶同，非一人也”。《四庫全書總目》卷一六〇。

王炎《上張南軒啓》

元戎整暇，方宣威嶺海之間；膚使光華，遂將指江湖之上。雖屬部喜公之持節，而搢紳望上之賜環。蓋以將相必有世家，不爲創見；至于父子俱係人望，未始前聞。諸葛瞻之視武侯，則功略無傳；李吉甫之似贊皇，則剛方少貶。其在今日，非爲美談。當紹興搶攘多故之時，賴先正扞禦艱難之力，勳存宗社，道濟生民。故上天陰相于國家，宜後嗣繼生于豪傑。恭惟某官宗師先聖，法象古人，探六經所載之微言，紹千載不傳之絕學。愛君憂國，誠心貫日月而無欺；疾惡排奸，直節頹岱嵩而莫壓。視諫官御史，逡巡而失色；對公卿侍從，慷慨而必爭。得喪齊一毫之輕，聲名增九鼎之重。仁人義士，信知何世之無賢；走卒兒童，亦識元臣之有後。去中州凡千里而遠，在南服有三年之淹。擁齊鉞以澄清，移轓軒而廉問。桂林、象郡，勤父老之去思；漢水、洞庭，覺山川之改觀。風采足以肅百城之屬吏，慈祥足以蘇一路之疲民。轉漕軍儲，實爲餘事；謀謨王體，自合還中。而況朝野注目，以大用期之；聖明傾心，其見知深矣。鋪張前烈，興起事功，必規模先定于胸中，則設施可觀于天下。佇聞趣召，即慶登庸。炎才薄而無堪，見愚而未達。浮湛州縣，所謀固出于爲貧；啜嚌詩書，此志未忘于稽古。飽聞南軒，非今世之君子；極欲北面，與承學之諸生。豈期墮朱墨之中，乃獲在門闌之側。恨無羽翼，巫瞻盛德之輝光；敢布腹心，庶見平生之景仰。《雙溪類稿》卷一一。

【案】據《新安文獻志》卷六九《王大監傳》：“時南軒先生張公帥江陵，聞而器之，檄于幕府，議論相得”，知王炎與張栻相識于江陵任上。本書又云：“桂林、象郡，勤父老之去思；漢水、洞庭，覺山川之改觀。風采足以肅百城之屬吏，慈祥足以蘇一路之疲民。轉漕軍儲，實爲餘事；謀謨王體，自合還中。”知此時張栻知江陵府，安撫本路，時當在淳熙五年（1178）。另據《張宣公年譜》張栻約于是年秋到任江陵，故推知本書當在此時或稍後。

王炎《上張南軒書》

炎聞少事長，賤事貴，不肖事賢，有願見之心，不可有亟見之意。外不失人，内不失己，然後其道兩盡，是故學者謹之。三揖而進，一辭而退，古人于去就之際，有義以權之、禮以節之也。炎幼而學，學而仕，非爲道也，而出于爲貧，是故浮沉于下位，不敢求當世君子之知。而敷文劉公惠然顧之衆人之中，引而進之。炎之所以事劉公者有公事而無私請，劉公亦察其粗能安于分義也，而以其不肖之名聞于下執事。執事者以劉公之言爲信，以炎爲可教也，亦引而進之。炎于是踴躍一來，其意以爲學問，而非敢以他求也。炎嘗聞學聖人之道，若顔子、曾子則見而知之，若孟子則聞而知之。孟子之後，道之正統絶而不傳。由漢以來，士非不學，而所以學者不以章句，而以言語文章。章句之學膠于陳言，而不知古人之用心；其以言語文章爲重者，亦未能入聖人之門而窺見其奧也。今世論道學所傳，學者往往曰自孟子之後漢有揚氏，唐有韓氏。然揚子以言語求道，韓子以文章求道。惟以言語求道，故爲《法言》，曰“吾以擬《論語》也”；爲《太玄》，曰“吾以準《易》也”。無西子之美而效其顰，亦增其醜而已矣。惟以文章求道，故爲之説曰：“《易》奇而《詩》葩，《盤誥》聱牙而《春秋》謹嚴。”與莊、騷、太史一概而論之，而六經之旨晦矣。且言語非不可以求道，而道則非言；文章非不可以求道，而道則非文。何者？不落其華，不探其實也。炎之所謂學者，不過舉子事業云爾，言語之辨也，文章之工也，而其技極矣，道則未之有見也。夫《易》始于伏羲,明于文王,《書》始于堯舜,《詩》始于商周,而《春秋》筆削于夫子。方其未有《易》、《書》、《詩》、《春秋》也,而禹、皋陶、伊、周之徒其學何從得之?數君子者爲聖爲賢,静而正心誠意,動而開物成務,天下之故不能眩其所見之明,成敗死生不能搖其所立之固也,則其學固有超乎言語文章之外,而得之心傳默授者。炎返而求之心,索之思,茫然其未有得也,故願見先生而請益焉。炎以爲學道者其始必有所傳,而其終有以自得之。有所傳者學之方,而自得之者其至也。孟子之學傳于子思,子思傳之曾子,曾子則親見聖人而師之。"一貫"之妙,夫子不以語門弟子,雖賜之達不與也,而獨以告曾子。曾子曰"唯",一"唯"之外,曾不容聲,而門人問焉,乃以"忠恕"語之。忠恕非一也,非一則曷爲語之,忠恕非一而可以入道故也。子思之所傳者忠恕爾,曰"中庸",曰"至誠",子思有以自得之。孟子之所傳者中庸爾,曰"盡心",曰"養性",孟子有以自得之。故曰自得之則居之安、資之深,取之左右逢其原。而自得實難,其入有門,則其初不可無傳也。蓋自孟子之後,道之正統絶而不傳,二程先生鳴道于伊洛之間,則道之正統絶而復傳。今世語伊洛之學者非無其人,然其下者不見于踐履,其高者未免于差也。夫不見于踐履,則言遠而旨近,似達而實蔽;而不免于差,則將以明道,適以害道而已矣。先生之學,其傳之也得其宗,其行也力,其守也篤,其自信也堅,此今世學者之指南也。《語》曰:"君子食無求飽,居無求安,敏于事,慎于言,就有道而正焉。"夫學者于其所見,毫釐有所必計,懼其差也,故必即有道者正之。況未有所見者,而可無以發其矒矒乎!炎爲舉子時,迫于伏臘之不給、甘旨之無以奉親也,而假館于他人之門,得學之功十三。及出而爲吏,雖不敢一日捨學而嬉,然有公家之事,食其食,亦不敢苟也,而得學之功十一。今將挈其孥以歸,杜門却掃于歙山之陽,早作夜寐,以求增益其所未能,策勵其所不逮,是故願一見先生以發藥其愚。夫檃括多枉木,不然則不直;良醫多病夫,不然則不瘳。聖賢之門,來者無絶法也。先生以爲可教而教之則幸矣。論十篇以爲贄,固以占其是非也。《詩》曰:"高山仰止,景行行止。"先生之道,四海學者之所尊仰也。《詩》曰:"中心藏之,何日忘之?"先生肯賜之教誨之言,炎不敢不奉以周旋也。干冒台嚴,不勝戰懼。《雙溪類稿》卷一。

【案】本書稱希望拜謁南軒,並願列于南軒門下,當在前書之後。《雙溪類稿》卷一《與潘徽猷書》:"炎昔在荆州,聞南軒先生之言曰:'帥桂四年,但按四郡守。微如簿尉,縱有奸贓,爲害也小,不若先治其大者。'"知王炎嘗拜識張栻于江陵。又由前書推知,本書當在淳熙五年(1178)末或次年春。

汪應辰

汪應辰(1118—1176),初名洋,字聖錫,信州玉山(今屬江西)人。紹興五年(1135)進士第一,年十八。初爲秘書省正字。累遷秘書少監、權吏部尚書、權户部侍郎兼侍講,紹興末出知福州,陞敷文閣待制。在鎮二年,以敷文閣直學士爲四川制置使、知成都府。召除吏部尚書,尋兼翰林學士,并侍讀,以端明殿學士出知平江府,請祠。其少從吕本中、胡安國游,張栻、吕祖謙深器許之。淳熙三年(1176)二月卒,謚文定,學者稱玉山先生。著有《文定集》五十卷。《宋史》卷三八七有傳。

汪應辰《與張敬夫書》

伏承僕射相公再正台席,宗社之福,中外交慶。昔吕正獻當國,伊川先生以爲原明之助爲多,此亦今日善類所望于敬夫也。輒有一事,雖已稟知丞相,尚有未盡。廣西之寇,久未平定,蓋所以致寇者非一也。説者以爲百姓凋弊日甚,而官吏貪殘無已,連年荒歉,餓殍滿路,而州縣不肯檢放租稅，官兵俸給數月不支，而帥守、監司爭獻羨餘。其他政事，大抵類此。百姓嗷嗷，無所控訴，以爲良民則坐而待死，爲賊則生，此民之所以從賊也。屠將官高居弁，執郡守劉長福，破高、雷、化三州，此其顯然可見者。而我之所遣，既非良將，又非精兵，糧又不給；官司行移，賊皆前知，而我初不知賊之動息；賊酣飫酒肉，而官軍嘗有飢色，所以每出輒敗。至于死事之後，無銖兩之報，人皆以爲戰則死，退則生，此官之所以不能制賊也。傳聞之言如此，未知朝廷所聞如何。或謂州縣兵將，更相蒙蔽，帥守、監司未必盡知一路之詳，其所知者又不盡以告于朝廷也。今若不究其病弊，更張而一洗之，則其患豈特如前而已哉？近除何直閣知靜江，自此遠方利害之實，必能盡以告于朝廷矣。何帥之意，欲乞朝廷差官兵三千人，仍領將官之可委者，蓋欲示以聲勢，使賊有所畏，庶幾可以撫定。又須應副錢糧，如度牒、官告之類無窮也。廣西見闕一漕，若得鍾世明爲之，可以協濟。又須明降指揮，以寇盜未息，促其之官，非獨得免稽滯，又足示中外以用之之意也。帥司舊有參議官，近年不除，欲得新知峽州呂令問爲之，若朝廷徑除固幸，不然，當有所請矣，望一一稟知丞相也。昔儂智高叛，初遣楊畋、曹修，再遣孫沔、余靖，皆無功，至狄青出，乃克。人皆以爲討賊非書生事，而劉原父獨以爲前此諸人皆有所牽制，及青之出，僚屬得自辟除，官吏得自廢置，財賦得自移用，將士得自誅賞，此其所以成功也。況今日事體，種種皆非昔比，若朝廷不留意假借責任，則雖有能者，亦無所施其巧矣。《文定集》卷一四。

【案】本書中“伏承僕射相公再正台席，宗社之福，中外交慶”云云，指張浚再相事。據《晦庵文集》卷九五《師保信軍節度使魏國公致仕贈太保張公行狀》：“（隆興元年）十二月二十二日，制拜公尚書右僕射、同中書門下平章事兼樞密使，都督如故，而思退亦轉左僕射。”又本書中云及“近除何直閣知靜江，自此遠方利害之實，必能盡以告于朝廷矣”。何直閣即何佾，《宋會要輯稿·選舉》三四稱“（隆興元年）十二月二十五日，詔權發遣福建路提點刑獄公事何佾除直秘閣、知靜江府”。則推知本書當在隆興二年（1164）初。

張栻《致汪應辰書》

【案】《浮溪集》卷二一《乞祠與宰相書》云：“近得張欽夫北關書，云欲到吳興少留，却泛江歸長沙。”據戎默《汪藻〈浮溪集〉誤收詩文考》，載《中國典籍與文化》2016年第1期。知《乞祠與宰相書》當爲汪應辰所作，而非汪藻。故知張栻嘗有書致汪應辰。書中又云：“聞十三夜批出，次日宣麻，鄭藻除開府儀同也。”據《玉堂類稿》卷四《鄭藻辭免開府儀同三司加食邑實封不允詔》，周必大自題其時在乾道七年（1171）六月十五日。推知本書約撰于乾道七年六、七月之際。佚。

魏掞之

魏掞之（1116—1173），本名挺之，字子實，後更名掞之，字元履，建寧府建陽縣（今屬福建）人。師胡憲，與朱熹游。兩試禮部不第，遂不復出。築室讀書，榜以“艮齋”，人稱艮齋先生。後詔舉遺逸，元履辭謝不獲。“乾道四年十二月用布衣入見，條當世之務，首論修德爲立政之本，繼以正人心、養士氣爲言，以爲恢復之道，要必以是數者爲先。”《南軒集》卷四〇《教授魏元履墓表》。賜同進士出身，授左迪功郎，爲太學録。“會福州副總管曾覿秩滿還，在道，掞之累疏以諫，移疾杜門，遺書陳俊卿責其不能捄止，語甚切。遂以迎親請歸，行數日，罷爲台州教授。”《宋史》卷四五九《魏掞之傳》。居家謹喪祭，重禮法。行古社倉法，民賴以濟。諸鄉社倉自掞之始。乾道九年（1173）卒，年五十八。“所爲文章若論議訓説合數十卷，藏于家。元履于學無不講，而尤長于前代治亂廢興存亡之説，以至本朝故事之實，皆領略通貫，識其大者。”《晦庵文集》卷九一《國録魏公墓志銘》。《宋史》卷四五九有傳。

張栻《致魏掞之書》

【案】據張栻答書"頃寄一書,度到時從者已南轅,不知獲徹否",知有此書。佚。

魏掞之《致張栻書》

【案】據張栻答書"便中領臨行教字,極荷",知有此書。佚。

張栻《答魏元履》

頃寄一書,度到時從者已南轅,不知獲徹否?便中領臨行教字,極荷。秋氣寖清,伏惟歸侍雍容,尊履萬福。兄抗論切直,悚動一時,此書亦庶幾不虛矣,但非惟善言之不用,而遽使直士引去,使人重憂嘆耳。聞太學多士有欲閎何蕃之意,亦可見人心所同也。然兄今日袖手却思,當益知天理之難明,人心之難定,而講學之不可一日忘也,則君子之所進,其有極乎!元晦必已相見,請外想遂矣。共父近得旨行邊,今在襄陽也。某幸粗安,日夕不敢自怠弃,但良朋在遠,每懷離索之懼,安得識面,少沃此懷也。適有端便,略此問訊,更幾勉茂德業,厚自愛重。

《戊午讜論》有人可爲録本否?先得兄所作序及元晦者見寄爲望。《南軒集》卷二六。

【案】本書中所云"共父近得旨行邊,今在襄陽也",當指劉珙于乾道五年(1169)"六月被旨措置荆襄邊遏",《晦庵文集》卷九四《劉樞密墓記》。又據書中"秋氣寖清",推知本書當撰于乾道五年秋中。

魏掞之《致張栻書》

【案】張栻《祭魏元履》云:"世之議者群起而求多于君,此蓋無足怪,然君自退歸以來,益務自修,以書抵予,謂將講學,進所不逮。"《南軒集》卷四四。知有此書,撰于魏掞之乾道後期罷官居鄉時。佚。

魏應仲

　　魏應仲，字孝伯，建陽（今屬福建）人。魏掞之子。"舉進士，文公貽之書，勉其力學，以副親庭責望之意，因教以起居坐立、出入步趨、處己待人。"《閩中理學淵源考》卷二〇。

魏應仲《致張栻書》

　　【案】張栻《教授魏元履墓表》云："故台州州學教授魏君元履之喪，新安朱君熹既爲之志以內諸隧，而其子孝伯復以書來請表于墓。"《南軒集》卷四〇。魏掞之卒于乾道九年（1173）閏正月壬戌，故推知本書約撰于乾道九年中。佚。

吴　儆

　　吴儆（1125—1183），初名偶，避諱改曰儆，字益恭，又字恭父，號竹洲，休寧（今屬安徽）人。以上舍高選登紹興二十七年（1157）進士第，調明州鄞縣尉，陞修職郎。淳熙元年（1174）通判邕州，"南軒以書告晦庵曰：'吴益恭忠義果斷，緩急可仗，未見其匹。'及歸自邕而得對也，南軒書'孔子之剛、曾子之勇、南方之强'三章以諗別。既而又以書相勞于中都，曰：'益恭才氣事業，烏可掩抑，對揚忠言，必當上意。'"五年除知州，兼廣西四路安撫都監、提舉欽廉等州盜賊公事、沿邊溪洞都巡檢使、兼提點買馬事。以親老改主管台州崇道觀。七年差知泰州，復主管台州崇道觀。十年致仕。淳熙十年二月二十七日卒，年五十九，謚文肅。其"又以餘閑與從游之朋窮經論史，考德訂業。四方之士聞之，負笈而至，歲數百人，居不足以容，或相率結茅其傍，因號為'竹洲先生'"。著有《竹洲集》。事迹見《新安文獻志》卷六九程卓《竹洲先生吳公儆行狀》。

吳儆《與桂帥張南軒啓》

大纛高牙，想制閫威容之盛；屬鞬戎服，望轅門兵衛之嚴。欣悸交懷，夙宵假寐。某官淵源聖學，師表儒林。惟有之是以似之，太戊贊于伊陟；在賢者識其大者，孔子傳之孟軻。凡開物成務之殊功，皆養氣存誠之餘事。用能弘濟于艱難之日，而雍容于進退之間。雖素位而行，不願乎外；然當今之世，捨我其誰！徒以交廣要衝，朝廷最遠。蠻貊賴威懷之略，兵民須鎮撫之宜。官守恃遠而或媮，邊防循習而或弛。允資輿望，肅付戎昭。宅南交，秩南訛，姑重義和之命；覺斯民，以斯道，況當堯舜之時！我公其歸，天子有詔。某州縣下列，庠序陳人。章句誦習之雖勤，塵埃奔走之亦久。下焉退不能為一身之計，上焉進不能取當世之資。嗟壯志之幾何，已鄰衰境；抗塵容之若此，敢意榮途？顧以罪戾之餘，宜置蠻荒之表。故雖遠戍，敢嘆遐遺？不圖流落之餘，獲托照臨之下。以身受察，引領自歸。雖仰視墮水之鳶，不堪上霧；幸南飛繞樹之鵲，未嘆無枝。《竹洲集》卷四。

【案】由本書中"徒以交廣要衝，朝廷最遠。蠻貊賴威懷之略，兵民須鎮撫之宜。官守恃遠而或媮，邊防循習而或弛。允資輿望，肅付戎昭"，知吳儆其時通判邕州。據文津閣《四庫全書》本《竹洲集》附葛邲《竹洲先生傳》，知吳儆通判邕州在淳熙元年（1174）。張栻到任靜江在淳熙二年二月，本書當撰于是年春末。

吳儆《上張南軒書》

某不才，無善狀，少時嘗不自揆度，妄有事功之志，兩任州縣皆不偶。不惟不偶，且速謗累。以是痛自懲艾，思欲自屏于僻遠無人之境，藏其身于庸陋寡過之地，苟寸祿以畢反哺，竊便安以佚餘年，則區區志願滿足無餘。前此到堂，只從諸公覓一廣右通判，爲是故也。然昨到會府，一拜威光，曾未有尺寸之長可以自見，乃蒙台慈過有推許，退而自省，莫知所因。蓋某魁然其形，而其中實無所有，率爾而對，而其言多不適用，某于是不敢自喜而益以自媿。何者？人固未易知而物不可以苟合。判府經略直閣左右司先生儻因他人過情之言或一時適然之喜，取某一日之長，一語之中，而未知某之所短者固多。不惟所短之多，而其過失亦甚；不惟過失之甚，而罪惡之不可恕者亦且不少。何謂罪惡之不可恕？某少時嗜酒使氣，游蕩無度，則有不檢之罪；爲縣令時擅殺人，納亡命，則有不法之罪；今垂老矣，有親年七十而貪祿遠去，則有不孝之罪。何謂過失之多？遇事直前，不顧後患，其失一也；語言不謹，頻致怨憎，其失二也；疾惡太甚，事不干己，其失三也；遇人無親疏賢不肖，輒輸寫肺腑，其失四也。至于好謀而智不逮，好勇而剛不足，好學而志不堅，好立事而才不稱，其天資之所短者又未可一二數。如前數者，有一于此，自不可復用于世，而況兼是數者而有之？而先生遽以爲可用。在某一時脫空漫語，以苟顧盼之寵則可，第恐他日不能上副所期，或致誤事，則于門下知人之明不能無傷。欲望台慈更詳察某之所有，博訪某之所爲，終以爲可用而後用之，無責以近效，無拘以文法，無間以讒慝之口，無惑于怨仇之言，然後敢安神定志，惟門下是用。如其不然，某但當謹挈之守，奉有司之法，享二年之厚俸而竊半刺之安佚，日押文移數紙，月遣吏卒數輩，驅迫屬縣，椎剝吾民之肌膚以充經、總制錢之課而坐受醵賞，則某之能事畢矣，而又何求焉！《竹洲集》卷八。

【案】由本書中"前此到堂，只從諸公覓一廣右通判，爲是故也。然昨到會府,一拜威光,曾未有尺寸之長可以自見,乃蒙台慈過有推許,退而自省,莫知所因"云云,知吳儆已與張栻相見,故推知本書約撰于淳熙二年(1175)夏間。

吳儆《與南軒論盜賊書》

昨日面奉誨飭,令某條具擒制盜賊事件。某初尉明之鄞縣,後宰饒之安仁,皆盜賊之淵藪,固嘗折肱于此。若盜之發,捕之無他奇計,但重其賞罰而行之以必信,無不獲者。然盜已發而捕獲,不若未發而為之備,蓋兵固有先聲而後實者。某在安仁時,嘗倣前輩置鼓樓之意而推廣之,行之未幾,盜發輒得之。復遇水旱,四境之外若饒之樂平、撫之金溪、信之貴溪,盜賊縱橫而終無一人一騎敢越吾境而為暴者。雖一時設施容有出于法度之外,然救荒之政不得不然,雖以是獲罪終不悔。亦常記錄一二,謹具如後。《竹洲集》卷八。

【案】《新安文獻志》卷六九《宋故朝散郎知邕州軍州兼管內勸農營田事兼廣南西路安撫都監提舉欽廉等州盜賊公事沿邊溪峒都巡檢事兼提點買馬事竹洲先生吳公儆行狀》云其"暨通判邕州,沿邊溪洞蠻獠少不得意則反側,南軒張公經略廣右,有疑事悉以咨公,置郵筒往來籌畫,日至再至三,公曲為之盡,畢就條理"。故推知本書約撰于淳熙二年(1175)秋冬或稍後。

吳儆《謝南軒薦舉書》

某不才,且無善狀,行餘五十,碌碌州縣,已不復有當世之志。萬里流落之中,乃蒙先生誤有薦揚,又蒙朝廷誤賜收錄,某聞命感慨。然富貴易得,名節難全,若因此他日或見用于時,決當保全名節,以不負知己之恩爾。某昨蒙使司行下,令某按察邊塞官吏貪冒苟得。某前此以溪洞事屬安撫,都監未嘗干預,今既有此命,某其敢有所畏? 其敢有所愛? 然此風循習已久,若一繩之以法,則大者可戮,小者可誅。欲乞容其自今以往改過自新,若復不悛,置之極刑,亦不足恤。《竹洲集》卷八。

【案】本書為吳儆答謝張栻薦舉,據《新安文獻志》卷六九《竹洲先生吳公傲行狀》：“留邑三年，績效不可殫紀，南軒露薦于朝，得旨赴都堂審察。”本書所言薦舉事即指此事。另文津閣《四庫全書》本《竹洲集》中《竹洲先生傳》云吳傲“(淳熙)五年，轉承議郎，被召上殿，除知州兼廣南西路安撫都監、提舉欽廉等州盜賊公事、沿邊溪洞都巡檢使兼提點買馬事”。與本書中“某昨蒙使司行下，令某按察邊塞官吏貪冒苟得”云云相合，故推知本書當撰于淳熙五年(1178)間。

吳傲《謝南軒舉狀啓》

　　居官亡狀，方遭誣謗之深；當路誤知，反有薦揚之寵。退自循省，積有驚皇。惟士夫出人之門，有女子從夫之義。必得其人，必得其正；乃不失禮，乃不失身。故上之舉下固豈容輕，而下之從上尤不可苟。如某者衰遲末路，憂患餘生。飢寒逼人，未免祿仕；疏直忤物，累速悔尤。自知無以取知于時，世亦莫肯有憐之者。資章甫而適粵，已甘爲無用之人；負耒耜而之滕，久欲爲歸耕之計。不圖流落，乃托照臨。迨此一年，固多罪矣；繩以三尺，其可逃乎？況城府無自衛之謀，而山川有至險之勢。橫逆猶是，必不仁必不忠；譖愬不行，可謂明可謂遠。復私公舉，猥辱名言。茲蓋某官命世真儒，濟時良弼。當今之世，捨孟子而其誰？以覺斯民，宜伊尹之自任。謂報國莫先得士，而觀過可以知仁。自媿妄庸，有辜獎拔。某敢不益堅素守，祇服誨詞？誓全節于始終，是爲報知己之賜；敢呈身以僥倖，而重辱我師之門？《竹洲集》卷四。

　　【案】據前書考證，知張栻薦舉吳傲在淳熙五年(1178)，本書撰于是年。

吳　獵

　　吳獵(1143—1213)，字德夫，潭州醴陵(今屬湖南)人。淳熙元年

（1174）以選射策廷中，賜同進士出身。五月授迪功郎、潯州平南縣主簿。冬十一月視事，張栻方經略廣西，檄公攝令，尋又攝靜江府教授，兼節度推官。淳熙六年，劉焞辟充經略司準備差遣。丁母憂。服除，注辰州漵浦令。紹熙元年（1190）知常州無錫縣。寧宗即位，遷校書郎，除監察御史，出爲江西轉運判官，後總領湖廣、江西、京西財賦，召除秘書少監，除秘閣修撰、主管荆湖北路安撫司公事、知江陵府，加寶謨閣待制、京湖宣撫使，除刑部侍郎充四川宣諭使，改敷文閣學士、四川安撫制置使兼知成都府，召還。嘉定五年（1212）三月，差提舉隆興府玉隆萬壽宮。嘉定六年十一月卒，年七十一，謚文定。吳獵“會魏忠獻張公寓長沙，太中公以《易》受知，因得交張宣公，于是年二十有三，遂從宣公卒業”。《鶴山先生大全文集》卷八九《敷文閣直學士贈通議大夫吳公行狀》。著有《畏齋文集》、《奏議》等。事迹見魏了翁《鶴山先生大全文集》卷八九《敷文閣直學士贈通議大夫吳公行狀》。《宋史》卷三九七有傳。

張栻《答吳德夫》

孟子曰：“形色天性也，惟聖人然後可以踐形。”說者謂踐者履踐也，如非禮勿視聽、非禮勿言動之類，謂之踐形。如此說，恐只是賢人事。一說謂聖人猖狂妄行，蹈乎大方，衆人則爲形所役，聖人則能役形。恐踐字說得費力。又一說：形者事之初萌，色者事之著見，惟聖人能踐之于其初，賢人則必待著見而後用力于其間。此恐說“天性”字不出。

天之生斯人也，有物必有則。凡具于吾身者皆物也，而各有則焉。踐如踐言之踐，實履之也。凡人雖有形色，而不能踐也，感物而動，不知所以踐之者也。賢人則能踐之矣，由己故也，以我視、以我聽、以我言、以我動也。聖人盡性，從容自中，與天地相流通，故動容周旋無非至理。曰“能”，則猶似用力也；曰“可以”，則見其自然而化，非聖人莫能與也。

《上繫》曰：“可久則賢人之德，可大則賢人之業。”此一段論乾坤易簡,至于可久可大,可謂極矣,何故止言賢人德業?或謂非聖賢之賢,乃賢于人之賢。

可久可大,賢人之德業也。久大則聖人也矣。

"舜明于庶物。"物,或説謂物則之物,或説謂萬物之物。然則明庶物者,奚獨舜哉?且考之經,何以見舜之明庶物也?

道外無物,物外無道。舜明于庶物,則萬理著察,一以貫之,卓然大中之域,非生知其能然乎?夫舜起于畎畝之中,一旦加乎群工之上,徽五典而五典從,納百揆而百揆叙,賓四門而四門穆,納于大麓而烈風雷雨弗迷,非明于庶物,其能然乎?

孟子曰:"口之于味也,目之于色也,耳之于聲也,鼻之于臭也,四肢之于安佚也,性也,有命焉,君子不謂性也。仁之于父子也,義之于君臣也,禮之于賓主也,知之于賢否也,聖人之于天道也,命也,有性焉,君子不謂命也。"

口之别味,目之别色,耳之别聲,鼻之别臭,四肢之便于安佚,豈人所爲哉?是性然矣。而口蘄于美味,目蘄于好色,耳蘄于鐘鼓,鼻蘄于芳馨,四肢蘄于安佚,則是感動于物而爲性之欲矣,故有命焉,而君子不謂性也。蓋貴賤有定分,窮達有定數,隨其所遇,無不得焉,而無欲之之意,則是天理也,故不謂性者,乃所以成性也。父子之恩,主仁而仁,不得于父子;君臣之分,主義而義,不得于君臣。賓主以禮而不接我以禮,賢者宜以知見于世,而邦無道,有不得而知焉。天道在聖人,而聖人固有不遇者,命則然矣。然而是可斷以無可奈何乎?斷以無可奈何,則人道息矣,故有性焉,而君子不謂命也。仁不得于父子,吾致孝以感而已,如舜是也;義不得于君臣,吾致誠以格而已,如周公是也。彼不以禮待我,而在我者盡其待之之道而已。孔子之于陽貨,可見也,知不得自見,吾雖退藏,益精其知以樂其道。伊尹在莘野,未聘之時,可見也。夫道在聖人,而夫子不得如堯、舜、文、武、周公施而達之天下,然著之六經,傳于門人,兼善萬世,天道流行,蓋無終窮矣。故不謂命者,乃所以立命也。如前所説，若流其性而不本于命，則人欲肆矣；如後所説，若委于命而不理其性，則天理滅矣。孟子之言，所以極性命之微，而同天人之用也。雖然，所以成性而立命者何歟？一則不謂性，一則不謂命，而心之道行乎其中矣，非知仁者其孰能明之？且聖人之于天道，立言與上辭不同。所以然者，蓋明天道即聖人之道，而聖人即天也。

"孔子之謂集大成。集大成也者，金聲而玉振之也。"

孟子言孔子不名一德而集群聖之大成，非三子之所可及，而又以樂之大成明之。蓋樂之一變謂之一成，大成則其節奏之大備也。金聲而玉振之，節奏可謂備矣，蓋又各有似焉。金聲有洪殺清濁之殊，聖人之智無所不周者然也。玉振始終如一，詘然而已，聖人之德無所不備者然也。此其先後固自有倫，然自其成者言之，則金玉並奏，知行皆極，不見其始卒之有異也。

"金聲也者，始條理也；玉振也者，終條理也。始條理者，智之事也；終條理者，聖之事也。"

伊川先生云："此孟子爲學者言始終之義。由其能始條理，故能終條理，猶知至即能至之，知終即能終之。"又曰："致知，智之事；行其所知而極其至，聖之事也。"據此一節，乃是言學者之事，所以學于聖人者，故因上文"金聲玉振"而言，言學之序如此。蓋聖人則聖智合一，無始卒之異，學者則必知所先後，然後有以入德也。故孟子于此一節，特分而言之，明聖人之智，學者所當先務，必明盡衆理，咸極其至，然後力行以造夫聖人之所以聖者，始終各有條理而不可亂也。智之事，聖之事，猶言學智聖之功夫，非便以爲智聖也。

"智譬則巧也，聖譬則力也。猶射于百步之外也，其至爾力也，其中非爾力也。"

此一節復言聖人之事，以明夫子所以異夫三子者。夫子智聖合一，至而且中矣。然所以至者其力也，所以中者非力也，是巧之功也。是聖人雖曰合一，而智聖亦未嘗不偕極也。若三子徒恃其力而巧不足焉，則雖至而不能以中矣。若顔子者智足以中矣，其力未及至者，一息爾。天假之年，孰謂其不爲孔子哉？

《西銘》云：“知化則善述其事，窮神則善繼其志。”其旨何如？

《西銘》發明仁孝，蓋仁人之事親也如事天，事天也如事親，須臾不在焉，則失其理矣。神是心，化是用，然須默識，所謂神則化可得而言矣，能繼志乃能述事也。《南軒集》卷三一。

【案】據《鶴山集》卷八九《敷文閣直學士贈通議大夫吳公行狀》：“會魏忠獻張公寓長沙，太中公以《易》受知，因得交張宣公，于是年二十有三，遂從宣公卒業。”知吳獵受學張栻始于乾道元年（1165），又據魏了翁所撰行狀：“嶽麓書院成，以選爲諸生。乾道三年冬，朱文公來會宣公，又獲親炙焉。公每惟聖賢教人無先于求仁，自秦漢以來，學者失其傳，乃以孔門問答及周子、程子以來諸儒凡言仁者粹類疏析，以求正于宣公。”故推知本書約撰于乾道初。

吳　洵

吳洵，浦城（今屬福建）人，吳銓（字伯承）長子。歷官將仕郎、永康軍通判。事迹見《南軒集》卷四一《承議郎吳伯承墓志》、《文定集》卷六《薦吳洵充郡守札子》。

吳洵《致張栻書》

先君蘊蓄不克施，懼遂泯没，相與厚善莫如公，惟是所以詔來世者，敢再拜哭授使者以請。《南軒集》卷四一《承議郎吳伯承墓志》。

【案】張栻《承議郎吳伯承墓志》云：“乾道六年七月十八日，右承議郎浦城吳君卒于長沙之寓居,年五十二。其子洵以治命奉其喪祔君之母夫人方氏之兆。其年冬,遣書走告于尚書左司員外郎、侍講張某曰:'先君蘊蓄不克施……'"《南軒集》卷四一。知本書約撰于乾道六年(1170)冬。

鮮于廣

鮮于廣,字大任,晉原(今屬四川)人。紹興二十二年(1152)以右宣教郎知潭州醴陵縣。《建炎以來繫年要錄》卷一六三。通判濠州。隆興元年(1163)四月通判揚州,十月改通判利州。《宋會要輯稿·職官》六一。

鮮于廣《致張栻書》

【案】張栻《故安人常氏哀詞》云:"大任在襁褓,而常氏去其家。既冠而知之,則常氏没矣。大任追念哀疢蓋骨立。宦游四方,中歲歸故里,重惟生不得其養,没又不知其處,無以塞其悲也,寄書友人張某,俾爲詞而紓之。"《南軒集》卷四一。知鮮于廣"中歲歸故里"後嘗寄書張栻,推知約在乾道間。佚。

項安世

項安世(1129—1208),字平父,一作平甫,其先括蒼(今屬浙江)人,後家江陵(今屬湖北)。淳熙二年(1175)進士,調紹興府教授。"時朱熹爲浙東提舉,相與講明義理之學。"《(嘉靖)浙江通志》卷四三。紹熙四年(1193)三月除秘書省正字。紹熙五年八月除校書郎,慶元元年(1195)五月添差通判池州。《南宋館閣續錄》卷八、卷九。"時朱熹召至闕,未幾予祠,安世率館職上書留之。……俄爲言者劾去,通判重慶府,未拜,以僞黨罷。"《宋史》本傳。開禧年間起復知鄂州,除户部員外郎、湖廣總領,權宣撫使,又陞太府卿,坐免。後以直龍圖閣爲湖南轉運判官,未上,用臺章奪職而罷。嘉定元年(1208)卒,年八十。《宋人生卒行年考》。著有《周易玩辭》、《項氏家説》、《平庵悔稿》等。《宋史》卷三九七有傳。

張栻《答項秀才》

　　承來金華,從容師友間,當有進益。爲學之方,循循有序,要須着實趨約,自卑近始。度正字亦必常及此,在勉之而已。《南軒集》卷二六。

　　【案】由本書"承來金華"及"度正字亦必常及此"云云,推知項秀才當爲吕祖謙門人項安世,楊世文《讀〈南軒集〉小札》載《宋代文化研究》第二十二輯。亦認爲此"項秀才"即項安世。據《吕祖謙年譜》,吕祖謙於乾道七年(1171)九月十六日除秘書省正字,乾道八年二月丁父憂返鄉,則項安世往金華當在其後,時在乾道八、九年間,本書約撰于其時。

蕭殿撰

　　蕭殿撰,名里不詳。時官集英殿修撰。

蕭殿撰《致張栻書》

【案】張栻《祭蕭殿撰》云"來使湘州，某適在遠，方嗟再見之難，豈謂九原之隔？書猶在手，訃忽來傳"，《南軒集》卷四四。知蕭殿撰嘗有書致張栻，推知其時約在張栻任官桂林間。佚。

蕭仲秉

蕭仲秉，名里不詳。

張栻《答蕭仲秉》

聞喪事謹朝夕之奠，不用異教，甚善。此乃爲以禮事其親，若心知其非而徇于流俗之議，則爲欺僞，不敬莫大焉。惟致哀遵禮，小心畏忌以守之，鄉曲之論，久當自孚，勉爲在我者可也。《南軒集》卷二六。

【案】本書撰時未詳，待考。

張栻《答蕭仲秉》

生死鬼神之説，須是胸中見得灑落，世間所説不得放過，有無是非一一教分明方得。若有絲毫疑未斷，將來被一兩件礙着，未必不被異端搖動引去。覺得諸友多于此處疑着，正好玩味橫渠之説。昨見文集有數處極精切，蓋橫渠皆是身經歷做工夫，剖決至到，故于學者疑滯處尤爲有力耳。工夫須去本源上下沉潛培植之功，不然，區區文義之間，一知半解，歲月只恁地空過也。《南軒集》卷二六。

【案】本書撰時未詳，當上承前書。

謝堯仁

謝堯仁，字夢得，邵武建寧（今屬福建）人。"淳熙元年以宏辭薦，後徙家南豐之市山以終。"《江西詩徵》卷一六。學者稱嶺庵先生。"卓絕奇詭，有志當世而骯髒不自達，寓情詩酒。子驛，字處厚，亦能詩，與舍人張孝祥友善。"《江西通志》卷九五。

張栻《答謝夢得》

凡人之病，必有受病之處，雖風雨、暑寒、燥濕之不同，而氣行無間隙不在焉。惟其日引月長，浸而不已，故良醫之治病，必先望其顏色，切其脉理，而究其腑臟之變，以會其微，而投之砭劑，如郢人之運斤，甘蠅、飛衛之射髮，無不如意。不幸而秦、扁、和、緩之不遇，而至于病矣，則將何救？嗟乎！病之在身，猶將不遠秦楚之路而求以治之；病之在心，顧獨不思所以救之者乎？左右謂病散在一身而莫知其病之處，此惟弗察之故也。《語》曰："觀過，斯知仁矣。"觀云者，用力之妙也。引繩而絕之，其絕必有處，左右試詳思而察焉。凡心之病固多端，大抵皆由其偏而作。自一勺而至于稽天，則若人雖生，無以異于死也。聖賢之經皆妙方也，察吾病之所由起而知其然，審處其方，專意致精而藥之，則病可去；病去則仁，仁則生矣。如某者蓋三折肱而未得爲良醫也，方汲汲然自治之不暇，而何以起人之廢哉？孟子曰："子歸而求之，有餘師。"多言不足以答盛意。《南軒集》卷二五。

【案】本書撰時未詳，疑在乾道間。待考。

薛季宣

薛季宣(1134—1173)，字士龍，一作字士隆，號艮齋，永嘉(今浙江溫州)人。起居舍人薛徽言子。年十七，從妻父荊南帥孫汝翼辟書寫機宜文字。"獲事袁溉。溉嘗從程頤學，盡以其學授之。季宣既得溉學，于古封建、井田、鄉遂、《司馬法》之制靡不研究講畫，皆可行于時。"《宋史》本傳。歷遷大理正，出知湖州。改知常州，未上，乾道九年(1173)七月戊申卒于家，年四十。《浪語集》卷三五呂祖謙《薛公墓志銘》。于《詩》、《書》、《春秋》、《中庸》、《大學》、《論語》皆有訓義，藏于家。"公自六經之外，歷代史、天官、地理、兵刑、農末，至于隱書、小說，靡不搜研采獲，不以百氏故廢。……有《浪語集》若干卷，《書古文訓》若干卷，《詩情性說》若干卷，《春秋經解》若干卷，《旨要》一卷，《中庸》、《大學說》各一卷，《論語小學》若干卷，《資治通鑑約說》止若干卷，《九州圖志》止若干卷。"陳傅良《止齋文集》卷五一《右奉議郎新權發遣常州借紫薛公行狀》。《宋史》卷四三四有傳。

薛季宣《與張左司栻書》

即日秋氣澄肅，伏惟倘徉閫閩，台候神相萬福。某先君右史、先伯待制皆受知于先正忠獻，致位從班。辛巳歲，某備縣鄂陵，伏遇元戎即鎮金陵，得迎拜于蘆洲江步，時已昏暮，伏蒙略去貴賤等威，賜之坐席，溫言慰藉，詳問存沒，區區感戴，鑑寐不忘。伏自忠獻薨背，某僻在海濱，都失奔問，徒切慊然。比年待次毗陵，日聞左司以道學爲諸儒唱，告猷悟主，幾振吾道，非獨爲先世私喜，實爲善類公慶。某方辭審察之召，雖恨不得摳衣几席，而友朋陳君舉董仰荷予進，獲聞至正大中之論，所幸已多，且蒙不察其愚，乃欲力相汲引。某自顧觸藩之久，懼涉其怪，又貪承教，去夏遂謀入都，以欲一見。鄭景望吏部取道宛陵，忽聞出鎮宜春，行次苕水，亟與林擇之秀才疾走吳興郡下，至則鷁舫已西到都，乃知謀過義興，枉道臨訪，差池至此，彌更惘然。合并之難，一至于是。然而千里明月，奚遠近之拘邪？某自去秋中備數京輦，雖與伯恭、子充親洽，然以人情益薄，不敢顯白相從。到官之初，一謁當路，是後弗敢復見。至前忽蒙假節淮西，忽忽徑行，以臘月中旬至部。江饒流移，既已賑之無及，而淮北歸正，無非守將之欺，小人黨與强盛，不敢顧身，三以實聞，僅能置之于理。過元夕至江浦，始與趙帥俊民收流移之未業者，爲官莊以處之。齊安二十二區，合肥復三十六圩之舊，各不過三百四五十户；其餘土人招爲客户，無慮數千。人情不欲聞，官所籍止三千五百户，主惠至渥，不能有所推廣，不學無術，臨事乃知其累。所甚爲朝廷嘆者，荒田蕪于包占，經理害于無謀，歸節之際，不敢一毫隱也。聖恩過厚，職秩皆蒙超次之除，還都百緒一新，進退方谷，偶吳興闕守，驟蒙中旨之授。用逾其分，誠劇畏悚。而在一身出處私計，雖自爲謀，不過如此，然而近圻名郡，千瘡百痏，甚非綿薄之所宜居；況又踪迹見目于人，危如秋葉，吹竽鼓瑟，孰非孤露？未知所以善後，惟在我者不敢不勉。是外付之造物，人事詎易必邪？念未參識，宜當道術相忘，竊思記問不通，人情有所不可，輒盡底蘊，庶幾有以察之。復念古今異時，變態萬狀，謂非在己無惡，無必于人，用能觀感，化服異端，會將有濟。騰口無益于事，只招謗訾，適以害道甚矣，要當深思密用退藏，是乃待時之計。鄙見如此，不識有取于斯乎？辱以聲氣相求，無惜鞭其不逮，至懇至祝。某復有少稟，先正幕府所繪被邊形勢，頗得表裏之要，輒欲就乞傳本，以廣未聞，人旋得蒙垂示，甚幸！台眷上下均受如山之祉，浙中有可委者，無巨細辱示。某去就之誼，未知當作何處，且欲爲卒歲計，不識可乎？可以警其愚，萬乞疏示。承晤邈未有日，敢祝加餐進業，行以大學，光明于時！《浪語集》卷二三。

【案】本書中云：“聖恩過厚，職秩皆蒙超次之除，還都百緒一新，進退方谷，偶吳興闕守，驟蒙中旨之授。……然而近圻名郡，千瘡百痍，甚非綿薄之所宜居。”知薛季宣已到任湖州，并有請祠之意。另據《浪語集》卷二六《湖州請祠札子》：“某蒙恩授前件差遣，自八月初四日到州交割職事訖，經今四月。”知薛季宣乾道八年（1172）八月初四到官湖州。本書又云：“即日秋氣澄肅”，則知是書當撰于乾道八年秋八、九月間。

張栻《答湖守薛士龍寺正》

講聞高誼之日久矣，近歲見呂伯恭、陳君舉稱說尤詳，每念瞻際，以慰此心。在省中時，亦見辭免審察文字，竊爲諸公言，致賢者之道恐不當如是。已而某亦出關，尚念取道義興，儻可一見，而又差池，徒往來于懷而已。茲辱手字，辭氣溫厚，如接眉宇；重篤先契，尤所感嘆。即日歲晚雨寒，伏惟撫循有相，台候萬福。某向者備數朝列，雖粗知自竭，而誠意不充，迄無以仰答明主之遇。寬恩保全，獲返先廬，惟知深自省屬，它無足軫念。聞去冬嘗以使指往淮上，想事情之實，悉得徹旒冕之前。所謂“荒田蕪于包占，經理害于無謀”，二語誠切要也。吳興下車寖久，學道愛人之志亦可少施否？某每念時事若此，良由士大夫鮮克務學之故。蓋天理之微爲難存，氣習之偏爲難矯，譬諸射者在此，有秋毫之未盡，則于彼有尺尋之差矣。自惟不敏，惕然夙夜不敢遑暇，思得良友相切磨，以庶幾乎萬一，其願見之心，誠非可以言喻也。報問之始，亦不欲只以寒暄語，惟窮理戒成心之萌，臨事防己意之加，充茂德業，以慰士望。伏紙拳拳。《南軒集》卷一九。

【案】本書云及“聞去冬嘗以使指往淮上，想事情之實，悉得徹旒冕之前”，據《東萊集》卷一〇《薛常州墓志銘》：“始公以乾道七年十二月至淮西”，知本書撰于乾道八年（1172）。又據“所謂‘荒田蕪于包占，經理害于無謀’，二語誠切要也”，與薛季宣《與張左司栻書》“所甚爲朝廷嘆者，荒田蕪于包占，經理害于無謀，歸節之際，不敢一毫隱也”相應，知此書爲其答書。

本書又云"吳興下車寖久,學道愛人之志亦可少施否","即日歲晚雨寒",故推知其約撰于乾道八年季冬。

薛季宣《致張栻書》

【案】由張栻答書(論及學校之事),知薛季宣嘗有書致南軒,論及興學及招陳傅良事,時約在乾道八年(1172)末。佚。

張栻《答湖守薛士龍寺正》

論及學校之事,此爲政之所當先也。湖學安定先生經始,當時作成人才,亦可謂盛矣。聞欲招陳君舉來學中,此固善。但欲因程文而誘之讀書,則義未正。今日一種士子,將先覺言語耳剽口誦,用爲進取之資,轉趨于薄,此極害事。若曰于程文之外,明義利之分,教導涵養,使漸知趨嚮,則善也。《南軒集》卷一九。

【案】此爲答薛季宣來書所作,由本書"湖學安定先生經始,當時作成人才,亦可謂盛矣",知薛季宣時在湖州任上,由前可知,薛季宣乾道八年(1172)八月到任湖州,次年"改知常州。未上。以乾道七年九月戊申卒于家,年四十,官止奉議郎"。《東萊集》卷一〇《薛常州墓志銘》。按,薛季宣卒于乾道九年,"七年"當爲"九年"之誤。知此時薛季宣在湖州興學。另據《湖州請祠劄子》:"伏念某自去歲十一月間,以本州畿甸名郡,非某愚賤所以安處,加之財賦窘乏,曾無術以救之,累嘗具申,丐陶鑄一祠禄,庶安愚分,免致久占窠闕。"知薛季宣乾道八年十一月開始上封請祠,則其招陳傅良來湖州當在此前,是書或在乾道九年初。

張栻《答湖守薛士龍寺正》

某前年過雪上,時嘗往拜安定先生之墓,荆棘幾不通路,又墻垣頹圮,爲何人所侵,勢有可慮。某意謂宜專責教官掌管,令一家守之,正其封域,勿使侵犯。是時無可告語,今想自賢使君下車之後,已留意矣,謾及之。《南軒集》卷一九。

【案】本書論及湖州安定先生之墓，又據書中所云："今想自賢使君下車之後，已留意矣，謾及之。"知此時薛季宣在湖州任上，時約在乾道九年春夏間。

嚴昌裔

嚴昌裔，字慶胄，零陵（今屬湖南）人。《（光緒）湖南通志》卷一六三稱其"字慶曾"。按"昌裔"與"慶胄"詞義相關，"曾"字疑形近而譌。《（光緒）湖南通志》卷一六三稱其"性沈靜，抱負深遠。張浚謫永州，昌裔從受業，與聞誠一之學。浚子栻與相友善，同縣蔣昺字彥忠與昌裔同及浚門。時栻尚幼，嘗同至天慶觀讀真宗御製碑，栻一過成誦，昺再讀亦不遺一字。後舉進士，僉判賓州"。楊萬里稱其"學甚正，守甚堅，蓋嘗師張魏公而友欽夫"。《誠齋集》卷一一四《淳熙薦士錄》。

張栻《答嚴慶胄》

昔聞五峰先生曰："心可潛不可用。"然孔子有曰："群居終日，無所用心。"孟子有曰："堯舜之治天下，豈無所用其心哉？"然則孔孟之言非歟？又心所以宰萬物者，如用之，果誰用之耶？

言各有攸當，細味其輕重可也。

孟子曰"仁，人心也"，則仁即心矣。然又曰"以仁存心"，似又以心與仁爲二物，何也？夫心也，仁也，果可爲二物歟？

自非中心安仁者，須以仁存心。若如所言，是都不假用力也。

《禮》曰："中心斯須不和不樂,而鄙詐之心入之矣。外貌斯須不莊不敬,而易慢之心入之矣。"云"入"者,自外入內之辭也。心本在我,何以言入?

心本無鄙詐易慢,而鄙詐易慢生焉。猶水本清,爲泥沙忽雜之也。此須自體之,知其自外入也。《南軒集》卷三二。

【案】本書撰時未詳,疑在乾道年間,待考。

張栻《回嚴主簿啓》

發策大庭,蜚英雋軌,所論不詭,公言允孚。惟皇家設科,本收多士之用;而君子從仕,豈爲一身之謀? 故官無尊卑,而報國則均;事無大小,而行志則一。方觀遠業,以慰興情。先辱睨于辭箋,徒增深于感抱。《南軒集》卷八。

【案】《南軒集》卷一五《送嚴主簿序》有云:"會吾友嚴慶(曾)〔胄〕當赴官清湘,于其行也,書以爲贈言。"時在淳熙二年(1175)南至(冬至)前十日,而是年有科舉,而嚴昌裔及第,授官主簿,則推知本書約撰于是年中。

附:

張栻《嚴慶胄射策南歸迂途相訪六月二十有一日同游城南書院論文鼓琴煮茶烹鮮徘徊湖上薄莫乃歸明日作別書此爲贈》

炎暑盛三伏,駕言得清游。城南才里所,便有山林幽。崇蓮炫平堤,修竹緣高丘。方茲閔雨辰,亦有清泉流。舉網鮮可食,汲井瓜自浮。絲桐發妙音,更覺風颼颼。喜無舉業累,獨有講學憂。逮子閑暇日,微言要窮搜。譬彼治田者,黽勉在勿休。但勤穮蓘功,勿作刈穫謀。雖云千里別,豈無置書郵。祝子時嗣音,慰我日三秋。《南軒集》卷二。

嚴州州縣官

張栻《答嚴州州縣官啟》

南爲祝融客，方自屏于江湖；郡枕子陵溪，忽起分于符竹。雖公朝之不弃，在私義之未遑。蓋退而治己，尚多缺然；則出而臨民，其敢率爾！輒上祠宮之請，且惟編簡之求。豈期薰慈，遠貽慶問！三復辭情之美，益增顏面之慚。恭惟某官論議該深，見聞卓異。素所蓄積，蔚爲瑚璉之珍；暫爾淹遲，莫掩斗牛之氣。未遂同僚之幸，徒勤仰德之懷。愧感之深，敷宣罔既。《南軒集》卷八。

【案】本書有云"南爲祝融客，方自屏于江湖；郡枕子陵溪，忽起分于符竹"，又云"輒上祠宮之請，且惟編簡之求。豈期薰慈，遠貽慶問"，知其約撰于張栻得除嚴州之命以後而上任之前，據《(淳熙)嚴州圖經》卷一，張栻于乾道五年(1169)十二月二十九日到任，則本書當撰于乾道五年秋、冬間。

顏主簿

顏主簿，名里不詳。時官主簿。

張栻《與顏主簿》

竊觀左右論程氏、王氏之學，有兼與而混爲一之意。此則非所敢聞也。學者審其是而已。王氏之説皆出于私意之鑿，而其高談性命，特竊取釋氏之近似者而已。夫竊取釋老之似，而濟之以私意之鑿，故其橫流，盡壞士心，以亂國事，學者當講論明辨而不屑焉可也。今其于二程子所學不翅霄壤之異，白黑之分，乃欲比而同之，不亦異乎？願深明義利之判，反求諸心，當有不待愚言之辯者，惟深察焉。《南軒集》卷一九。

【案】此書撰時未詳，待考。

楊萬里

楊萬里（1124—1206），字廷秀，號誠齋，吉州吉水（今屬江西）人。中紹興二十四年（1154）進士第，歷遷太常博士、將作少監，出知漳州，改常州，尋提舉廣東常平茶鹽，後召爲尚左郎官，遷左司郎中、秘書少監，出知筠州。光宗即位，召爲秘書監，出爲江東轉運副使，權總領淮西江東軍馬錢糧。乞祠，除秘閣修撰、提舉萬壽宮，自是不復出。寧宗即位，以煥章閣待制提舉興國宮，進寶文閣待制致仕。開禧二年（1206）陞寶謨閣學士。卒，年八十三，謚文節。嘗著《易傳》行于世。《宋史》卷四三三有傳。

楊萬里《與張嚴州敬夫書》

某頓首再拜欽夫嚴州史君直閣友兄：屬者曾迪功、蕭監廟、江奉新過桐廬，因之致書，計無不達之理。孤宦飄零，一別如雨。欲登春風之樓，究觀三湘之要領，此約竟復墮渺茫中，不但客子念之，作惡而已，春風主人不爲造物之所捨，人事好乖，前輩此語暗與今合，言之三嘆也。即辰小風清暑，恭惟坐嘯釣臺，人地相高，佳政靄如，令修于庭户之間，而民氣和于耕桑壟畝之上，天維相之，台候動止萬福，相門玉娑均慶。某將母攜孥，已至奉新，于四月二十六日交職矣。半生惟愁作邑，自今觀之，亦大可笑。蓋其初不慮民事而慮財賦，因燕居深念，若恩信不可行，必待健決而後可以集事，可以行令，則六經可廢矣。然世皆捨而已獨用，亦未敢自信。又念書生之政，捨此則又茫無據依，因試行之，其效如響。蓋異時爲邑者寬己而嚴物，親吏而疏民，任威而廢德。及其政之不行，則又加之以益深益熱之術，不尤其術之不善，而尤其術之未精，前事大抵然也。某初至，見岸獄充盈而府庫虛耗自若也，于是縱幽囚，罷逮捕，息鞭笞，去訟繫。出片紙書某人逋租若干，寬爲之期而薄爲之取，蓋有以兩旬爲約，而輸不滿千錢者。初以爲必不來而其來不可止，初以爲必不輸而其輸不可却。蓋所謂片紙者，若今之所謂公據焉，里詣而家給之，使之自持以來，復自持以往，不以虎穴視官府，而以家庭視官府。大抵民財止有此，要不使之歸于下而已。所謂下者，非里胥，非邑吏，非獄吏乎？一鷄未肥，里胥殺而食之矣。持百錢而至邑，群吏奪而取之矣。而士大夫方據案而怒曰：“此頑民也，此不輸租者也。”故死于縲絏，死于飢寒，死于癘疫之染污，豈不痛哉！某至此期月，財賦粗給，政令方行，日無積事，岸獄常空。若上官儻見容，則平生所聞于師友者，亦可以略施行之。前輩云：“孔子牛羊之不肥，會計之不當，則爲有責。”牛羊肥而已矣，會計當而已矣，則亦不足道也。某之所以區區學爲邑者，言之于眼高四海者之前，真足以發一莞也。方衆賢聚于本朝，而直閣猶在輔郡，何也？某無似之迹，直閣推挽不少矣，其如命何？三徑稍具，徑當歸耕爾。鄙性生好爲文，而尤喜四六，近世此作，直閣獨步四海，施少才、張安國次也。某竭力以效體裁，或者謂其似吾南軒，不自知其似猶未也。與虞相箋一通，今往一本，能商略細論以教焉，至幸至幸。戒仲今何曹？定叟安訊不疏否？不貲之身，願爲君民愛之重之。不宣。《誠齋集》卷六五。

【案】據楊萬里《懷種堂記》云："乾道四年，樞密劉公既登用，善類復聚，國勢大競，天下仰目，指期中興。……其明年，符下轉運，悉蠲除之。……又明年五月，予來令奉新……"《楊萬里集箋校》卷七一。知楊萬里知奉新縣在乾道六年(1170)，又從本書中"某將母攜孥，已至奉新，于四月二十六日交職矣"及"某至此期月，財賦粗給，政令方行，日無積事，岸獄常空"，推知此時楊萬里已到任一月有餘，則本書當撰于乾道六年閏五月中。

附：

楊萬里《見張欽夫二首》

克己今顔子，承家小吕申。只愁無好手，不道欠斯人。一別時能幾，重來事總新。祥琴聲尚苦，可更話酸辛？

不見所知久，有懷何許開？百書終作惡，千里爲渠來。鄒魯期程遠，風霜鬢髮催。不應師友地，只麼遣空回！《誠齋集》卷四。

楊萬里《蜀士甘彦和寓張魏公門館用予見張欽夫詩韵作二詩見贈和以謝之》

説著岷江士，未逢眉已伸。殷勤來相府，邂逅得詩人。不是胸中別，何緣句子新？談今還悼昔，喜罷又悲辛。

夜把新詩讀，燈前闔且開。一行私獨喜，兩腳不虛來。天似嫌梅晚，冬初遣雪催。與君問花信，能繞百千回。《誠齋集》卷四。

楊萬里《寄題張欽夫春風樓》

樂齋先生子張子，獨立春風望洙泗。四海無人萬古空，咏歌一聲滿天地。不應東閣勝東山，浮雲于渠了不關。只餘平生醫國手，未忍旁觀縮袖間。樓中古書積至斗，樓外春江緑如酒。權門得似聖門寒，萬派横流獨回首。向來沂上瑟聲希，由求相顧只心知。至今留取一轉語，不知何咏亦何歸。《誠齋集》卷四。

楊萬里《送蕭仲和往長沙見張欽夫》

蕭家伯氏難爲兄,蕭家仲氏難爲弟。御史子孫今有誰?眼中乃見此二士。阿兄采蘭壽梅堂,阿弟束書參蜀張。聖門九鑰天爲守,玉匙密付蜀張手。子到長沙渠問儂,爲言真成一老翁。功名妄念雪銷了,只愛吟詩惱魚鳥。子歸好在中秋前,看子新年勝故年。《誠齋集》卷五。

楊萬里《寄張欽夫二首》

佳郡縱佳政,留中即好音。還將著書手,拈出正君心。嶽麓風霜飽,修門雨露深。登庸何恨晚?廊廟要山林。

工瑟曾緣利,鳴琴豈負予?髮于貧裏白,詩亦病來疏。知己俱霄漢,孤踪且簿書。三年知免矣,一飽會歸歟?《誠齋集》卷五。

楊萬里《翻破篋得張欽夫唱和詩》

年年不是不吟詩,吟得詩成寄阿誰?留取朱弦不須斷,只將瑤匣鎖蛛絲。《誠齋集》卷一五。

楊萬里《跋徐伯益所藏張欽夫書西銘短紙》

一高一下一中央,怙恃兼儂豈別房?撞過烟樓休劣相,只如郎罷也無良。橫渠方寸著乾坤,傳到南軒更莫論。四海交朋霜葉落,幾張翰墨雪濤翻?《誠齋集》卷三一。

楊萬里《跋澹庵先生繳張欽夫賜章服答詔》

平生師友兩相知,苦爲君臣惜一時。今古爭來爭不得,青蠅猶傍太陽飛。

紫綬當時賜兩人,一爲乳臭一名臣。老韓不要今同傳,誰會先生此意真?是時同日欽夫與一吳氏子同賜命服,獨繳欽夫。《誠齋集》卷三一。

楊萬里《和張欽夫望月詞有序》

欽夫示往歲五月咏歸亭侍坐大丞相望月詞,予于辛巳二月既望夜歸,讀書于誠齋。甲夜漏未盡二刻,月出于東山,清光入窗,欣然感而和焉。

玉蟲暈以貫虹兮學林之顛,闃其宵兮聖賢畢參于前。心超兮千載,忽乎納自牖兮光寒而静娟。吾興視兮何祥,望舒推轂兮轔大圜。生兩儀兮虛白,飾萬物兮清妍。彼何居兮轇玆,挈一規兮破幽偏。代天兮宣精,挹歆兮惡盈。似道兮日損,縮于一晦弦兮,萬斯年而求伸。宅天下兮至晦,鏡天下兮至明。燭吾心中之月兮,貫地緯而洞天經。吾奉月兮周旋,月躚吾兮後先。夫君寄我兮三章,招月而與寓目兮,炯筆勢之翩翩。想他日之獨立兮,過庭而侍側。誰其耳剽于玉振兮,惟此月知其然。月不予留兮,予亦咏而歸。歌三終兮謝明月,何夕復惠然兮臨我于亭乎而。《誠齋集》卷四五。

葉　定

葉定,衡山(今屬湖南)人。其父"賢君(吳翌)為人,妻以其女。君因教其子定,使知所趨,又見之敬夫而俾受學焉。定以是為修士,鄉黨稱之"。《晦庵文集》卷九七《南岳處士吳君行狀》。

張栻《答葉定》

定謂知人之道,自古所難。孟子曰"有乎人者,莫良于眸子"至"人焉廋哉";孔子曰"視其所以"至"人焉廋哉"。夫孟子之説,非不切要,及觀孔子之言,則又詳且盡,不知于此可以分聖、賢否?

孟子之言是初見其人,要得其大綱,孔子之言是詳察其人終身事,言各有指也。後之欲知人者當兼用之,以孟子之言觀人于初見之時,以孔子之言察人于閒暇之際,則不差矣。《永樂大典》卷二九七八。

【案】本書撰時未詳,待考。

游廣文

游廣文，名里不詳。廣文，唐、宋時習稱儒學教官。

張栻《答游廣文啓》

疏恩北闕，分教南邦。出御史之名門，先聲已著；群諸生于泮水，講席方嚴。伏惟某官文采蜚英，豈弟從政。蓄于平素，既以致遠爲心；見于施爲，當有躬行之實。念茲都會，夙多俊良。正資教養之功，庸底作成之盛。識其大者，豈誦説云乎哉？何以告之，亦仁義而已矣。某一違風采，三易歲華。忻聞徒御之臨，首拜箋辭之辱。自慚短翰，曷報勤渠；即聽名言，少慰孤陋。《南軒集》卷八。

【案】本書另收入《五百家播芳大全文粹》卷二，題爲《賀游教官啓》。由"分教南邦"及"念茲都會"，推知游廣文嘗官長沙。又由"某一違風采，三易歲華"，知張栻與游廣文曾會面，兩人或見于臨安，時在乾道六年張栻被召爲吏部員外郎兼侍講，則此書或撰于乾道九年（1173）間。

游九言

游九言（1142—1206），字誠之，初名九思，號默齋，建寧府建陽（今屬福建）人。父游嘗官湖南安撫參議官。"九言慷慨善議論，方十歲即爲文詆秦

檜。及長，銳志當世。"《（弘治）八閩通志》卷六五。初任古田尉，淳熙初監文思
院上界。張栻帥廣西，辟爲幕僚。栻弟杓帥金陵，辟撫幹。後爲全椒令。
《閩中理學淵源考》卷二。開禧初爲淮西安撫機宜，尋知光化軍，充荆鄂宣撫司
參謀官。開禧二年（1206）卒，年六十五，追謚文靖。"九言始學于栻，栻教
以求放心，久之有得，嘗序《太極圖》曰：'周子以無極加太極何也？方其寂
然無思，萬善未發，是無極也。雖云未發而此心昭然，靈源不昧，是太極也。
欲知太極，先識吾心。'讀者稱之，號默齋先生。"《（弘治）八閩通志》卷六五。著
有《默齋遺稿》二卷等。《客座贅語》卷一。

張栻《答游誠之》

"出入"二字，更須子細理會。程子曰"心本無出入"，以操舍而言。
又曰："心則無出入矣，逐物是欲。"蓋操之便在此，舍之則不見，因操舍
故有出入之云耳。若論人之逐物，蓋因其舍亡，故誘于物而欲隨之。欲
雖萌于心，然其逐物而出，則是欲耳，不可謂心也。欲可去而心未嘗無。
至于是心之存，物來順應，理在于此，又豈得謂之出乎？幸深思之。《南
軒集》卷二六。

【案】張栻《答朱元晦秘書》（示及諸君操舍出入之説）："示及諸君操舍
出入之説，吕子約所論病痛頗多，後一説亦頗得之，然其間似未子細。"《南
軒集》卷二〇。論及"操舍出入之説"，撰于淳熙元年（1174）夏、秋間，則推知
本書當在此前，或在乾道八、九年間。

張栻《答游誠之》

大抵學者貴近思，若泛濫則有病。近字極有味，宜深體之。未發已
發，體用自殊，不可溟滓無別，要須精析體用分明，方見貫通一源處。有
生之後，皆是已發，是昧夫性之所存也。伊川先生《語録》所論，幸精思
之。《南軒集》卷二六。

【案】本書撰時未詳，或在淳熙元年（1174），待考。

張栻《答游誠之》

　　明道先生曰："發己自盡謂忠，循物無違謂信。表裏之謂也。"
又曰："盡己之謂忠，以實之謂信。忠信，內外也。"九思思之，所謂
忠者，無自欺也，無自私也。處閨門而爲孝友，處鄉閭而爲謙恭，交
朋友而爲信義，推而至于日用之細者，所謂出門如賓，承事如祭，坐
如尸，立如齊之類，凡見于所言所爲，發于其中而著之于外者，無有
一毫不盡此心焉。所謂信者，是亦此心之發時，因其應事于外而名
之者也。處閨門所當孝友，則行其孝友；處鄉閭所當謙恭，則行其
謙恭；交朋友所當信義，以至出門所當如賓，承事所當如祭，坐之容
宜如尸，立之容宜如齊，因其理之有定，當其可而無違，是之謂忠
信。忠信本無二致，自其發于內而言之之謂忠，自其因物應之之謂
信，故曰表裏之謂也。明道以此釋曾子之言，曰："爲人謀而不忠，
與朋友交而不信。"爲人謀則謀在我，是亦發于中之意；與朋友交則
朋友在外，是亦遇事而應之之意。二先生論忠信內外，大概如
此否？

　　盡于己爲忠，形于物爲信。忠信可以內外言，亦可以體用言也。要
之，形于物者即其盡于己者也。玩程子之辭，意義蓋包涵矣。

　　"林放問禮之本"，伊川先生曰："禮者理也，文也。理者實也，
本也；文者華也，末也。理是一物，文是一物。"注云："此與形影類
矣。推此理則甚有事也。"發之于中，有所見而不可見，名之曰理，
故曰本。行之于外，皆得其稱，粲然中理，名之曰禮，故曰文。理譬
于形，禮譬于影。形先正則影自正。不知伊川之意如此否？又謂
"甚有事"者，不知謂是每一事不問巨細，便自各有本末否？

　　程子之意，謂禮字上有理有文，理是本，文是末。然本末一貫，通謂
之禮也。然有理而後有文，曰推此理則甚有事，謂天地間莫不然也。

　　"居敬而行簡"，不知敬存而簡自行，爲復居敬而尚當行其簡？

固是敬存而後簡行,然亦須居敬而行其簡。

明道先生論持其志,曰:"只這個也是私,然學者不恁地不得。"九思思之,謂人之有志,不能持之,使常自覺,其所在往往遇事則爲氣所使,顛倒失次,而不能制,與不自知其所以然者,皆志不定故也。使其志常定于内,昭然不亂,必不至遇事而失措矣。故志不可不持,持之久而熟,則必須自知,以心驗之,未見其爲私。明道謂"只這個也是私",其意如何?

才涉人爲便是私,有個"持"字便是人爲。然學者須從此用工,由誠之進于誠,煞有節次。

或問伊川先生:"必有事焉,當用敬否?"曰:"敬只是涵養一事。必有事焉,須當集義。只知用敬,不知集義,却是都無事也。"九思思之,若能敬則能擇義而行,伊川謂知敬而不知集義爲都無事,不曉其旨。又集義所生,義生于心,不知如何集?

居敬、集義,工夫並進,相須而相成也。若只要能敬,不知集義,則所謂敬者亦塊然無所爲而已,烏得心體周流哉?集訓積。事事物物莫不有義,而著乎人心,正要一事一件上積集。

明道先生曰:"維天之命,于穆不已",不其忠乎?"天地變化,草木蕃,不其恕乎?"伊川先生曰:"乾道變化,各正性命,恕也。"侯子曰:"伊川説得尤有功。天授萬物之謂命。春生之,冬藏之,歲歲如是,天未嘗一歲誤萬物也,可謂忠矣。萬物洪纖、高下、短長各得其欲,可謂恕矣。"九思謂"維天之命,于穆不已",蓋一元之氣運行無息,所謂天行健者也。以其行健無息,故能生生萬物,而各稟此善意,故曰恕;其在人體之,則曰乾乾。誠意無毫髮間斷,則發見于外,斯能以己推之。以心之所本既善,則應人接物皆如其心,可謂恕矣。觀明道謂"草木蕃",與伊川言"各正性命",不見有差殊。其在萬物得其所以蕃生,便是正性命。不知侯子何以分輕重,兼謂"維天之命"。爲"天授萬物"者,恐此天命只是天理。伊川所謂在天爲命,不必須是授之萬物始謂之命。故又謂春生冬藏,歲歲如是,未嘗誤萬物爲忠,恐此亦只是恕,蓋已發者也。九思所言忠恕與天命,大意是否? 及所疑侯先生之言,併乞詳教。

明道之言,意固完具。但伊川所舉"各正性命"之語,爲更有功。忠,體也;恕,用也。體立而用,未嘗不存乎其中。用之所形,體亦無乎不具也。以此意玩味,則見伊川之言尤有功處。侯師聖所説忠字,恐未爲得二先生之意。天命且于理上推原,未可只去一元之氣上看。

孟子稱孔子曰:"操則存,舍則亡,出入無時,莫知其鄉,惟心之謂與!"或問伊川曰:"心出入無時,如何?"曰:"心本無出入,孟子只據操舍言之。"又問:"人有逐物,是心逐之否?"曰:"心則無出入矣,逐物是欲。"九思謂性之在人可以言不動心者,性之已發已形,安有無出入? 今人對境則心馳焉,是出矣,不必言邪惡之事。只大凡遇一事,而此心逐之,便是出;及定而返其舍,是入矣。兼孟子固已明言其出入爲心矣,而伊川謂心無出入,不知逐日之間有出入者是果何物? 又有一處,謂在人爲性,主于身爲心。謂在人爲性,則不可言出入;既曰主于身爲心,凡能主之則在内,不能主之則外馳,是亦出入之意。不知心之于性相去如何? 思慮之于心,相去又如何?

心本無出入,言心體本如此。謂心有出入者,不識心者也。孟子之言,特因操舍而言出入也。蓋操之則在此,謂之入可也;舍則亡矣,謂之出可也。而心體則實無出入也。此須深自體認,未可以語言盡之耳。

孔子不悦于魯、衛,遭宋桓司馬,將要而殺之,微服而過宋。伊川先生曰:"孔子既知桓魋不能害己,又却微服。舜既見象將殺己,而又象憂亦憂,象喜亦喜。國祚短長,自有命數,人君何用汲汲求治? 禹、稷過門不入,非不知飢溺,自有命,又却救之如此其急。數者之事何故如此? 須思量到道並行而不相悖處可也。"注脚又謂今且説聖人非不知命,然于人事不得不盡。此説未是。既曰並行而不相悖,則是雖遇變與灾,自當盡其在我,以爲消變弭灾之道,變之消不消，灾之弭不弭，則不可必。然聖人隨事有以處之，不歸之于命與數，而不問者，是謂並行而不相悖。不知注脚何以再言此？得非謂以命與人事爲二致，故曰未是否？

若説聖人非不知命，然于人事不得不盡，是命與人事爲二致，豈足以明聖人之心哉？當深惟聖人性命合一處。《南軒集》卷三二。

【案】此書撰時未詳，或亦在淳熙元年(1174)。待考。

附：

張栻《游誠之來廣西相從幾一年今當赴官九江極與之惜別兩詩餞行》

游子名家後，天資更敏强。壯懷知自許，遠業定難量。幕府文書簡，韋編趣味長。恨然成闊別，音寄莫相忘。

士學端成己，工夫要自程。聖門窺廣大，中德養和平。美玉資勤琢，良才詎小成。心期須後會，拭目更增明。《南軒集》卷五。

余彥廣

余彥廣，名里未詳。乾道末年知江陵府松滋縣事。

余彥廣《致張栻書》

松滋之爲邑，僻在大江之濱，自兵戈以來，其鄉廬邑居固不能以復舊，而又重以水潦爲患，淪墊遷徙之餘，庶事大抵苟且，而學校爲尤甚。春秋奉祀，幾無以障風雨，青衿散處，莫適所依。六年之秋，知縣事滕君琛始聚材陶瓦，撤其故而更新之。首嚴廟象，備其彝器，已而講肄栖息之所亦以次舉。其明年，彥廣實來，親帥其士者而勸程之，又擇其秀者而表厲之，吟誦之聲靄如也。今年秋，復命甓工結密其地，自廟而及門，又加黝堊之飾于其棟宇，用釋菜之禮以告其成。自惟小邑寡民，不敢爲勞費，第積其力，時而爲之，故與滕君相繼四年之間而後訖事。願不鄙爲之記，以風示邑之士，庶幾有以作興焉。《南軒集》卷九《江陵府松滋縣學記》。

【案】據《南軒集》卷九《江陵府松滋縣學記》："乾道九年冬，知江陵府松滋縣事余君彥廣以書來言曰：'松滋之爲邑……'"知本書撰于乾道九年（1173）冬。

張栻《致余彥廣書》

【案】張栻《江陵府松滋縣學記》有云："余君今日之所望于多士者，宜莫先于此也，遂書以寄之。淳熙元年正月。"《南軒集》卷九。知張栻有書致余彥廣，報之以學記。時在淳熙元年（1174）正月。佚。

俞秀才

俞秀才，名里不詳。嘗應貢舉。

俞秀才《致張栻書》

【案】據張栻答書，知俞秀才嘗有此書。佚。

張栻《答俞秀才》

垂諭，足見紬繹不輟。所謂一陰一陽之道，凡人所行，何嘗須臾離此？此則固然。然在學者未應如此説，要當知其所以不離也，此則正要用工夫，主敬窮理是已。如飢食渴飲、晝作夜息固是義，然學者要識其真。孟子只去事親從兄上指示，最的當。釋氏只爲認揚眉瞬目、運水般柴爲妙義，而不分天理人欲于毫釐之間，此不可不知也。自餘並見別紙，幸詳之，有以往復，甚幸！《南軒集》卷二七。

【案】本書撰時未詳，或在乾道八年（1172）張栻居長沙時，待考。

張栻《答俞秀才》

"修辭立其誠。"修辭所以立其誠，意非從修飾爲也，若修飾則祇不誠矣。平居亦當察此，而聖人獨言于九三者，蓋當危疑之地，處人情之變，辭危則易亢，辭遜則易枉，亦難乎有言矣。于是焉而能修之，則誠立矣。

修辭乃是體當自家誠意，深味曾子之所謂出辭氣者則可知矣。于九三言之者，大抵謂君子之學如是，故能盡乎處上下之道也，不必云"于是焉而能修之，則誠立也"。

"蒙以養正"，聖功也。蒙童之心，純一而未發，可與爲善，可與爲不善，在所以發其蒙者何如耳。自此養之以正，則易進于德，及其至處則聖人也。

以純一未發之蒙而養其正，可謂善矣。若夫爲不善，則是爲物誘而欲動，非蒙之可與爲不善也，動則失其正矣。

《蒙》："山下出泉，蒙。"程先生曰："水必行之物，始出，未有所之。"此意最深。水由地中行，行其性也；遇險而止，而行之性則未始止也，若積盈則行矣，故曰："盈科而後進。"在人蒙昧之時，而天命流通之理未始止也。若果決其行，涵養其明，而至于盛，乃養蒙之聖功也。

《蒙》之義只謂泉始出而遇險，未有所之，如人蒙穉未有所適，貴于果行育德，充而達之也。育德之義，尤當深體。

《蒙》之初六："利用刑人。"人之昏蒙，不教而誅之，可乎？蓋人之不善，始發而絶之則易爲力，待其已發而後禁，則扞格而難勝，故曰："童牛之牿，元吉。"

此爻且詳玩伊川之説。

韓愈所謂上、中、下三品者，乃孟子所謂才也。才雖不同，而所以爲性則一。孟子論性善，固極本窮源之論。至謂非天之降才爾殊，豈才果不殊耶？抑所謂才者乃所謂性也？才是資稟，性是所以。然性固行乎才之中，要不可指才便謂之性。然孟子所以謂之不殊者，何也？

孟子之論才，與退之上、中、下三品之説不同。退之所分三品，只是據氣稟而言耳。孟子論才曰"非天之降才爾殊也"，又曰"若夫爲不善，非才之罪也"。蓋善者性也，人之可以爲善者才也，此自不殊。

死生是氣之聚散，鬼神是氣之精者耳。萬物所以自形自色者，即鬼神所見之迹也。程先生謂往而不返謂之鬼，則知方來不測謂之神。鬼神之道，即太極往來之實也。即是觀之，滿虛空中無非鬼神之妙用，而人之所以齊明盛服以臨祭祀者，蓋亦集自家精神，其義固可體矣。天下之理有則是有，無則是無。死生命也，鬼神者托于幽者也。然周公作書以告鬼神，欲代武王之死，世豈有是理耶？無是理而周公乃行之，亦必有道矣。幸先生詳教之。

鬼神之義，須更研究。周公欲代武王之死，只是渾全一個誠意。至誠可以回造化，有是理也。若夫《金縢》册祝之辭，則不無妄傳者。如"元孫不若旦多材多藝，不能事鬼神"之類。意者《金縢》之事則有之，而册祝之辭則不傳矣。

九卦：《損》，德之修；《益》，德之裕；《復》，德之本；《履》，德之基；《井》，德之地；《恒》，德之固；學者用工之實歟？

九卦有次序，"《履》德之基"爲先，步步踏實地也。《南軒集》卷三二。

【案】此書或與張栻《答俞秀才》（垂諭，足見紬繹不輟）撰于同時，亦或爲張栻答書中“自餘並見別紙，幸詳之，有以往復”之“別紙”，待考。

虞允文

　　虞允文(1110—1174)，字彬甫，隆州仁壽(今屬四川)人。登紹興二十四年(1154)進士第。歷官秘書丞、中書舍人、直學士院。紹興三十一年奉命犒師采石，時金主完顏亮率大軍南侵，而主將李顯忠未至，允文立招諸將，勉以忠義，獲采石之捷。次年充川陝宣諭使，歷知夔州、太平州，除兵部尚書、湖北京西宣撫使，改制置使。以顯謨閣學士知平江府，除端明殿學士、同簽書樞密院事。乾道元年(1165)，拜參知政事兼知樞密院事。後拜資政殿大學士、四川宣撫使，尋詔依舊知樞密院事。五年八月，拜右僕射、同中書門下平章事兼樞密使。六年判福州。八年二月，授特進、左丞相兼樞密使。同年授少保、武安軍節度使、四川宣撫使，進封雍國公。淳熙元年(1174)卒，年六十五，諡忠肅。有詩文十卷、《經筵春秋講義》三卷、《奏議》二十二卷等。事迹見楊萬里《誠齋集》卷一二〇《宋故左丞相節度使雍國公贈太師諡忠肅虞公神道碑》。《宋史》卷三八三有傳。

張栻《秋晚帖》

　　栻近附遞拜答札子，必已呈徹。急足還，拜所賜教，感慰不勝下情。即辰秋晚，氣令澄肅，伏惟制閫雍容，神人交相，台候起居萬福。栻侍旁粗安，不足記軫。邇來邊報雖不一，而未見虜有端的動息。持書之使，□已遣兩屬來迎去，俟聞信息，別得馳稟。上意欲外示款之，而益治要險。練甲治兵，以爲後圖，尚書丈想必已知此意。皇甫偁呼前勞撫之，使守信陽，深得其宜，不勝嘆服。京襄近聞，乞時賜諭。川陝軍實今何如？所聞頗異同，亦願詳示誨。未因詹近，敢幾上體眷倚，倍護鼎茵，即歸樞近。右謹具呈制置尚書契丈台坐前。九月廿三日，右承務郎、直秘閣、江淮都督府主管書寫機宜文字張栻札子。故宮博物院藏。

　　【案】本書據徐邦達《古書畫過眼要錄（晉、隋、唐、五代、宋書法）》錄文。徐邦達先生以爲其當撰于隆興元年（1163），則本書當在隆興元年九月二十三日。

宇文紹訓

　　宇文紹訓，成都（今屬四川）人。

宇文紹訓《致張栻書》

　　【案】張栻《宇文史君墓表》云：“紹訓奉其母命，萬里致書請銘，不敢辭。”《南軒集》卷四一。知有是書。《宇文史君墓表》又云宇文紹訓其父宇文師獻卒于淳熙元年（1174）七月二十日，“是歲十有二月晦，歸葬于廣都縣靈溪鄉，附于蜀國公塋側”。故推知此書當在淳熙元年九月前後。佚。

喻　樗

　　喻樗（？—1180），字子才，一曰子材，號湍石，又號玉泉，其先南昌（今屬江西）人，後徙嚴州（今屬浙江）。少慕伊、洛之學。登建炎二年（1128）進

士。趙鼎都督川陝、荆襄，辟檸爲屬。紹興五年(1135)授秘書省正字兼史
館校勘。《南宋館閣錄》卷八。後以不主和議出知舒州懷寧縣，通判衡州，已而
致仕。秦檜死，復起爲大宗正丞，轉工部員外郎，出知蘄州。孝宗即位，用
爲提舉浙東常平，以治績聞。淳熙七年(1180)卒。二女，妻汪應辰、張孝
祥。著有《大學解》一卷、《玉泉論語學》四卷、《紹興甲寅奏對錄》等。《宋
史》卷四三三有傳。

張栻《答喻郎中》

　　長者謂事最忌激觸。然所謂激觸者，要當平心易氣審處其理，期于
中節而已。若欲遷就回互，于所當然而不然，枉尋以求直尺，而曰"吾所
畏者激觸也"，無乃終墮于奸邪之域，人欲愈肆，而天理愈滅歟！觀伊川
先生解"遇主于巷"一爻，意極明切，後人不知，乃以己私窺聖人之意，其
失大矣。長者言重，懼學者聽之而惑也，故敢獻其愚。《南軒集》卷二六。

　　【案】本書撰時未詳。楊世文疑"激觸"爲乾道六(1170)、七年間喻檸
與虞允文相爭事，故繫本書于其時。《讀〈南軒集〉札記》，載《蜀學》第八輯。

員興宗

　　員興宗(？—1170)，字顯道，號九華，仁壽(今屬四川)人。"始公未仕
時，屏居郡之九華山，自號九華子。"《九華集》卷首《九華集序》。紹興二十七年
(1157)進士。《南宋館閣錄》卷七。權差黎州教授。擢正字兼國史院編修官，
遷著作佐郎兼實錄院檢討官，主管台州崇道官，僑居潤州以終。《宋詩紀事補
遺》卷四十四。"當公在館學時，國有大議，凡掌諫諍、司出納、與夫執簡立柱
者所不敢言，而公獨言之。"《九華集》卷首李心傳《九華集序》。乾道六年(1170)

卒。《九華集》附錄《金山住持印老祭員興宗文》。著有《辯言》、《采石戰勝錄》、《九華集》。趙汝愚稱其"學博而淵源，氣洪而剛大。力行古道，鏗然三代之雅音。笑詆百家，屹若中流之砥柱。高謝九華之舊隱，勉從三館之清游。獨建讜言，不免群譖"。《九華集》附錄《大丞相趙公汝愚祭員興宗文》。

員興宗《答張南軒書》

某上覆：近別英緒，乃情惘惘，蓋自去冬一病不振，牽連三月，亦以爲久矣。初強起隨俗應酬，又苦寒嗽，四幹疲殆。既又旬餘，賤累來自天西，又強作支梧，志意鬱鬱然，終不聊賴。如人家布席，燈爐火滅，酒殘歌廢，而或有一客突入，牽挽主人強飲，仍欲布席如初，如此于人情爲樂爲願否乎？此僕今日留此之勢也。妻子既赤手南來，僕又劫劫未能赤手將之以去。萬有顧戀，則目前顛蹐之議，危苦之勢，黨同伐異之私，度非一士橫身可任，況僕寒遠莫先者乎？尊兄心期，必相憐念。昔之賢有希贈言者，必曰何以藥我、何以處我，此僕晝夜不無望于尊兄。若其書之疏數，問之勤怠，叢細之語，尊兄必不推求于踵武之內也。近見所貽子霖書，似薄怪僕者，不知方寸之中艱難，薰心抑鬱而無誰語也，尊兄必矜照此情，當窮研于迹外也。僕尚何辭，然不敢獨外吾兄，亦精言之于此。今天下所望莫過兩相，其實皆君子之質。左相既爲客所誤而心漸蔽，右相又爲勢所怯而志漸疏。誠能充本于遠大，則客所誤者可以錯枉而舉直，勢所怯者可以外身而勇奮，天下事尚或可望也。然以私料之，客所誤則私黨愈熾而公論愈衰，平日市聲名于世者，植志傾惡，公吐正論而潛結近習，唱言誠明而身爲墨賊，依阿于此以和附之，潛起蠹害善良之心。前日元履俯首受斥以歸，今獨餘僕岌岌于是，其又能行所信矣乎？僕告右丞相所以脫去藩身固志之說，而相君以爲升沉有定命，切安于中，勿爲外事侵亂。僕平日粗學道者，豈不明知此理？聖賢心情當憂勤之地，未嘗不安静；日入静境，未嘗忘憂勤。莊子曰："天德而出寧。"是天德者皆備于我？我遵而直之，敬而復之，所在而治，則所在而静也。故行富貴，行患難，皆吾有以出寧之德，德者由理而已矣。但今日事極險惡，非特忌者滿前，而讎嫉之積如山，誠可畏也。前日見丞相，言將有所振舉，宜及時順動，未可遽興兵。以傷財之説再三論之，丞相亦俯首稱善，相期兄以金石之固，共功業于晚日。矻矻説之不去口，願更爲之精加思慮耳。陳邦彥未作諫官日，每言必相欽重見聽，其意以今日善類不多爲念也。既在言責，似相疏，此亦似爲平日負虛名而身墨賊者誤之也。尊兄切勿洩此語，令僕立受奇禍。蓋老兄前日譏其赴鄰家席，至今相尤不已，鄰家既去，渠輩亦無悛容，又陰轉而之他，非墨賊謂何？前日魏元履上書，説其暗主曾覿，今覿既來，諸公了無一言。然朝廷必欲區處邦彥，豈得爲過乎？此由魁然在上者好墨賊，有以陰悞諸公也。近芮國器數往還，端靜而介，朝家獨可保者，此一人也，但未知其心深能辨邪正與否？交道誠難，不得不日相磨淬也。陳叔進亦佳，但恐其膽力差弱，自了一己無過失也。鄭儀曹、李秀叔亦只無過者，其他更未易數耳。知人誠難事，丞相近已奉詔馳出門，其大意亦以任巨責重爲憂，欲以微罪行，不然千鈞之弩，何爲鼷鼠發機哉？僕近日與子霖言丞相一事，似丞相終見未透。古雖有任賢使能之説，然吾儒涵浸充積得到，四時自行，萬物自生，豈有執戈矛馳逞，自與甲兵縱橫者，便爲知兵？輕裘緩帶，沉粹靜慮者，便爲不知儒者可以一發名哉？列國以下，其後如諸葛、王猛、崔浩、裴度，竟何物也？司人物者但當看其才氣卓識如何爾。《語》曰：“文武之道，未墜在人。”孔門何嘗分文武來？果若分二塗，便與晚唐陋儒氣象一種，分文宣王爲一廟，武成王爲一廟。孔子不知兵，則夾谷之事當借諸侯客子應之可也。此事當細思，兄因書爲丞相言之，且令親近當世卓識、曉透大體一二儒者爲宗，其餘才則以次用之。兄其可安視丞相而不自奮，以至名實俱亡也哉？願無聽于浮説。適更有所欲言，紙窮筆倦頭亦昏，三嘆而已，容後訊也。《九華集》卷一三。

【案】由“近見所貽子霖書，似薄怪僕者，不知方寸之中艱難，薰心抑鬱而無誰語也，尊兄必矜照此情，當窮研于迹外也”，知張栻有書致崔淵，今佚。本書中所云陳邦彥即陳良翰，字邦彥，臨海人。紹興五年（1135）進士，乾道八年（1172）卒，年六十五。

本書又云：“前日元履俯首受斥以歸，今獨餘僕岌岌于是，其又能行所信矣乎？”元履即魏掞之，字元履，建州建陽人。據《宋會要輯稿·選舉》九：“（乾道四年）十二月十八日，賜建寧府布衣魏掞之同進士出身，除太學錄。”“受斥以歸”，當指魏掞之論曾覿而罷歸事，據《建炎以來朝野雜記》乙集卷八《晦庵先生非素隱》：“五年，魏公獨相，促就職者三，將行矣，而聞魏元履以論曾覿事去國，先生遂止。”知魏掞之罷歸在乾道五年（1169）。

本書又云：“前日魏元履上書，說其暗主曾覿，今覿既來，諸公了無一言”，知此時曾覿已至臨安，據《宋史》卷三四《孝宗本紀》：“秋七月乙丑，召曾覿入見，陳俊卿及虞允文請罷之，不許。覿至行在，俊卿、允文復言其不可留，詔以覿爲浙東總管。”知曾覿是年秋至臨安。本書當撰于稍後，約在乾道五年（1169）秋中。

曾　集

曾集，字致虛，章貢（今江西贛州）人。曾楙孫。紹熙間知南康軍事，修劉渙之墓。故朱熹《壯節亭記》云紹熙二年（1191），“予去郡甫十年，而今太守章貢曾侯實來，按圖以索其故，則門墻亭榜皆已無復存者，爲之喟然太息。即日更作門墻，築亭其間，益爲高厚宏闊，以支永久。又礱巨石以培其封，植名木以廣其籟，求得舊榜，復置亭上，歲時奉祀，一如舊章。且割公田十畝以畀旁近能仁僧舍，使專奉守，爲增葺費”。《晦庵文集》卷八〇。後又修冰玉堂。《晦庵文集》卷八〇《冰玉堂記》。慶元二年（1196）知嚴州。《淳熙嚴州圖經》卷一。“承其從祖天游、吉甫二先生之學，而于東萊爲中表，又從南軒。”

《宋元學案》卷二七。

張栻《答曾致虛》

承聞侍旁無事，不廢講論。以致虛資稟之美，而有志斯道，其何可量，甚幸甚仰！惟是某不敏，何足以辱下問之意？來教所及，悚戢何勝。雖然，于左右不敢隱其愚也。所謂持敬，乃是切要工夫，然要將個敬來治心則不可。蓋主一之謂敬，敬是敬此者也。只敬便在此。若謂敬爲一物，將一物治一物，非惟無益，而反有害，乃孟子所謂必有事焉而正之，卒爲助長之病。如左右所言，窘于應事，無舒緩意，無怪其然也。故欲從事于敬，惟當常存主一之意，此難以言語盡，實下工夫，涵泳勿捨，久久自覺深長而無窮也，不識以爲如何？某去歲作《主一箴》，謾納呈，有以往復開益，所願望也。《南軒集》卷二六。

【案】據張栻《答胡季隨》（辱惠書）有"歸來所作《洙泗言仁序》、《主一箴》録去"云云，《南軒集》卷二五。所謂"歸來"，即指張栻乾道七年（1171）末歸長沙，故推知本書當撰于乾道八年間。胡宗楙《張宣公年譜》繫本書于乾道八年。

曾　撙

曾撙，字節夫，南豐（今屬江西）人。曾發子。《南軒集》卷三七《吏部侍郎李公墓銘》。隆興元年（1163）進士。官從政郎、湖南安撫司準備差遣。在湖南時從張栻游。《南軒集》卷四一《張氏墓志銘》。爲"晦翁上足"。《四朝聞見録》卷四《考異》。與劉珙相善，因劉"居官樂受盡言，事小失中，雖下吏言之，無不立改，以是得南豐曾撙于湖南幕府，厚遇之。公去，撙爲後帥所惡，誣奏奪其官。公在建康，力爲辯理得伸，而要路有忌公者奏却之，蓋其意不在撙也。公不悔，遇撙益厚”。《晦庵文集》卷九七《劉珙行狀》。

曾撙《致張栻書》

【案】張栻《拙齋記》云“盱江曾節夫以‘拙’名其齋，而請予爲之記”，《南軒集》卷一二。知有是書。另據張栻《答朱元晦秘書》（來書披玩再四）云“某近作一《拙齋記》，并録往，幸爲删之”，其《答朱元晦秘書》撰于乾道九年（1173）春，推知本書撰時相近。佚。

張栻《與曾節夫撫幹》

某二十四日到郡，適當紀綱解弛之餘，未免一一整頓。今條目粗定，當以身先之。財計空虛，亦頗得端倪。數月之後，民力可寬。邊防尤所寒心，方別爲規模，以壯中權之勢。約束邊郡，務先自治以服遠人。盜賊紛然，初無賞格，亦已明立示信，當有爲效力者。自昧爽到日夕，未嘗少暇，雖差覺倦然，不敢不勉。有齋名“緩帶”，日所燕處，惡其名弛惰，易曰“無倦”，取夫子答子張、子路之語。今早方到英英堂，已略行銓量沙汰矣。其它事未暇一一報去，但自諸司而下，不免愛之以德，不敢以姑息，正恐其間須有咈意者，然亦無如之何。《南軒集》卷二八。

【案】朱熹《靜江府虞帝廟碑》云：“有宋淳熙二年春二月，今直秘閣張侯栻始行府事，奉奠進謁。”《晦庵文集》卷八八。知本書中“某二十四日到郡”，當指張栻于淳熙二年（1175）二月二十四日到靜江府任職，又云“今條目粗定，當以身先之。財計空虛，亦頗得端倪”，故推知本書當撰于是年二月末。

張栻《與曾節夫撫幹》

前日春祭，親往舜廟，廟負奇峰，唐人磨崖在石壁中，貌象甚古。行禮既終，環視堂廡，則有庫之神在焉，固已甚懼。而唐武后亦剚入廡下，幡帳甚盛，又僧伽一部落亦在焉，不免即日盡投畀廟前江中，庶幾一廟之内,四門穆穆耳。此事獨可爲李壽翁言之。《南軒集》卷二八。

【案】朱熹《静江府虞帝廟碑》云:"有宋淳熙二年春二月,今直秘閣張侯栻始行府事,奉奠進謁。"其注云:"廟故有鼻亭神及唐武瞾象,皆斥去之。"《晦庵文集》卷八八。與本書所言相合,推知其當撰于是年三月初。

張栻《與曾節夫撫幹》

某到官已半月,覺人情頗相安,綱紀亦粗定,日間事隨手即遣,並不付吏董,頗似省静。但如學校、軍政、財計,色色廢壞,未免一一料理,要爲着實可繼者耳。諸司向來相與不以誠而以術,府中遇諸縣亦然,今先務立信,上下似亦頗相應也。邊蠻有互相讎殺者,具令逐州以國家好生大德諭之,俾無以小忿自戕生靈。忠信可行蠻貊。拙者所守,惟此而已。惟是凡事不敢不奉法度,上下曠弛陵夷之久,未免少覺拘束,久亦當安習也。《南軒集》卷二八。

【案】書中云"某到官已半月",推知本書當撰于淳熙二年(1175)三月十日前後。

張栻《與曾節夫撫幹》

茶賊在禾山二十日,諸軍環視,曾不得一正賊,今日兵將誠足用耶?今聞復出禾山,深慮其越逸。彼中有間,時幸示報。王樞耄及而繆悠,貶未足以塞責,又不知汪汝嘉能辦乃事否?頃見此人生得有福,命亦好,恐爲福將也。壽翁攝帥,一路之幸,且勸令持重,凡百號令,審詳明信乃佳。蓋彼中失信于人久矣,此賊其初失于不招,某蓋嘗入文字于五月初。今既殘害許多將與兵,却不可招。若合大軍五千而不能擒,此則亦無以爲國矣。所論岳祠及與王樞劄子皆好,有以見吾友守義不苟也。壽翁雖不易肯略言,但恐言之不入,亦不濟事耳。此間土剛而農惰,自前月二十八九有雨,至今近旬,已嘗祈求。舊例祈禱無義理,盡削之,只到社壇、風雷雨師壇,及于湘南樓望拜堯山、灉江,遣官寮奉祝板瘞山間,及投江中。今日五更登湘南樓,雷電倏興,下樓雨已下,須臾大集滂沛,過午方止,庭下水深數尺,四郊盡遍,今雨意未已也。一稔可望,幸事幸事! 庶幾使此邦之人益信土偶之非所當事,而山川是爲神靈也。因書謾及,不必語它人。急發遞至壽翁,欲其排日發探報來,更幸贊之。《南軒集》卷二八。

【案】本書中"王樞耄及而繆悠,貶未足以塞責",王樞爲王炎,據《宋史全文》卷二六上:"(淳熙二年六月)竄蔣芾、王炎、張説。芾、炎落職,説降觀使,建昌、袁、撫州居住。"即指王炎被貶事,知本書在其後。又據本書中"某蓋嘗入文字于五月初……此間土剛而農惰,自前月二十八九有雨,至今近旬,已嘗祈求"。此"前月"當指六月,推知是書當撰于淳熙二年(1175)七月八日前後。

張栻《與曾節夫撫幹》

某昨方奉書,遞中辱示,忽聞有罷命,深所嘆息。彼蓋欲借左右以自解免,尚何邮乎公議? 想目前得失不以置胸中,某亦不復道相勸解之辭,吾曹惟有益勉其在我者耳。但今之達官鮮能受盡言,向來所以奉書,亦有不可與言之戒,詳其當時差出,便非好意,正欲尋事相中耳。它日必有能與君辨之者,但辨與不辨,亦不足問,歸家閉户勉學,此有餘地也。《南軒集》卷二八。

【案】胡宗楙《張宣公年譜》卷下繫曾撙罷官事于淳熙二年(1175)八月,則此書當在是年八九月間。又張栻《南軒集》卷五有《曾節夫罷官歸盱江以小詩寄別》詩寄曾撙,有云"秋將半"及"菊正滋",正是秋日景色。

張栻《與曾節夫撫幹》

左右天資之美,閑處正宜進步,工夫不可悠悠,且須察自家偏處,自聲氣容色上細細檢察。向在長沙,見或者多疑左右以爲簡忽,此雖是愛憎不同,要之致得人如此看,亦是自家未盡涵養變化,異日願有觀焉。

某日接事物,恐懼之不暇,甚思城南從容之味也。《南軒集》卷二八。

　　【案】由書中所云"向在長沙"推知張栻此時當在靜江,或撰于淳熙二年(1175)間。

張栻《與曾節夫撫幹》

　　得暇,想不廢玩繹。鬼神之説,橫渠《正蒙》中宜深味之,此直須使胸中了了無疑,不然,它時恐或爲異説搖動也。《南軒集》卷二八。

　　【案】本書撰時未詳,或在淳熙二年(1175)或稍後。

張栻《與曾節夫撫幹》

　　某承乏亦且一載矣,佩"心誠求之"之訓,味"哀矜勿喜"之言,黽勉之不暇,所幸去歲一稔,嶺民謂數年所無,而積年狡盜,悉就擒剿,人情頗安。惟是區區不敢苟目前,爲之久遠之慮,日夜在懷。保伍法先行于靜江,境内極得其效。非惟弭盜,亦且息訟。因漸教以相親睦扶持之意,繼復推之一路,有數州者能料理有方,今又得朝廷斟酌降下,尤幸事也。靜江財賦適承空乏之餘,初交割時,府中借經司、漕司緡錢共幾四十萬,經司亦坐是費力。一年之間,痛節浮冗,謹密滲漏,今幸支吾,兼支還兩司錢十餘萬緡。去冬米賤,亦頗收糴爲備,幾二萬碩。惟招軍治甲,不敢惜費,所收拾强壯刺將兵效用者已近五百輩,部勒教閲,合攢鋒及效用并帳前親兵千二百餘人,頗成軍伍。蓋此路控扼非一,此爲急務也。今郡事極簡,日間多得暇,但環視一路,思慮不能暫釋耳。會議財賦事,朝廷雖已行下而共議之,人與人異見,商量未成,比不免以所見定論再列于朝矣。諸州須得此事定,然後有濟也。諸邊悉幸無它,向來夔州李丈所忌憚之人,今甚帖然。然羈縻之地,與夫蠻獠之鄉,種類實繁,一以爲赤子,一以爲龍蛇,豈容少忽! 而邊備未實,每爲憂耳。士人中亦漸有知向方者,每呼其秀者與之講論端倪一二,更看久之如何。環城勝處誠多,但絶懶出,公務之餘,焚香默坐,閑翻書數葉。爲況如此耳,恐節夫欲詳知，不覺縷縷。建安公救荒之政，聞江東之人極賴之，常通問否？此以僻遠，難于相聞也。節夫閑中想進修不輟，察偏矯習，當有新功。《中庸》謹獨，《大學》誠意，乃是下工夫要切處，不可悠悠放過也。彼中去崇安不遠，聞欲以暇時一往元晦處，甚善甚善！示及《山園圖》，反復不厭，便若身履其間，今再賦五章奉寄。雖然，園亦既廣矣美矣，若求增不已，卻恐亦爲玩物溺志，要不可不察也。《南軒集》卷二八。

【案】書中云及"某承乏亦且一載矣"，知其時張栻到任靜江府將近一年，則本書當撰于淳熙三年(1176)春正月、二月間。

附：

張栻《寄曾節夫》

曾子別經月，相思如幾秋。不應行役嘆，卻爲買胡留。雨後湖光滿，梅邊春意浮。須君細商略，晴日共茶甌。《南軒集》卷五。

翟通判

翟通判，名里未詳。時官州通判。

張栻《答翟通判啓》

德門雅望，聖世美才。久更踐于民情，益推高于吏治。出分屏軾，尚淹半刺之權；入佩荷囊，行被九重之眷。知有斷金之義，偶同退鷁之飛。遠勤專价之臨，重辱長城之覥。褒揚過實，展讀懷慚。千里叙情，所愧非子雲之筆札；一時仰德，末由披彦輔之雲天。瞻頌之深，敷宣罔既。《南軒集》卷八。

【案】本書撰時未詳。待考。

詹儀之

　　詹儀之(? —1189)，字體仁，嚴州(今浙江建德梅城鎮)人。詹至佺。登紹興二十一年(1151)進士第。"乾道間，張宣公守鄉郡，吕成公分教，公方家食，日以問學爲事。淳熙二年，公知信州，時朱文公、吕成公俱在鵝湖，往復問辨無虚日。及帥廣東，首以濂溪舊治立祠曲江上，張宣公爲之記。"後論廣鹽官鬻之弊，孝宗遂授吏部侍郎、知静江府。在官六年，因鹽事遭貶袁州。光宗即位，許自便，既歸而卒，《景定嚴州續志》卷三。時淳熙十六年(1189)中。《晦庵文集》卷三八《祭詹侍郎文》。

詹儀之《致張栻書》

　　儀之幸得備使事，念無以稱上德意，始至，披考故籍，熙寧中濂溪先生實嘗爲此官，今壁之題名具存。儀之雖不敏，敢不知所師慕，且念宜有像設，以詔後世，庶幾來者感動焉。乃度地于治所曲江郡城之内、唐相張公故祠之東，爲屋三楹，以奉祀事。且崇其門垣，大書揭之，嚴其扃鐍，以時啓閉。十有一月告成，願請記。《南軒集》卷一〇《濂溪周先生祠堂記》。

　　【案】張栻《南軒集》卷一〇《濂溪周先生祠堂記》云："淳熙二年冬，廣南東路提點刑獄公事詹君儀之以書抵某曰：'儀之幸得備使事……'"故知本書撰于淳熙二年(1175)冬。

張栻《與詹儀之書》

　　栻皇恐再拜，上問尊眷，伏惟中外均受新祺，令子一一勝慶。小

孫每蒙垂問,足見慈幼之所推及也。幸頗耐壯,差慰目前。辱寄兩
圖,恍若陪笑語于其間。桂林山川真是絕勝不可忘,而此兩圖足盡
其要,目力心匠,何翅較三十里也。荆南極目浩淼,更無一山,安得
壯士提挈數峰置我前? 然兩日大雪,登城縱觀,益覺壯偉,亦復不
惡耳。《易傳》、《語解》、《損益》刻併領,慰感。是三者若非兄主張,
當復墮渺茫。蜀箋一百,附子五十,鵝梨十對,謾納上,幸檢收。
《文潛論學》竟肯下意否?《(光緒)嚴州府志》卷二四,清光緒九年增刻本。又
見光緒《遂安縣志》。

【案】本書所云"荆南極目浩淼,更無一山"及"然兩日大雪,登城縱觀,
益覺壯偉,亦復不惡耳",推知本書當撰于張栻荆南府任上,時在淳熙五年
(1178)冬。

張　构

張构(? —1199),案:"构"亦寫作"构"。字定叟,漢州綿竹(今屬四川)人。
張栻弟。歷遷湖北提舉常平、兩浙轉運判官,陞副使,改知臨安府,移知鎮
江,召爲戶部侍郎,以集英殿修撰知紹興府,召爲吏部侍郎。光宗即位,權
刑部侍郎,復兼知臨安府。紹熙間,知襄陽府。寧宗初,陞寶文閣學士,改
知建康府,陞龍圖閣學士、知隆興府兼江西安撫使,進端明殿學士,復知建
康府。以疾乞祠,慶元五年(1199)卒。《宋人生卒行年考》。《宋史》卷三六一
有傳。

張构《致張栻書》

某幸得備位郡守,懼無以宣上之澤于斯民,乃闢便齋于廳事之旁,

日與同僚講民之疾苦,相與究復之,于其暇則誦詩讀書于其間,以自培溉,敢請名。《南軒集》卷一二《隱齋記》。

【案】《(康熙)袁州府志》卷三云淳熙四年(1177)知州事張构再新府治,推知張构當于是年抵袁州,又張栻《隱齋記》稱“予弟构爲袁州,再閲月,以書來曰:‘某幸得備位郡守……’”知是書撰于淳熙四年。

張　維

張維(1113—1181),字振綱,一字仲欽,南劍州劍浦(今福建南平)人。登紹興八年(1138)進士第,歷汀州軍事推官、知福州閩縣。隆興初年通判建康府,權知太平州。乾道元年(1165)擢廣南西路提點刑獄,二年知静江府、主管經略安撫司公事。《(嘉靖)廣西通志》卷七。乾道七年六月任江南東路計度轉運副使。《景定建康志》卷二六。後爲尚書左司郎中,司農少卿。淳熙八年(1181)六月卒,年六十九。其子張士佺從張栻“宦學有聞”。事迹見朱熹《晦庵文集》卷九三《右司張公墓志銘》。

張維《致張栻書》

願有以告于桂之士。《南軒集》卷九《静江府學記》。

【案】張栻《静江府學記》云:“乾道二年,知府事張侯維又以其地湮陋,更相爽塏,得浮屠廢宫,實故始安郡治,請于朝而遷焉。侯以書來曰:‘願有以告于桂之士。某惟古人所以從事于學者,其果何所爲而然哉? 天之生斯人也,則有常性;人之立于天地之間也,則有常事。”《南軒集》卷九。知本書撰于乾道二年(1166)中。

張孝祥

　　張孝祥(1132—1169),字安國,號于湖,歷陽烏江(今安徽和縣東北)人。紹興二十四年(1154),廷試第一,授承事郎、簽書鎮東軍節度判官,爲秘書省正字,遷禮部員外郎、起居舍人、權中書舍人,提舉江州太平興國宫。尋除知撫州。孝宗即位,復集英殿修撰、知平江府,召除中書舍人,尋除直學士院、兼都督府參贊軍事,俄兼領建康留守,改知静江府、廣南西路經略安撫使,知潭州,徙知荆南、湖北路安撫使,請祠,以疾卒,年三十八。《宋史》卷三八九有傳。

張栻《致張孝祥書》

　　及此閑暇,專意承志,實進德修業之要。《南軒集》卷四三《再祭張舍人》。

　　【案】張栻《再祭張舍人》云:"方自荆州歸,某以書抵君,謂'及此閑暇,專意承志,實進德修業之要'。君深以爲然。孰謂曾未數月,乃有此聞。"《南軒集》卷四三。知張栻有書致張孝祥。據宛敏灝先生《張孝祥詞校箋·前言》,知張孝祥卒于乾道五年(1169)夏、秋之際,故由"孰謂曾未數月",知本書當撰于乾道五年春末、夏初。

附:

張栻《張安國約同賦仇氏鹽甕酒》

　　人間炎熱不可耐,君家甕頭春未央。想當醉倒卧永日,夢繞清淮歸故鄉。後生那得識此酒,從君乞方還肯否? 徽州作賦爲欹歔,荆州詩來端起予。《南軒集》卷一。

張栻《陪安國舍人勞農北郊分韻得闌字》

寒收花尚瘦，風静江不湍。元戎肅千騎，歷覽無留難。好景要徐出，微雲故遮闌。惟春布嘉惠，公豈樂游觀。龐眉八十老，扶杖來蹣跚。去年幸一稔，何以報長官？酌酒公自勞，得無有愁嘆？嗟哉三章約，所貴簡且寬。黃堂載清静，自覺田里安。須公出妙語，兹游記不刊。《南軒集》卷一。

張栻《安國晚酌葵軒分韻得成字》

桐花三月寒，風雨滿江城。使君晚被酒，千騎過友生。名談宿霧卷，逸氣孤雲橫。揮斥看墨妙，笑語皆詩成。人物有如此，爾輩賴主盟。更呼南鄰客，共此樽酒傾。愛我庭下竹，頭角方峥嶸。永懷冰雪姿，寧復世俗情。新篇一湔祓，凡木不足程。願言謹封殖，歲晚長敷榮。《南軒集》卷一。

張栻《安國置酒敬簡堂分韻得柳暗六春字》

枹鼓息荒村，襏襫盛南畝。永日省文書，呼客共樽酒。主人出塵姿，宛是靈和柳。行歸帝所游，此地豈淹久。公卧百尺樓，餘子可下瞰。我每奉談麈，汲古得深探。身外皆爲餘，此道要無憾。從渠梅雨天，陰晴遞明暗。公憎孔壬面，怪石乃寓目。夜堂發深藏，林立驚滿屋。我亦苦嗜此，一見下風伏。何當載而歸，妙策三十六。堂下列絲竹，堂上娛佳賓。相看夜未艾，樂此笑語真。風流今屬公，我輩但逡巡。文章千古意，翰墨四時春。《南軒集》卷一。

張栻《平父求笋炙既并以法授之乃用往歲張安國詩韻爲謝輒復和答》

知君友竹君，寧使食無肉。更我《脯笋》詩，句妙騷可僕。南公鮭菜儉父窶，嗜好自爾元非痴。君但將從力噉此，大勝折腰鄉里兒。《南軒集》卷三。

張栻《喜雨呈安國》

望歲民心切，爲霖帝力均。崇朝變炎暑，舉目盡清新。坎坎連村鼓，熙熙萬室春。北窗凉枕簟，安穩到閑人。《南軒集》卷四。

張栻《和安國送茶》

官焙蒼雲小臥龍，使君分餉自題封。打門驚起曲肱夢，公案從今又一重。《南軒集》卷五。

張栻《喜雨呈安國》

懸知雨意未渠已，一夜簷聲到枕間。曉上高樓望雲氣，蟄龍千丈起西山。

早秧出隴鬣已絲，眼中一雨正垂垂。農家辛苦渠能識，請誦周公《七月》詩。

向來惻怛哀矜意，便覺雨滿乾坤間。城東大士寧關汝，民倚邦侯如泰山。

凉生椽筆試烏絲，妙語便作星斗垂。我亦小窗無一事，細傾新酒和公詩。《南軒集》卷五。

張栻《有懷安國》

若人別去已經秋，却見山間翰墨留。獨對西風揩望眼，試從雲際辨荆州。《南軒集》卷五。

張孝祥《從張欽夫覓紙》

蜀江擣麻色勝玉，百金才能致一幅。君家入則充棟宇，再拜未肯乞纖粟。爲君破慳作此詩，擔囊揭篋應有時。比鄰寒亡忌唇齒，君但勤渠送川紙。《于湖集》卷二。

張孝祥《和張欽夫尋梅》

寒梅本無心，適與春風期。孤根擢歲晚，桃李更媚之。取我碧玉壺，薦此白雪枝。故人不可寄，耿耿空自奇。故人隔湘江，獨立知者稀。

采香正滋蘭，忍飢不食薇。挐舟許過我，此約不可違。江南烟雨村，願與子俱歸。《于湖集》卷四。

張孝祥《張欽夫笋脯甚佳秘其方不以示人戲遣此詩》

使君喜食笋，笋脯味勝肉。秘法不肯傳，閉門課私僕。君不見金谷饌客本萍虀，豪世藉此真成痴。但令長須日致饋，不敢求君帳下兒。《于湖集》卷五。

張孝祥《蒙和答益奇輒復爲謝》

齋厨極蕭條，晚食以當肉。公來共蔬盤，留語輒更僕。平生懲沸仍吹虀，欲了官事渠能痴。何時竟作淮南歸，擊鮮校獵從盧兒。《于湖集》卷五。

張孝祥《張欽夫送笋脯與方俱來復作》

笋脯登吾盤，可使食無肉。鮭腥辟三舍，棕枏乃臣僕。書生長有十甕虀，却笑虎頭骨相痴。得君新法也大奇，且復從游錦綳兒。《于湖集》卷五。

張孝祥《陳仲思以太夫人高年奉祠便養卜居城東茅屋數間澹如也移花種竹山林丘壑之勝湘州所無食不足而樂有餘謂古之隱君子若仲思者非耶乾道戊子六月某同張欽夫過焉裴回彌日既莫而忘去欽夫欲專壑買鄰欽夫有詩某次韵》

平生交游中，此士故耐久。不折爲米腰，頗袖斲輪手。卜居并東郭，草草宮一畝。日課種樹書，箋題遍窗牖。花草當姬妾，松竹是朋友。上堂娛偏親，家飯隨野蔌。客至即舉詩，興來亦沽酒。清溪繞屋角，高木老未朽。翻翻荷見背，戢戢魚駢首。幽觀天所藏，勝踐我獨後。不因南軒君，兹游幾時有。爲君便買鄰，溪南好岡阜。我喜君亦狂，呼兒挈尊卣。一灑塵埃胸，快若苗去莠。夜凉佳月出，人影散箕斗。恨我當先歸，君能小留否？《于湖集》卷五。

張孝祥《元宵同張欽夫邵懷英分韵得紅旗字》

佳月妬纖雲，微和扇東風。聊持一杯淥，共此千燈紅。吾宗延閣英,聖學與天通。且最治郡課,遂收活國功。

又

邵子坐學官,今日有詔追。道山萃竹帛,武庫森戈旗。文武要兩有,腐儒不足爲。明年燕端門,舉酒還相思。《于湖集》卷五。

張孝祥《欽夫子明定叟夜話舟中欽夫說論語數解天地之心聖人之心盡在是矣明日賦詩以別》

江北我歸去,湘西君卜居。誰知對床語,勝讀十年書。不飲清無寐,來朋樂有餘。明朝千里別,密處幾曾疏。《于湖集》卷九。

張孝祥《和欽夫喜雨》

佛刹起香雲,高低一雨均。便君心未已,閣老句還新。喜入村鄉樂,涼生甕盎春。莫嫌知稼穡,我是種田人。《于湖集》卷九。

張孝祥《欽夫折贈海桐賦詩定叟晦夫皆和某敬報況》

童童翠蓋擁天香,窮巷無人亦自芳。能致詩豪四公子,不教辜負好風光。《于湖集》卷一一。

張孝祥《有懷長沙知識呈欽夫兄弟》

順寧去覆郎官錦,府谷仍監太府錢。唯有吾宗老兄弟,閉門依舊絕韋編。

又

春風花柳又芳妍,更接髯郎水竹園。小閣橫橋俱勝絶,只應欠我共開尊。

又

召公分陝是東鄰,天遠堂中好主人。更喜新來黃太史,剩拼佳句了新春。

又

髯郎高臥元無恙,何日湘濱具一舟。肯約春風同過我,爲公釃酒爲肥牛。

又

洛陽家世邢郎子，間止逍遥自在身。病肺秋來定甦甯，可能乘興到沙津。《于湖集》卷一二。

張孝祥《欽夫遣送箭笋日饋甚珍用所寄伯承韵作六言便請過臨》

君家稚箭寶茗，賜出太官水衡。已約髯吳過我，更須君來細評。《于湖集》卷一二。

張孝祥《欽夫和六言再用韵》

君詩與物俱妙，鄙夫那敢抗衡？芭蕉辟君三舍，笋脯亦須改評。欽夫笋脯甚妙，顧非稚箭比也。《于湖集》卷一二。

章才邵

章才邵，字希古，崇安（今福建武夷山市）人。"少時謁楊時，時誨以熟讀《論語》，將論仁處仔細玩味而躬行之。故才邵日用踐履莫非其所聞所知者，世目爲篤實君子。多歷外任，典賀、辰二州，改荆湖北路參議官。"《（弘治）八閩通志》卷六五。

章才邵《致張栻書》

【案】張栻《瀏陽歸鴻閣龜山楊諫議畫像記》："瀏陽寶潭之屬邑。紹聖初，公嘗辱爲之宰，歲饑，發廩以賑民，而部使者以催科不給罪公，公之德于邑民也深矣。後六十有六年，建安章才邵來爲政，慨然念風烈，咨故老，葺公舊所爲飛鴻閣，繪像于其上，以示後學，以慰邑人之思，去而不忘也。又六年,貽書俾某記之。"《南軒集》卷一〇。佚。又據《龜山先生文靖楊公年譜》:"紹聖元年甲戌,公年四十二。二月二日,離家赴瀏陽任。"推知章才邵到任瀏陽在紹興三十年(1160),又據上文"又六年,貽書俾某記之",知章才邵致張栻書在乾道二年(1166)。

又,《龜山楊先生語録後録》《四部叢刊》本。中云:"又六年,貽書俾熹記之。熹生晚識陋,何足以窺公之藴?"其"熹"當爲"某"之訛。

章　穎

章穎(1141—1218),字茂獻,臨江軍(今江西清江西)人。禮部奏名第一,孝宗稱其文似陸贄。歷遷太常博士、左司諫。寧宗即位,除侍御史兼侍講,尋權兵部侍郎,遭斥逐。韓侂胄誅,除集英殿修撰,累遷刑部侍郎兼侍講、吏部侍郎、禮部尚書,陞侍讀,奉祠。嘉定十一年(1218)卒,年七十八,謚文肅。其"操履端直,生平風節不爲窮達所移。雖仕多偃蹇,而清議與之"。《宋史》卷四〇四有傳。

章穎《致張栻書》

【案】由張栻答書,知有此書。佚。

張栻《答章茂獻》

來問詳切,思慮講辯要當如此爾。向者見吳德夫説汪端明嘗以"正大"兩字奉告,某謂此意固美矣,然"正大"是指其體,要須有下手處。"弘毅"兩字,乃學者下手處也,與"正大"本相須。就其體言之,天理渾然,正且大也;推其用言之,散在事物之間,精微曲折,正大之理無不存焉。學者當默存其體而深窮其用,則所謂弘毅之功不可以不進也。然就學者用工,常患于偏,欲其弘則懼夫肆,欲其毅則懼夫拘,是非弘毅之正也,氣習之所乘也。在學者初用工,亦無怪其有此,然要知其爲病,而致吾存養窮索之力耳。凡足下之所問,不能一一具報,大意亦略具是矣,幸以此推之而復以告焉。區區每樂得同志相與共講,扶掖其愚,儻或有進,賢者不鄙而辱貺之,某誠知幸矣。《南軒集》卷二六。

　　【案】本書撰時未詳,疑在乾道間,待考。

趙汝愚

　　趙汝愚(1140—1196),字子直,饒州餘干縣(今屬江西)人。太宗子漢王元佐七世孫。乾道二年(1166)擢進士第,累遷秘書少監,兼權給事中,權吏部侍郎兼太子右庶子,以集英殿修撰帥福建,進直學士、制置四川兼知成都府。光宗立,改知太平州,進敷文閣學士、知福州。紹熙二年(1191)召爲吏部尚書。四年除同知樞密院事,遷知樞密院事。寧宗立,拜右丞相,罷,以觀文殿學士知福州,隨以大學士提舉洞霄宮。責寧遠軍節度副使,永州安置,慶元二年(1196)正月行至衡州而卒,年五十七。後諡忠定,封周王。所著詩文十五卷、《太祖實錄舉要》若干卷、《國朝諸臣奏議》一百五十卷。事迹見劉光祖《宋丞相忠定趙公墓志銘》。《(同治)餘干縣志》卷一八。《宋史》卷三九二有傳。

趙汝愚《致張栻書》

　　先君子不幸而没,惟其隱德實行,世之人鮮克知之,不肖孤大懼失墜,皇皇然哀集,僅成編,願得文冠其首,以信于來者。《南軒集》卷一四《趙氏行實序》。

【案】張栻《趙氏行實序》云:"戊戌之夏,吾友趙子直以書抵予,甚哀,且曰:'先君子不幸而没……'"《南軒集》卷一四。知此書撰于淳熙五年(1178)夏。

鄭　鑑

鄭鑑(1143—1180),字自明,號植齋,福州長樂(今福建福州)人。丞相陳俊卿婿。乾道間補太學生。淳熙元年(1174)上舍兩優釋褐,授左承務郎、國子正,召試除校書郎。《(淳熙)三山志》卷三〇。四年正月除著作佐郎,五年四月爲著作郎。《南宋館閣録》卷七。淳熙五年三月以著作佐郎兼權侍講,七月知台州。《宋中興題名・中興東宫官寮題名》。"屢引對言時政,爲時相所惡,遂乞外,出知台州。"卒,年三十八。《閩中理學淵源考》卷一七。時淳熙七年(1180)七月。《朱熹年譜長編》卷上。

張栻《答鄭自明書》

天理難窮,資質難恃。工于論人者察己常疏闊,狃于訐直者所發多弊病。《宋名臣言行録外集》卷一三《張栻南軒先生宣公》。

【案】《黃氏日抄》卷三九《南軒先生語録》亦載此,文字略有不同:"工于論人者察己常疏,狃于能直者所發多弊。"本書撰時未詳,或在乾道年間,待考。

鄭一之

鄭一之,字仲禮,一字仲履,湘潭(今屬湖南)人。從張栻游。"栻没後湖南學者每有講論，胡大時爲參決之，而復寄定于朱子。朱子獨以一之言爲然。紹熙甲寅又從朱子受學。一之好明辨，嘗與朱子論學往復不置。朱子使與黎貴臣同措置嶽麓書院。"《(光緒)湖南通志》卷一六二。

張栻《答鄭仲禮》

許時過從，別來懷想。自到郡，竭日夕之力，不敢不勉策，但恐終無補斯民耳。連日沛澤，早晚稻皆濟。憂國願年豐，此第一義也。仲禮與伯壽想不廢講論。湘中諸友樂聞者固多，真肯下工夫者爲誰？使人憂之。二友宜力勉也。《南軒集》卷二七。

【案】書中言及"自到郡，竭日夕之力"，當指張栻任官静江府。據朱熹《晦庵文集》卷八八《静江府虞帝廟碑》，知張栻于淳熙二年（1175）二月到任，又書中言及"連日沛澤，早晚稻皆濟"，故推知本書當撰于是年夏中。

張栻《答鄭仲禮》

承書審聞還自莆中，起居一向清勝爲慰。某于此歲半矣，日夜黽勉，將勤補拙，未知還能及民萬分一否。示及所講，深喜相與不廢，想共伯壽常常紬繹，要須栽培深厚，日用間絲髮勿放過，不可只作説話也，仍互相點檢爲佳耳。新刊兩書寄去。《中庸》之説宜玩味，諸友有可以見示者，皆不惜頻寄。《南軒集》卷二七。

【案】書中有言"某于此歲半矣，日夜黽勉，將勤補拙"，推知其時張栻之官桂林已一年又半，故本書約撰于淳熙三年（1176）八月或稍後。

周必大

周必大（1126—1204），字子充，一字洪道，號省齋居士，晚號平園老叟，廬陵（今江西吉安）人。紹興二十一年（1151）進士，中博學宏詞科。孝宗時除起居郎，權給事中，兼權兵部侍郎，尋權禮部侍郎、兼直學士院，後除翰林學士，拜參知政事、樞密使。淳熙十四年（1187）二月拜右丞相，封益國公，罷。慶元初，以少傅致仕。嘉泰四年（1204）卒，年七十九，諡文忠。著書八十一種，有《平園集》二百卷。《宋史》卷三九一有傳。

周必大《致張栻書》

【案】由周必大下書"近奉書，當已達"，知其嘗有書致張栻。佚。

周必大《與張欽夫左司書乾道九年》

某頓首再拜上啓欽夫知府直閣左司尊兄麾下：近奉書，當已達。稍不聞問，伏惟台候萬福，尊眷上下吉慶。某杜門幸無他，惟是思仰道義，一日三秋。又向與伯共游，纔覺過差，輒聞箴儆，今乃相望數千里，誰與晤語？此懷殊耿耿也。鄭景望學問醇正，見于履踐，前日奉祠過此，僅得一面，其在閩中，嘗類《程氏遺書》、《文集》、《經說》，刊成小本，獨《易傳》在外耳。留本相遺，其意甚厚。但慵惰愚暗，無受道之質，深自愧也。文潛歲前至此，勇于革弊，民甚德之。劉樞到闕未？若得留中，大幸。某甚欲因游岳求見，負罪多畏，勢未能動，臨風益以悄悵。餘寒，惟爲時自重。不宣。《文忠集》卷一八六。

【案】據本書題下注，知本書撰于乾道九年（1173），時張栻居長沙。據《晦庵文集》卷九四《劉樞密墓記》云乾道九年三月，劉珙"赴闕奏事，進大學士以行"，與書中"劉樞到闕未"相合。又據書中"餘寒"及"文潛歲前至此"云云，知本書撰于乾道九年二月或稍後。

又周必大下書所云"澧州便介所附書"，當指本書。

張栻《致周必大書》

【案】由周必大下書"胡氏僕至，辱教答，感慰"，知張栻嘗有書致周必大，約撰于乾道九年(1173)春中。佚。

周必大《與張欽夫左司書乾道九年》

　　某頓首再拜上啓欽夫某官尊兄台座：胡氏僕至，辱教答，感慰。不知澧州便介所附書到否？初夏，恭惟台候萬福。問及出處，此雖三尺童子知其當辭。適會近制例格免章，欲力懇相府敷奏，則剖符之初不肯略爲一言，方且以擇地那闕爲功，今豈肯逆同列美意，伸匹夫大義乎？知識間人人念僕，而無救之之策。以正理見教者，謂須直述所以不可受而待上命。此固當然，其如銀臺不通何？近日龔實之作禮數辭待制，尚以見銜是殿撰，却而不奏，散郎從可知矣。又有相識勸啓行數程，却入文字，庶朝廷無疑。殊不知此身既動，得請便回可也，若或未諧，豈不進退失據？二月、三月間得趣上指揮，即往請祠祿，少致可以無取之義；却用狀申都省，力言疾病，仍乞奉祠，而不敢及其他，庶幾肯爲將上。別以書與二公，明言決難祗受。縱緣此獲貶降，亦臣子之常分。只恐又降不允之命，或經却回，其將奈何？亦可如朱元晦之被召，遷延不行否？莫子齊事體一同，渠家湖州，易見與決，繼此自可援例。萬一逼于強予，黽勉之赴，不得不過爲之慮。地遠難往復，且望兄子細垂教。辭受有義，本無可疑，只緣籲天無路，而當軸不以廉恥待士人，致此擾擾耳。《文忠集》卷一八六。

　　【案】據本書題下注及書中"初夏"云云，知本書撰于乾道九年(1173)四月中。

張栻《致周必大書》

　　【案】由周必大下書"兩辱書誨"，知張栻嘗有兩書致周必大，約撰于乾道九年(1173)春末、夏初。皆佚。

周必大《與張欽夫左司書乾道九年》

　　兩辱書誨，恭審寢膳復常，喜慰無喻。每夕静坐移時，大應得力。

某數有此意，但不雜念則困睡，有以敗之，其過非一日積也。切近工夫，可略聞其目否？頃見士友云："人患不知道，知則無不能行。"及以五經、《語》《孟》考之，竊恐不然。蓋顏子鑽仰堅高，所見既已了然在目，非特知之者，然于進步尚且如此之難，況餘人乎！只此一事，欲請教者甚多。竹林新亭想已成，恨無路共追涼耳。學子相從今幾人？不知如胡安定因其材而篤之，惟復一概語上也？邇來晚輩喜竊伊洛之言濟其私，欲詰之，則恫疑虛喝，反謂人爲窒淺，非如庸夫尚有忌憚。此事不可不杜其漸，高明以謂如何？因顏路分人行，附此爲問。正暑，切幾保重。《文忠集》卷一八六。

【案】據本書題下注及書中"正暑"云云，知本書撰于乾道九年（1173）五、六月間。

張栻《寄周子充尚書》

垂諭或謂"人患不知道，知則無不能行"。此語誠未完。知有精粗，行有淺深。然知常在先，固有知之而不能行者矣，未有不知而能行者也。《語》所謂"知及之，仁不能守之"，是知而不能行者也。所謂"知之者不如好之者，好之者不如樂之者"，是不知則無由能好而樂也。且以孝于親一事論之，自其粗者知有冬溫夏清、昏定晨省，則當行溫清定省。行之而又知其有進于此者，則又從而行之。知之進，則行愈有所施；行之力，則知愈有所進，以至于聖人。人倫之至，其等級固遠，其曲折固多，然亦必由是而循循可至焉耳。蓋致知力行，此兩者工夫互相發也。尋常與朋友講論，愚意欲其據所知者而行之，行而思之，庶幾所踐之實而思慮之開明。不然，貪高慕遠，莫能有之，果何爲哉？然有所謂知之至者，則其行自不能已，然須致知力行工夫至到，而後及此，如顏子是也。彼所謂欲罷不能者，知之至而自不能已也。若學者以想象臆度，或一知半解爲知道，而曰知之則無不能行，是妄而已。曾晳咏歸之語，亦可謂見道體矣，而孟子猶以其行不掩爲狂，而況下此者哉！不識高明以爲如何？問及此間相從者，某邇來退縮，豈敢受徒？但有舊日士子數輩時來講問，亦不過以行遠自邇、登高自卑之方語之耳。所謂晚輩假竊先儒之論以濟其私者，誠如所憂。胡文定蓋嘗論此，然在近日此憂爲甚。是以使人言學之難，非是不告語之，正恐竊聞一言半句，返害事耳。要亦如玉石之易辨，即其行實，夫豈恫疑虛喝可掩哉！文定所論甚詳備，在《文集》中，曾見之否？《南軒集》卷一九。

【案】周必大前書（兩辱書誨）中云“頃見士友云：人患不知道，知則無不能行”，而本書乃云“垂諭或謂人患不知道，知則無不能行”，知承周必大前書。另據周必大《與張欽夫左司書》（某頓首再拜上啓某官尊兄台席：比辱九月十一日誨答）中有云“比辱九月十一日誨答，不勝感慰”，當即指本書，撰于乾道九年（1173）九月十一日。

周必大《與張欽夫左司書淳熙元年》

某頓首再拜上啓某官尊兄台席：比辱九月十一日誨答，不勝感慰。訊後薄寒，恭惟台候萬福。某屏居如昔，廬陵晚稻既損，又值陰雨，其成熟者須再折分數。賴上異恩，與湖南例蠲下戶半租，極爲利益也。知與行之説，具曉尊意，鄙意蓋有激而云。觀嘉祐以前名卿賢士未極談道德性命，而其踐履皆不草草。熙寧以後論聖賢學者高矣美矣，迹其行，往往未能過昔人。至于近世，抑又甚焉。雖其間真學實能固自有人，然而上智常少，中人常多，深恐貪名弃實，相率爲僞，其害有不可言者。且孔子善誘不倦，而二三子猶疑其有隱，則其誨人固有先後，未嘗一概語以極致也。“子路有聞，未之能行，惟恐有聞”，則學者進德亦有次第，未敢遽以聖賢自期也。此事要非會面莫能盡，若兄明年來宜春，尚圖避席。偶相識曹主簿，寄書叙別，云欲至門下，因得附此。未拜見間，伏冀保重。不宣。《文忠集》卷一八六。

【案】據本書題下注及書中“比辱九月十一日誨答”及“廬陵晚稻既損，又值陰雨”，“賴上異恩，與湖南例蠲下戶半租”云云，沈括《夢溪筆談》卷二六《藥議》云："十月熟者謂之晚稻。"，故推知本書當撰于淳熙元年（1174）春。

張栻《寄周子充尚書》

垂諭近世學者徇名忘實之病，此實區區所憂者。但因學者徇名忘實，而遂謂學之不必講，大似因噎廢食耳。後世盜儒爲害者多矣，因夫盜儒之多，而遂謂儒之不可爲，可乎？熙寧以來，人才頓衰于前，正以王介甫作壞之故。介甫之學，乃是祖虛無而害實用者，伊、洛諸君子蓋欲深救茲弊也。所謂聖人誨人有先後，學者進德有次第，此言誠是也。然所謂先後次第，要須講明。譬如適遠，豈可不知路之所從？不然，只是冥行而已。至如所謂不可以聖賢自期者，則非所聞。大抵學者當以聖賢爲準，而所進則當循其序，亦如致遠者以漸而至，若志不先立，即爲自弃，尚何所進哉？所欲言者，要須面盡。《南軒集》卷一九。

【案】此爲張栻答周必大《與張欽夫左司書》（某頓首再拜上啓某官尊兄台席）書而作，當撰于淳熙元年（1174）中。

周必大《致張栻書》

【案】由張栻下書言及"垂諭子澄所疑"云云，知周必大嘗有書致張栻。佚。

張栻《寄周子充尚書》

垂諭子澄所疑，且云"禪初不知其得失，不欲隨衆詆之。伊川未窺其閫奧，不敢以言語稱道"，足見君子所存之忠信也。第以某愚見，所謂不知其得失者，要當窮究其得失果何如；未窺其閫奧者，當窮究其閫奧果何如。講論問辨，深思熟慮，必使其是非淺深了然于胸次，此乃致知之要，入德之方，豈可含胡閃避而已也。每竊敬嘆下風，故所懷亦不復敢隱，有以見教，是所望也。《南軒集》卷一九。

【案】本書撰時未詳，疑在淳熙元年（1174）後，姑置于淳熙二年間。待考。

周必大《致張栻書》

【案】由周必大下書"某比屢拜書，想一一關覽"云云，知周必大嘗有數書致張栻，約在淳熙五年（1178）、六年間。皆佚。

張栻《致周必大書》

【案】由周必大下書"茲奉九月五日誨示"云云，知張栻嘗有書致周必大，撰于淳熙六年（1179）九月五日。佚。

周必大《與張欽夫左司書淳熙六年》

某比屢拜書，想一一關覽。茲奉九月五日誨示，喜承台候萬福。劉守移郡，上于老兄不爲不厚。聞其人昨陛辭時，具言中間預論符離事不合，以爲嫌隙，專用此自解。蓋閑廢年深，患失彌甚，不得不爾。劉思義既送廬州，只得聽之。又所發按范倅奏劄後劉奏兩日方到，所以令范還任，蓋輸先手耳。然此留彼易，事體亦無大虧損。若不顧先入嫌隙之言，疾之已甚，則本是小事，却成紛紜矣。且如前輩爲臺諫，攻擊小臣，亦有不行者。況彼已移動，未至難于兩立。恐所委廉問之官間有鹵莽處，不可不知，姑任之如何？廣東寇已平否？文潛其殆哉！李仁甫父子幾日過彼，深憂其不能堪此境界，更宜開廣之。某以虛空無用之質，久玷從班，獨以上知，徘徊于此。纔過宗祀，不俟恭謝，連章請祠，乃復未遂。若論孤危，則老兄在外猶爲太山四維之也。雖然，無愧于天，強爲善以報主足矣，禍福懸諸天，難深計也。方從駕歸，疲甚。不宣。《文忠集》卷一八六。

【案】據本書題下注及書中"茲奉九月五日誨示"云云，又據王聰聰《周必大年譜長編》淳熙六年（1179）條，知書中所云"連章請祠，乃復未遂"，當指是年"九月二十八日，公請對，乞外祠。十月一日，孝宗不允，不得再有陳請"之事，故推知本書當在淳熙六年十月中。

附：

周必大《次張欽夫經略韵送胡長彦司户還廬陵己亥》

解印陶元亮，居鄉馬少游。久憐高士少，今喜故人優。客至無何飲，身閒有底憂。自然仁者壽，誰羡道家流。《文忠集》卷七。

周　漕

> 周漕，名里未詳。時爲轉運司官。

張栻《答周漕啓》

伏審持節載驅，褰帷來蒞。送以禮樂，上資周度之聞；雖則劬勞，民有安居之托。共惟某官以敦厚之稟，負通達之才。學道愛人，夙著撫循之實；正身率下，更高刺舉之風。眷此南湘，實爲巨屏。湖山清遠，昔稱控制之雄；户口浩穰，尤覺賦輸之劇。雖故歲之幸稔，尚前歉之未償。正資惠存，以底安裕。儻官吏之奉法，自民俗之蒙休。激濁揚清，即聽公平之論；圖事揆策，旋歸獻納之班。某久寓是邦，便同舊里；方衡門之自屏，喜廣蔭之可依。染翰見貽，先辱瓊瑶之贈；造門不遠，行修桑梓之恭。《南軒集》卷八。

【案】由書中言及"眷此南湘，實爲巨屏"與"某久寓是邦，便同舊里；方衡門之自屏，喜廣蔭之可依"，推知此周漕正任職湖南，而張栻正居處長沙，推知其時在乾道中。

周去非

　　周去非，字直夫，温州永嘉（今屬浙江）人。周行己族孫。隆興元年
（1163）進士。《直齋書録解題》卷八。"學于南軒，嘗從之桂林。"《宋元學案》卷七
一《通判周先生去非》。歷欽州州學教授。《南軒集》卷九《欽州學記》。淳熙五年
（1178）爲桂林通判。《嶺外代答》卷首《原序》。終官紹興府通判。《（弘治）温州府
志》卷一三。卒年五十五。樓鑰《攻媿集》卷八三《祭周通判去非》。著有《嶺外代
答》十卷。

周去非《致張栻書》

　　【案】張栻下書有云"念無以復來意"，推知周去非有書致張栻。佚。

張栻《答直夫》

　　甚矣，學之難言也！毫釐之差，則流于詖淫邪遁之域。生于其心，
害于其政，發于其政，害于其事。可不畏與！世固有不取異端之説者，
然不知其説乃自陷于異端之中而不自知，此則學之不講之過也。試舉
天理、人欲二端言之。學者皆能言有是二端也，然不知以何爲天理而存
之，以何爲人欲而克之，此未易言也。天理微妙而難明，人欲洶湧而易
起，君子亦豈無欲乎？而莫非天命之流行，不可以人欲言也。常人亦豈
無一事之善哉？然其所謂善者，未必非人欲也。故大學之道，以格物致
知爲先。格物以致知，則天理可識，而不爲人欲所亂。不然，雖如異端
談高説妙，自謂作用自在，知學者視之皆爲人欲而已矣。孟子析天理人
欲之分，深切著明。如云今人乍見孺子匍匐將入于井，皆有怵惕惻隱之

心，非所以內交于孺子之父母也，非所以要譽于鄉黨朋友也，非惡其聲而然也。蓋乍見而怵惕惻隱形焉，此蓋天理之所存。若內交，若要譽，若惡其聲，一萌乎其間，是乃人欲矣。雖然，怵惕惻隱，蓋其苗裔發見耳。由是而體認其所以然，則有以見大體，而萬理可窮也。內交、要譽、惡其聲，亦舉一隅，使學者推之耳。日用之間，精察不捨，則工夫趣味，將有非言語可及者。某愚，以所從事者在是，願高明紬繹而反復焉，庶幾其有益也。念無以復來意，不覺多言，伏紙悚戢。《南軒集》卷二七。

　　【案】由書中"某愚，而所從事者在是，願高明紬繹而反復焉，庶幾其有益也"云云，推知此時周去非與張栻相識未久，疑此書撰于乾道年間，待考。

周　奭

　　周奭，字允升，號欽齋，湘鄉（今屬湖南）人。乾道間鄉薦再舉不第。"南軒問天與太極何如。先生曰：'天可言配，太極不可言合。天，形體也。太極，性也。惟聖人能盡性，人極所以立。'南軒以爲然。題其亭曰斂齋。"《宋元學案》卷七一。張栻講學潭州，奭受業稱高弟。既歸，與邑士講學結廬江上，栻題曰漣濱書室。嘉定間真德秀帥潭，命主濂溪書院教事。

周奭《致張栻書》

　　【案】據張栻下書"所諭約之說，前書正欲左右從約束、簡約中下工夫"，知周奭有書致張栻論"約之說"。佚。

張栻《致周奭書》

　　【案】據張栻下書"所諭約之說，前書正欲左右從約束、簡約中下工夫”，知張栻嘗致書周奭辨説之，欲周奭“從約束、簡約中下工夫”。佚。

周奭《致張栻書》

【案】據張栻下書（所論約之説）“來書謂約束、簡約之云”云云，知周奭再有書致張栻論“約束、簡約”之説。佚。

張栻《答周允升》

所諭約之説，前書正欲左右從約束、簡約中下工夫。所謂曾子之約，其始亦須由是以進焉。來書謂約束、簡約之云，某之趨此也有日矣，此乃見左右之未能趨約也。如是而遽云曾子之約，只是妄意度量耳。大抵觀書辭多暴露恍惚之語，少沉潛篤實之意，講學不如此也。且當熟讀《論語》，玩味聖人所以教人與孔門弟子學乎聖人者，則自可見。蓋聖門實學，循循有序，有始有卒者，其惟聖人乎！非若異端驚夸籠罩，自謂一超徑詣，而卒爲窮大，而無所據也。近世一種學者之弊，渺茫臆度，更無講學之功，其意見只類異端一超徑詣之説，又出異端之下。非惟自誤，亦且誤人，不可不察也。五峰所謂此事是終身事，天地日月長久，斷之以勇猛精進，持之以漸漬薰陶，故能有常而日新，誠至言哉！撥冗，姑此爲報，幸深思之。《南軒集》卷二六。

【案】《朱子語類》卷一二〇載蕭佐所記：“先生問：‘湘鄉舊有從南軒游者爲誰？’佐對以‘周奭允升、佐外舅舒誼周臣。外舅没已數歲，南軒答其論《知言》疑義一書載《文集》中。允升藏修之所正枕江上，南軒題曰漣溪書室，鄉曲後學講習其間。但允升今病，不能出矣’。先生曰：‘南軒向在靜江曾得書，甚稱説允升，所見必别，安得其一來，次第送少藥物與之。’”推知本書或撰于張栻靜江府任内，約在淳熙二年（1175）前後。

周奭《致張栻書》

【案】據張栻答書“所諭尚多駁雜，如云知無後先，此乃是釋氏之意，甚有病"云云，知周奭有書致張栻論辨。佚。

張栻《答周允升》

　　所諭尚多駁雜，如云知無後先，此乃是釋氏之意，甚有病。知有淺深，致知在格物，格字曉有工夫。又云儻下學而不加上達之功，此尤有病。上達不可言加功，聖人教人以下學之事，下學工夫浸密，則所爲上達者愈深，非下學之外又別爲上達之功也。致知力行皆是下學，此其意味深遠而無窮，非驚怪恍惚者比也。學者且當務守，守非拘迫之謂，不走作也。守得定，則天理浸明，自然漸漸開拓。若强欲驟開拓，則將窮大而失其居，無地以崇德矣。惟收拾豪氣，毋忽卑近，深厚縝密，以進窮理居敬之工，則所望也。喜左右之志，故屢言之，惟深念焉。《南軒集》卷二六。

　　【案】本書撰時未詳，疑較張栻前書（所諭約之説）撰時稍後，或在淳熙三年(1176)間，時張栻在静江府任上。待考。

張栻《答周允升》

　　王通謂夫子與太極合德。若如先生之説，則人與物莫不有太極，詎止合而已。通顧爲是言，殆將太極別爲一物耶？奭竊疑焉，于是反復思之，意夫通之説蓋指其初者言之也。當其三才未判，兩儀未分，五行未布，而太極已固存矣。逮夫太極動而生陽，動極而静，静而生陰。陰陽分而兩儀立，陽變陰合，而五行生。無極之真，二五之精，妙合而凝。乾道成男，坤道成女，二氣交感，化生萬物，而人始具，此太極矣。逆通之意，其指夫生物之初者言之耶？今夫人莫不具是性也，而盡性也者誰歟？性中皆有天也，而配天者誰歟？是以《中庸》之論惟天下至誠爲能盡性，惟天下至聖故曰配天。太極亦猶是也。儻曰太極吾所固有，何合德之云？則配天之説亦非耶？奭嘗譬之日光，凡世間一切物能容光者莫不具日光焉，畢竟

空中之日光自若也。今日能容光者非日光也，固不可也；謂日光盡
在是，而空中者無與焉，亦不可也。是故物生之初，太極存焉；生物
之後，太極具焉。人雖各具太極，要其初者固自若也，此通所以有
合德之説歟？昔者馬上所聞，尚有未諭者，故此諄諄，幸賜指教，使
渙然冰釋爲荷。

天可言配，指形體也。太極不可言合，太極性也。惟聖人能盡其
性，太極之所以立也。人雖具太極，然淪胥陷溺之，則謂之太極不立，
可也。

　　程子曰："萬物皆備于我，不獨人爾，物皆然，都自這裏出去，只
　是物不能推，人則能推之。雖能推之，幾時添得一分？不能推之，
　幾時減得一分？百理俱在，平鋪放著，幾時道堯盡君道，添得些君
　道多，舜盡子道，添得些子道多？元來依舊。"又曰："萬物皆備于
　我，此通人物而言。禽獸與人絶相似，只是不能推。然禽獸之性，
　却自然不待學、不待教，如營巢養子之類是也。人雖是靈，却桎喪
　處極多，只有一件嬰兒飲乳是自然，非學也，其他皆誘之。"又曰：
　"萬物皆備于我矣，反身而誠，樂莫大焉，不誠則逆于物而不順也。"
　又曰："學者必先識仁，仁者與物渾然同體。孟子曰：萬物皆備于
　我，須反身而誠，乃爲大樂。若反身未誠，則猶是二物有對，以己合
　彼，終未有之，又安得樂？"此四段皆程子之説。前二説謂人與物皆
　然，後二説則獨指人而言。據孟子謂萬物皆備于我，未嘗曰物皆備
　萬物也。如前二説則人與物更無差別，與告子生之謂性何異？夫
　惟物不能備萬物，故止有一物之用，所以不能推者，只爲合下不曾備得。
　人則備矣，所以能參贊化育也。至于桎喪處雖多，這裏元來何曾增
　減？庶民自去之爾。故謂物莫不有大命，莫不有太極則可，謂物皆
　備萬物，則似恐未可。

既曰物莫不皆有太極，則所謂太極者，固萬物之所備也。惟其賦是
氣質而拘隔之，故物止爲一物之用，而太極之體則未嘗不完也。

　　子貢謂夫子曰："學不厭,智也,教不倦,仁也。"《中庸》曰"成己,仁也;成物,智也。"學之與成己,教之與成物,蓋無二事,而或曰仁,或曰知,孰爲定體耶?

《中庸》與子貢之言,互明仁智之體用也。

　　龍塘辱指教"學而時習之"當如程子説,時復紬繹,浹洽于中。今人讀《語》、《孟》、六經若先賢遺書,時復潛泳玩味,因其所啓端,發其所固有,久久涵養,是保是積,此誠可説也。當夫子時,六經未出,聖人教人者亦不至多言,士從之游者或一言而終身行,或數語而終身誦,或以愚魯而竟得之,不知所紬繹者何事? 又如《語孟精義》諸先生之説或各不同,而皆不悖于理,將孰從之則是?

紬繹者謂理也、義也,不必止爲文字。諸先生之説有不同處。

　　《通書》謂德愛曰仁,伊川則謂仁是性,愛自是情。《語録》亦引"力行近乎仁",云:"力行關愛甚事?"《易傳·復》之六二曰:"仁者天下之公,善之本也。"《語録》皆以公爲近仁,未嘗斷以愛爲仁也。然則愛特仁之一事耳,而《通書》乃云然,近世朱丈之論亦然。此是則彼非,二者必居一,于此欲俾學者識仁之本體,厥道何繇?

力行近乎仁。力行者敦篤切至故也。便以愛爲仁,則不可,然愛之理則仁也。

　　"觀過,斯知仁矣。"舊觀所作《訥齋》、《韋齋記》,與近日所言殊異,得非因朱丈別以一心觀,又別以一心知,頃刻之間,有此二用,爲急迫不成道理,遂變其説乎? 爽嘗反復紬繹,此事正如懸鏡當空,萬象森羅,一時畢照,何急迫之有? 必以觀他人之過爲知仁,則如觀小人之過于薄,何處得仁來? 又如觀君子之過于厚,則如鬻拳之以兵諫,豈非過于忠乎? 唐人之剔股,豈非過于孝? 陽城兄弟之不娶,豈非過于友悌乎? 此類不可勝數,揆之聖人之中道,無取焉耳,仁安在哉? 若謂因觀他人之過而默知仁之所以爲仁,則曷若返之爲愈乎? 爽于先生舊説似未能遽捨,更望詳教。

後來玩伊川先生之説,乃見前説甚有病。來説大似釋氏,講學不可老草。蓋"過"須是子細玩味,方見聖人當時立言意思也。過于厚者謂之仁則不可,然心之不遠者可知,比夫過于薄甚至于爲忮、爲忍者,其相去不亦遠乎? 請用此意體認,乃見仁之所以爲仁之義,不至渺茫恍惚矣。

書以《中庸》名篇,而首論中和之道,然則中和與中庸當何如分?

中庸統言道之體用,中和就人身上説。

"小人之中庸也,小人而無忌憚也",當從王肅説是? 從上蔡説是? 脱一"反"字。

論舜之大知也,曰"執其兩端,用其中于民",而不及"庸"。述夫子之忠恕也,曰"庸德之行,庸言之謹",而不及"中",何也? 意其互見耶? 亦各示其用也?

言各有攸當。且用其中于民,固所以言庸也。庸德、庸言,此"庸"字輕看。

既曰"中庸不可能也",又曰"君子依乎中庸,遯世不見知而不悔,唯聖者能之"。必聖者而後能,無乃絶學者之望耶? 抑其義異,自不相通耶?

言中庸不可能,乃所以勉學者;唯聖者能之,盡其道爲難。

"仁者人也,親親爲大;義者宜也,尊賢爲大",先後自有定秩。九經之序則先尊賢而後親親,二者當何如通?

即人心而論則親親爲先,就治體而言則尊賢是急。《堯典》"克明俊德,以親九族"亦是意。《南軒集》卷三一。

【案】本書撰時未詳,或與前書撰于同時,待考。

附:

張栻《雨後同周允升登雪觀》

一雨端能減百憂,肩輿徑上寂高樓。山容净洗無窮碧,江水新添自在流。已覺春隨花片老,不應身似賈胡留。烟蓑風笠南山下,正好歸歟看麥秋。《南軒集》卷四。

朱　熹

　　朱熹(1130—1200),字元晦,一字仲晦,號晦庵,晚號晦翁,婺源(今屬江西)人,寓建州。朱松子。紹興十八年(1148)進士,授泉州同安縣主簿。孝宗初召爲武學博士,未就,淳熙初召爲秘書郎,擢知南康軍,遷提舉浙東常平,歷知漳州、潭州,寧宗初召爲侍講,旋以煥章閣待制提舉南京鴻慶宮。慶元二年(1196)爲御史所劾,落職罷祠。六年三月九日卒,年七十一。嘉定初追謚曰文。寶慶中贈太師,追封信國公,淳祐中從祀孔廟。《宋史》卷四二九有傳。

朱熹《與張欽夫別紙》

　　侯子《論語》抄畢内上,其間誤字顯然者,已輒爲正之矣。但其語時有不瑩,豈其不長于文字而然耶,抑別有以也? 頃在豫章,見阜卿所傳《語録》,有尹和靖所稱伊川語云:"侯師正議論只好隔壁聽。"詳味此言,以驗此書,竊謂其學大抵明白勁正,而無深潛縝密、沈浸醲郁之味,故于精微曲折之際不免疏略,時有罅縫,不得于言而求諸心,乃其所見所存有此氣象,非但文字之疵也。狂妄輒爾輕議前輩,可謂不遜,然亦講學之一端,所不得避。不審高明以爲如何? 人回却望批誨,幸甚幸甚。《晦庵文集》卷三〇。

　　【案】隆興元年(1163)十月,朱熹至行在臨安府奏事,除武學博士,待次。此時張栻初識朱熹。《朱子語類》卷一三一云:"張魏公被召入相,議北征。某時亦被召，辭歸。嘗見敬夫與説：'若相公誠欲出做，則當請旨盡以其事付己，拔擢英雄智謀之士，一任諸己，然後可爲。若欲與湯進之同做，決定做不成。'後來果如此。然那時又除湯爲左相，却把魏公做右相。"隆興二年九月，朱熹赴豫章哭祭張浚，送之豐城，舟中與張栻作三日長談。本書云及"頃在豫章"，故推知本書當在是年末或次年初。

　　阜卿，據《北窗炙輠録》卷下，姓陳，名文茂，字阜卿，常州（今屬江蘇）人。王十朋有《洪帥陳阜卿寄筍》詩，《梅溪後集》卷八。知此時陳阜卿正知隆興府。

張栻《答朱元晦秘書》

　　復和仇虜，使命交馳，痛心痛心！陳應（捄）［求］時通書，極知憂國，但未見所以濟之之策。□□□已去復召，却又供職，所不能曉。□□□想數得相見。但今日所謂正人端士固有之，惟是不知學，不敢期望以向上事業耳。湖南緣向來有位者惠奸長惡，養成郴賊，共父到，頗能明信賞罰，上下悦之。今鄂兵集者五千人，若措置得宜，當數月而定。但今時一種議論，待盜賊只知有招安，正如待仇虜只説和一般。此賊蹂踐三路，殺掠無數，渠魁豈可不殲焉？特散其黨與可耳。

　　郴、桂盜賊幸有平定次第，但安輯反側，撫存凋瘵，正惟匪易。如病癥疽，須消盡毒氣，使血脉貫通，方爲無事。共父甚留意。偶來告有便介，草草復附此。《南軒集》卷二一。

　　【案】共父，劉珙字。據朱熹《劉公（珙）行狀》云，乾道元年（1165），劉珙受命知潭州、荆湖南路安撫使，平定郴州李金等"作亂"。六月晦日，宋軍敗李金于郴州城下。"七月，楊欽敗賊黨田政、尹寬等于桂陽。鄂將谷青、王翌又各以二千人至，公遣扼宜章大路，以分賊勢，通糧道，而欽連戰破賊，遂入宜章。"八月，平定李金之亂。《晦庵文集》卷九七。故推知本書撰于乾道元年七月間。

張栻《答朱元晦秘書》

近世議論，真所謂"謀其身則以枉尋直尺爲可以濟事，謀人國則以忘親苟免爲合于時變"。世間號爲賢者，政墮在此中，況其它哉！此風方熾，正道湮微，率獸食人，甚可懼也。吾曹但當相與講明聖學，學明于下，庶幾有正人心，承三聖事業耳。《南軒集》卷二一。

【案】張栻前書（復和仇虜）云及"但今日所謂正人端士固有之，惟是不知學，不敢期望以向上事業耳。湖南緣向來有位者惠奸長惡，養成梆賊"，與本書語義相合，疑本書或撰于其後。

朱熹《與張欽夫》

先生自注云：此書非是，但存之以見議論本末耳。下篇同此。

人自有生，即有知識，事物交來，應接不暇，念念遷革，以至于死，其間初無頃刻停息，舉世皆然也。然聖賢之言，則有所謂"未發之中，寂然不動"者。夫豈以日用流行者爲已發，而指夫暫而休息、不與事接之際爲未發時耶？嘗試以此求之，則泯然無覺之中，邪暗郁塞，似非虛明應物之體，而幾微之際，一有覺焉，則又便爲已發，而非寂然之謂。蓋愈求而愈不可見，于是退而驗之于日用之間，則凡感之而通，觸之而覺，蓋有渾然全體應物而不窮者。是乃天命流行、生生不已之機，雖一日之間萬起萬滅，而其寂然之本體則未嘗不寂然也。所謂未發，如是而已，夫豈別有一物，限于一時，拘于一處，而可以謂之中哉？然則天理本真，隨處發見，不少停息者，其體用固如是，而豈物欲之私所能壅遏而梏亡之哉？故雖汩于物欲流蕩之中，而其良心萌蘖，亦未嘗不因事而發見。學者于是致察而操存之，則庶乎可以貫乎大本達道之全體而復其初矣。不能致察，使梏之反覆，至于夜氣不足以存而陷于禽獸，則誰之罪哉？周子曰："五行，一陰陽也；陰陽，一太極也。太極，本無極也。"其論至誠，則曰："靜無而動有。"程子曰："未發之前更如何求？只平日涵養便是。"又曰："善觀者，却于已發之際觀之。"二先生之説如此，亦足以驗大本之無所不在，良心之未嘗不發矣。《晦庵文集》卷三〇。

【案】《朱熹年譜長編》卷上稱朱熹本書與《與張欽夫》(前書所扣)《晦庵文集》卷三〇、《答張敬夫》(誨諭曲折數條)、(前書所稟寂然未發之旨)《晦庵文集》卷三二。"四書即所謂中和舊説四劄"，其纂修時間與《晦庵文集》卷四〇朱熹《答何叔京》前四書"在時間上並行"，即在乾道二年(1166)間。《答何叔京》第一書首言"五月十八日新安朱熹謹再拜裁書"，則本書亦約撰于其時。《朱子書信編年考證》繫于是年夏、秋間。

朱熹《答張敬夫》

前書所稟寂然未發之旨、良心發見之端，自以爲有小異于疇昔偏滯之見，但其間語病尚多，未爲精切。比遣書後，累日潛玩，其于實體似益精明。因復取凡聖賢之書以及近世諸老先生之遺語，讀而驗之，則又無一不合。蓋平日所疑而未白者，今皆不待安排，往往自見灑落處。始竊自信，以爲天下之理其果在是，而致知格物、居敬精義之功，自是其有所施之矣。聖賢方策，豈欺我哉！

蓋通天下只是一個天機活物，流行發用，無間容息。據其已發者而指其未發者，則已發者人心，而凡未發者皆其性也，亦無一物而不備矣。夫豈別有一物，拘于一時，限于一處而名之哉？即夫日用之間，渾然全體，如川流之不息、天運之不窮耳。此所以體用、精粗、動靜、本末洞然，無一毫之間，而鳶飛魚躍，觸處朗然也。存者，存此而已；養者，養此而已。"必有事焉而勿正，心勿忘，勿助長也。"從前是做多少安排，沒頓著處。今覺得如水到船浮，解維正柂，而沿洄上下，惟意所適矣，豈不易哉！始信明道所謂"未嘗致纖毫之力"者，真不浪語。而此一段事，程門先達惟上蔡謝公所見透徹，無隔礙處，自餘雖不敢妄有指議，然味其言亦可見矣。近范伯崇來自邵武，相與講此甚詳，亦嘆以爲得未曾有，而悟前此用心之左。且以爲雖先覺發明指示不爲不切，而私意汩漂，不見頭緒。向非老兄抽關啓鍵，直發其私，誨諭諄諄，不以愚昧而捨置之，何以得此？其何感幸如之。區區筆舌，蓋不足以爲謝也。但未知自高明觀之，復以爲如何爾？

《孟子》諸説，始者猶有齟齬處，欲一二條陳以請。今復觀之，恍然不知所以爲疑矣。但"性不可以善惡名"，此一義熹終疑之。蓋善者無惡之名，夫其所以有好有惡者，特以好善而惡惡耳，初安有不善哉？然則名之以善，又何不可之有？今推有好有惡者爲性，而以好惡以理者爲善，則是性外有理而疑于二矣。《知言》于此雖嘗著語，然恐《孟子》之言本自渾然，不須更分裂破也。《知言》雖云爾，然亦曰"粹然天地之心，道義完具"，此不謂之善，何以名之哉？能勿喪此，則無所適不爲善矣。以此觀之，不可以善惡名，大似多却此一轉語。此愚之所以反覆致疑而不敢已也。《晦庵文集》卷三二。

【案】《朱子書信編年考證》繫于乾道二年（1166）秋間。《朱熹年譜長編》卷上稱撰于七月之前。本書言及"近范伯崇來自邵武，相與講此甚詳"。據朱熹《答許順之》（此間窮陋）云："夏秋間，伯崇來相聚，得數十日講論，稍有所契。"《晦庵文集》卷三九。則本書約撰于七、八月間。另本書云及張栻曾"抽關啓鍵，直發其私，誨諭諄諄"，然此書佚。

朱熹《與張欽夫》

先生自注云：此書非是，所論尤乖戾，所疑《語録》皆非是，後自有辨説甚詳。

前書所扣，正恐未得端的，所以求正。兹辱誨諭，乃知尚有認爲兩物之蔽，深所欲聞，幸甚幸甚。當時乍見此理，言之唯恐不親切分明，故有指東畫西、張皇走作之態。自今觀之，只一念間已具此體用，發者方往而未發者方來，了無間斷隔截處，夫豈別有物可指而名之哉？然天理無窮，而人之所見有遠近深淺之不一，不審如此見得又果無差否？更望一言垂教，幸幸。

所論龜山《中庸》可疑處，鄙意近亦謂然。又如所謂"學者于喜怒哀樂未發之際，以心驗之，則中之體自見”，亦未爲盡善。大抵此事渾然，無分段時節先後之可言，今著一“時”字、一“際”字，便是病痛。當時只云“寂然不動之體”，又不知如何。《語録》亦嘗疑一處説“存養于未發之時”一句，及問者謂“當中之時，耳目無所見聞”，而答語殊不痛快，不知左右所疑是此處否？更望指誨也。

　　向見所著《中論》有云：“未發之前，心妙乎性；既發，則性行乎心之用矣。”于此竊亦有疑。蓋性無時不行乎心之用，但不妨常有未行乎用之性耳。今下一“前”字，亦微有前後隔截氣象，如何如何？熟玩《中庸》，只消著一“未”字，便是活處。此豈有一息停住時耶？只是來得無窮，便常有個未發底耳。若無此物，則天命有已時，生物有盡處，氣化斷絶，有古無今久矣。此所謂天下之大本，若不真的見得，亦無揣摸處也。《晦庵文集》卷三〇。

　　【案】《朱子書信編年考證》繫于乾道二年（1166）秋間。又本書言及“兹辱誨諭”，然張栻此書佚。

朱熹《與張欽夫》

　　“不先天而開人，各因時而立政”。胡本“天”作“時”，欽夫云作“天”字大害事。愚謂此言“先天”，與《文言》之“先天”不同。《文言》之云“先天”、“後天”，乃是左右參贊之意。如《左傳》云“實先後之”，意思即在中間，正合天運，不差毫髮。所謂啐啄同時也。此序所云“先天”，却是天時未至，而妄以私意先之，若耕穫菑畬之類耳。兩“先天”文同而意不同，“先天”、“先時”却初不異。但上言天，下言人，上言時，下言政，于文爲協耳。

　　“窺聖人之用心”。胡本無“心”字，欽夫云著“心”字亦大害事，請深思之。愚謂《孟子》言“堯舜之治天下，豈無所用其心哉？”言用心，莫亦無害于理否？《晦庵文集》卷三〇。

　　【案】本書與下書《與張欽夫别紙》作于同時。其中討論《程集》文字語氣有別于《與張欽夫》（昨見共父家問），當撰于此前。朱熹《與劉共父》（近略到城中）中有言"又'猶子'二字，前論未盡"，其所爲"前論"，《晦庵文集》卷三七。當即對本書"稱侄固未安，稱猶子亦不典"說之深入討論。

朱熹《與張欽夫別紙》

稱侄固未安，稱猶子亦不典。按《禮》有從祖、從父之名，則亦當有從子、從孫之目矣。以此爲稱，似稍穩當。慮偶及此，因以求教，非敢復議改先生之文也。與富公及謝帥書，全篇反復，無非義理。卒章之言，止是直言義理之效，感應之常。如《易》六十四卦，無非言吉凶禍福。《書》四十八篇，無非言災祥成敗。《詩》之《雅》、《頌》，極陳福祿壽考之盛，以歆動其君，而告戒之者尤不爲少。《卷阿》尤著。孟子最不言利，然對梁王亦曰"未有仁義而遺後其君親"者，答宋牼亦曰"然而不王者，未之有也"，此豈以利害動之哉？但人自以私心計之，便以爲利，故不肖者則起貪欲之心，賢者則有嫌避之意，所趣雖殊，然其處心之私則一也。若夫聖賢，以大公至正之心，出大公至正之言，原始要終，莫非至理，又何嫌疑之可避哉！若使先生全篇主意專用此說，則誠害理矣。向所見教"同行異情"之說，于此亦可見矣。

《春秋序》兩處，觀其語脉文勢，似熹所據之本爲是。"先天"二字，卷中論之已詳，莫無害于理否？理既無害，文意又協，何爲而不可從也？"聖人之用"下著"心"字，語意方足，尤見親切主宰處，下文所謂得其意者是也。不能窺其用心，則其用豈易言哉？故得其意然後能法其用，語序然也。其精微曲折，蓋有不苟然者矣。若謂用心非所以言聖人，則《孟子》、《易傳》中言聖人之用心者多矣。蓋人之用處無不是心，自聖人至于下愚一也。但所以用之者有精粗、邪正之不同，故有聖賢下愚之別，不可謂聖人全不用心，又不可謂聖人無心可用，但其用也妙，異乎常人之用耳。然又須知即心即用，非有是心而又有用之者也。《晦庵文集》卷三〇。

【案】本書乃朱熹前書《與張欽夫》（不先天而開人）之“別紙”，作于同時。

朱熹《與張欽夫》

昨見共父家問，以爲二先生集中誤字，老兄以爲嘗經文定之手，更不可改，愚意未曉所謂。夫文定固有不可改者，如尊君父，攘夷狄，討亂臣，誅賊子之大倫大法，雖聖賢復出，不能改也。若文字之訛，安知非當時所傳亦有未盡善者，而未得善本以正之歟？至所特改數處，竊以義理求之，恐亦不若先生舊文之善。若如老兄所論，則是伊川所謂“昔所未遑，今不得復作，前所未安，後不得復正”者，又將起于今日矣。已作共父書詳言之，復此具禀，更望虛心平氣，去彼我之嫌，而專以義理求之，則于取捨從違之間知所處矣。

道術衰微，俗學淺陋極矣。振起之任，平日深于吾兄望之。忽聞此論，大以爲憂。若每事自主張如此，則必無好問察言之理，將來任事，必有不滿人意處。而其流風餘弊，又將傳于後學，非適一時之害也。只如近世諸先達，聞道固有淺深，涵養固有厚薄，擴充運用固有廣狹，然亦不能不各有偏倚處。但公吾心以玩其氣象，自見有當矯革處，不可以火濟火，以水濟水，而益其疾也。

熹聞道雖晚，賴老兄提掖之賜，今幸略窺彷彿。然于此不能無疑，不敢自鄙外于明哲，故敢控瀝，一盡所言。不審尊意以爲如何？其詳則又具于共父書中，幸取而並觀之，無怪其詞之太直也。《晦庵文集》卷三〇。

【案】朱熹《答羅參議》（極感留意）有云“校書極難，共父刻《程集》于長沙，欽夫爲校，比送得來，乃無板不錯字”。《晦庵文集》續集卷五。與朱熹《與劉共父》（近略到城中）云云相合，撰于乾道二年（1166）末，推知本書約撰于同時稍後。

張栻《答朱元晦秘書》

辱示書，並見所與共甫書論校正二先生集事備悉，然有説焉。前次所校已即爲改正七八，後來者雖嘗見，共甫云老兄又送所校來，偶應之曰：「若無甚利害，則姑存。此本乃胡氏所傳者。」既而欲取一觀，則亦因循，而共甫亦忘送來，此則不敏之過也。然豈謂胡氏本便更不可改耶？前日答兄書，猶云後來者未曾見也。答書之次日，折簡徵于共甫，而得詳觀，其間當改處甚多。方此參定，又二日，而領來教。若以爲一時答共甫之言忽而不敬，與夫因循不敏之過則可，若謂有私意逆拒人，則內省無是也。今以所校者改正近二百處矣。當時胡家本極錯，已是與諸公校過，常恨此間無別本，得兄校正，甚幸。如《定性書》前後語豈可無？又如《辭崇政殿說書表》，當在《上殿劄子》之後，此極精當，能發明先王正大之體，有益于後學。然其間有鄙意所未安，以爲不當改者，亦不敢曲從。如必欲以"溯流"爲"沿流"，"猶子"爲"侄"是也。沿乃是循流而下，更無別說。溯流窮源，則可見用力底氣象也，試嘗思之。稱兄弟之子爲侄，無他義，只是相沿稱耳；稱猶子，猶或庶幾焉。當時先生此兩處稱猶子，亦復何害？若謂是文定改此兩處，則胡爲他處不改也？若此等却望兄平心易氣以審其是非焉。已作簡共甫，並亦時有數字注在所校卷子中，想共甫須送往。尚有欲改及可見告者，毋惜，却簽此卷見示，庶成完書耳。栻每念斯道知之爲難，知之矣，請事之功爲難。氣習之不易消化也，而可長乎？人告之以有過則喜，此爲進步于仁，仲由所以爲百世師也，況如淺陋？得來書警策之，甚幸。嗣此無替斯義爲望，栻亦不敢有隱于左右也。讀所與共甫書，辭似逆詐億不信，而少含弘感悟之意，殆有怒髮衝冠之象。理之所在，平氣而出之可也，如何如何？相察相正，朋友之道，吾曹當共敦之。

《程先生集》既有舊本可據，當不憚改，但心疑數處，亦當注"一作"于其下，所以存謙退敬讓之心。下諭敢不深領。《南軒集》卷二一。

【案】本書爲回應朱熹《與劉共父》（近略到城中）、《與張欽夫》（昨見共父家問）而作，時當在乾道三年（1167）初。

朱熹《與張欽夫論程集改字》

二十七日別紙

伏蒙垂諭向論《程集》之誤，《定性書》、《辭官表》兩處已蒙收錄，其它亦多見納用，此見高明擇善而從，初無適莫，而小人向者妄發之過也。然所謂不必改、不當改者，反復求之，又似未能不惑于心，輒復條陳，以丐指喻。

夫所謂不必改者，豈以爲文句之間小小同異，無所繫于義理之得失而不必改耶？熹所論出于己意，則用此説可也。今此乃是集諸本而證之，按其舊文，然後刊正，雖或不能一一盡同，亦是類會數説而求其文勢語脉所趨之便，除所謂"疑當作某"一例之外，未嘗敢妄以意更定一點畫也。此其合于先生當日本文無疑。今若有尊敬重正而不敢忽易之心，則當一循其舊，不容復有豪髮苟且遷就于其間，乃爲盡善。惟其不爾，故字義迂晦者，必承誤彊説而後通。如"遵"誤作"尊"，今便彊説爲"尊其所聞"之類是也。語句刣闕者，須以意屬讀然後備。如"嘗食絮羹，叱止之"，無"皆"字，則不成文之類是也。此等不惟于文字有害，反求諸心，則隱微之間，得無未免于自欺耶？且如吾輩秉筆書事，唯務明白，其肯故捨所宜用之字而更用它字，使人彊説而後通耶？其肯故爲刣闕之句，使人屬讀而後備耶？人情不大相遠，有以知其必不然矣。改之不過印本字數稀密不匀，不爲觀美，而它無所害，然則胡爲而不改也？卷子內如此處已悉用朱圈其上，復以上呈。然所未圈者，似亦不無可取。方執筆時，不能不小有嫌避之私，故不能盡此心。今人又來督書，不容再閲矣，更乞詳之可也。

所謂不當改者，豈謂富、謝書《春秋序》之屬？而書中所喻"沿""溯"、"猶子"二説，又不當改之尤者耶？以熹觀之，所謂尤不當改者，乃所以爲尤當改也。大抵熹之愚意，止是不欲專輒改易前賢文字，稍存謙退敬讓之心耳。若聖賢成書稍有不愜己意處，便率情奮筆，恣行塗改，恐此氣象亦自不佳。蓋雖所改盡善，猶啓末流輕肆自大之弊，況未必盡善乎？伊川先生嘗語學者，病其于己之言有所不合，則置不復思，所以終不能合。答楊迪及門人二書，見集。今熹觀此等改字處，竊恐先生之意尚有不可不思者，而改者未之思也。蓋非特己不之思，又使後人不復得見先生手筆之本文，雖欲思之以達于先生之意，亦不可得。此其爲害豈不甚哉？夫以言乎己，則失其恭敬退讓之心；以言乎人，則啓其輕肆妄作之弊；以言乎先生之意，則恐猶有未盡者而絕人之思。姑無問其所改之得失，而以是三者論之，其不可已曉然矣。老兄試思前聖入太廟每事問，存餼羊，謹闕文，述而不作，信而好古，深戒不知而作，教人多聞闕疑之心爲如何，而視今日紛更專輒之意象又爲如何。審此，則于此宜亦無待乎熹之言而決。且知熹之所以再三冒瀆，貢其所不樂聞者，豈好己之說勝、得已而不已者哉？熹請復論“沿”“溯”、“猶子”之說以實前議。

　　夫改“沿”爲“溯”之說，熹亦竊聞之矣。如此曉破，不爲無力。然所以不可改者，蓋先生之言垂世已久，此字又無大害義理，若不以文辭害其指意，則只爲“沿”字而以“因”字、“尋”字、“循”字之屬訓之，于文似無所害，而意亦頗寬舒。必欲改爲“溯”字，雖不無一至之得，然其氣象却殊迫急，似有彊探力取之弊。疑先生所以不用此字之意，或出于此。不然，夫豈不知“沿”、“溯”之別而有此謬哉？蓋古書“沿”字亦不皆爲順流而下之字也。《荀子》云：“反鉛察之。”注云：“‘鉛’與‘沿’同，循也。”惜乎當時莫或疑而扣之，少袪後人之惑，後之疑者又不能闕而遽改之，是以先生之意終已不明，而舉世之人亦莫之思也。大抵古書有未安處，隨事論著，使人知之可矣。若遽改之，以没其實，則安知其果無未盡之意耶？漢儒釋經，有欲改易處，但云“某當作某”，後世猶或非之，況遽改乎？且非特漢儒而已，孔子删《書》，“血流漂杵”之文因而不改，孟子繼之，亦曰“吾于《武成》取二三策而已”，終不刊去此文，以從己意之便也。然熹又竊料改此字者，當時之意亦但欲使人知有此意，未必不若孟子之于《武成》。但後人崇信太過，便憑此語塗改舊文，自爲失耳。愚竊以爲此字決當從舊，尤所當改。若老兄必欲存之，以見“溯”字之有力，則請正文只作

"沿"字，而注其下云："某人云'沿'當作'溯'。"不則云"胡本'沿'作'溯'"。不則但云"或人"可也。如此兩存，使讀者知用力之方，改者無專輒之咎，而先生之微音餘韵後世尚有默而識之者，豈不兩全其適而無所傷乎？

"猶子"之稱謂不當改，亦所未喻。蓋來教但云"姪止是相沿稱之，而未見其害義不可稱之意"，云"稱猶子尚庶幾焉"，亦未見其所以庶幾之説，是以愚瞽未能卒曉。然以書傳考之，則亦有所自來。蓋《爾雅》云："女子謂兄弟之子爲姪。"注引《左氏》"姪其從姑"以釋之，而反復考尋，終不言男子謂兄弟之子爲何也。以《漢書》考之，二疏乃今世所謂叔姪，而傳以父子稱之，則是古人直謂之子，雖漢人猶然也。蓋古人淳質，不以爲嫌，故如是稱之，自以爲安。降及後世，則心有以爲不可不辨者，于是假其所以自名于姑者而稱焉。雖非古制，然亦得別嫌明微之意。而伯父、叔父與夫所謂姑者，又皆吾父之同氣也，亦何害于親親之義哉？今若欲從古，則直稱子而已；若且從俗，則伊川、橫渠二先生者皆嘗稱之。伊川嘗言："'禮從宜，使從俗'，有大害義理處，則須改之。"夫以其言如此，而猶稱姪云者，是必以爲無大害于義理故也。故其遺文出于其家，而其子序之以行于世，舉無所謂猶子云者。而胡本特然稱之，是必出于家庭之所筆削無疑也。若曰："何故它處不改？"蓋有不可改者。如《祭文》則有對偶之類是也。若以稱姪爲非而改之爲是，亦當存其舊文而附以新意，況本無害理，而可遽改之乎？今所改者出于《檀弓》之文，而彼文止爲喪服兄弟之子與己子同，故曰"兄弟之子，猶子也"，與下文"嫂叔之無服也"、"姑姊妹之薄也"之文同耳，豈以爲親屬之定名哉？"猶"即"如"也，其義繫于上文，不可殊絶明矣。若單稱之，即與世俗歇後之語無異。若平居假借稱之，猶之可也，豈可指爲親屬之定名乎？若必以爲是，則自我作古，別爲一家之俗，夫亦孰能止之，似不必强挽前達使之同，以起後世之惑也。故愚于此亦以爲尤所當改以從其舊者。若必欲存之，則請亦用前例，正文作"姪"，注云："胡本作猶子。"則亦可矣。

《春秋序》、富、謝書，其說略具卷中，不知是否，更欲細論，以求可否。此人行速，屢來督書，不暇及矣。若猶以爲疑，則亦且注其下云："元本有某某若干字。"庶幾讀者既見當時言意之實，又不揜後賢刪削之功。其它亦多類此，幸賜詳觀，即見區區非有偏主必勝之私，但欲此集早成完書，不惧後學耳。計老兄之意豈異于此，但恐見理太明，故于文意瑣細之間不無闊略之處；用心太剛，故于一時意見所安必欲主張到底，所以紛紛，未能卒定。如熹則淺暗遲鈍，一生在文義上做窠窟，苟所見未明，實不敢妄爲主宰，農馬智專，所以于此等處不敢便承誨諭，而不自知其僭易也。伏惟少賜寬假，使得盡愚，將來改定新本。便中幸白共父寄兩本來，容更參定，籖注求教。所以欲兩本者，蓋欲留得一本作底，以備後復有所稽考也。儻蒙矜恕，不錄其過而留聽焉，不勝幸甚幸甚。《晦庵文集》卷三〇。

【案】朱熹本書乃答張栻《答朱元晦秘書》(辱示書)而作。二十七日，似在乾道三年(1167)正月。

張栻《答朱元晦秘書》

共甫之召，蓋是此間著績有不可掩，然善類屬望，在此行也。數日來，聞二豎補外，第未知所以如何。若上心中非是見得近習決不可邇，道理分明，則恐病根猶在，二豎去，復二豎生。不然，又恐其復出爲惡。若得有見識者乘此時進沃心妙論，白發其奸，批根塞源，洗黨與一空之，然後善類類來，庶有瘳乎！《南軒集》卷二一。

【案】"共甫之召"，指劉珙自知潭州召赴行在。朱熹代撰之《劉樞密墓記》云"(乾道)三年正月召赴行在，八月到闕，除翰林學士、知制誥兼侍讀，以郊祀恩封建安縣開國男，食邑三百戶。十一月，除中大夫、同知樞密院事"。《晦庵文集》卷九四。又"二豎補外"，指乾道三年(1167)二月"癸酉，出龍大淵爲江東總管，曾覿爲淮西總管。甲戌，大淵改浙東，覿改福建"。《宋史·孝宗紀二》。二月庚午朔，癸酉爲四日，甲戌爲五日。是本書當撰于此後數日。

朱熹《答張敬夫》

　　誨諭曲折數條，始皆不能無疑，既而思之，則或疑或信而不能相通。近深思之，乃知只是一處不透，所以觸處窒礙，雖或考索彊通，終是不該貫。偶却見得所以然者，輒具陳之，以卜是否。

　　大抵日前所見累書所陳者，只是儱侗地見得個"大本"、"達道"底影象，便執認以爲是了，却于"致中和"一句全不曾入思議，所以累蒙教告以求仁之爲急，而自覺殊無立脚下功夫處。蓋只見得個直截根源傾湫倒海底氣象，日間但覺爲大化所驅，如在洪濤巨浪之中，不容少頃停泊。蓋其所見一向如是，以故應事接物處但覺粗屬勇果，增倍于前，而寬裕雍容之氣略無毫髮。雖竊病之，而不知其所自來也。而今而後，乃知浩浩大化之中，一家自有一個安宅，正是自家安身立命、主宰知覺處，所以立大本、行達道之樞要。所謂體用一源，顯微無間者，乃在于此。而前此方往方來之説，正是手忙足亂無著身處。道邇求遠，乃至于是，亦可笑矣。

　　《正蒙》可疑處，以熹觀之，亦只是一病。如定性則欲其不累于外物，論至静則以識知爲客感，語聖人則以爲因問而後有知，是皆一病而已。"復見天地心"之説，熹則以爲天地以生物爲心者也，雖氣有闔闢，物有盈虚，而天地之心則亘古亘今未始有毫釐之間斷也。故陽極于外而復生于內，聖人以爲于此可以見天地之心焉。蓋其復者氣也，其所以復者，則有自來矣。向非天地之心生生不息，則陽之極也，一絕而不復續矣，尚何以復生于內而爲闔闢之無窮乎？此則所論動之端者，乃一陽之所以動，非徒指夫一陽之已動者而爲言也。夜氣固未可謂之天地心，然正是氣之復處，苟求其故，則亦可以見天地之心矣。《晦庵文集》卷三二。

　　【案】本書述及"夜氣固未可謂之天地心，然正是氣之復處，苟求其故，則亦可以見天地之心矣"，另朱熹《答何叔京》(熹碌碌講學親旁)有云"但欽夫極論復見天地心，不可以夜氣爲比。熹則以爲夜氣正是復處，固不可便謂天地心，然于此可以見天地心矣"。《晦庵文集》卷四〇。所指即此，故本書約撰于同時。《答何叔京》書中"大病新去"之語，喻指乾道三年（1167）二月逐去龍大淵、曾覿事。又《答何叔京》書中有"今恐已熱"之語，故推知朱熹《答何叔京》（熹碌碌講學親旁）約撰于初夏。則本書撰于乾道三年三四月間。又，張栻來書佚。

張栻《答朱元晦秘書》

共父相處二年，心事儘可説，見識但覺日勝一日，亦不易得，作別殊使人關情也。君臣之義，要須自盡，積其誠意，庶幾感通。是間若有一絲毫未盡，則誠意已分，烏能有動乎？孟氏敬王之義，所當深體也。所寄諸説亦略觀大概，林擇之思慮甚親，可重可重。鄙意有欲言者不敢隱，容後便一一寫去，共講論也。近來此間相識，却是廣仲、晦叔甚進，德美已入書院。生徒十五六人，但肯專意此事者極難得耳。《南軒集》卷二一。

【案】據《宋史全文》卷二四下，劉珙于乾道三年（1167）閏七月癸巳"自湖南召還。初入見，首論'獨斷雖英主之能事'"云云。而張孝祥于六月中至潭州，餞送前任劉珙入朝。本書有"共父相處二年……作別殊使人關情也"之語，故知其當撰于乾道三年六月間。

張栻《答朱元晦秘書》

示以所定祭禮，私心亦久欲爲之，但以文字不備，及少人商量。今得來示，考究精詳，甚慰。論議既定，須自今歲冬至行之乃安。但其間未免有疑，更共酌之。古者不墓祭，非有所略也，蓋知鬼神之情狀不可以墓祭也。神主在廟，而墓以藏體魄，體魄之藏而祭也，于義何居，而烏乎饗乎？若知其理之不可行，而徇私情以强爲之，是以僞事其先也。若不知其不可行，則不知也。人主饗陵之禮始于漢明帝，蔡邕蓋稱之，以爲盛事,某則以爲與原廟何異?情非不篤也,而不知禮,不知禮而徒徇乎情,則隳廢天則,非孝子所以事其先者也。某謂時節展省,當俯伏拜跪,號哭灑掃省視而設席陳饌,以祭后土于墓左可也。此所疑一也。祭不可疏也,而亦不可數也。古之人豈或忘其親哉?以爲神之之義或黷焉則失其理故也。良心之發,而天理之安也。時祭之外,冬至祭始祖,立春祭先祖,季秋祭禰,義則精矣。元日履端之祭亦當然也。而所謂歲祭節祠者,亦有可議者乎?若夫其間如中元,則甚無謂也。此端出于釋氏之説,何爲徇俗至此乎?此所疑二也。大抵今日之定祭儀,蓋將祭之以禮者,苟無其理,而或牽于私情,或狃于習俗,則庸何益乎?鄙見不敢隱,更幸精思,却以見教,庶往復卒歸于是而已。至于設席升降節文,皆甚縝密穩當,它日論定,當共行之,且可貽之同志,非細事也。《南軒集》卷二〇。

　　【案】朱熹《答林擇之》(熹奉養粗安)云及"敬夫又有書理會祭儀,以墓祭節祠爲不可",《晦庵文集》卷四三。據朱熹《林允中字序》:"始予得古田林生用中,愛其通悟修謹,嗜學不倦,因其請字,字之曰擇之。一日,擇之又請曰:'用中之弟允中,亦知有志于學,而其才小不足,願推所以見命之意,字之曰擴之,何如?'予時未識允中,而以擇之之言知其爲人也,則應曰諾。明年,擴之亦來,視其志與其才,信乎其如擇之之言也。自是從予游,今四五年矣。……乾道壬辰(八年)九月丙午。"《晦庵文集》卷七五。因林用中于乾道四年(1168)夏辭歸應舉,而林允中留學于朱熹,故推知朱熹《答林擇之》(熹奉養粗安)約撰于四年秋中或稍後,並推知本書約撰于乾道四年初秋。

朱熹《答張敬夫》

　　《祭説》辨訂精審,尤荷警發。然此二事,初亦致疑,但見二先生皆有隨俗墓祭不害義理之説,故不敢輕廢。至于節祠,則又有説。蓋今之俗節,古所無有,故古人雖不祭,而情亦自安。今人既以此爲重,至于是日,必具殽羞相宴樂,而其節物亦各有宜,故世俗之情至于是日不能不思其祖考，而復以其物享之。雖非禮之正，然亦人情之不能已者。但不當專用此而廢四時之正禮耳。故前日之意，以爲既有正祭，則存此似亦無害。今承誨諭，以爲黷而不敬，此誠中其病。然欲遂廢之，則恐感時觸物、思慕之心又無以自止，殊覺不易處。且古人不祭，則不敢以燕，況今于此俗節既已據經而廢祭，而生者則飲食宴樂，隨俗自如，殆非事死如事生、事亡如事存之意也。必盡廢之然後可，又恐初無害于義理而特然廢之，不惟徒駭俗聽，亦恐不能行遠，則是已廢之祭拘于定制不復能舉，而燕飲節物漸于流俗有時而自如也。此于天理，亦豈得爲安乎？

夫三王制禮，因革不同，皆合乎風氣之宜，而不違乎義理之正。正使聖人復起，其于今日之議，亦必有所處矣。愚意時祭之外，各因鄉俗之舊，以其所尚之時、所用之物，奉以大槃，陳于廟中，而以告朔之禮奠焉，則庶幾合乎隆殺之節，而盡乎委曲之情，可行于久遠而無疑矣。至于元日履端之祭，《禮》亦無文，今亦只用此例。又初定儀時祭用分至，則冬至二祭相仍，亦近煩瀆。今改用卜日之制，尤見聽命于神、不敢自專之意。其它如此修定處甚多，大底多本程氏而參以諸家，故特取二先生説今所承用者，爲《祭説》一篇，而《祭儀》、《祝文》又各爲一篇，比之昨本稍復精密，繕寫上呈，乞賜審訂示及，幸甚。《晦庵文集》卷三〇。

【案】本書上承張栻來書，當撰于乾道四年（1168）秋中。

朱熹《答張敬夫》

所示彪丈書論天命未契處，想尊兄已詳語之。然彪丈之意，似欲更令下語，雖自度無出尊兄之意外者，然不敢不自竭以求教也。

蓋熹昨聞彪丈謂"天命惟人得之，而物無所與"，鄙意固已不能無疑。今觀所論，則似又指禀生賦形以前爲天命之全體，而人物所受皆不得而與焉，此則熹之所尤不曉也。夫天命不已，固人物之所同得以生者也，然豈離乎人物之所受而別有全體哉？觀人物之生生無窮，則天命之流行不已可見矣。但其所乘之氣有偏正純駁之異，是以禀而生者，有人物賢否之不一。物固隔于氣而不能知，衆人亦蔽于欲而不能存，是皆有以自絕于天，而天命之不已者，初亦未嘗已也。人能反身自求于日用之間，存養體察，以去其物欲之蔽，則求仁得仁，本心昭著，天命流行之全體固不外乎此身矣。故自昔聖賢不過使人盡其所以正心修身之道，則仁在其中，而性命之理得。伊川先生所謂盡性至命必本于孝弟，正謂此耳。《遺書》第十八卷一段論此甚詳。夫豈以天命全體置諸被命受生之前、四端五典之外，而別爲一術以求至乎彼哉？

　　蓋仁也者，心之道，而人之所以盡性至命之樞要也。今乃言“聖人雖教人以仁，而未嘗不本性命以發之”，則是以仁爲未足，而又假性命之云以助之也。且謂之大本，則天下之理無出于此，但自人而言，非仁則無自而立。故聖門之學以求仁爲要者，正所以立大本也。今乃謂聖人言仁未嘗不兼大本而言，則是仁與大本各爲一物，以此兼彼，而後可得而言也。凡此皆深所未喻，不知彪丈之意竟何如耳？

　　《知言》首章即是說破此事，其後提掇“仁”字最爲緊切，正恐學者作二本、三本看了。但其間亦有急于曉人而剖析太過、略于下學而推說太高者，此所以或啓今日之弊。序文之作，推明本意，以救末流，可謂有功于此書而爲幸于學者矣，尚何疑之有哉？

　　釋氏雖自謂惟明一心，然實不識心體；雖云心生萬法，而實心外有法，故無以立天下之大本，而內外之道不備。然爲其說者猶知左右迷藏，曲爲隱諱，終不肯言一心之外別有大本也。若聖門所謂心，則天序、天秩、天命、天討、惻隱、羞惡、是非、辭讓莫不該備，而無心外之法。故孟子曰：“盡其心者知其性也，知其性則知天矣。存其心、養其性，所以事天也。”是則天人、性命豈有二理哉？而今之爲此道者，反謂此心之外別有大本，爲仁之外別有盡性至命之方，竊恐非惟孤負聖賢立言垂後之意、平生承師問道之心，竊恐此說流行，反爲異學所攻，重爲吾道之累。故因來示得效其愚，幸爲審其是否而復以求教于彪丈。幸甚幸甚。《晦庵文集》卷三〇。

【案】張栻《答彪德美》所論"天命"，與朱熹本書所言相合。又張栻其書云"《知言序》可謂犯不韙，見教處極幸，但亦恐有未解區區之意處，故不得不白"，《南軒集》卷二五。亦與朱熹本書所云"序文之作，推明本意，以救末流，可謂有功于此書而爲幸于學者矣"合。是此二書撰時相近。又朱熹《答林擇之》（某侍旁粗安）有云"《文定祠記》、《知言序》、《遺書》二序并録呈"。《晦庵文集》別集卷六。此四文約撰于同時。《遺書》二序，即朱熹《程氏遺書後序》、《程氏遺書附録後序》，撰于乾道四年四月，《晦庵文集》卷七五。《文定祠記》疑即朱熹《建寧府崇安縣學二公祠記》，云乾道三年崇安縣諸葛侯"始至，則將葺新學校，以教其人，而深以（趙清獻公、胡文定公）兩公之祠未立爲己病，于是訪求遺像，因新學而立祠焉。明年五月甲子訖功，命諸生皆入于學，躬率丞掾與之釋菜于先聖先師，而奠于兩公之室"。《晦庵文集》卷七七。故推知朱熹本書約撰于乾道四年秋、冬間。

朱熹《與湖南諸公論中和第一書》

《中庸》未發、已發之義，前此認得此心流行之體，又因"程子凡言心者，皆指已發而言"，遂目心爲已發、性爲未發。然觀程子之書，多所不合，因復思之，乃知前日之説，非惟心、性之名命之不當，而日用工夫全無本領，蓋所失者不但文義之間而已。按《文集》、《遺書》諸説，似皆以思慮未萌、事物未至之時，爲喜怒哀樂之未發。當此之時，即是此心寂然不動之體，而天命之性，當體具焉。以其無過不及，不偏不倚，故謂之中。及其感而遂通天下之故，則喜怒哀樂之性發焉，而心之用可見。以其無不中節、無所乖戾，故謂之和。此則人心之正，而情性之德然也。然未發之前不可尋覓，已覺之後不容安排，但平日莊敬涵養之功至，而無人欲之私以亂之，則其未發也，鏡明水止，而其發也，無不中節矣。此是日用本領工夫。至于隨事省察，即物推明，亦必以是爲本。而于已發之際觀之，則其具于未發之前者，固可嘿識。故程子之答蘇季明，反復論辨，極于詳密，而卒之不過以敬爲言。又曰："敬而無失，即所以中。"

又曰："人道莫如敬，未有致知而不在敬者。"又曰："涵養須是敬，進學則在致知。"蓋爲此也。向來講論思索，直以心爲已發，而日用工夫，亦止以察識端倪爲最初下手處，以故闕却平日涵養一段工夫，使人胸中擾擾，無深潛純一之味，而其發之言語事爲之間，亦常急迫浮露，無復雍容深厚之風。蓋所見一差，其害乃至于此，不可以不審也。程子所謂"凡言心者，皆指已發而言"，此乃指赤子之心而言，而謂"凡言心者"，則其爲説之誤，故又自以爲未當，而復正之。固不可以執其已改之言，而盡疑諸説之誤；又不可遂以爲未當，而不究其所指之殊也。不審諸君子以爲如何？《晦庵文集》卷六四。

【案】朱熹《中和舊説序》云其早從延平李先生學，求《中庸》未發已發之旨，後自悟未發爲性、已發爲心。然于"乾道己丑之春，爲友人蔡季通言之，問辨之際，予忽自疑斯理也"，始覺舊説爲誤，于是"亟以書報欽夫及嘗同爲此論者，惟欽夫復書深以爲然"。《晦庵文集》卷七五。所謂"以書報欽夫及嘗同爲此論者"，即此《與湖南諸公論中和第一書》，當撰于乾道五年（1169）春。

張栻《答朱元晦秘書》

【案】張栻來書即下朱熹答書（諸説例蒙印可）所稱中之"來喻"，今佚。朱熹《答林擇之》（熹侍旁如昨）云"近得南軒書，諸説皆相然諾，但先察識、後涵養之論執之尚堅，未發、已發條理亦未甚明"。《晦庵文集》卷四三。其書撰于是年七月，故推知張栻來書約在乾道五年（1169）夏。

朱熹《答張敬夫》

諸説例蒙印可，而未發之旨又其樞要。既無異論，何慰如之。然比觀舊説，却覺無甚綱領，因復體察，得見此理須以心爲主而論之，則性情之德、中和之妙，皆有條而不紊矣。然人之一身，知覺運用，莫非心之所爲，則心者，固所以主于身，而無動靜語默之間者也。然方其静也，事物未至，思慮未萌，而一性渾然，道義全具，其所謂中，是乃心之所以爲體而寂然不動者也。及其動也，事物交至，思慮萌焉，則七情迭用，各有攸主，其所謂和，是乃心之所以爲用，感而遂通者也。然性之靜也而不能不動，情之動也而必有節焉，是則心之所以寂然感通、周流貫徹而體用未始相離者也。然人有是心而或不仁，則無以著此心之妙；人雖欲仁而或不敬，則無以致求仁之功。蓋心主乎一身而無動靜語默之間，是以君子之于敬，亦無動靜語默而不用其力焉。未發之前，是敬也固已主乎存養之實；已發之際，是敬也又常行于省察之間。方其存也，思慮未萌而知覺不昧，是則靜中之動，《復》之所以"見天地之心"也。及其察也，事物紛糾而品節不差，是則動中之靜，《艮》之所以"不獲其身、不見其人"也。有以主乎靜中之動，是以寂而未嘗不感；有以察乎動中之靜，是以感而未常不寂。寂而常感，感而常寂，此心之所以周流貫徹而無一息之不仁也。然則君子之所以"致中和而天地位、萬物育"者，在此而已。蓋主于身而無動靜語默之間者，心也；仁則心之道，而敬則心之貞也。此徹上徹下之道，聖學之本統。明乎此，則性情之德、中和之妙可一言而盡矣。

　　熹向來之説固未及此，而來喻曲折，雖多所發明，然于提綱振領處似亦有未盡。又如所謂"學者先須察識端倪之發，然後可加存養之功"，則熹于此不能無疑。蓋發處固當察識，但人自有未發時，此處便合存養，豈可必待發而後察、察而後存耶？且從初不曾存養，便欲隨事察識，竊恐浩浩茫茫，無下手處，而豪釐之差，千里之繆，將有不可勝言者。此程子所以每言"孟子才高，學之無可依據，人須是學顏子之學，則入聖人爲近，有用力處"。其微意亦可見矣。且如"灑掃應對進退"，此存養之事也。不知學者將先于此而後察之耶，抑將先察識而後存養也？以此觀之，則用力之先後判然可觀矣。

　　來教又謂"動中涵靜，所謂《復》見天地之心"，亦所未喻。熹前以《復》爲靜中之動者，蓋觀卦象便自可見。而伊川先生之意似亦如此。

來教又謂"言靜則溺于虛無"。此固所當深慮。然此二字如佛者之論，則誠有此患。若以天理觀之，則動之不能無靜，猶靜之不能無動也；靜之不能無養，猶動之不可不察也。但見得一動一靜，互爲其根，敬義夾持，不容間斷之意，則雖下"靜"字，元非死物，至靜之中蓋有動之端焉。是乃所以見天地之心者，而先王之所以至日閉關。蓋當此之時，則安靜以養乎此爾，固非遠事絶物、閉目兀坐而偏于靜之謂。但未接物時，便有敬以主乎其中，則事至物來，善端昭著，而所以察之者益精明爾。伊川先生所謂"却于已發之際觀之"者，正謂未發則只有存養，而已發則方有可觀也。周子之言主靜，乃就中正仁義而言。以正對中，則中爲重；以義配仁，則仁爲本爾。非四者之外別有主靜一段事也。來教又謂熹言以靜爲本，不若遂言以敬爲本。此固然也。然"敬"字工夫通貫動靜，而必以靜爲本，故熹向來輒有是語。今若遂易爲"敬"，雖若完全，然却不見敬之所施有先有後，則亦未得爲諦當也。至如來教所謂"要須察夫動以見靜之所存，靜以涵動之所本，動靜相須，體用不離，而後爲無滲漏也"。此數句卓然，意語俱到，謹以書之座右，出入觀省。然上兩句次序似未甚安，意謂易而置之，乃有可行之實。不審尊意以爲如何？《晦庵文集》卷三二。

　　【案】本書云張栻來書中言"學者先須察識端倪之發，然後可加存養之功"，即朱熹《答林擇之》（熹侍旁如昨）中云張栻來書所言"但先察識、後涵養之論執之尚堅，未發、已發條理亦未甚明"者，故推知其約撰于乾道五年（1169）夏間。

朱熹《答張敬夫》

　　【案】據朱熹《答林擇之》（熹侍旁如昨）云"'敬以直內'爲初學之急務，誠如所諭。亦已報南軒，云擇之于此無異論矣"。《晦庵文集》卷七五。知有此書，今佚。故推知其書約撰于夏、秋之際。

朱熹《答張敬夫》

昨所惠吳才老諸書，近方得暇一觀，始謂不過淺陋無取，未必能壞人心術如張子韶之甚。今乃不然，蓋其設意專以世俗猜狹怨懟之心窺聖人，學者苟以其新奇而悦之，其害亦有不勝言者。道學不明，無一事是當，更無開眼處，奈何奈何？

元履十六日已到家，昨日遣書來，未暇往見之。然想其脱去樊籠，快適當如何也。諸公既不能克己從善，使人有樂告之心，又曲意彌縫，恐有失士之誚。用心如此，亦已繆矣。熹所與札子謾録呈，足以見區區，然勿示人，幸甚。《晦庵文集》卷二四。

【案】據《朱熹年譜長編》卷上，魏掞之（元履）于七月初因論事免太學録出朝而歸。本書云"元履十六日已到家，昨日遣書來，未暇往見之"，故推知其當撰于乾道五年（1169）七月下旬。

朱熹《答張敬夫》

蒙示及答胡、彪二書、吕氏《中庸辨》，發明親切，警悟多矣。然有未諭，敢條其所以而請于左右：《答廣仲書》切中學者之病，然愚意竊謂此病正坐平時燭理未明、涵養未熟，以故事物之來無以應之。若曰"于事物紛至之時，精察此心之所起"，則是似更于應事之外别起一念，以察此心。以心察心，煩擾益甚，且又不見事物未至時用力之要。此熹所以不能亡疑也。儒者之學，大要以窮理爲先。蓋凡一物有一理，須先明此，然後心之所發，輕重長短，各有準則。《書》所謂"天叙"、"天秩"、"天命"、"天討"，《孟子》所謂"物皆然，心爲甚"者，皆謂此也。若不于此先致其知，但見其所以爲心者如此，識其所以爲心者如此，泛然而無所準則，則其所存所發，亦何自而中于理乎？且如釋氏擎拳豎拂、運水般柴之説，豈不見此心？豈不識此心？而卒不可與入堯、舜之道者，正爲不見天理，而專認此心以爲主宰，故不免流于自私耳。前輩有言"聖人本天，釋氏本心”，蓋謂此也。

　　來示又謂“心無時不虛”，熹以爲心之本體固無時不虛，然而人欲己私汩没久矣，安得一旦遽見此境界乎？故聖人必曰“正其心，而正心必先誠意，誠意必先致知”，其用力次第如此，然後可以得心之正而復其本體之虛，亦非一日之力矣。今直曰“無時不虛”，又曰“既識此心，則用無不利”，此亦失之太快，而流于異學之歸矣。若儒者之言，則必也“精義入神”，而後“用無不利”可得而語矣。

　　孟子“存亡”、“出入”之説，亦欲學者操而存之耳，似不爲識此心發也。若能常操而存，即所謂“敬者純”矣。純則動静如一，而此心無時不存矣。今也必曰“動處求之”，則是有意求免乎静之一偏，而不知其反倚乎動之一偏也。然能常操而存者，亦是顔子地位以上人方可言此。今又曰“識得便能守得”，則僕亦恐其言之易也。明道先生曰：“既能體之而樂，則亦不患不能守。”須如此而言，方是顛撲不破，絶滲漏、無病敗耳。高明之意，大抵在于施爲運用處求之，正禪家所謂石火電光底消息也，而于優游涵泳之功，似未甚留意。是以求之太迫而得之若驚，資之不深而發之太露，《易》所謂寬以居之者，正爲不欲其如此耳。愚慮及此，不識高明以爲如何？《晦庵文集》卷三〇。

　　【案】本書云“《答廣仲書》切中學者之病”，當即指張栻《答胡廣仲》（來書所謂性善之説）中“但某之意，正患近來學者多只是想象，不肯著意下工。伊、洛老先生所謂主一無適，真是學者指南深切著明者也。……不然，徒自談高拱妙玄，只在膠膠擾擾域中三二十年，恐只是空過了，至善之則，烏能實了了乎”云云。《南軒集》卷二七。《朱子書信編年考證》繫于乾道五年（1169）間。

張栻《答朱元晦》

　　某黽勉爲州，不敢不敬，深惟聖人心誠求之，與“以人治人”之義庶幾萬一，而未之能也。幸人情粗相安，蠶麥差熟，丁税，朝廷蠲末等無常産之輸七萬餘緡，稍寬目前，但弊根不除，少須更力論之。惟是興利之臣日進，將恐多所紛更，孤迹其可久于此耶？《南軒集》卷二二。

【案】據陳公亮《淳熙嚴州圖經》卷一《題名》，張栻于乾道五年（1169）十二月二十九日以右承務郎權發遣嚴州，至六年閏五月十七日赴召。本書云“某黽勉爲州”，又云“幸人情粗相安，鹽麥差熟，丁税，朝廷蠲末等無常産之輸七萬餘緡，稍寬目前”。而朱熹《右文殿修撰張公神道碑》云張栻“改嚴州，到任，問民疾苦，首以丁鹽錢絹太重爲請，得蠲，是歲半輸”。《晦庵文集》卷八九。故推知本書當撰于乾道六年春、夏之際。

朱熹《與張敬夫四月一日》

《春秋》正朔事，比以書考之，凡書月皆不著時，疑古史記事例只如此。至孔子作《春秋》，然後以天時加王月，以明上奉天時、下正王朔之義。而加春于建子之月，則行夏時之意亦在其中。觀伊川先生、劉質夫之意似是如此。但“春秋”兩字乃魯史之舊名，又似有所未通。幸更與晦叔訂之，以見教也。《晦庵文集》卷三一。

【案】朱熹《答吴晦叔》（別紙所詢三事）亦論及“《春秋》書正”，云“據伊川説，則只是周正建子之月。但非春而書春，則夫子有行夏時之意，而假天時以立義耳”，《晦庵文集》卷四二。與本書相先後。

又朱熹《答吴晦叔》（別紙所詢三事）書中有云“敬夫小試，已不負所學”，指張栻知嚴州事。故推知朱熹此書約撰于乾道六年（1170）春、夏間，而知本書撰于是年四月一日。

朱熹《與張敬夫》

竊承政成事簡，暇日復有講習之樂，英材心化，多士風靡，此爲吾道之幸，豈特一郡之福哉？奏罷丁錢，此舉甚美。初謂遂獲蠲除，不知僅免一歲，雖亦不爲無補，特非久遠利耳。然熹竊謂有身則有庸，此近古之法。蓋食王土、爲王民，亦無終歲安坐、不輸一錢之理。但不當取之太過，使至于不能供耳。今欲再奏，不若請令白丁下户每歲人納一二百錢，四等而上，每等遞增一二百，使至于極等，則略如今日之數，似亦不爲厲民，而上可以不失大農經費之入，下可以爲貧民久遠之利，于朝廷今日事力亦易聽從而可以必濟。不審尊意以爲如何？

似聞浙中諸郡有全不輸算賦者，有取之無藝、至于不可堪者。凡此不均，皆爲未便。朝廷自合因此總會所入之大數，斟酌裁損而均平之，乃爲盡善。至如尊兄前奏有不容援例之語，亦非愚心之所安也。聚斂之臣誠可憎疾，爲國家者明道正義以端本于上，而百官有司景從響附于下，則此輩之材，寸長尺短亦無所不可用，但使之知吾節用裕民之意，而謹其職守，則自不至于病民矣。今議者不正其本而唯末之齊，斥彼之短而自無長策以濟月前之急，此所以用力多而見功寡，卒無補于國事，而虛爲此紛紛也。

伯恭漸釋舊疑，朋友之幸。但得渠于此有用力處，則歲月之間，舊病不患不除矣。此有李伯間者，名宗思。舊嘗學佛，自以爲有所見，論辨累年，不肯少屈。近嘗來訪，復理前語。熹因問之："天命之謂性，公以此句爲空無一法耶，爲萬理畢具耶？若空則浮屠勝，果實則儒者是。此亦不待兩言而決矣。"渠雖以爲實，而猶戀著前見，則請因前所謂空者而講學以實之。熹又告之曰："此實理也，而以爲空，則前日之見誤矣。今欲真窮實理，亦何藉于前日已誤之空見而爲此二三耶？"渠遂脱然肯捐舊習而從事于此。此人氣質甚美，内行修飭，守官亦不苟，得其回頭，吾道殊有賴也。前此答福州一朋友書正論此事，書才畢而伯間至，不一二日，其言果驗，亦可怪也。今以上呈。二人伯恭皆識之。深卿者舊從伯恭游，聞其家學守之甚固，但聞全不肯向此學用功，正恐難猝拔也。《晦庵文集》卷三一。

【案】本書上承張栻《答朱元晦》（某覼勉爲州），約撰于乾道六年（1170）夏。

朱熹《答張敬夫問目》

　　孟子曰：“盡其心者，知其性也，知性則知天矣。”心體廓然，初無限量，惟其梏于形器之私，是以有所蔽而不盡。人能克己之私，以窮天理，至于一旦脫然，私意剝落，則廓然之體無復一毫之蔽，而天下之理，遠近精粗，隨所擴充，無不通達。性之所以爲性、天之所以爲天，蓋不離此而一以貫之，無次序之可言矣。孔子謂“天下歸仁”者，正此意也。

　　“存其心，養其性，所以事天也。”心性皆天之所以與我者，不能存養而梏亡之，則非所以事天也。夫心主乎性者也，敬以存之，則性得其養而無所害矣。此君子之所以奉順乎天，蓋能盡其心而終之之事，顏、冉所以請事斯語之意也。然學者將以求盡其心，亦未有不由此而入者。故敬者學之終始，所謂徹上徹下之道，但其意味淺深有不同爾。

　　“殀壽不貳，修身以俟之，所以立命也。”云“殀”，與“夭”同。夫夭壽之不齊，蓋氣之所稟有不同者。不以悦戚二其心，而惟修身以俟之，則天之正命自我而立，而氣稟之短長非所論矣。愚謂盡心者，私智不萌，萬里洞貫，斂之而無所不具、擴之而無所不通之謂也。學至于此，則知性之爲德無所不該，而天之爲天者不外是矣。存者存此而已，養者養此而已，事者事此而已。生死不異其心，而修身以俟其正，則不拘乎氣稟之偏，而天之正命自我立矣。

　　告子曰：“不得于言，勿求于心；不得于心，勿求于氣。”孟子引告子之言以告丑，明告子所以不動其心術如此。告子之意，以爲言語之失，當直求之于言，而不足以動吾之心；念慮之失，當直求之于心，而不必更求之于氣。蓋其天資剛勁，有過人者，力能堅忍固執，以守其一偏之見，所以學雖不正，而能先孟子以不動心也。觀其論性數章，理屈詞窮，則屢變其說以取勝，終不能從容反覆，審思明辨，因其所言之失而反之于心，以求至當之歸。此其不得于言而勿求諸心之驗也歟？

　　“不得于心，勿求于氣，可；不得于言，勿求于心，不可。”孟子既引告子之言而論其得失如此。夫心之不正，未必皆氣使之，故勿求于氣，未爲甚失。至言之不當，未有不出于心者，而曰勿求于心，則有所不可矣。伊川先生曰："人必有仁義之心，然後有仁義之氣睟然達于外，所以不得于心，勿求于氣可也。"又曰："告子不得于言，勿求于心，蓋不知義在内也。"皆此意也。然以下文觀之，氣亦能反動其心，則勿求于氣之説未爲盡善。但心動氣之時多，氣動心之時少，故孟子取其彼善于此而已。凡曰"可"者，皆僅可而未盡之詞也。至于言，則雖發乎口而實出于心，内有蔽陷離窮之病，則外有詖淫邪遁之失。不得于言而每求諸心，則其察理日益精矣。孟子所以知言養氣以爲不動心之本者，用此道也。而告子反之，是徒見言之發于外，而不知其出于中，亦義外之意也。其害理深矣，故孟子斷然以爲不可。于此可見告子之不動心所以異于孟子，而亦豈能終不動者哉？

　　"滿腔子是惻隱之心。"此是就人身上指出此理充塞處，最爲親切。若于此見得，即萬物一體，更無内外之別。若見不得，却去腔子外尋不見，即莽莽蕩蕩，無交涉矣。陳經正云："我見天地萬物皆我之性，不復知我身之所爲我矣。"伊川先生曰："它人食飽，公無餒乎？"正是説破此病。《知言》亦云："釋氏以虚空沙界爲己身，而不敬其父母所生之身。"亦是説此病也。

　　"仲尼焉學。"舊説得太高，詳味文意，文、武之道只指先王之禮樂刑政、教化文章而已，故特言文、武，而又以未墜于地言之。若論道體，則不容如此立言矣。但向來貪個意思，將此一句都瞞過了。李光祖雖欲曲爲之説，然終費氣力，似不若四平放下，意味深長也。但聖人所以能無不學、無不師而一以貫之，便有一個生而知之底本領。不然，則便只是近世博雜之學，而非所以爲孔子。故子貢之對雖有遜詞，然其推尊之意亦不得而隱矣。

　　"寂感"之説甚佳，然愚意都是要從根本上説來，言其有此，故能如此，亦似不可偏廢。但"爲"字下不著耳。今欲易之云："有中有和，所以能寂感。而惟寂惟感，所以爲中和也。"如何？

"夫《易》何爲者也"止"以斷天下之疑"，此言《易》之書其用如此。

"是故蓍之德"止"不殺者夫"，此言聖人所以作《易》之本也。蓍動卦靜而爻之變易無窮，未畫之前，此理已具于聖人之心矣。然物之未感，則寂然不動而無朕兆之可名；及其出而應物，則憂以天下，而所謂圓神方智者，各見于功用之實矣。"聰明睿智、神武不殺"，言其體用之妙也。

"是故明于天之道"止"以前民用"，此言作《易》之事也。

"聖人以此齋戒，以神明其德夫"，此言用《易》之事也。齋戒，敬也。聖人無一時一事而不敬，此特因卜筮而言，尤見其精誠之至。如孔子所慎齋戰疾之意也。湛然純一之謂齋，肅然警惕之謂戒，玩此則知所以神明其德之意也。

"乾坤其易之蘊耶"止"乾坤或幾乎息矣"。自易道統體而言，則乾陽坤陰，一動一靜，乃其蘊也。自乾坤成列而觀之，則易之爲道，又不在乾坤之外。惟不在外，故曰"乾坤毀則無以見易"。然易不可見，則乾自乾，坤自坤，故又曰"易不可見，則乾坤或幾乎息矣"。

"學而"，説此篇名也，取篇首兩字爲别，初無意義。但"學"之爲義，則讀此書者不可以不先講也。夫學也者，以字義言之，則己之未知未能，而曉夫知之能之之謂也。以事理言之，則凡未至而求至者，皆謂之學。雖稼圃射御之微，亦曰學，配其事而名之也。而此獨專之，則所謂學者，果何學也？蓋始乎爲士者，所以學而至乎聖人之事。伊川先生所謂"儒者之學"是也。蓋伊川先生之意曰：今之學者有三：詞章之學也，訓詁之學也，儒者之學也。欲通道，則捨儒者之學不可。尹侍講所謂"學者，所以學爲人也"。學而至于聖人，亦不過盡爲人之道而已。此皆切要之言也。夫子之所志，顏子之所學，子思、孟子之所傳，皆是學也。其精純盡在此書，而此篇所明又學之本，故學者不可以不盡心焉。

"哭則不歌。"一日之中或哭或歌，是褻于禮容。范曰："哀樂不可以無常，無常非所以養心也。”哭與歌不同日，不惟恤人，亦所以自養也。尹曰：“于此見聖人忠厚之心也。”

“不圖爲樂之至于斯”，言不意舜之爲樂至于如此之美，使其恍然忘其身世也。

“慎而無禮。”葸，絲里反，畏懼之貌。絞，急也。

“寢不尸。”范以爲嫌惰慢之氣設于身體。孫思邈言：“睡欲踧，覺則舒。”引夫子“寢不尸”爲證。

“君子不以紺緅飾。”紺，玄色。《説文》云：“深青揚赤色也。”緅，絳色。飾者，緣領也。齋服用絳。三年之喪，既期而練，其服以緅爲飾。紅、紫非正色，青、赤、黄、白、黑，五方之正色也。綠、紅、碧、紫、騮，五方之間色也。蓋以木之青克土之黄，合青、黄而成綠，爲東方之間色。以金之白克木之青，合青、白而成碧，爲西方之間色。以火之赤克金之白，合赤、白而成紅，爲南方之間色。以水之黑克火之赤，合赤、黑而成紫，爲北方之間色。以土之黄克水之黑，合黄、黑而成騮，爲中央之間色。

“可欲之謂善”，天機也，非思勉之所及也。“今人乍見孺子入井，皆有怵惕惻隱之心”，“小人閑居爲不善，無所不至，見君子而後厭然揜其不善而著其善”。玩“乍見”字、“厭然”字，則知“可欲之謂善”，其衆善之首、萬理之先而百爲之幾也歟？可欲之謂善，幾也。聖人妙此而天也，賢人明此而敬也，善人由此而不知也，小人捨此而不由也。雖然，此幾不爲堯存，不爲桀亡，其始萬物、終萬物之妙也歟？

“喜怒哀樂之未發謂之中”，性也；“發而皆中節謂之和”，情也。子思之爲此言，欲學者于此識得心也。心也者，其妙情性之德者歟？

《易》“無思也，無爲也，寂然不動”，忠也，敬也，立大本也。“感而遂通天下之故”，恕也，義也，行達道也。

“定”、“静”、“安”三字雖分節次，其實知止後皆容易進。“安而後能慮，慮而後能得”，此最是難進處，多是至安處住了。“安而後能慮”，非顔子不能之。去“得”字地位雖甚近，然只是難進。挽弓到臨滿時，分外難開。

“舜好察邇言。”邇言，淺近之言也，猶所謂尋常言語也。尋常言語，人之所忽而舜好察之，非洞見道體無精粗差別不能然也。孟子曰：“自耕稼陶漁以至爲帝，無非取諸人者。”又曰：“聞一善言，見一善行，若決江河，沛然莫之能禦。”此皆好察邇言之實也。伊川先生曰：“造道深後，雖聞常人語言，至淺近事，莫非義理。”是如此。

孟子明則動矣，未變也。顔子動則變矣，未化也。有天地後，此氣常運。有此身後，此心常發。要于常運中見太極，常發中見本性。離常運者而求太極，離常發者而求本性，恐未免釋、老之荒唐也。《晦庵文集》卷三一。

【案】朱熹《答林擇之》（得欽夫書）有云“近何叔京過此，少留未去，伯間、季通皆來集，講論甚衆，恨擇之不在此耳。適因舉‘滿腔子是惻隱之心’，江民表云：‘腔子外是甚底？請諸公下語。’已各有説，更請擇之亦下一語”。《晦庵文集》別集卷六。正與本書中所析“滿腔子是惻隱之心”語相應，故推知其約撰于前後時。《答林擇之》書中言及“今極暑”，則本書亦當撰于酷夏時，當在乾道六年（1170）五月、閏五月間。

朱熹《答張敬夫》

垂喻曲折，必已一一陳之。君相之意果如何，今當有一定之論矣。伏蒙不鄙，令誦所聞，以裨萬一，此見臨事而懼之意。推是心也，何往不濟？然此蓋非常之舉，廢興存亡，所繫不細。在明者尚不敢輕，況愚昧荒迷之餘，其何敢輕易發口耶？大抵來教綱領極正當，條目亦詳備，雖竭愚慮，亦不能出是矣。顧其間有所未盡，計非有所不及，恐以爲無事于言而不言耳，請試陳之：

夫《春秋》之法，君弑，賊不討，則不書葬者，正以復讎之大義爲重，而掩葬之常禮爲輕，以示萬世臣子，遭此非常之變，則必能討賊復讎，然後爲有以葬其君親者。不則雖棺槨衣衾極于隆厚，實與委之于壑，爲狐狸所食、蠅蚋所嘬無異。其義可謂深切著明矣。而前日議者乃引此以開祈請之端，何其與《春秋》之義背馳之甚耶！又況祖宗陵寢、欽廟梓宮往者屢經變故，傳聞之説，有臣子所不忍言者，此其存亡，固不可料矣。萬一狡虜出于漢斬張耳之謀以誤我，不知何以驗之，何以處之？

　　熹昨日道間見友人李宗思，相語及此。李云："此決無可問，爲臣子者但當思其所以不可問之痛，沬血飲泣，益盡死于復讎，是乃所以爲忠孝耳。"此語極當。若朝廷果以此義存心，發爲號令，則雖瘖聾跛躄之人，亦且增百倍之氣矣，何患怨之不報，耻之不雪，中原之不得，陵廟梓宫之不復，而爲是紕繆倒置、有損無益之舉哉？不知曾爲上論此意，請罷祈請之行否？此今日正名舉義之端，不可不審。萬一果有如前所陳張耳之説，却無收殺。若前日之言未盡此意，當更論之，此不可放過也。

　　其他則所論盡之，但所謂德者當如何而修，所謂人才者當如何而辨，所謂政事者當如何而立，此須一一有實下功夫處。愚謂以誠實恭畏存心，而遠邪佞、親忠直、講經訓以明義理爲之輔。凡廷臣之狡險逢迎、軟熟趨和者，以漸去之；凡中外以欺罔刻剥、生事受寵者，一切廢斥。而政令之出，必本于中書，使近習小人無得假托以紊政體。此最事之大者。又須審度彼己，較時量力，定爲幾年之規。若孟子大國五年、小國七年之説，其間施設次第，亦當一一子細畫爲科條，要使上心曉然開悟，知如此必可以成功，而不如此必至于取禍，決然不爲小人邪説所亂，不爲小利近功所移，然後可以向前擔當，鞠躬盡力，上成聖主有爲之志，下究先正忠義之傳。如其不然，則計慮不定，中道變移，不惟不能成功，正恐民心内搖，仇敵外侮，其成敗禍福，又非坐而待亡之比。家族不足惜，奈宗社何？此尤當審處，不可容易承當，後將有悔而不及者。願更加十思，不可以入而後量也。

　　抑又有所獻：熹幸從游之久，竊覷所存，大抵莊重沉密氣象有所未足，以故所發多暴露而少含蓄，此殆涵養本原之功未至而然。以此慮事，吾恐視聽之不能審，而思慮之不能詳也。近年見所爲文，多無節奏條理，又多語學者以所未到之理，此皆是病。理無大小，小者如此，則大者可知矣。又丐免丁絹，期反牛羊之說，喧播遠近，尤非小失，不可不戒。願深察此言，朝夕點檢，絕其萌芽，勿使能立，則志定慮精，上下信服，其于有爲，事半而功倍矣。事之有失，人以爲言，固當即改，然亦更須子細審其本末，然後從之爲善。向見舉措之間多有一人言而爲之，復以一人言而罷之者，亦太輕易矣。從之輕，則守之不固必矣。慕仰深切，不勝區區過計之憂，敢以爲獻，想不罪其僭易也。

　　虞公能深相敬信否？頗聞尚有湖海之氣，此非廊廟所宜。願從容深警切之，使知爲克己之學，以去其驕吝之私，更進用誠實沈靜之人，以自輔其所不足，乃可以當大任而成大功。不然，銳于趨事而昧于自知，吾恐其顛躓之速也。熹向得汪丈書，道虞公見問之意。時已遭大禍，不敢越禮言謝。今願因左右，效此區區，庶幾不爲虛辱公之問者。

　　伯恭于此何爲尚有所疑？熹嘗以爲内修外攘，譬如直内方外，不直内而求外之方固不可，然亦未有今日直内而明日方外之理。須知自治之心不可一日忘，而復讎之義不可一日緩，乃可與語今世之務矣。《晦庵文集》卷二五。

　　【案】乾道六年(1170)，宋廷遣范成大等爲祈請使入金求陵寢地，更定受書禮。據范成大《攬轡錄》，閏五月戊子(九日)，宋廷命范成大等爲祈請使，六月甲子(十五日)"出國門"。時張栻于閏五月十七日赴召，是月廷對。胡宗楙《張宣公年譜》。張栻入都以後來書徵求朱熹建議。朱熹答書乃請張栻上疏論罷遣使，故推知其約撰于乾道六年閏五月末、六月初。又，張栻來書佚。

朱熹《答張敬夫》

　　今日既爲此舉，則江、淮、荊、漢便當戒嚴以待，不知將帥孰爲可恃者？近年此輩皆以貨賂倚托幽陰而得兵柄，漫不以國家軍律爲意。今日須爲上說破此病，進退將帥，須以公議折中，與衆共之，則軍不待自練而精，財不待自節而裕矣。此張皇國威之本，不可不早慮也。

　　兩淮屯田，兩年來措置不知成倫緒否？議者紛紛，直以爲不可，固不是議論，然亦恐任事者未必忠信可仗，其所措畫未必合義理、順人心，此亦不可不早爲之所。向見范伯達丈條具夫田之説甚詳，似可行于曠土，便爲井地寓兵之漸，試詢究其利病如何？

均輸之政，見上曾及之否？此決無益于事，徒失人心。今時州縣，老兄所親見，豈有餘剩可刬刷耶？

閩中之兵，春間忽有赴帥司團教指揮，七郡勞遣，所費不貲，然後肯行。至彼又無營寨止泊，聞極咨怨，出不遜語。此等舉動，誠不可曉。

昨日道間又見奉行强盜新法者，殺傷人、犯奸、縱火皆死，此固無疑于當戮。但贓滿之限亦從而損之，此似太過。蓋所以改此法，正以人之軀命爲重耳。今乃一例爲此刻急，則人但見峻文之迹，而未察乎所以愛人之心者，亦不得不駭矣。不若改此一條，使贓滿之數比舊法又加寬焉，以見改法之本意，所重乃在人之軀命，而不在乎貨財，則彼微有貪生惜死之情者，爲惡將有所極，而人之被劫者，亦或可以免于殺傷之禍、污辱之恥矣。又經貸命而再犯者殺之，似亦太過，不若斬其左足，使終身不復能陸梁。全生之仁，禁非之義，並行不悖，乃先王制刑督奸之本意也。憂居窮寂，不聞外事，接于耳目者，僅有此耳。——薦聞，幸少留意。《晦庵文集》卷二五。

【案】朱熹《右文殿修撰張公神道碑》云當時"宰相又方謂敵勢衰弱可圖，建遣泛使往責陵寢之故，士大夫有憂其無備而召兵者，皆斥去之"。《晦庵文集》卷八九。本書中"今日既爲此舉，則江、淮、荊、漢便當戒嚴以待"云云，即針對此而言，是本書乃稍晚于上書（垂喻曲折），約撰于乾道六年（1170）六月間。

朱熹《答張敬夫》

奏草已得，竊觀所論，該貫詳明，本末巨細無一不舉。不欲有爲則已，如欲有爲，未有捨此而能濟者。但使介遂行，此害義理、失幾會之大者。若虜人有謀，不拒吾請，假以容車之地，使得往來朝謁，不知又將何以處之？今幸彼亦無謀，未納吾使，不若指此爲釁，追還而顯絶之，乃爲上策。若必待彼見絶而後應之，則進退之權初不在我，而非所以爲正名之舉矣。尊兄所論雖不見却，然只此一大節目，便已乖戾，而他事又未有一施行者。竊意虞公亦且繆爲恭敬，未必真有信用之實。不若早以前議與之判決，如其不合，則奉身而退，亦不爲無名矣。蓋此非細事，其安危成敗間不容息，豈可以坐糜虛禮，逡巡閔默，以誤國計，而措其身于顛沛之地哉？必以會慶爲期，竊恐未然之間，卒有事變，而名義不正，彌縫又疏，無復有著手處也。彼若幸而見聽，則更須力爲君相極言學問之道，使其于此開明，則天下之事不患難立。詳觀四牘，却似于此有未盡也。

　　熹常謂天下萬事有大根本，而每事之中又各有要切處。所謂大根本者，固無出于人主之心術；而所謂要切處者，則必大本既立，然後可推而見也。如論任賢相、杜私門，則立政之要也。擇良吏、輕賦役，則養民之要也。公選將帥，不由近習，則治軍之要也。樂聞警戒，不喜導諛，則聽言用人之要也。推此數端，餘皆可見。然未有大本不立而可以與此者，此古之欲平天下者所以汲汲于正心誠意以立其本也。若徒言正心，而不足以識事物之要，或精覈事情而特昧夫根本之歸，則是腐儒迂闊之論，俗士功利之談，皆不足與論當世之務矣。吾人向來非不知此，却是成己功夫于立本處未甚端的，如不先涵養而務求知見是也。故其論此，使人主亦無下功夫處。今乃知欲圖大者當謹于微，欲正人主之心術，未有不以嚴恭寅畏爲先務、聲色貨利爲至戒，然後乃可爲者。此區區近日愚見之拙法，若未有孟子手段，不若且循此塗轍之無悔吝也。不審高明以爲如何？《晦庵文集》卷二五。

　　【案】張栻于六月中面對時疏論罷遣使金。《宋史全文》卷二五上。而范成大于六月十五日"出國門"。本書言及"奏草已得"，又云"但使介遂行"，則其當撰于乾道六年（1170）六、七月之際。

朱熹《答敬夫論中庸説》

“鳶飛魚躍”注中引程子説，蓋前面説得文義已極分明，恐人只如此容易領略便過，故引此語，使讀者于此更加涵泳。又恐枝葉太盛，則人不復知有本根，妄意穿穴，別生病痛，故引而不盡，使讀者但知此意而別無走作，則只得將訓詁就本文上致思，自然不起狂妄意思。當時于此詳略之間，其慮之亦審矣。今欲盡去，又似私憂過計，懲羹吹虀，雖救得狂妄一邊病痛，反没却程子指示眼目要切處，尤不便也。

“前知”之義，經文自説禎祥妖孽蓍龜四體，解中又引執玉高卑之事以明四體之説，則其所謂前知者，乃以朕兆之萌知之。蓋事幾至此，已自昭晰，但須是誠明照徹，乃能察之。其與異端怪誕之説自不嫌于同矣。程子所説用與不用，似因異端自謂前知而言，其曰“不如不知之愈”者，蓋言其不知者本不足道，其知者又非能察于事理之幾微，特以偵伺于幽隱之中，妄意推測而知，故其知之反不如不知之愈。因引釋子之言，以見其徒稍有識者已不肯爲，皆所以甚言其不足道而深絶之，非以不用者爲可取也。今來喻發明固以爲“異端必用而後知，不用則不知，惟至誠則理不可揜，故不用而自知，是乃所謂天道”者，此義精矣。然不用之云，實生于程子所言之嫌，而程子之言初不謂此，引以爲説，恐反惑人。且以此而論至誠、異端之不同，又不若注中指事而言，尤明白而直截也。

“切磋琢磨”，但以今日工人制器次第考之便可見。切者，以刀或鋸裁截骨角，使成形質。磋則或鑢或蕩，使之平治也。琢者，以椎擊鑿鐫刻玉石，使成形質。磨則礲以沙石，使之平治也。蓋骨角柔韌，不容琢磨；玉石堅硬，不通切磋。故各隨其宜以攻治之，而其功夫次第從粗入細又如此。雖古今沿習或有不同，然物有定理，恐亦無以相遠也。故古注舊説雖與此異，然其以切磋爲治骨角、琢磨爲治玉石，亦未嘗亂，但不當分四者各爲一事而不相因耳。豈亦有所傳授而小失之與？來喻欲以四者皆爲治玉石之事，而謂切爲切其璞，琢爲琢其形。此于傳文協矣，然切其璞而琢其形，則不必遽磋，磋之既平而復加椎鑿，則滑净之上却生瘢痕，與未磋何異？竊恐古人知能創物，不應如此之迂拙重複也。蓋古人引《詩》，往往略取大意，初不甚拘文義，故于此兩句但取其相因之意，而不細分其物。若細分之，則以切琢爲道學，磋磨爲自修，如《論語》之以切琢比無諂無驕、磋磨比樂與好禮，乃爲穩帖。今既不同，亦不必彊爲之説，但識其大意可也。況經傳中此等非一，若不寬著意思緩緩消詳，則字字相梗，亦無時而可通矣。《晦庵文集》卷三一。

【案】呂祖謙《與朱侍講答問·中庸集解質疑》嘗云“‘鬼神之爲德’、‘鳶飛魚躍’兩章，平處看未出，却望批教”，《東萊集》別集卷一六。而朱熹《答呂伯恭問龜山中庸》之《別紙》(聖賢之言)有云“‘鳶魚’、‘鬼神’兩章，却是上蔡説得通透，有省發人處”。《晦庵文集》卷三五。呂書撰于乾道六年(1170)春間，朱書約撰于是年六七月間。本書首云“‘鳶飛魚躍’注中引程子説”，疑撰于其前後。待考。

張栻《答朱元晦》

某出入省户，日負素飧，反復古義，不遑寧處。晦叔行時，已略言所處大概，有以告之是望。區區在此，不敢不盡誠，政恐學力不到，無以感動，惟悚懼耳。正論極微，假借爲此論者，未嘗了然于義理之所在，而徒遭回于利害之末途。自顧藐然之身，其將何以障此波瀾？然苟留一日，不敢不勉。用是瞻仰，有不勝言。伯恭鄰墙，日得晤語，近來議論甚進，每以愚見告之，不復少隱也。《南軒集》卷二二。

【案】書中言及“伯恭鄰墙，日得晤語，近來議論甚進”，據《呂祖謙年譜》，呂祖謙于是年閏五月入都就任太學博士，居東百官宅，與張栻同巷居住。又書中言“晦叔行時，已略言所處大概”，即指呂祖謙《與朱侍講元晦》(月初吴晦叔歸)所云“月初吴晦叔歸，嘗拜起居問”。

呂祖謙《與朱侍講元晦》(月初吴晦叔歸)云及“即日秋暑未艾”，又云

"某上旬輪對"，呂祖謙于七月上旬輪對，故推知當撰于七月中，推知本書當撰于乾道六年(1170)七月間。

朱熹《與張敬夫》

伯恭想時時相見，欲作書不暇，告爲致意。向得渠兩書，似日前只向博雜處用功，却于要約處不曾子細研究，病痛頗多，不知近日復如何？大抵博雜極害事，如《闖範》之作，指意極佳，然讀書只如此，亦有何意味耶？先達所以深懲玩物喪志之弊者，正爲是耳。范醇夫一生作此等功夫，想見將聖賢之言都只忙中草草看過，抄節一番，便是事了，元不曾子細玩味。所以從二先生許久，見處全不精明，是豈不可戒也耶？渠又爲留意科擧文字之久，出入蘇氏父子，波瀾新巧之外更求新巧，壞了心路，遂一向不以蘇學爲非，左遮右攔，陽擠陰助，此尤使人不滿意。向雖以書極論之，亦未知果以爲然否？

近讀《孟子》，至答公都子好辨一章，三復之餘，廢書太息。只爲見得天理忒曒分明，便自然如此住不得。若見不到此，又如何强得也？然聖賢奉行天討，却自有個不易之理，故曰"能言距楊、墨者，聖人之徒也"。此便與《春秋》討亂臣賊子之意一般。舊來讀過亦不覺，近乃識之耳。不審老兄以爲如何？《晦庵文集》卷三一。

【案】書中云"伯恭想時時相見"，乃承張栻上書"伯恭鄰墻，日得晤語"而言。

據呂祖謙《與朱侍講元晦》(某前日復有校官之除)云："某前日復有校官之除，方俟告下乃行，而張丈亦有召命，旦夕遂聯舟而西矣"，另據《呂祖謙年譜》，呂于閏五月四日歸婺州省父，故推知其書約撰于五月下半月。朱熹《答呂伯恭》(示喻曲折)乃答呂祖謙《與朱侍講元晦》(某前日復有校官之除)而作，約撰于閏五月，朱熹在《答呂伯恭》(示喻曲折)中批評呂祖謙"蘇氏于吾道，不能爲楊、墨，乃唐、景之流耳"之説。《晦庵文集》卷三三。故推知本書約撰于乾道六年(1170)七、八月間。

張栻《答朱元晦》

日自省中歸，即閉關温繹舊學，向來所見偏處，亦漸有覺，但絕少講論之益，無日不奉懷耳。《西銘》近日常讀，理一分殊之指，龜山後書終未之得。蓋斯銘之作，政爲學者私勝之流昧夫天理之本然，故推明理一以極其用，而其分之殊自不可亂。蓋如以民爲同胞，謂尊高年爲老其老，慈孤弱爲幼其幼，是推其理一，而其分固自在也，故曰分立而推理一，以止私勝之流，仁之方也。龜山以無事乎推爲理一，引聖人"老者安之、少者懷之"爲説，恐未知《西銘》推理一之指也。

《閫範》之説極佳，即以語伯恭矣，只如此讀過，誠可戒也。伯恭近來儘好説話，于蘇氏父子亦甚知其非。向來見渠亦非助蘇氏，但習熟元祐間一等長厚之論，未肯誦言排之耳，今亦頗知此爲病痛矣。

孟子答公都子一章，要須如此方爲聖賢作用。此意某見得，但力量培植未到，要不敢不勉耳。此話到此，尤覺難説。邪論甚熾，人心消蕩，一至于此！每思之，不遑寢食也。奈何奈何！《南軒集》卷二二。

【案】本書上承朱熹來書（伯恭想時時相見），故推知約撰于八月間。

張栻《答朱元晦》

祈請竟出疆，顛倒絆悖，極有可憂。某月初即求去，蓋會慶在近，不忍見大使之至也。自惟誠意不充，無以感動，且當歸去，勉求其在己者。今日大患，是不悦儒學，爭馳乎功利之末，而以先王嚴恭寅畏、事天保民之心爲迂闊遲鈍之説。向來對時亦嘗論及此，上聰明，所恨無人朝夕講道至理，以開廣聖心，此實今日興衰之本也。吾曹拙見，誠不過此。來書以爲未有孟子手段，且循此途轍爲少悔吝是也。但孟子亦何嘗外此意，特其發用變化別耳。

《知言》自去年來看，多有所疑，來示亦多所同者，而其間開益鄙見處甚多。亦有來示未及者，見一一寫行，俟後便方得上呈，更煩一往復，庶幾粗定。甚恨當時刊得太早耳。《南軒集》卷二二。

【案】書中云"來書以爲未有孟子手段，且循此途轍爲少悔吝是也"，知其上承朱熹來書(奏草已得)。又據《攬轡録》，范成大一行于八月戊午(十一日)"渡淮"。本書云"祈請竟出疆"，又云"某月初即求去，蓋會慶在近"，會慶節在十月，故知本書當撰于八月中、下旬。

朱熹《答張敬夫》

示喻黄公"灑落"之語，舊見李先生稱之，以爲"不易窺測到此"。今以爲知言，語誠太重，但所改語又似太輕。只云"識者亦有取焉，故備列之"，如何？所謂灑落，只是形容一個不疑所行、清明高遠之意，若有一豪私吝心，則何處更有此等氣象邪？只如此看，有道者胸懷表裏亦自可見。若更討落著，則非言語所及，在人自見得如何。如曾點捨瑟之對，亦何嘗説破落著在甚處邪？

《通書》跋語甚精，然愚意猶恐其太侈，更能斂退以就質約爲佳。《太極解》後來所改不多，別紙上呈，未當處更乞指教。但所喻"無極、二五不可混説，而'無極之真'合屬上句"，此則未能無疑。蓋若如此，則"無極之真"自爲一物，不與二五相合，而二五之凝，化生萬物，又無與乎太極也。如此豈不害理之甚？兼"無極之真"屬之上句，自不成文理，請熟味之，當見得也。"各具一太極"，來喻固善，然一事一物上各自具足此理，著個"一"字，方見得無欠剩處，似亦不妨，不審尊意以爲如何？擇之亦寄得此書草來，大概領略一過，與鄙意同。後不曾子細點檢，不知其病如何？或是病痛一般，不自覺其病耳。

伯恭不鄙下問，不敢不盡愚。但恐未是，更賴指摘。近日覺得向來胡説多惧却朋友，大以爲懼。自此講論，大須子細，一字不可容易放過，庶得至當之歸也。

別紙所論邵氏所記，今只入《外書》，不入《行狀》。所疑小人不可共事，固然。然堯不誅四凶，伊尹五就桀，孔子行乎季孫，惟聖人有此作用，而明道或庶幾焉。觀其所在爲政而上下響應，論新法而荆公不怒，同列異意者亦稱其賢。此等事類非常人所及。所謂"元豐大臣當與共事"，蓋實見其可而有是言，非傳聞之誤也。然力量未至此而欲學之，則誤矣。序目中語，所更定者甚穩，然本語熹向所謂"先生之學大要則可知已"者，正如《春秋序》所謂"大義數十，炳如日星，乃易見也"之比，非薄《春秋》之詞也，不改似亦無害。若必欲改，則新語亦未甚活落，大抵割裂補綴，終非完物，自是不能佳耳。《晦庵文集》卷三一。

【案】書中"伯恭不鄙下問，不敢不盡愚"語，乃承張栻上書（日自省中歸）"伯恭近來儘好説話，于蘇氏父子亦甚知其非。向來見渠亦非助蘇氏，但習熟元祐間一等長厚之論，未肯誦言排之耳，今亦頗知此爲病痛矣"而言，故推知其約撰于八、九月之際。

張栻《答朱元晦》

《西銘》之論甚精。乾稱父、坤稱母之説，某亦如此看。蓋一篇渾是此意也。但所論其間有一二語，鄙意未安，俟更爲精讀深思方報去。所貴乎道者三，上蔡之説誠欠却本來一段工夫，二程先生之言真格言也。某近只讀《易傳》及《遺書》，益知學者病痛多，立言蓋未易也。《知言》之説，每段輒書鄙見于後，有未是處，却索就此簿子上批來，庶往復有益也。近來又看得幾段，及昨日讀寄來者皆未及添入，俟更詳之，得便寄去。《南軒集》卷二二。

【案】張栻下書（某邇來思慮）有云"《知言疑義》前已納呈，今所寄尤密，方更參詳之"，而本書乃云"《知言》之説，每段輒書鄙見于後，有未是處，却索就此簿子上批來，庶往復有益也"，故知其撰于前，約九月間。

張栻《答朱元晦》

某邇來思慮，只覺向來所講之偏，惕然內懼，而不敢不勉。每得來書，益我厚矣。蓋諸君子往往因有所見，便自處高執之固，後來精義更不可入，故未免有病。若二先生其猶一氣之周流乎？何其理之該而不偏、辭之平而有味也。讀《遺書》、《易傳》，它書真難讀也。《西銘》所謂理一而分殊，無一句不具此意。鄙意亦謂然，來示亦盡之矣。但其間論分立而推理一，與推理以存義之説，頗未相同。某意以爲分立者，天地位而萬物散殊，其親疏皆有一定之勢；然不知理一，則私意將勝，而其流弊將至于不相管攝而害夫仁。故《西銘》因其分之立而明其理之本一，所謂以止私勝之流，仁之方也。雖推其理之一，而其分森然者，自不可亂，義蓋所以存也。大抵儒者之道，爲仁之至、義之盡者，仁立則義存，義精而後仁之體爲無蔽也，似不必于事親、事天上分理與義，亦未知是否？曾子之言，二先生互相發明，可謂至當。《知言疑義》前已納呈，今所寄尤密，方更參詳之。伯恭近日儘好講論。喬拱在此，如此等士人甚難得。潘友端年方十七，而立志殊不凡，皆肯用力。潘今暫歸省，俟其來，皆令拜書去求教。李伯諫、林擇之兄弟各有報書，陳、韓在此時相見，亦肯回頭，但頗草草耳。某近因與喬、潘考究《論語》論仁處，亦有少説，續便録呈。晦叔猶未得到長沙書。共父想已過九江，探伺渠到家，專人唁之。是時亦得拜書，憂患中正宜進德，此有賴于兄也。今日達官似皆不逮之，故愛之尤深而責之尤重耳。元履所謂但證候小變者，鄙意亦云爾。《遺書》當更令修治，近與伯恭議，欲取此版來國子監中，儘可修治耳。《南軒集》卷二二。

【案】朱熹《劉樞密墓記》云劉珙于乾道五年（1169）四月“除資政殿學士、知荆南府、荆湖北路安撫使……六年九月丁慶國夫人憂”。《晦庵文集》卷九四。本書云及“共父想已過九江，探伺渠到家，專人唁之”，故推知其當撰于乾道六年九、十月間。

朱熹《答張敬夫》

建陽一二士人歸自臨安，云嘗獲奉教，亦録得數十段答問來，其間極有可疑處。雖所録或失本意，亦必有些來歷也。又有泛然之問，略不曾經思索答之，未竟而遽已更端者，亦皆一一酬酢。此非惟于彼無益，而在我者亦不中語默之節矣。又隨問遽答，若與之爭先較捷者，此其間豈無牽彊草略處？流傳謬誤，爲害不細。就令皆是，亦徒爲口耳之資。程子所謂轉使人薄者，蓋慮此耳。元履嘗疑學徒日衆，非中都官守所宜。熹却不慮此，但恐來學者皆只是如此，而爲教者俯就太過，略不審其所自，則悔吝譏彈將有所不免矣。況其流弊無窮，不止爲一時之害，道之興喪，實將繫焉。願明者之熟慮之也。《晦庵文集》卷三一。

【案】吕祖謙《答潘叔度》（某官次粗遣）有云："八月稍涼，已與張丈約共爲夜課，蓋日月殊易失耳。"《東萊集》別集卷一〇。又蔡幼學《陳公行狀》云陳傅良于乾道六年（1170）秋"還過都城，始識侍講張公栻、著作郎吕公祖謙，數請間扣以爲學，大指互相發明，二公亦喜得友，恨見公之晚"。《止齋先生文集》附録。推知本書撰于其時，約乾道六年九、十月間。

張栻《答朱元晦》

某出入省户，日愧亡補。所以見告者，所謂實獲我心，但請對之説，容更思之。區區本欲俟轉對，對却在正初，又恐遲耳。自念學力未到，誠意不能動人，只合退歸，勉其在我者。然竊念吾君聰明勤勞，不忍只如此捨去，當更竭盡反復剖判，庶幾萬一，拳拳之心不敢不自勉，惟吾兄實照知也。寫至此，不覺酸鼻也。《南軒集》卷二二。

【案】據《張宣公年譜》，是年十一月郊祀禮成，張栻論奏"今日君子小人消長，治亂之勢又所未定，皆在陛下之如何耳"。而本書云"但請對之説，容更思之"，則知在其前，約撰于乾道六年（1170）十月、十一月間。

張栻《答朱元晦》

某備數于此，自仲冬以後凡三得對，區區之誠，不敢不自竭。上聰明，反復開陳，每荷領納，私心猶有庶幾乎萬一之望，正幸教誨之及，引領以冀也。講筵開在後月，自此或更得從容，以盡底藴。惟是迹孤愈甚,側目如林,此則非所計也。劉樞歸,想得款曲,憂患中益進德業,異時當大慰人望。晦叔已行未耶？聞其歸計費力,極念之。亦有一書,不知尚可及否？《太極圖解》析理精詳,開發多矣,垂誨甚荷。向來偶因說話間妄爲它人傳寫,想失本意甚多。要之言學之難,誠不可容易耳。《圖解》須子細看,方求教,但覺得後面亦不必如此辯論之多,只于綱領處拈出可也。不然,却只是騁辯求勝,轉將精當處混汩耳。如何？《南軒集》卷二二。

【案】據《張宣公年譜》,張栻于乾道六年十二月除左司員外郎兼侍講,七年(1171)二月開經筵。本書云"講筵開在後月",知其撰于七年正月。

朱熹《答張敬夫》

昨陳明仲轉致手書,伏讀再三,感幸交集。蓋始見尊兄道未伸而位愈進,實不能無所憂疑。及得此報,乃豁然耳。向者請對之云,乃爲不得已之計,不知天意殷勤,既以侍立開盡言之路,而聖心鑒納,又以講席延造膝之規,此豈人謀所及哉！竊觀此舉,意者天人之際、君臣之間,已有響合之勢,甚盛甚盛,勉旃勉旃！凡平日之所講聞,今且親見之矣。蓋細讀來書,然後知聖主之心乃如此,而尊兄學問涵養之力,其充盛和平又如此,宜乎立談之頃發悟感通,曾不旋踵,遂定腹心之契,真所謂千載之遇也。然熹之私計,愚竊不勝十寒衆楚之憂,不審高明何以處之？計此亦無他術,但積吾誠意于平日,使無食息之間斷,則庶乎其可耳。

夜直亦嘗宣召否？夫帝王之學雖與韋布不同,經綸之業固與章句有異,然其本末之序,愚竊以爲無二道也。聖賢之言平鋪放著,自有無窮之味。于此從容潛玩,默識而心通焉,則學之根本于是乎立,而其用可得而推矣。患在立說貴于新奇,推類欲其廣博,是以反失聖言平淡之真味,而徒爲學者口耳之末習。至于人主能之,則又適所以爲作聰明自賢聖之具,不惟無益,而害有甚焉。近看《論語》舊說,其間多此類者,比來尊兄固已自覺其非矣。然近聞發明"當仁不讓于師"之説云："當于此時識其所以不讓者爲何物,則可以知仁之義。"此等議論又只似舊來氣象,殊非聖人本意,才如此説,便只成釋子作弄精神意思,無復儒者脚踏實地功夫矣。進説之際,恐不可以不戒。

　　筵中見講何書?愚意《孟子》一書最切于今日之用,然輪日講解,未必有益。不若勸上萬幾之暇,日誦一二章,反復玩味,究觀聖賢作用本末,然後夜直之際,請問業之所至而推明之。以上之聰明英睿,若于此見得洞然無疑,則功利之説無所投,而僥倖之門無自啓矣。異時開講,如伊川先生所論坐講之禮,恐亦當理會也。

　　孟子論王道,以制民産爲先。今井地之制未能遽講,而財利之柄制于聚斂掊克之臣,朝廷不恤諸道之虛實,監司不恤州縣之有無,而爲州縣者又不復知民間之苦樂。蓋不惟學道不明,仕者無愛民之心,亦緣上下相逼,只求事辦,雖或有此心而亦不能施也。此由不量入以爲出,而反計費以取民,是以末流之弊不可勝救。愚意莫若因制國用之名而遂修其實,明降詔旨,哀憫民力之凋悴,而思所以膏澤之者,令逐州逐縣各具民田一畝歲入幾何,輸税幾何,非泛科率又幾何,一縣内逐鄉里不同者,亦依實開。州縣一歲所收金穀總計幾何,諸色支費總計幾何,逐項開。有餘者歸之何許,不足者何所取之,俟其畢集,然後選忠厚通練之士數人,類會考究而大均節之。有餘者取,不足者與,務使州縣貧富不至甚相懸,則民力之慘舒亦不至大相絶矣。陸宣公論兩税利害數條,事理極于詳備,似可采用也。是則雖未能遽復古人井地之法,而于制民之産之意亦仿佛其萬一。如此然後先王不忍人之政庶乎其可施也。

　　又屯田之議,久廢不講,比來朝廷似稍經意,然四方未賭其效,而任事者日被進擢,不知果能無欺誕否?今日財賦歲出以千百巨萬計,而養兵之費十居八九,然則屯田實邊,最爲寬民力之大者。但恐疆理不定,因陋就簡,則欺誕者易以爲奸,而隱覈者難于得實。此却須就今日邊郡官田,略以古法畫爲丘井溝洫之制,亦不必盡如《周禮》古制,但以孟子所言爲準,畫爲一法,使通行之。邊郡之地已有民田在其間者,以内地見耕官田易之,使彼此無疆場之爭,軍民無雜耕之擾,此則非惟利于一時,又可漸爲復古之緒。

　　高明試一思之,今日養民之政,恐無出于兩者。其他忠邪得失,不敢概舉。但政本未清,倖門未窒,殊未有以見陽復之效。願更留意,暇日爲上一二精言之。至于省中職事,施行尤切,伏想直道而行,無所回互,不待愚言之及矣。猥承下問,敢效其愚,伏惟采擇。《晦庵文集》卷二五。

　　【案】張栻經筵講讀在二月。此書言"筵中見講何書",則當撰于二、三月間。

張栻《答朱元晦》

　　某十三日被命出守,次日早出北關,來吳興,省廣德家兄,翌早可去此。自此前途小憩,殘暑即由大江歸長沙故居。偶見陳明仲,知有的便,具此紙奉報。自惟備數朝列,荷吾君知遇,迄無所補報。學力不充,無以信于上下,歸當温繹舊學,益思勉勵,它皆無足言。惟是吾君聰明,使人眷眷不忍置耳。《南軒集》卷二二。

　　【案】據《宋史》卷四七〇《張説傳》,張説乾道七年(1171)三月除簽書樞密院事,"命既下,朝論譁然不平,莫敢頌言于朝者。惟左司員外郎張栻在經筵力言之,中書舍人范成大不草詞,尋除説安遠軍節度使,奉祠歸第。不數月,出栻知袁州"。又據吕祖謙《與朱侍講》(某以六月八日離輦下)云"某以六月八日離輦下,既去五日,而張丈去國",《東萊集》別集卷七。即本書所云"某十三日被命出守,次日早出北關"。本書又云"來吳興,省廣德家兄,翌早可去此。自此前途小憩,殘暑即由大江歸長沙故居",則知其撰于乾道七年六月下旬初在吳興省兄時。

張栻《答朱元晦》

　　某自附陳明仲書後,一向乏便嗣音,惟是懷仰,未嘗忘也。秋涼行大江，所至游歷山川，復多濡滯，今方欲次鄂渚，更數日可解舟。舟中無事，却頗得讀《論語》《易傳》《遺書》，極覺向來偏處，取所解《孟子》觀之，段段不可，意義之難精，正當深培其本耳。修改得養氣説數段，舊説略無存者。得所寄助長之論，甚合鄙意，俟到長沙，録去求教。曾子之説，伊川法則之語深有味，于此看得"道"字極分明也。《知言疑義》開發尤多，亦有數處當更往復，及後來旋看出者，併俟後便。此論誠不可示它人，然吾曹却得此反復尋究，甚有益，不是指摘前輩也。上蔡《語解》偏處甚多，大有害事處，益知求道之難也。《南軒集》卷二四。

　　【案】書中云"某自附陳明仲書後"，知承上書（某十三日被命出守）。又《張宣公年譜》云張栻過吴興後，"七月寓蘇，八月適毗陵，十二月游鄂渚，歸抵長沙"。又張栻《江漢亭説》云"鄂之城因山，而其樓觀臺榭皆因城別駕所治之南，憑城而望之，適當江漢之匯。昭武葉才翁與予裴徊觀覽，欲建亭于上，予因以'江漢'名之，才翁請志其始"，時"乾道辛卯十有二月朔"。《南軒集》卷一八。則其抵鄂渚在十一月末。另據本書云"秋涼行大江……今方欲次鄂渚"，知其約撰于十一月間。

張栻《答朱元晦》

　　《知言疑義》反復甚詳，大抵于鄙意無甚疑，而所以開發則多矣。其間數段謹録呈。今自寫出再看，又覺此内亦有不必寫去者，亦且附往。《論語仁説》，區區之意，見學者多將"仁"字做活絡揣度，了無干涉，如未嘗下博學、篤志、切問、近思工夫，便做"仁在其中矣"想像，此等極害事，故編程子之説，與同志者講之，庶幾不錯路頭。然下語極難，隨改未定。方今録呈，亦俟諸老行寄去。《讀史管見》當併往，近看此書，病敗不可言。其中間有好處，亦無完篇耳。看元來意思，多是爲檜設。言天下之理，而往往特爲譏刺一夫，不亦隘且陋乎？編《通鑑綱目》，極善。以鄙見，每事更采舊史尤佳，恐《通鑑》亦有所闕遺耳。它懷併須後訊。《南軒集》卷二一。

【案】張栻上書（某自附陳明仲書後）言“《知言疑義》開發尤多，亦有數處當更往復，及後來旋看出者，併俟後便”，本書又云“《知言疑義》反復甚詳，大抵于鄙意無甚疑，而所以開發則多矣。其間數段謹録呈。今自寫出再看，又覺此内亦有不必寫去者，亦且附往”，知承上書而作。又《論語仁説》亦名《洙泗言仁》。另據張栻《答胡季隨》（辱惠書）有“歸來所作《洙泗言仁序》、《主一箴》録去”云云，《南軒集》卷二五。“歸來”，即指乾道七年（1171）末歸長沙。故推知本書約撰于乾道八年（1172）初。

張栻《答朱元晦》

近伯逢方送所論“觀過”之説來。某前日《洙泗言仁》中亦有此説，不知如何？大抵以此自觀，則可以察天理人欲之淺深；以此觀人，亦知人之要也。岳下諸公尚執前説，所謂簾窺壁聽者，甚中其病耳。伯恭昨日得書，猶疑《太極説》中體用先後之論，要之須是辨析分明，方真見所謂一源者。不然，其所謂一源，只是臆度想象耳。但某意却疑仁義中正分動静之説，蓋是四者皆有動静之可言，而静者常爲之主，必欲于其中指二者爲静，終有弊病。兼恐非周子之意。周子于“主静”字下注云“無欲故静”，可見矣。如云“仁所以生”，殊覺未安。“生生之體即仁也，而曰仁所以生”，如何？周子此圖固是毫分縷析，首尾洞貫，但此句似不必如此分。仁、義、中、正，自各有義，初非混然無別也。更幸見教。《南軒集》卷二〇。

【案】本書中所云“伯恭昨日得書，猶疑《太極説》中體用先後之論”，即吕祖謙《與朱侍講元晦》（某官下粗遣）中“如《易傳序》‘體用一源，顯微無間’，先體後用、先顯後微之説，恐當時未必有此意”云云。《東萊集》別集卷七。

乾道六年（1170）六月十五日，宋廷遣范成大爲祈請使至金求陵寢地。《攬轡録》。朱熹有書（奏草已得）致張栻，分析宋廷遣使之失策。《晦庵文集》卷二五。時在八月間。故吕祖謙《與朱侍講元晦》（某官下粗遣）有云“見所寄張丈所論時事，一一精當，不勝嘆服”。故知其書約撰于八、九月之際。推知本書當在其後，或撰于乾道八年春。

朱熹《答張敬夫》

　　大抵"觀過知仁"之説，欲只如尹説，發明程子之意，意味自覺深長。如來喻者，猶是要就此處彊窺仁體，又一句岐爲二説，似未甚安帖也。又太極中、正、仁、義之説，若謂四者皆有動靜，則周子于此更列四者之目爲剩語矣。但熟玩四字指意，自有動靜，其于道理極是分明。蓋此四字便是元、亨、利、貞四字，仁元，中亨，義利，正貞。元、亨、利、貞一通一復，豈得爲無動靜乎？近日深玩此理，覺得一語嘿、一起居，無非太極之妙，正不須以分別爲嫌也。"仁所以生"之語固未瑩，然語仁之用，如此下語似亦無害。不審高明以爲如何？《晦庵文集》卷三一。

　　【案】書中云"'仁所以生'之語固未瑩，然語仁之用，如此下語似亦無害"，正爲回應張栻上書（近伯逢方送所論'觀過'之説來）"如云'仁所以生'，殊覺未安"。故知本書亦當撰于乾道八年（1172）春間。

朱熹《答張敬夫》

　　類聚孔、孟言仁處，以求夫仁之説，程子爲人之意，可謂深切。然專一如此用功，却恐不免長欲速好徑之心、滋入耳出口之弊，亦不可不察也。大抵二先生之前，學者全不知有"仁"字，凡聖賢説仁處，不過只作"愛"字看了。自二先生以來，學者始知理會"仁"字，不敢只作愛説。然其流復不免有弊者。蓋專務説仁，而于操存涵泳之功，不免有所忽略，故無復優柔厭飫之味、克己復禮之實，不但其蔽也愚而已；而又一向離了"愛"字，懸空揣摸，既無真實見處，故其爲説恍惚驚怪，弊病百端，殆反不若全不知有"仁"字而只作"愛"字看却之爲愈也。

　　熹竊嘗謂若實欲求仁，固莫若力行之近。但不學以明之，則有摘埴冥行之患，故其蔽愚。若主敬致知交相爲助，則自無此蔽矣。若且欲曉得仁之名義，則又不若且將"愛"字推求。若見得仁之所以愛，而愛之所以不能盡仁,則仁之名義意思瞭然在目矣,初不必求之于恍惚有無之間也。此雖比之今日高妙之說稍爲平易,然《論語》中已不肯如此迫切注解說破,至《孟子》方間有說破處。然亦多是以愛爲言,如惻隱之類。殊不類近世學者驚怪恍惚、窮高極遠之言也。

今此録所以釋《論語》之言,而首章曰"仁其可知",次章曰"仁之義可得而求",其後又多所以"明仁之義"云者,愚竊恐其非聖賢發言之本意也。又如首章雖列二先生之說,而所解實用上蔡之意,正伊川說中問者所謂"由孝弟可以至仁",而先生非之者,恐當更詳究之也。

按《遺書》:或問:"中之道莫與喜怒哀樂未發謂之中同否?"先生曰:"喜怒哀樂之未發,是言在中之義。只是一個'中'字,用處不同。"又曰:"中所以狀性之體段。"又曰:"中之爲義,自過不及而立名。"又曰:"不偏之謂中。道無不中,故以中形道。"又曰:"與叔謂不倚之謂中,甚善,而語由未瑩。"或問:"何故未瑩?"曰:"無倚着處。"熹按:此言"中之道"與"在中"之義不同,不知如何分別?既狀性曰"狀性",又曰"形道",同異如何?所謂"自過不及"而得名之中,所謂"不偏"之中,所謂"無倚着處"之中,與所謂"中之道"、"在中"之義復何異同?皆未能曉然無疑,敢請其說。

明道先生説"推己及物之謂恕"乃違道不遠之事,而一貫之忠恕自與違道不遠異。蓋一以貫之,則自然及物,無待乎推矣。伊川先生《經解》于"一以貫之"處却云"推己之謂恕",似與明道不同。而于乾道變化、各正性命之説似亦相戾,不知何謂?解中又引《孟子》"盡其心者知其性也"一句,豈以"盡心"釋"[盡]己"之義耶?如此則文意未足,且與尋常所説盡心之意亦自不合。一本下文更有兩句云:"知性則知天矣,知天則道一以貫也。"若果有此兩句,則似不以"盡心"釋"盡己",却是以"知天"說"一貫"。然知天亦方是真知得一貫之理,與聖人一貫之實又似更有淺深也。反復推尋,未得其說,幸思之,復以見教。

曾子告孟敬子語,只明道、和靖説得渾全,文意亦順,其它説皆可疑。向來牽合，强爲一説，固未是，後來又以《經解》之説指下句爲工用處，亦未然也。不審尊意以爲如何？《晦庵文集》卷三一。

【案】朱熹《答吳晦叔》（臣下不匡之刑）云及“前書所論觀過之説，時彪丈行速，匆遽草率，不能盡所懷。……近因南軒寄示《言仁録》，亦嘗再以書論所疑大概如此”。《晦庵文集》卷四二。又據朱熹《答林擇之》（辱書知講學有緒），彪居正來訪朱熹在乾道八年（1172）四五月之際。《晦庵文集》別集卷六。由此推知朱熹得《言仁録》約在五月中，故本書約撰于乾道八年夏秋之際。

朱熹《答張敬夫》

細看《言仁序》云：“雖欲竭力以爲仁，而善之不明，其弊有不可勝言者。”此數句似未安。爲仁固是須當明善，然“仁”字主意不如此，所以孔子每以“仁”、“智”對言之也。近年説得“仁”字與“智”字都無分別，故于令尹子文、陳文子事説得差殊，氣象淺迫，全與聖人語意不相似。觀此序文意思首尾，恐亦未免此病。更惟思之，如何？《晦庵文集》卷三一。

【案】朱熹上書（類聚孔、孟言仁處）云及《言仁録》，論析“仁”、“愛”之異同，而本書云及《言仁録序》，進而剖析“仁”、“智”之別，疑繼上書而補充辨説之。

張栻《答朱元晦秘書》

比聞刊小書版以自助，得來諭乃敢信。想是用度大段逼迫，某初聞之，覺亦不妨，已而思之，則恐有未安者，來問之及，不敢以隱。今日此道孤立，信向者鮮，若刊此等文字，取其贏以自助，切恐見聞者別作思惟，愈無靈驗矣。雖是自家心安，不恤它説，要是于事理終有未順耳。爲貧之故，寧別作小生事不妨。此事某心殊未穩，不識如何？見子飛，説宅上應接費用亦多，更深加撙節爲佳耳，又未知然否？《南軒集》卷二一。

【案】據朱熹《答吕伯恭》（泰伯、夷、齊事）云及“新刻小本《易傳》甚佳，但籤題不若依官本作《周易程氏傳》”，《晦庵文集》卷三五。又（便中連辱手教）

中又有"小本《易傳》尚多誤字"云云,《晦庵文集》卷三三。即本書所云"刊小書
版"事。又本書中有云"爲貧之故,寧別作小生事不妨",朱熹《答林擇之》
(深父遂死客中)乃言及"欽夫頗以刊書爲不然,却云別爲小小生計却無
害",《晦庵文集》別集卷六。其書云"《須知》昨已修定,送伯諫處未取",推知其
約撰于乾道八年(1172)秋,故推知本書撰于稍前。

朱熹《答張敬夫》

"中"字之説甚善,而所論狀性、形道之不同尤爲精密,開發多矣。
然愚意竊恐程子所云"只一個中字,但用不同",此語更可玩味。夫所謂
"只一個中字"者,"中"字之義未嘗不同,亦曰不偏不倚、無過不及而已
矣。然"用不同"者,則有所謂"在中"之義者,有所謂"中之道"者是也。
蓋所謂"在中之義"者,言喜怒哀樂之未發,渾然在中,亭亭當當,未有個
偏倚過不及處。其謂之中者,蓋所以狀性之體段也。有所謂"中之道"
者,乃即事即物自有個恰好底道理,不偏不倚,無過不及。其謂之中者,
則所以形道之實也。只此亦便可見來教所謂狀性、形道之不同者。但
又見得"中"字只是一般道理。以此狀性之體段,則爲未發之中;以此形
道,則爲無過不及之中耳。且所謂"在中之義",猶曰"在裏面底道理"云
爾,非以"在中"之"中"字解"未發"之"中"字也。愚見如此,不審高明以
爲如何?

"忠恕"之説,竊意明道是就人分上分別淺深而言,伊川是就理上該
貫上下而言。若就人分上説,則違道不遠者,賢人推之之事也;一以貫
之者,聖人之不待推也。若就理上平説,則忠只是盡己,恕只是推己,但
其所以盡、所以推,則聖賢之分不同,如明道之説耳。聖人雖不待推,然由己
及物,對忠而言,是亦推之也。大抵明道之言發明極致,通透灑落,善開發人。
伊川之言即事明理,質愨精深,尤耐咀嚼。然明道之言一見便好,久看
愈好,所以賢愚皆獲其益。伊川之言乍見未好,久看方好,故非久于玩
索者不能識其味。此其自任所以有成人材、尊師道之不同。明道渾然天

成,不犯人力。伊川功夫造極,可奪天巧。所引盡心知天,恐是充擴得去之意,不知是否?

秦、漢諸儒解釋文義雖未盡當,然所得亦多。今且就分數多處論之,則以爲得其言而不得其意,與奪之際,似已平允。若更于此一向刻核過當,却恐意思迫窄而議論偏頗,反不足以服彼之心,如向來所論《知言》不當言釋氏欲仁之病矣。大率議論要得氣象寬宏,而其中自有精密透漏不得處,方有餘味。如《易傳序》中説秦、漢以來儒者之弊,及令人看王弼、胡安定、王介甫《易》之類,亦可見矣。況此序下文反復致意,不一而足,不應猶有安于卑近之嫌也。又所謂“言雖近而索之無窮,指雖遠而操之有要”,自謂此言頗有含蓄,不審高明以爲如何?

以愛論仁,猶升高自下,尚可因此附近推求,庶其得之。若如近日之説,則道近求遠,一向没交涉矣。此區區所以妄爲前日之論,而不自知其偏也。至謂類聚言仁,亦恐有病者,正爲近日學者厭煩就簡,避迂求捷,此風已盛,方且日趨于險薄,若又更爲此以導之,恐益長其計獲欲速之心,方寸愈見促迫紛擾,而反陷于不仁耳。然却不思所類諸説,其中下學上達之方,蓋已無所不具,苟能深玩而力行之,則又安有此弊?今蒙來喻,始悟前説之非,敢不承命? 然猶恐不能人人皆肯如此愨實用功,則亦未免尚有過計之憂。不知可以更作一後序,略採此意以警後之學者否? 不然,或只盡載此諸往返議論以附其後,亦庶乎其有益耳。不審尊意以爲如何?《晦庵文集》卷三一。

【案】據張栻下書(“中”字之説甚密)所云,推知本書約撰于秋間。

張栻《答朱元晦秘書》

“中”字之説甚密,但“在中”之義,作“中外”之“中”未安,詳蘇季明再問伊川答之之語自可見。蓋喜怒哀樂未發,此時蓋在乎中也。只如是涵養,才于此要尋中,便不是了。若只説作在裏面底道理,然則已發之後,中何嘗不在裏面乎? 幸更詳之。又《中庸》之云“中”,是以中形道也;喜怒

哀樂未發之謂中,是以中狀性之體段也。然而性之體段不偏不倚、亭亭
當當者,是固道之所存也。道之流行,即事即物,無不有恰好底道理,是
性之體段亦無適而不具焉。如此看,尤見體用分明,不識何如?"忠恕"
之說如來諭,《精義序引》亦已亡疑。《言仁》已載往返議論于後,今錄
呈。所論"一"字,若如老子以形而下者言,則可與二、三通數;若如《知
言》指道而言,則難于復與器通數二、三也。"心譬之水"一節,某意謂孟
子只將水無有不下比人無有不善,意味極完,性情之理具矣。今將心譬
之水,去水上用意,差錯許多字,固不爲無義,但恐終費力耳。所論《知
言》中餘説再三詳之,未有疑可復也。《南軒集》卷二〇。

【案】書中有"若只説作在裏面底道理,然則已發之後,中何嘗不在裏
面乎"云云,乃針對朱熹上書("中"字之説甚善)"且所謂'在中之義',猶曰
'在裏面底道理'云爾,非以'在中'之'中'字解'未發'之'中'字也"而言,故
知其上承朱熹此書而作。

張栻《答朱元晦秘書》

"天命之謂性",所解立言極明快;但"率性之謂道",竊疑仁、義、禮、
智是乃道也。今云"循性之仁",則有所謂父子之道,却恐費力,更幸瑩
之。又如"審其是非而修之,則知之教無不充"之類,亦未穩當。兼此首
章三語,以某所見,更須詳味《伊川先生遺書》中語。某亦方欲下一轉
語,俟却錄去求教也。"在中"之説,前書嘗及之,未知如何。"中者性之
體,和者性之用",恐未安。中也者,所以狀性之體段,而不可便曰中者
性之體;若曰性之體中,而其用則和,斯可矣。《南軒集》卷二〇。

【案】書中云"'在中'之説,前書嘗及之,未知如何",其"前書"當指張
栻上書("中"字之説甚密),而又云"未知如何",則知其尚未得朱熹答書,故
推知本書約撰于乾道八年(1172)秋、冬之際。又據本書知朱熹嘗致書張栻
論及"天命之謂性"、"率性之謂道"諸義,此書未見,當佚。

朱熹《答張敬夫壬辰冬》

答晦叔書，鄙意正如此，已復推明其説，以求教于晦叔矣。但于來示所謂知底事者，亦未能無疑，已并論之，今録以上呈，更乞垂教。

"在中之義"之説，來論説得性道未嘗相離，此意極善。但所謂"此時蓋在乎中"者，文意簡略，熹所未曉，更乞詳論。又謂"已發之後，中何嘗不在裏面"，此恐亦非文意。蓋既言未發時在中，則是對已發時在外矣。但"發而中節"，即此在中之理發形于外，如所謂即事即物，無不有個恰好底道理是也。一不中節，則在中之理雖曰天命之秉彝，而當此之時，亦且漂蕩淪胥而不知其所存矣。但能反之，則又未嘗不在于此。此程子所以謂"以道言之則無時而不中，以事言之則有時而中也"，所以又謂"善觀者却于已發之際觀之也"。若謂已發之後，中又只在裏面，則又似向來所説以未發之中自爲一物，與已發者不相涉入，而已發之際，常挾此物以自隨也。然此義又有更要子細處。夫此心廓然，初豈有中外之限？但以未發、已發分之，則須如此，亦若操舍、存亡、出入之云耳。并乞詳之。

"心譬之水"，是因《知言》有此言而發。然性情既有動静，善惡既有順逆，則此言乃自然之理，非用意差排也。"人無有不善"，此一言固足以具性情之理，然非所以論性情之名義也。若論名義，則如今來所説亦無害理、不費力，更推詳之。

《太極圖》立象盡意，剖析幽微，周子蓋不得已而作也。觀其手授之意，蓋以爲唯程子爲能受之。程子之秘而不示，疑亦未有能受之者爾。夫既未能默識于言意之表，則道聽塗説，其弊必有甚焉。近年已覺頗有此弊矣。觀其答張閎中書云："書雖未出，學未嘗不傳。第患無受之者。"及《東見録》中論"横渠清虛一大之説，使人向別處走，不若且只道敬"，則其微意亦可見矣。若《西銘》則推人以知天，即近以明遠，于學者之用爲尤切，非若此書詳于天而略于人，有不可以驟而語者也。孔子雅言

《詩》、《書》執《禮》，而于《易》則鮮及焉，其意亦猶此耳。韓子曰："堯、舜之利民也大，禹之慮民也深。"其周子、程子之謂乎？熹向所謂微意者如此，不識高明以爲如何？《晦庵文集》卷三一。

【案】書中言及"但所謂'此時蓋在乎中'者"，又言"又謂'已發之後，中何嘗不在裏面'"，知其承張栻上書（"中"字之説甚密）。本書撰于乾道八年（1172）冬。

朱熹《答張欽夫論仁説》

"天地以生物爲心"，此語恐未安。

熹竊謂此語恐未有病。蓋天地之間，品物萬形，各有所事，惟天確然于上，地隤然于下，一無所爲，只以生物爲事。故《易》曰："天地之大德曰生。"而程子亦曰："天只是以生爲道。"其論"復見天地之心"，又以"動之端"言之，其理亦已明矣。然所謂"以生爲道"者，亦非謂將生來做道也。凡若此類，恐當且認正意，而不以文害詞焉，則辨詰不煩，而所論之本指得矣。

不忍之心可以包四者乎？

熹謂孟子論四端，自首章至"孺子入井"，皆只是發明不忍之心一端而已，初無義、禮、智之心也。至其下文，乃云"無四者之心非人也"，此可見不忍之心足以包夫四端矣。蓋仁包四德，故其用亦如此。前説之失，但不曾分得體用。若謂不忍之心不足以包四端，則非也。今已改正。

仁專言則其體無不善而已，對義、禮、智而言，其發見則爲不忍之心也。大抵天地之心粹然至善，而人得之，故謂之仁。仁之爲道，無一物之不體，故其愛無所不周焉。

熹詳味此言，恐説"仁"字不著。而以義、禮、智與不忍之心均爲發見，恐亦未安。蓋人生而靜，四德具焉，曰仁，曰義，曰禮，曰智，皆根于心而未發，所謂"理也，性之德也"。及其發見，則仁者惻隱，義者羞惡，禮者恭敬，智者是非，各因其體以見其本，所謂“情也，性之發也”。是皆人性之所以爲善者也。但仁乃天地生物之心而在人者，故特爲眾善之長，雖列于四者之目，而四者不能外焉。《易傳》所謂“專言之則包四者”，亦是正指生物之心而言，非別有包四者之仁，而又別有主一事之仁也。惟是即此一事便包四者，此則仁之所以爲妙也。今欲極言“仁”字而不本于此，乃概以“至善”目之，則是但知仁之爲善，而不知其爲善之長也。却于已發見處方下“愛”字，則是但知已發之爲愛，而不知未發之愛之爲仁也。又以不忍之心與義、禮、智均爲發見，則是但知仁之爲性，而不知義、禮、智之亦爲性也。又謂“仁之爲道無所不體”，而不本諸天地生物之心，則是但知仁之無所不體，而不知仁之所以無所不體也。凡此皆愚意所未安，更乞詳之，復以見教。

　　程子之所訶，正謂以愛名仁者。

　　熹按，程子曰：“仁，性也；愛，情也。豈可便以愛爲仁？”此正謂不可認情爲性耳，非謂仁之性不發于愛之情，而愛之情不本于仁之性也。熹前説以愛之發對愛之理而言，正分別性、情之異處，其意最爲精密。而來論每以愛名仁見病，下章又云：“若專以愛命仁，乃是指其用而遺其體，言其情而略其性。”則其察之亦不審矣。蓋所謂愛之理者，是乃指其體性而言，且見性情、體用各有所主而不相離之妙，與所謂遺體而略性者正相南北。請更詳之。

　　元之爲義，不專主于生。

　　熹竊詳此語，恐有大病。請觀諸天地而以《易象》、《文言》、程《傳》反復求之，當見其意。若必以此言爲是，則宜其不知所以爲善之長之説矣。此乃義理根源，不容有毫釐之差。竊意高明非不知此，特命辭之未善爾。

　　孟子雖言仁者無所不愛，而繼之以急親賢之爲務，其差等未嘗不明。

　　熹按，仁但主愛，若其等差，乃義之事。仁、義雖不相離，然其用則各有主而不可亂也。若以一仁包之，則義與禮、智皆無所用矣，而可乎哉？"無所不愛"四字，今亦改去。《晦庵文集》卷三二。

【案】朱熹與張栻討論《洙泗言仁説》，作《仁説》等寄張栻，反復議論之。據朱熹《答林擇之》(某此碌碌如昨)有"得婺州報，云薛士龍物故。……去歲《仁説》、答欽夫數書本欲寫去"云云，《晦庵文集》別集卷六。薛季宣卒于乾道九年(1173)七月，故知《仁説》撰于八年。又吕祖謙《與朱侍講元晦》云"《仁説》、《克齋記》及長沙之往來論議，皆嘗詳閲"，《東萊集》別集卷七。其書在九年二月中。故《年譜長編》卷上以爲朱熹寄《仁説》與張栻在八年十月間。本書乃答張栻對《仁説》之質疑，推知其約撰于乾道八年末。張栻致朱熹書未見，當佚。

張栻《答朱元晦秘書》

示及《中庸》首章解義，多所開發，然亦未免有少疑，具之別紙，望賜諭也。所分章句極有功，如後所分十四節尤爲分明，有益玩味，但《家語》之證終未安。《家語》其間駁雜處非一，兼與《中庸》對，其間數字不同，便覺害事。以此觀之，豈是反取《家語》爲《中庸》耶？又如所引證"及其成功一也"之下，有哀公之言，故下文又有"子曰"字。觀《家語》中一段，其間哀公語有數處，何獨于此以"子曰"起之耶？某謂傳世既遠，編簡中如"子曰"之類，亦未免有脱略。今但當玩其辭氣，如明道先生所謂致與位字非聖人不能言，子思蓋傳之耳。此乃是讀經之法，若必求之它書以證，恐却泛濫也，不知如何？又如云此一節明道之隱處，此一節明道之費處，亦恐未安。君子之道費而隱，此兩字減一個不得。聖人固有説費處、説隱處，然亦未嘗不兩具而兼明之也。未知如何？《南軒集》卷二〇。

【案】朱熹下書(所引《家語》)有"所引《家語》，只是證明《中庸章句》，要見自'哀公問政'至'擇善''固執'處只是一時之語耳"云云，知上承本書，故推知本書約撰于乾道八年(1172)末。

朱熹《答張敬夫》

所引《家語》，只是證明《中庸章句》，要見自"哀公問政"至"擇善""固執"處只是一時之語耳，于義理指歸，初無所害，似不必如此力加排斥也。大率觀書但當虛心平氣以徐觀義理之所在，如其可取，雖世俗庸人之言有所不廢；如有可疑，雖或傳以爲聖賢之言，亦須更加審擇。自然意味平和，道理明白，腳踏實地，動有據依，無籠罩自欺之患。若以此爲卑近不足留意，便欲以明道先生爲法，竊恐力量見識不到它地位，其爲泛濫，殆有甚焉。此亦不可不深慮也。且不知此章既不以《家語》爲證，其章句之分當復如何爲定耶？《家語》固有駁雜處，然其間亦豈無一言之得耶？一概如此立論，深恐終啓學者好高自大之弊，願明者熟察之。其他如首章及論費隱處，後來略已修改，如來喻之意。然若必謂兩字全然不可分説，則又是向來伯恭之論體用一源矣。如何如何？《晦庵文集》卷三一。

【案】據張栻下書（來書披玩再四）"《中庸》所引《家語》之證，非是謂《家語》中都無可取，但見得此章證得亦無甚意思"，知上承本書，故推知其約撰于乾道九年（1173）初。

張栻《答朱元晦秘書》

來書披玩再四，所以開益甚多。所謂愛之理發明其有力，前書亦略及之矣。區區並見別紙，嗣有以見告是幸。《中庸》所引《家語》之證，非是謂《家語》中都無可取，但見得此章證得亦無甚意思，俟更詳之。所改定本，亦幸早示，得以考究求教。《克齋銘》讀之無可疑者，但以欠數句說克己下工處如何。《敬齋箴》皆當書之坐右也。《洙泗言仁》中"當仁不讓于師"之義，舊已改，"孝悌爲仁之本"、"巧言令色鮮仁"之義，今亦已正，并序中後來亦多換，却納一册去上呈。所謂"觀書當虛心平氣，以徐觀義理之所在，如其可取，雖世俗庸人之言有所不廢；如有可疑，雖或傳以爲聖賢之言，亦須更加審擇”，斯言誠是也。然所謂虛心平氣者，豈獨觀書當然？某既已承命，而因敢復以爲獻也。某近作一《拙齋記》，併錄往，幸爲刪之。安國所寄書册今附去，數見別紙。石屏一枚似勝前，如何？共父之勢，想必此來，異時却易得便，第未知再見之日，懷向殊不勝情耳。《中庸集解》俟更整頓小字，欲盡移作大字，又恐其間逐句下有解釋，難移向後。侯師聖之説多可疑，然亦有好處也。魏元履，栻兩次作書托虞丞附去，不知何故不達，來諭皇恐，豈有此哉？今復有數字往問其疾，且謝之也。子飛家事聞之傷心，其子之喪，恐亦宜早歸土也。《南軒集》卷二〇。

【案】據朱熹《劉樞密墓記》，乾道六年（1170）九月，劉珙丁慶國夫人憂。八年十二月服除，除知潭州、荆湖南路安撫使，九年三月赴闕奏事，進大學士以行。《晦庵文集》卷九四。朱熹《觀文殿學士劉公神道碑》云：“八年，免喪，乃復除知潭州、安撫湖南，過闕見上。……上加勞再三，進職大學士以行。公再臨舊鎮，不懈益虔。”《晦庵文集》卷九四。本書中云“共父之勢，想必此來，異時却易得便，第未知再見之日，懷向殊不勝情耳”，乃指張栻已知曉朝廷除命而劉珙尚未蒞任時之語氣也，故推知其約撰于乾道九年春間。

張栻《答朱元晦秘書》

某幸粗安，不敢廢學，惟相望之遠，每思講益，殊不勝情耳。近兩書中所講，再三詳之，如《中庸章句》中所指費、隱，雖是聖人尋常亦有説費處、説隱處，然如所指，却有未免乎牽强者，恐此數段不必如此指殺。某方亦草具所見，更定異同處，俟更研究後便寫寄也。《仁説》如“天地以生物爲心”之語，平看雖不妨，然恐不若只云“天地生物之心，人得之爲人之心”似完全，如何？仁道難名，惟公近之，然不可便以公爲仁。又曰“公而以人體之故爲仁”，此意指仁之體極爲深切，愛終恐只是情。蓋公天下而無物我之私焉，則其愛無不溥矣。如此看乃可。由漢以來，言仁者蓋未嘗不以愛爲言也，固與元晦推本其理者異。然元晦之言，傳之亦恐未免有流弊耳，幸更深思，却以見教。

《中庸集義》前日人行速附去，不曾校得，後見謄本錯誤處多，想自改正也。序文更幸爲騶括。其間有云“若橫渠張先生則相與上下講論者也”，本作“合志同方者也”，不知如何？如此未穩，亦幸爲易之。劉樞再帥，此間人情頗樂之，今次奏事，所以啓告與夫進退之宜，想論之詳矣。因其迓兵行，附此一紙，它俟後訊。《南軒集》卷二一。

【案】據朱熹《劉樞密墓記》，劉珙于九年(1173)三月赴闕奏事，然後至潭州赴任。《晦庵文集》卷九四。本書有云“劉樞再帥，此間人情頗樂之，今次奏事，所以啓告與夫進退之宜”，故推知其撰于乾道九年初夏。

朱熹《答張欽夫又論仁説》

昨承開諭《仁説》之病，似于鄙意未安，即已條具請教矣。再領書誨，亦已具曉，然大抵不出熹所論也。請復因而申之：

謹按程子言仁，本末甚備，今撮其大要，不過數言。蓋曰：“仁者，生之性也，而愛其情也，孝悌其用也。”“公者所以體仁，猶言‘克己復禮爲仁’也。”學者于前三言者可以識仁之名義，于後一言者可以知其用力之方矣。今不深考其本末指意之所在，但見其分別性、情之異，便謂愛之與仁了無干涉；見其以公爲近仁，便謂直指仁體最爲深切。殊不知仁乃性之德而愛之本。因其性之有仁，是以其情能愛。義、禮、智亦性之德也。義，惡之本；禮，遜之本；智，知之本。因性有義，故情能惡。因性有禮，故情能遜。因性有智，故情能知。亦若此爾。但或蔽于有我之私，則不能盡其體用之妙。惟克己復禮，廓然大公，然後此體渾全，此用昭著，動靜本末，血脉貫通爾。程子之言意蓋如此，非謂愛之與仁了無干涉也，此説前書言之已詳，今請復以兩言決之：如熹之説，則性發爲情，情根于性，未有無性之情、無情之性，各爲一物而不相管攝。二説得失，此亦可見。非謂“公”之一字，便是直指仁體也。細觀來喻所謂“公天下而無物我之私，則其愛無不溥矣”，不知此兩句甚處是直指仁體處？若以愛無不溥爲仁之體，則陷于以情爲性之失，高明之見必不至此。若以公天下而無物我之私便爲仁體，則恐所謂公者漠然無情，但如虛空木石，雖其同體之物尚不能有以相愛，況能無所不溥乎？然則此兩句中初未嘗有一字説著仁體。須知仁是本有之性、生物之心，惟公爲能體之，非因公而後有也。故曰“公而以人體之故爲仁”。細看此語，却是“人”字裹面帶得“仁”字過來。由漢以來，以愛言仁之弊，正爲不察性、情之辨，而遂以情爲性爾。今欲矯其弊，反使“仁”字泛然無所歸宿，而性、情遂至于不相管，可謂矯枉過直，是亦枉而已矣。其弊將使學者終日言仁而實未嘗識其名義，且又並與天地之心、性情之德而昧焉。竊謂程子之意必不如此，是以敢詳陳之，伏惟採察。《晦庵文集》卷三二。

【案】本書中言“細觀來喻所謂‘公天下而無物我之私，則其愛無不溥矣’”，乃張栻上書（某幸粗安，不敢廢學）中語，知承張栻上書，則本書或撰于乾道九年（1173）夏間。

朱熹《答張欽夫又論仁説》

熹再讀別紙所示三條。竊意高明雖已灼知舊説之非，而此所論者差之毫忽之間，或亦未必深察也。謹復論之，伏幸裁聽。廣仲引《孟子》“先知先覺”以明上蔡“心有知覺”之説，已自不倫，其謂“知此覺此”，亦未知指何爲説。要之，大本既差，勿論可也。今觀所示，乃直以此爲仁，則是以“知此覺此”爲知仁覺仁也。仁本吾心之德，又將誰使知之而覺之耶？若據《孟子》本文，則程子釋之已詳矣，曰：“知是知此事，如此事當如此也。覺是覺此理。知此事之所以當如此之理也。”意已分明，不必更求玄妙。且其意與上蔡之意亦初無干涉也。上蔡所謂知覺，正謂知寒暖飽飢之類爾。推而至于酬酢佑神，亦只是此知覺，無別物也，但所用有小大爾。然此亦只是智之發用處，但惟仁者爲能兼之，故謂仁者心有知覺則可，謂心有知覺謂之仁則不可。蓋仁者心有知覺，乃以仁包四者之用而言，猶云仁者知所羞惡、辭讓云爾。若曰心有知覺謂之仁，則仁之所以得名初不爲此也。今不究其所以得名之故，乃指其所兼者便爲仁體，正如言仁者必有勇，有德者必有言，豈可遂以勇爲仁、言爲德哉？今伯逢必欲以覺爲仁，尊兄既非之矣；至于論知覺之淺深，又未免證成其説，則非熹之所敢知也。至于伯逢又謂“上蔡之意自有精神，得其精神則天地之用皆我之用矣”。此説甚高甚妙。然既未嘗識其名義，又不論其實下功處，而欲驟語其精神，此所以立意愈高，爲説愈妙，而反之于身愈無根本可據之地也。所謂“天地之用即我之用”，殆亦其傳聞想像如此爾，實未嘗到此地位也。愚見如此，不識高明以爲如何？《晦庵文集》卷三二。

　　【案】書中言“熹再讀別紙所示三條。……謹復論之”，知其乃于上書（昨承開諭《仁説》之病）寄出後，再就張栻來書“別紙所示三條”申論之，故推知其稍晚于上書。

張栻《答朱元晦秘書》

　　仁之説，前日之意蓋以爲推原其本，人與天地萬物一體也，是以其愛無所不至，猶人之身無分寸之膚而不貫通，則無分寸之膚不愛也。故以“惟公近之”之語形容仁體，最爲親切。欲人體夫所以愛者，《言仁》中蓋言之矣，而以所言“愛”字只是明得其用耳。後來詳所謂愛之理之語，方見其親切。夫其所以與天地一體者，以夫天地之心之所存，是乃生生之蘊，人與物所公共，所謂愛之理者也。故探其本則未發之前，愛之理存乎性，是乃仁之體者也；察其動則已發之際，愛之施被乎物，是乃仁之用者也。體用一源，內外一致，此仁之所以爲妙也。前日所謂對義、禮、智而言，其發見則爲不忍之心者，非謂義、禮、智與不忍之心均爲發見，正謂不忍之心合對義、禮、智之發見者言，羞惡、辭遜、是非之心是也。今再詳不忍之心，雖可以包四者，然據文勢對乾元、坤元而言，恐只須曰：統言之，則曰仁而已可也。或云：天地之心，其德有四云云，而統言之，則元爲善之長。人之心，其德亦有四云云，而統言之，則仁爲人之心。如何？前日所謂元之義，不專主于生物者，疑只云生物，説生生之意不盡，今詳所謂生物者，亦無不盡者矣。“在中之義”，程子曰：“喜怒哀樂未發，只是中也。”蓋未發之時，此理亭亭當當，渾然在中，發而中節，即其在中之理，形乎事事物物之間而無不完也,非是方其發時,別爲一物以主張之于内也。情即性之發見也,雖有發與未發之殊,而性則無内外耳。若夫發而不中節,則是失其情之正而淪其情之理。然能反之,則亦無不在此者,以性未嘗離得故也。不識如何?《南軒集》卷二〇。

　　【案】朱熹下書(來教云)乃承本書,故推知本書約撰于乾道九年(1173)夏間。

朱熹《答張欽夫又論仁説》

　　來教云:"夫其所以與天地萬物一體者,以夫天地之心之所有,是乃生生之蘊,人與物所公共,所謂愛之理也。"熹詳此數句,似頗未安。蓋仁只是愛之理,人皆有之,然人或不公,則于其所當愛者又有所不愛,惟公則視天地萬物皆爲一體而無所不愛矣。若愛之理,則是自然本有之理,不必爲天地萬物同體而後有也。熹向所呈似《仁説》,其間不免尚有此意,方欲改之而未暇。來教以爲不如克齋之云是也。然于此却有所未察,竊謂莫若將"公"字與"仁"字且各作一字看得分明,然後却看中間兩字相近處之爲親切也。若遽混而言之,乃是程子所以訶以公便爲仁之失。此毫釐間正當子細也。又看"仁"字當并"義"、"禮"、"智"字看,然後界限分明,見得端的。今捨彼三者而獨論"仁"字,所以多説而易差也。又謂體用一源、内外一致爲仁之妙,此亦未安。蓋義之有羞惡、禮之有恭敬、智之有是非,皆内外一致,非獨仁爲然也。不審高明以爲如何?《晦庵文集》卷三二。

　　【案】所謂"來教云"以下數句,正張栻上書(仁之説)中語,知承其書而作。

張栻《答朱元晦秘書》

　　觀所與廣仲書,析理固是精明,亦可謂極力救拔之矣,然言語未免有少和平處。爲當循前人樣轍,言約而意該,于緊要處下鍼。若聽者肯思量，當自有入處；不然，我雖愈極力，彼恐愈不近也，如何如何？比見報，承有改秩崇道之命，竊計自有以處之矣。兩日從共甫詳問日用間事，使人嘆服者固多，但以鄙意觀之，其間有于氣稟偏處，似未能盡變于舊。蓋自它人謂爲豪氣底事，自學者論之，只是氣稟病痛。元晦所講要學顏子，却不于此等偏處下自克之功，豈不害事！願以平時以爲細故者作大病醫療，異時相見，當觀變化氣質之功。重以世衰道微，吾曹幸聞此理，不可不力勉也。有如孤陋，正望切磋之益焉。此外尚有一二事可疑，此便頗速，俟後訊詳列。《南軒集》卷二〇。

【案】書中云“兩日從共甫詳問日用間事”，又云“比見報，承有改秩崇道之命”，據《道命錄》卷五，乾道九年（1173）五月，有旨以朱熹“安貧樂道，恬退可嘉”，特與改官，主管台州崇道觀。《建炎以來朝野雜記》乙集卷八《晦庵先生非素隱》云特授宣教郎、主管台州崇道觀。朱熹《辭免改官宫觀狀》稱“五月二十八日奉聖旨”改官。《晦庵文集》卷二二。故推知本書撰于乾道九年六月中。

朱熹《答欽夫仁疑問》

“仁而不佞”章。

説云：“仁則時然後言。”疑此句只説得“義”字。

“不知其仁也”章。

説云：“仁之義未易可盡，不可以如是斷。若有盡，則非所以爲仁矣。”又曰：“仁道無窮，不可以是斷。”此數句恐有病。蓋欲極其廣大而無所歸宿，似非知仁者之言也。

“未知焉得仁”章。

此章之説，似只説得“智”字。

“井有仁焉”章。

此章之説，似亦只説得“智”字。

“克己復禮爲仁”章。

说云："由乎中，制乎外。"按《程集》此誤兩字，當云"而應乎外"。又云："斯道也，果思慮言語之可盡乎？"詳此句意，是欲發明學要躬行之意，然言之不明，反若極其玄妙，務欲使人曉解不得，將啓望空揣摸之病矣。向見吳才老说此章云："近世學者以此二語爲微妙隱奧，聖人有不傳之妙，必深思默造而後得之。"此雖一偏之論，然亦吾黨好談玄妙有以啓之也。此言之失，恐復墮此，不可不察。

"必世而後仁"章。

说云："使民皆由吾仁。"如此則仁乃一己之私，而非人所同得矣。

"樊遲問仁"章。

说云："居處恭，執事敬，與人忠，則仁其在是矣。"又云："要須從事之久，功夫不可間斷。"恐須先説從事之久，功夫不可間斷，然後仁在其中。如此所言，却似顛倒也。

"仁者必有勇"章。

说云："于其所當然者，自不可禦。"又云："固有勇而未必中節也者，故不必有仁。"此似只説得"義"字。

"未有小人而仁者也"章。

说云："惟其冥然莫覺，皆爲不仁而已矣。"此又以覺爲仁之病。

"殺身成仁"章。

说云："是果何故哉？亦曰理之所會，全吾性而已。"欲全吾性而後殺身，便是有爲而爲之。且以"全性"兩字言仁，似亦未是。

"知及仁守"章。

说云："如以愛爲仁，而不明仁之所以愛。"此語蓋未盡。

"宰我問喪"章。

说云："以爲不仁者，蓋以其不之察也。宰我聞斯言而出，其必有以悚動于中矣。"據此，似以察知悚動爲仁，又似前説"冥然莫覺"之意。

"殷有三仁"章。

说云："三人皆處之盡道，皆全其性命之情，以成其身，故謂之仁。"

又云：“可以見三子之所宜處矣。”此似只説得“義”字。又以全其性命之情爲仁，前已論之。

　　“博學而篤志”章。

　　明道云：“學者要思得之。”説云：“蓋不可以思慮臆度也。”按此語與明道正相反，又有談説玄妙之病。前所論“不知其仁”、“克己復禮”處，與此正相類。大抵思慮、言語、躬行各是一事，皆不可廢。但欲實到，須躬行，非是道理全不可思量、不可講説也。然今又不説要在躬行之意，而但言不可以言語思慮得，則是相率而入于禪者之門矣。

　　以上更望詳考之，復以見教。又劉子澄前日過此，説高安所刊《太極説》見今印造，近亦有在延平見之者，不知尊兄以其書爲如何？如有未安，恐須且收藏之，以俟考訂而後出之也。言仁之書，恐亦當且住，即俟更討論如何？《晦庵文集》卷三二。

　　【案】本書中言及“又劉子澄前日過此”，即朱熹《答呂伯恭》（潘守附致所予書）所云“子澄過此兩三日”，又云“聞薛士龍物故，可駭可嘆”，據呂祖謙《薛常州墓志銘》，薛季宣乾道九年（1173）七月戊申（十七日）卒于家。（原作“九月戊申”，誤。）《東萊集》卷一〇。本書未言及薛季宣卒，故推知其約撰于乾道九年七月中。

朱熹《答欽夫仁説》

　　《仁説》明白簡當，非淺陋所及。但言性而不及情，又不言心貫性、情之意，似只以性對心。若只以性對心，即下文所引《孟子》“仁，人心也”，與上文許多説話似若相戾。更乞詳之。

　　又曰：“己私既克，則廓然大公，與天地萬物血脉貫通，愛之理得于內，而其用形于外。天地之間無一物之非吾仁矣。此亦其理之本具于吾性者，而非彊爲之也。”此數句亦未安。蓋己私既克，則廓然大公，皇皇四達，而仁之體無所蔽矣。夫理無蔽，則天地萬物血脉貫通，而仁之用無不周矣。然則所謂愛之理者，乃吾本性之所有，特以廓然大公而後

在,非因廓然大公而後有也;以血脉貫通而後達,非以血脉貫通而後存
也。今此數句有少差紊,更乞詳之。愛之之理便是仁,若無天地萬物,
此理亦有虧欠。于此識得仁體,然後天地萬物血脉貫通而用無不周者,
可得而言矣。蓋此理本甚約,今便將天地萬物夾雜説,却鶻突了。夫子
答子貢博施濟衆之問正如此也。更以"復見天地之心"之説觀之亦可
見。蓋一陽復處,便是天地之心完全自足,非有待于外也。又如濂溪所
云"與自家意思一般"者,若如今説,便只説得"一般"兩字,而所謂"自家
意思"者,却如何見得耶?

又云:"視天下無一物之非仁。"此亦可疑。蓋謂視天下無一物不在
吾仁中則可,謂物皆吾仁則不可。蓋物自是物,仁自是心,如何視物爲
心耶?

又云:"此亦其理之本具于吾性者,而非彊爲之也。"詳此蓋欲發明
仁不待公而後有之意,而語脉中失之。要之,"視天下無一物非仁"與此
句似皆剩語,並乞詳之,如何?《晦庵文集》卷三二。

【案】乾道九年(1173)秋,張栻亦撰《仁説》寄朱熹,朱熹《答吕伯恭》
(人還承答字)云及"欽夫近得書……渠别寄《仁説》來,比亦答之"。《晦庵文
集》卷三三。

朱熹《答吕伯恭》(人還承答字)云書中云"比日秋高",又云"兒子既蒙
容受",推知朱熹獲知其子抵婺之訊後答書,約在八月間。推知本書撰于
稍前。

張栻《答朱元晦秘書》

某向來有疑于兄辭受之間者,非它也,意謂若其初如伯恭之説,承
當朝廷美意,受之可也;後來既至于再,至于三,守之亦云固矣,非尋常
辭官者比。若只是朝劄檢舉不許辭免指揮行下,則是所以辭之之義
竟未得達于君前而被君命也。若君命不許辭而使之受,則或可耳。今
初未嘗迫于君命也,忽復受之,恐于義却未盡。不知劉樞曾如此報去

否？《南軒集》卷二〇。

【案】書中所云"如伯恭之説"，即吕祖謙《與朱侍講元晦》（某哀苦待盡）中"祠禄正協'周之則受'之義，獨改秩有當商量處。然前代于賢者不能致而就官之者，蓋多矣。竊謂少逡巡而受之可也。若確然不回，則名愈高而禮愈加，異時有難居者耳"云云。《東萊集》别集卷七。由吕祖謙《與朱侍講元晦》（某哀苦待盡）中"令嗣氣質甚淳，已令就潘叔度舍傍書室寢處"知朱塾抵婺州，吕祖謙作書以報，時在乾道九年（1173）八月中。

又朱熹《答吕伯恭》（方作書欲附便）云及"欽夫得書，觀其語意，亦似不以爲可受也"，《晦庵文集》卷三三。即指張栻本書。朱熹答吕氏書約撰于九月初，故推知張栻本書撰于八月中。

張栻《答朱元晦》

王驩一段，解之甚精。大抵王驩無足與言者，獨使事若有未至，則當正之，而驩既克勝任矣，此外復何言哉！故曰："夫既或治之，予何言哉！"

本一而已，二本是無本也。以愛爲無差等，而愛親亦以爲施耳。是非無本歟？儒者之言曰"立愛惟親"，又曰"立愛自親始"。曰"立"云者，則可見其大本矣。

　　和靖曰："脱使窮其根源，謹其辭説，苟不踐行，等爲虚語。"石子重云："愚以爲人之所以不能踐行者，以其從口耳中得來，未嘗窮其根源，無着落故耳。縱謹其辭説，終有疏謬。若誠窮其根源，則其所得非淺，自然欲罷不能，豈有不踐行者哉？"范伯崇云："知之行之，此二者，學者始終之事，闕一不可。然非知之艱，行之惟艱也。"知而不行，豈特今日之患，雖聖門之徒未免病此。如曾點舞雩之對，其所見非不高明，而言之非不善也，使其能踐履，實有諸己而發揮之，則豈讓于顏、雍哉？惟其于踐履處未能純熟，此所以爲狂也。又況世之人徒務知之，而不以行爲事，雖終身汲汲，猶夫人也，矧知之而未必得其真歟？和靖之言，豈苟云乎哉！

和靖之言固有所謂，然諸君之說，意皆未究也。孔子觀上世之化，曰："大哉知乎！雖堯、舜之民比屋可封，亦能使之由之而已。"知者，凡聖之分也，豈可易云乎哉？傅說之告高宗，高宗蓋知之者，恭默思道，夢帝賚予良弼，非知之者有此乎？此舊學于甘盤之所得也。故《君奭篇》稱"在武丁時，則有若甘盤"，而未及乎傅說，蓋發高宗之知者，甘盤也。"知之非艱，行之惟艱"，說之意亦曰：雖已知之，此非艱也，貴于身親實履之，此爲知之者言也。若高宗未克知之，而告之曰"知之非艱"，則說爲失言矣。自孟子而下，《大學》不明，只爲無知之者耳。若曰行者，學者事父事兄上，何莫不行也？惟其行而不著，習而不察耳。知之而行，則譬如皎日當空，腳踏實地，步步相應；未知而行者，如暗中摸索，雖或中，而不中者亦多矣。曾點非若今之人自謂有見而直不踐履者也，正以見得開擴，便謂聖人境界，不下顏、曾請事戰兢之功耳。顏、曾請事戰兢之功，蓋無須臾不敬者也。若如今人之不踐履，直是未嘗真知耳；使其真知，若知水火之不可蹈，其肯蹈乎？

叔京云："經正則庶民興。"蓋風化之行，在上之人舉而措之而已。庶民興，則人人知反其本而見善明，見善明則邪慝不能惑也。既人之不惑，則其道自然銷鑠而至于無也。歐陽永叔云："使王政明而禮義充，雖有佛，無所施于吾民也。"亦此意也。

經乃天下之常經，所謂堯、舜之道也。經正則庶民曉然趨于正道，邪說不能入矣。但反經之妙，乃在我之事，不可只如此說過也。只如自唐以來名士如韓、歐輩攻異端者非不多，而卒不能屈之者，以諸君子猶未能進夫反經之學也。如後周、李唐及世宗蓋亦嘗變其說矣，旋即興復而愈盛者，以在上者未知反經之政故也。

第一章：此天人性命之分，人物氣質之稟，所以雖隱顯或不同，而其理則未嘗不一也。

此語似欠。如云"在天人雖有性命之分，而其理則一；在人物雖有氣禀之異，而其體則同”，則庶幾耳。

　　言率夫性之自然，是則所謂道也。

是則是自然。然如此立語，學者看得便快了。請更詳之。

　　修道之謂教。

後來所寄一段意方正，但尋未見，幸別録示。

　　“修道之君子審其如此”以下。

此一段覺得叢疊有剩句處。以鄙意詳經意，不睹不聞者，指此心之所存，非耳目之可見聞也。目所不睹，可謂隱矣；耳所不聞，可謂微矣。然莫見莫顯者，以善惡之幾，一毫萌焉，即吾心之靈有不可自欺而不可以揜者。此其所以爲見顯之至者也。以吾心之靈獨知之，而人所不與，故言獨。此君子之所致嚴者，蓋操之之要也。今以不睹不聞爲方寸之地，隱微爲善惡之幾，而又以獨爲合。是二者，以吾之所見乎此者言之，不支離否？

　　此一節因論率性之道，以明修道之始。

恐當云“因論率性之道，以明學者循聖人修道之教之始”也。

　　此一節推本天命之性，以明修道之終。

恐當云“推本天命之性，以明學者循聖人修道之教之終”也。大抵天命之性，率性之道，聖人純全乎此，而修道立教，使人由之，在學者則當由聖人修道之教用力，以極其至，而後道爲不離，而命之性可得而全也。

　　“洪範之初一”至“正與此意合”。

《洪範》之説，固亦有此意。然似不須牽引以證所言五行、五事、皇極三德，然則八政、五紀之在其間者復如何？引周子之所論，亦似發明其意未盡，轉使人惑，不若亦不須引也。或曰“然則中和果爲二物”云云，此數句却須便連前文，庶順且備耳。

　　第二章：隨時爲中。

“爲”字未安。蓋當此時則有此時之中，此乃天理之自然，君子能擇而得之耳。

　第四章"道之不行也"至"不肖者不及也"。

　所釋恐未安。某嘗爲之説曰："知者慕高遠之見而過乎中庸,愚者又拘于淺陋而不及乎中庸,此道之所以不行也。賢者爲高絶之行而過乎中庸,不肖者又安于凡下而不及乎中庸,此道之所以不明也。道之不行由所見之差,道之不明由所行之失,此致知力行所以爲相須而成者也。"不識如何?

　第五章"執其兩端。用其中于民":兩端者,凡物之全體皆有兩端,如始終、本末、大小、厚薄之類。識其全體而執其兩端,然後可以量度取中,而端的不差也。

　此説雖巧,恐非本旨。某謂當其可之謂中。天下之理莫不有兩端,如當剛而剛,則剛爲中;當柔而柔,則柔爲中。此所謂"執兩端,用其中于民"也。

　第十章"强哉矯":矯,强貌,《詩》曰"矯矯虎臣"是也。每句言之,所以深嘆美之,辭雖煩而不殺也。

　此説初讀之似好,已而思之,恐不平穩,疑聖人之辭氣不爾也。然此句終難説。吕、楊諸公之説雖亦費力,然于學者用工却有益爾。

　第十一章"素隱":素,空也。無德而隱,無位而隱,皆素隱也。"素隱"恐只是平日所主專在于隱者也。

　第十二章"夫婦之愚,可以與知焉;夫婦之不肖,可以能行焉":君子之道,造端乎夫婦。男女居室,人道之常,雖愚不肖亦能知而行。夫婦之際,有人所不睹不聞者,造端乎此,乃所以爲戒慎恐懼之實。

　此固切要下工夫處,然再三紬繹,恐此章之所謂與知、能行者,謂凡匹夫匹婦之所共知,如朝作夕息、飢食渴飲之類。凡庶民行而不著、習而不察,在君子則戒慎恐懼之所存,此乃所以爲造端。如所謂居室、人道之常,固亦總在其中,若專指夫婦之間人所不睹不聞者,却似未穩,兼亦未盡也。

第十三章：人之爲道而遠人，不可以爲道，人心之安者即道也。

此語有病。所安是如何所安？若學者錯會此句，執認己意以爲心之所安，以此爲道，不亦害乎？

"庸德之行，庸言之謹，有所不足，不敢不勉，有餘不敢盡。言顧行，行顧言，君子胡不慥慥爾？君子知道之不遠人"至"豈不慥慥爾乎"。

此説費力。某以爲"有所不足，不敢不勉，有餘不敢盡"，惟游子定夫説得最好，當從之。若夫大意則謂道雖不遠人，而其至則聖人亦有所不能。雖聖人有所不能，而實亦不遠于人，故君子只于言行上篤實做工夫，此乃實下手處。

"道不遠人"至"做此"。

費隱之意，第十一章子思子發明之至矣，來説固多得之。若此二字，凡聖賢之言皆可如是看，似不必以爲下數章皆是發明此二字也。大抵所定章句固多明析精當者，但其間亦不無牽挽處，恐子思當時立言之意却未必如此爾。蓋自此章以下至二十章，元晦所結之語皆似强爲附合，無甚意味。觀明者之意，必欲附合，使之鑿通縷貫，故其間不免有牽强以就吾之意處。以某之見，其間聯貫者自不妨聯貫，其不可强貫者，逐章玩味意思固無窮，似不須如此費力。章句固合理會，若爲章句所牽，則亦不可耳。自二十一章而下，其血脉自是貫通，如所分析，無甚可議者。

近有人疑"但能存心，自無不敬"，而程子言敬乃以動容貌、整思慮爲言，却似從外面做起，不由中出，不若直言存其心之爲約也。

某詳程子教人居敬，必以動容貌、整思慮爲先。蓋動容貌、整思慮，則其心一，所以敬也。今但欲存心，而以此爲外，既不如此用工，則心亦烏得而存？其所謂存者，不過强制其思慮，非敬之理矣，此其未知内外之本一故也。今有人容貌不莊，而曰吾心則存，不知其所爲不莊者，是果何所存乎？推此可見矣。

爲佛學者言，人當常存此心，令日用之間，眼前常見光爍爍地。此與吾學所謂"操則存"者有異同不？

某詳佛學所謂與吾學之云"存"字雖同，其所爲存者固有公私之異矣。吾學操則存者，收其放而已。收其放則公理存，故于所當思而未嘗不思也，于所當爲而未嘗不爲也，莫非心之所存故也。佛學之所謂存心者，則欲其無所爲而已矣。故于所當有而不之有也，于所當思而不之思也，獨憑藉其無所爲者以爲宗，日用間將做作用，其云"令日用之間，眼前常見光爍爍地"，是弄此爲作用也。目前一切以爲幻妄，物則盡廢，自利自私，此其不知天故也。

《論語》"何有于我哉"文義。《述而》、《子罕》。

呂與叔謂我之道捨是復何所有，某舊只解作勉學者之意。後來詳與叔此說文義爲順，亦正合程子"聖人之教，常俯而就之"之意，如曰"吾有知乎哉？無知也"之類也。至《子罕篇》所云，尤引而示之近，門人果能于此求聖人，于此學聖人，則夫高深者將可馴至矣。

"範圍天地之化而不過，曲成萬物而不遺，通乎晝夜之道而知，故神無方而易無體。"此言聖人事，而結之以"神無方而易無體"，亦猶《中庸》述仲尼之德，而結之以"此天地之所以爲大"也。神無方，言其妙萬物而無不在也；易無體，言其變易而不窮也。聖人之功用，是乃神之無方、易之無體者也，蓋與之無間矣。

《西銘》謂以乾爲父、以坤爲母，有生之類無不皆然，所謂理一也。而人物之生、血脉之屬，各親其親，各子其子，則其分亦安得而不殊哉？是則然矣。然即其理一之中，乾則爲父，坤則爲母，民則爲同胞，物則爲吾與，若此之類，分固未嘗不具焉。龜山所謂用未嘗離體者，蓋有見于此也，似更須說破耳。

執其兩端，用其中于民，當從程子之言。前托游掞舉者非。《南軒集》卷三〇。

　　【案】據《朱熹年譜長編》卷上，朱熹于乾道八年（1172）冬草成《大學》《中庸章句》，寄張栻、呂祖謙討論；九年九月，助石子重編訂《中庸集解》成。故推知本書約撰于乾道九年秋。

朱熹《答張敬夫論中庸章句》

　　"率夫性之自然"，此語誠似太快，然上文説性已詳，下文又舉仁、義、禮、智以爲之目，則此句似亦無害。或必當改，則改爲"所有"字，如何？然恐不若不改之渾然也。

　　"不睹"、"不聞"等字，如此剖析誠似支離，然不如此，則經文所謂"不睹"、"不聞"，所謂"微"，所謂"獨"，三段都無分別，却似重複冗長。須似熹説方見得戒慎不睹、恐懼不聞是大綱説，結上文"可離非道"之意。"莫見乎隱，莫顯乎微"，是就此不睹不聞之中提起善惡之幾而言，故"君子慎其獨"。蓋其文勢有表裏賓主之異，須略分別，意思方覺分明無重複處耳。

　　"隨時爲中"，"爲"改作"處"如何？

　　"道之不明"、"不行"，來喻與鄙意大指不異，但語有詳略遠近不同耳。然熹所謂"不必知"、"不必行"、"所當知"、"所當行"等句，正是要形容"中"字意思，所謂"以爲不足行"、"以爲不必知"、"不知所以行"、"不求所以知"等句，又是緊切關紐處，恐不可闕。但鄙論自覺有個瑣碎促狹氣象，不能如來教之高明簡暢爲可恨。然私竊以謂不期于同而期于是而已，故又未能遽捨所安。萬一將來就此或有尺寸之進，此病當自去耳。大抵近年所修諸書多類此，以此未滿意。欲爲疏通簡易之説，又恐散漫無收拾處，不知所以裁之也。《晦庵文集》卷三一。

　　【案】書中言"'率夫性之自然'，此語誠似太快"，乃承言張栻上書（王驪一段）就"言率夫性命之自然，是則所謂道也"而答以"是則是自然。然如此立語，學者看得便快了"云云，知本書撰于其後。

朱熹《答張敬夫》

《中庸》謹獨處，誠覺未甚顯焕，然著盡氣力只説得如此。近欲只改末後一句云："所謂獨者，合二者而言之，不睹之睹、不聞之聞也。"比舊似已稍勝，然終亦未爲分明也。更乞以尊意爲下數語，如何？

以敬爲主，則内外肅然，不忘不助而心自存，不知以敬爲主而欲存心，則不免將一個心把捉一個心，外面未有一事時，裏面已是三頭兩緒，不勝其擾擾矣。就使實能把捉得住，只此已是大病，況未必真能把捉得住乎？儒、釋之異，亦只于此便分了。如云"常見此心光爍爍地"，便是有兩個主宰了。不知光者是真心乎？見者是真心乎？來諭剖析雖極精微，却似未及此意。愚慮及此，不審是否，如何？

"何有于我哉"，古注云："人無是行于我，獨我有之。"按此語是孔子自言："此三事，何人能有如我者哉？"孔子之意，蓋欲勉人以學也。伊川先生似亦是如此説："默識而無厭倦，何有于我哉，勉人學當如是也。"所以發明夫子之意。而尹和靖云："孰能如孔子者哉，是以勉學者云耳。"又所以發明伊川之意。蓋此兩項七事，乃人之當然而示之以近者，故聖人以此自居而不以爲嫌。如云"不如丘之好學"之意，語雖若少揚，而意實已深自抑矣。吕氏之説，句中添字太多，恐非本意。如"吾有知乎哉？無知也"兩句，文義亦自難説。近看似此等處極多，日前都草草懸空説過了也。《晦庵文集》卷三一。

【案】本書言"如云'常見此心光爍爍地'"云云，即承張栻上書（王驪一段）中語；另本書言"何有于我哉"以下至"吕氏之説，句中添字太多，恐非本意"云云，即爲答張栻上書所謂"吕與叔謂我之道捨是復何所有，某舊只解作勉學者之意"，故知本書仍爲答張栻上書而作，約稍晚於朱熹《答張敬夫論中庸章句》。

朱熹《再答敬夫論中庸章句》

"執其兩端"，熹説是推明程子之意，未有過巧之病。如來諭云云，固先儒所未及，然却似過巧。兼此方論"中"，未應遽及此，又似隔驀説過了一位也。

"强哉矯"，矯，强貌。古注云爾，似已得之。吕、楊之説却恐不平穩也。

"素隱"，俟更思之。

"造端乎夫婦"，如此説固好，但恐句中欠字太多。兼"造端"兩字是實下功夫之意，不應如此泛濫也。此類當兩存之。

"人心之所安者，即道也。"上文有"率性之謂道"云云，故其下可以如此説。若恐人錯會，當更曉破耳。

游子之言行相顧爲有餘不足之事，恐未安。此數句各是一事，不可混而爲一也。細意玩之，自可見矣。此亦當兩存之。

《章句》之失，誠如尊喻，此間朋友亦有疑其如此者。但鄙意疑此書既是子思所著，首尾次序又皆分明，不應中間出此數章，全無次序，所以區區推考如此。竊意其中必須略有此意，正使不盡如此，亦勝如信彩逐段各自立説，不相管屬也。更望細考。若果未安，當爲疑詞以見之。大率擺落章句，談説玄妙，慣了心性，乍見如此瑣細區別，自是不奈煩耳。《晦庵文集》卷三一。

【案】本書爲再答張栻上書（王驪一段），當晚于朱熹《答張敬夫論中庸章句》。

朱熹《答張敬夫語解》

《語解》云："學者工夫固無間斷，又當時時紬繹其端緒而涵泳之。"此語恐倒置，若工夫已無間斷，則不必更言時習。"時習"者，乃所以爲無間斷之漸也。

"巧言令色"一段，自"辭欲巧"以下少曲折。近與陳明仲論此，説具別紙。

"三省者，曾子之爲仁"，恐不必如此説。蓋聖門學者莫非爲仁，不必專指此事而言,意思却似淺狹了。大抵學者爲其所不得不爲者,至于人欲盡而天理全,則仁在是矣。若先有個云我欲以此去爲仁,便是先獲也。昨于《知言疑義》中嘗論此意矣。

“傳不習乎”,疑只當爲傳而不習之意,則文理順,亦是先孝弟而後學文之類。

“道千乘之國”,“道”字意恐未安。

“友不如己”,恐只是不勝己,胡侍郎説得此意思好。

“慎非獨不忽,追非獨不忘”,恐不必如此説。上蔡多好如此,似有病也。

“厚者,德之所聚而惡之所由消靡”,此句亦未安。

“父在觀其志”一章,似皆未安。

“信近于義,則言必可復矣;恭近于禮,則可遠恥辱矣。因是二者而不失其所親,則亦可尚也已。”熹舊説此章只如此,似于文意明順,與上文“孝弟謹信而親仁”,下文“篤敏慎而就正”,意亦相類。不審尊意以爲如何?

“樂與好禮視無諂無驕,正猶美玉之與碔砆”,此句與後面“必也無諂無驕,然後樂與好禮可得而進焉”者似相戾。蓋玉、石有定形而不可變,唯王、霸之異本殊歸者乃得以此爲譬耳。熹又嘗論此所引《詩》正謂孔子以無諂無驕爲未足,必至于樂與好禮而後已,有似乎治骨角者既切之而復磋之,治玉石者既琢之而復磨之,蓋不離是質而治之益精之意也。如何如何?

“患不知人”,恐未合説到明盡天理處,正爲取友用人而言耳。大率此解雖比舊説已爲平穩,尚時有貪説高遠、恐怕低了之意。更乞平心放下,意味當更深長也。首章便如此矣。《晦庵文集》卷三一。

【案】朱熹《答吕伯恭》(人還承答字)云及“欽夫近得書,寄《語解》數段,亦頗有未合處。然比之向來,收斂愨實則已多矣”。《晦庵文集》卷三三。朱熹答吕書撰于八月間,推知本書約撰于此後。

朱熹《答張敬夫》

　　道即本也。

　　"道即本也"，却恐文意未安。蓋莫非道也，而道體中又自有要約根本處，非離道而別有本也。如云"親親，仁也。敬長，義也"。此所謂本也。"無它，達之天下也。"則是本既立而道生矣。此則是道之與本豈常離而爲二哉？不知如此更有病否？

　　苟志于仁。

　　夫舉措自吾仁中出，而俯仰無所愧怍，更無打不過處。此惟仁者能之，顏、曾其猶病諸？今以志于仁者便能如此，亦不察乎淺深之序矣。愚竊以爲志于仁者，方是初學有志于仁之人，正當于日用之間念念精察有無打不過處。若有，即深懲而痛改之，又從而究夫所以打不過者何自而來，用力之久，庶乎一旦廓然而有以知仁矣。雖曰知之，然亦豈能便無打不過處？直是從此存養，十分純熟，到顏、曾以上地位，方是入此氣象。然亦豈敢自如此擔當？只是誠心恭己，而天理流行自無間斷爾。今説才志于仁，便自如此擔當了，豈復更有進步處耶？又且氣象不好，亦無聖賢意味。正如張子韶《孝經》首云："直指其路，急策而疾趨之。"此何等氣象耶？蓋此章"惡"字只是入聲，諸先生言之已詳，豈忽之而未嘗讀耶？理之至當，不容有二。若以必自己出而不蹈前人爲高，則是私意而已矣。

　　橫耳所聞，無非妙道。

　　"橫耳所聞"，乃列子之語，與聖人之意相入不得。聖人只言耳順者，蓋爲至此渾是道理，聞見之間無非至理，謂之至理，便與妙道不同。自然不見其它。雖有逆耳之言，亦皆隨理冰釋，而初無橫耳之意也。只此便見聖人之學、異端之學不同處。其辨如此，只毫髮之間也。

　　與四時俱者無近功，所以可大受而不可小知也，謂它只如此。

　　一事之能否，不足以盡君子之蘊，故不可小知。任天下之重而不懼，故可大受。小人一才之長，亦可器而使，但不可以任大事爾。

　　民非水火不生活，于仁亦然，尤不可無者也。然水火猶見蹈之而死，仁則全保生氣，未見蹈之而死者。

此段文義皆是，只此一句有病，不必如此過求。

　　知、仁、勇，聖人全體皆是，非聖人所得與焉，故曰"夫子自道"也。

道體無窮，故聖人未嘗見道之有餘也，然亦有勉進學者之意焉。"自道"恐是"與道爲一"之意，不知是否？

　　上達、下達，凡百事上皆有達處，惟君子就中得個高明底道理，小人就中得個污下底道理。

呂謂："君子日進乎高明，小人日究乎污下。"

　　天下之爲父子者定，爲子必孝，爲臣必忠，不可易也。

羅先生云："只爲天下無不是底父母。"此説得之。

　　四體不言而喻，無人説與它，它自曉得。

語太簡，不知"它"指何人？此亦好高之弊。

　　"强恕而行"，臨事時却爲私利之心奪，不强則無以主恕。

"萬物皆備于我矣，反身而誠，樂莫大焉"，此是理明欲盡者。"强恕而行，求仁莫近焉"，此是强恕而行者。

　　"無所用耻"，小人機變之心勝，初不知有耻，故用不著它。

爲機變之巧，則文過飾非，何所不至？無所用耻也。

　　"禮之用，和爲貴"，禮之發用處以和爲貴，是禮之和猶水之寒、火之熱，非有二也。當時行之，百姓安之，後世宜之，莫不見其爲美也。所謂"民之質矣，日用飲食，群黎百姓，遍爲爾德"。先王之道若以此爲美，而小大由之，則有所不行。蓋天下皆知美之爲美，斯惡矣。知和之云云，又逐末而忘本，故亦不可行也。

大凡老子之言與聖人之言全相入不得也。雖有相似處，亦須有毫釐之差，況此本不相似耶？此説似亦過當。禮與和是兩物，相須而爲用，范説極好。伊川、和静以"小大由之"一句連上句説，似更分明，可更詳味。若如此説，恐用心漸差，失其正矣。

"先行其言。"一云行者不是泛而行，乃行其所知之行也。但先行其言，便是個活底君子，行仁言則仁自然從之，行義言則義自然從之，由形聲之于影響也。道理自是如此，非有待而然也，惟恐其不行耳。

此章范、謝二公説好，不須過求，恐失正理。

"見其禮而知其政。"子貢自説已見禮便知政，聞樂便知德。禮樂正意不必是百世之王，亦不必是夫子，只是泛論。由百世之後，等校百世之王，皆莫能逃吾所見。吾所見自生民以來未有如孔子者。宰我、子貢、有若到那時雖要形容孔子，但各以其所自，見得孔子超出百世，而孔子所以超出百世，終不能形容也。

此説甚好。但不知子貢敢如此自許否？恐亦害理也，更商量看。

一云是子貢見夫子之禮而知夫子之所以爲政，聞夫子之樂而知夫子之所以爲德也。如知夫子之得邦家之事也，亦是子貢聞見所到也。"莫之能違"，則吾夫子是個規矩準繩也。

"君子無所争，必也射乎"，謂必于射，則不免有争焉。及求其所以争者，則乃在乎周旋揖遜之間，故其争也，君子異乎衆人，所以角力尚客氣也。

此説甚好。

"充類至義之盡也。"謂之義，則時措之宜，無有盡也。若要充類而至，如不由其道而得者，便把爲盜賊之類，是義到此而盡，舉無可與者。殊不知聖賢權機應用，無可無不可者，亦與其潔之義。如象日以殺舜爲事，及見之，象喜亦喜，義到此有何盡時？

不必如此説。"夫謂非其有而取之者，盜也，充類至義之盡也。"熹舊嘗爲説曰："充吾不穿窬之心而至于義之盡，則可自謂如此，豈可緊以此責人哉？諸侯之于民，所取固不足道云。"《晦庵文集》卷三二。

【案】本書所討論者，似亦屬張栻《癸巳論語解》中語，疑與朱熹上書《答張敬夫語解》相前後，故繫于此。待考。

張栻《答朱元晦秘書》

胡廣仲一病遂不起，極可傷惜。渠氣本弱，忽苦腿髀之疾，醫者謂腎氣有餘以甘，遂瀉之，自此泄利不止，百藥無效，經月竟至此。弟弱子稚，尤可念。渠邇來雖肯講論，終是不肯放下。病中過此，猶爲及此意。然胡氏失之，亦甚害事也。元履家事如何？某寄賻儀等去已久，都未得其子回信，不知已達否？晦叔在岳下無過從，欲決意來城中，要是渠自當離却婦翁家乃是。伯逢月初已赴江東任。諸公近來無甚講論，德美却來數日，終未能近思也。士子輩間有好資質肯向學者，更看長遠如何，此亦告之以循序務本而已。近來讀《繫辭》，益覺向者用意過當，失却聖人意脉。如橫渠亦時未免有此耳。《詩解》諸先生之説盡編入，雖是覺泛，又恐學者須是先教如此考究，却可見平淡處耳，如何？《南軒集》卷二一。

【案】張栻《欽州靈山主簿胡君墓表》云胡寔（字廣仲）"乾道九年秋，因事至湘陰，得疾，堅痞在腰股間，醫者誤以快藥下之，則益甚，亟歸舊廬，以十月庚辰没于正寢，享年三十有八"。《南軒集》卷四〇。據本書"胡廣仲一病遂不起，極可傷惜"云云，知本書在其後，十月庚辰爲二十一日，故本書約撰于十月、十一月之際。

張栻《答朱元晦秘書》

某食飲起居皆幸已復舊，向來且欲完養，此數日方出報客。城南亦五十餘日不到，昨一往焉，綠陰已滿，湖水平漫，亦復不惡。方于竹間結小茅齋，爲夏日計，兩潦稍定，即挾策其間也。嘗令畫圖，俗工竟未能可人意，俟勝日自往平章之，方得寄往耳。伯恭近專人來講論詳細，如此朋友，真不易得。但論兄出處，引周之可受之義，却似未然，又向來聚徒頗衆，今歲已謝遣，然渠猶謂前日欲因而引之以善道。某謂來者既爲舉業之故，先懷利心，恐難納之于義。大抵渠凡事似于果斷有所未足耳。游誠之資質確實，有志世故，心實愛之，但正宜爲學，不然，恐未免爲才使。今歸，必首去求見。某以乍出，人事頗多，姑遣此紙，早晚樞師又自有人行也。《孟子解》渠却録未畢，樞帥處却將寫了，當祝封呈。餘幾爲道自重。《南軒集》卷二一。

【案】據《張宣公年譜》，張栻于淳熙元年（1174）春初積寒成疾，修養數十日。本書中云及城南時令已"緑陰已滿，湖水平漫"，乃初夏景色，此書或在其時。

張栻《答朱元晦秘書》

某幸如昨，但自家弟赴官，極覺離索之思耳。日夕不敢廢學，第覺向來語言多且易，只欲且做工夫。讀所寄來伊川先生簡語，尤用悚然，不知尊兄意如何？每玩來書，未嘗無警益，愈恨相去遠，未得聚首耳。《中庸義》邇來細讀，自"誠者天之道"以下尤覺所解有工，前面于鄙意尚多疑處，今復旋具呈。子重編《集解》，必經商量，刊成，願早得之，此書極有益也。《傳心閣銘》序語誠贅，删之甚佳。《尤溪學記》此本勝前，前本大抵意不甚達耳。某近爲邵州作《復舊學記》，其間論小學、大學意，偶亦相類，録呈。今猶未刻，有可見教，尚冀速示也。

嶽麓書院邇來却漸成次第。向來邵懷英作事不着實，大抵皆向傾壞，幸得共父再來，今下手葺也。書院相對案山，頗有形勢，屢爲有力者睥睨作陰宅。昨披棘往看，四山環繞，大江橫前，景趣在道鄉碧虚之間，方建亭其上，以"風雩"名之。安得杖履來共登臨也？它幾以道義自重。《南軒集》卷二一。

【案】本書中云"但自家弟赴官，極覺離索之思耳"，指其弟張构于乾道九年（1173）十二月二十二日赴任嚴州通判。《嚴州圖經》卷一。《張宣公年譜》繫本書于淳熙元年（1174）夏。今從之。

張栻《答朱元晦秘書》

　　某近年以來，竊見尊兄往來書問之間，講論知見甚異疇昔，每用敬嘆，且因得以開益其愚陋者固非一端，獨恨相去之遠，顧以未得詳日用間事爲念。蓋子路有聞，未之能行，惟恐有聞，古之人于其知見之進，則又顧其躬之所履，每患其不及，而惟懼其有所偏焉，故能日新而不疚。此某所以亟欲詳聞用工進德之實，以爲相觀而善之益也。幸共甫之來，可以詢問，則首訪而盡請焉，得之共甫者亦多矣，其所以慰鄙心而增嘆仰者固不用言。獨其間有使人不能無疑者，切切偲偲之義，則在所不敢默也。聞兄在鄉里，因歲之歉，請于官得米而儲之，春散秋償，所取之息不過以備耗失而已，一鄉之人賴焉，此固未害也。然或者妄有散青苗之譏，兄聞之，作而曰："王介甫所行，獨有散青苗一事是耳。"奮然欲作《社倉記》以述此意。某以爲此則過矣。夫介甫竊《周官》泉府之説，强貸而規取其利，逆天下之公理，而必欲其説之行，用奉行之小人，而必欲其事之濟，前輩辨之亦甚悉矣，在高明固所考悉，不待某一二條陳，而其與元晦今日社倉之意，義利相異者固亦曉然。度元晦初亦豈有所取乎彼哉，特因或者之言有所激作，遂欲增加而力主其事，故併以介甫之爲亦從而是之。是乃意之所加，不自知其偏者也。譬之有人焉于此，執權以稱物之輕重，初未至于偏也，或指而告之曰"此爲重矣"，執權者主其説曰："吾猶覺此之輕也。"于是復就其所指之處增之使重，而其偏始甚矣。且元晦謂介甫青苗爲可取者，以其實之可取乎，抑以其名之可取乎？以其實則流毒天下，固有顯效；以其名則不獨青苗，凡介甫所行，其名大略皆竊取先王之近似者，非特此一事也。竊取之名而何取乎？且介甫自以其爲鄞縣嘗貸穀而便于民，故以謂可行于天下。執一而不通天下之務，立法無其本，用法無其人，必欲其説之行，故舉天下之異己者盡歸之流俗，于是來合其説者無非趨附之小人。既欲其事之濟，則用其説之合者，小人四出，以亂天下，其勢則然也。介甫初亦用程明道及吕晦叔輩，其意豈不用賢，而以其天資視呂惠卿之徒爲何等哉？惟其欲其説之濟，故償異而用同，卒至弃仁賢而任群小也。今元晦見吾行社倉于一鄉爲目前之便，而遂以介甫之事爲有可取，無乃與介甫執鄞縣所爲而遽欲施之于天下者相類乎？似不可不周觀而深察也。此雖爲一事，然明者胸中因人激作而爲之增加斤兩，以至于偏，則懼其有害耳。又，來者多云會聚之間，酒酣氣張，悲歌慷慨，如此等類，恐皆平時血氣之習未能消磨者，不可作小病看，前書亦嘗略及之矣。某每念人心易偏，氣習難化，君子多因好事上不覺乘快偏了，若曰偏則均爲偏耳。又慮元晦學行爲人所尊敬，眼前多出己下，平時只是箴規它人，見它人不是，覺己是處多，它人亦憚元晦辨論之勁，排闢之嚴，縱有所疑，不敢以請，深恐諛言多而拂論少，萬有一于所偏處不加省察，則異日流弊恐不可免。念世間相知孰逾于元晦，切磋之義，其敢後于它人！況某之不肖，朝夕救過不暇，正有望于藥石之言，亦求教之一端也，惟深察焉。《南軒集》卷二〇。

　　【案】朱熹于淳熙甲午（1174）五月丙戌撰成《建寧府崇安縣五夫社倉記》。《晦庵文集》卷七七。張栻所云《社倉記》即此。故推知張栻本書約撰于淳熙元年（1174）五、六月間。

朱熹《答張敬夫六月二十八日》

　　夷、齊讓國而逃，諫伐而餓，此二事還相關否？或謂先已讓國，則後來自是不合更食周粟。若爾，則當時自不必歸周，亦不待見牧野之事，又諫不從而後去也。且若前日已曾如彼，即今日更不得如此。此與“時中”之義不知又如何？凡此鄙意皆所未安，幸乞垂教。《晦庵文集》卷三一。

　　【案】張栻下書（向來略有疑于辭受之際者）有云“夷、齊事舊承用五峰之説，謂夷、齊讓國，故見伐國事不是，不食周粟，在夷、齊身分上當然，是能全其清者也”，乃答朱熹本書。張書撰于秋末，故知朱熹本書乃撰于淳熙元年（1174）六月二十八日。

張栻《答朱元晦秘書》

某幸粗安，日往城南水竹間翻閱簡編，或遂與一二士留宿，頗多野趣，不覺伏暑之度。惟是歲月易徂，每懷學不足之憂耳。共甫甚得此方人情，然所以望之者，固不宜少不滿也。開府之初，舉動多慰人意，其樂義之風亦不易得耳。前書所講及與岳前諸友書，于鄙意大抵無可疑。《仁説》，岳前之論甚多，要是不肯虛懷看義理。某近爲説以明之，亦只是所論之意却似稍分明，今録呈。其間有未安處。某昨得晦叔書，却肯相信，更俟相見與面剖也。《南軒集》卷二〇。

【案】書中所謂"不覺伏暑之度"，知當撰于淳熙元年（1174）秋初。

張栻《答朱元晦》

游掾後來曾相見否？計今已還也。晦叔不知尚留彼中否？《中庸後解》想已付渠來，甚欲見也。如"道不遠人"章，鄙意以爲須將"人"字做"人心"説，亦是旋添入，不若更平易看，只是道初不遠于人之身，人之爲道而不近求之于其身，尚何所爲道？故有伐柯、睨視之譬，知道之不遠人，則人與己本均有也，故以人治人。如此看似意味爲長，不識如何？《南軒集》卷二三。

【案】據朱熹《答吕伯恭》（子約惠書）云"吴晦叔來奔其母之喪，今日方見之，能道欽夫病狀"，《晦庵文集》卷三三。約撰于四月間；又朱熹《答吕伯恭》（兒子歸）云"長沙頻得書……晦叔歸，因托寄懷"，又云"秋氣漸涼"，約撰于七月間。《晦庵文集》卷三三。故推知本書亦約撰于七月間。

朱熹《問張敬夫》

心具衆理，變化感通，生生不窮，故謂之易。此其所以能開物成務而冒天下也。圓神、方知變易，二者闕一則用不妙，用不妙則心有所蔽而明不遍照。"洗心"，正謂其無蔽而光明耳，非有所加益也。寂然之中，衆理必具而無朕可名，其"密"之謂歟？必有怵惕惻隱之心，此心之宰而情之動也。如此立語如何？《晦庵文集》卷三二。

【案】《朱熹年譜長編》卷上云是年夏秋間朱熹與張栻、何鎬、呂祖儉等展開心説辯論。此即其中之一書，今繫于此。

朱熹《問張敬夫》

熹謂感于物者心也，其動者情也。情根乎性而宰乎心，心爲之宰，則其動也無不中節矣，何人欲之有？惟心不宰而情自動，是以流于人欲而每不得其正也。然則天理人欲之判，中節不中節之分，特在乎心之宰與不宰，而非情能病之，亦已明矣。蓋雖曰中節，然是亦情也，但其所以中節者乃心爾。今夫乍見孺子入井，此心之感也。必有怵惕惻隱之心，此情之動也。"内交"、"要譽"、"惡其聲"者，心不宰而情之失其正也。怵惕惻隱乃仁之端，又可以其情之動而遽謂之人欲乎？大抵未感物時，心雖爲未發，然苗裔發見，却未嘗不在動處。必捨是而別求，却恐無下功處也。所疑如此，未審尊意如何？《晦庵文集》卷三二。

【案】本書亦爲當時論辯心説之一書。

朱熹《問張敬夫》

《遺書》有言，人心私欲，道心天理。熹疑"私欲"二字太重，近思得之，乃識其意。蓋心一也，自其天理備具、隨處發見而言，則謂之道心；自其有所營爲謀慮而言，則謂之人心。夫營爲謀慮，非皆不善也，便謂之私欲者，蓋只一豪髮不從天理上自然發出，便是私欲。所以要得"必有事焉而勿正、勿忘、勿助長"，只要没這些計較，全體是天理流行，即人心而識道心也。故又以"鳶魚飛躍"明之。先覺之爲後人也，可謂切至矣。此語如何？更乞裁喻。答云："栻近思却與來喻頗同。要當于存亡出入中識得惟微之體，識得則道心，初豈外是？不識只爲人心也。然須實見方得，不識如何？"《晦庵文集》卷三二。

【案】本書亦爲當時論辯心説之一書。張栻答書,《南軒集》未見。

朱熹《問張敬夫》

熹謂存亡出入固人心也,而惟微之本體亦未嘗加益,雖舍而亡,然未嘗少損。雖曰出入無時,未嘗不卓然乎日用之間而不可掩也。若于此識得,則道心之微初不外此,不識則人心而已矣。蓋人心固異道心,又不可作兩物看,不可于兩處求也。不審尊意以謂然否?《晦庵文集》卷三二。

【案】書中云"熹謂存亡出入固人心也,而惟微之本體亦未嘗加益",乃承上張栻答書"要當于存亡出入中識得惟微之體"而言,知撰于其後。

朱熹《答張敬夫》

"人心私欲"之説,如來教所改字極善。本語之失,亦是所謂本原未明了之病,非一句一義見不到也。但愚意猶疑向來妄論引"必有事"之語亦未的當。蓋舜、禹授受之際,所以謂人心私欲者,非若衆人所謂私欲者也,但微有一毫把捉底意思,則雖云本是道心之發,然終未離人心之境。所謂"動以人則有妄,顔子之有不善,正在此間"者是也。既曰有妄,則非私欲而何?須是都無此意思,自然從容中道,才方純是道心也。"必有事焉",却是見得此理而存養下功處,與所謂純是道心者蓋有間矣。然既察本原,則自此可加精一之功而進夫純耳,中間儘有次第也。"惟精惟一",亦未離夫人心,特須如此克盡私欲,全復天理。儻不由此,則終無可至之理耳。《晦庵文集》卷三二。

【案】書中"必有事"云云,乃承朱熹上書(《遺書》有言)"所以要得'必有事焉而勿正、勿忘、勿助長',只要没這些計較,全體是天理流行,即人心而識道心也"而言。又"如來教所改字極善"之張栻"來教"未見。

此外,本書又題《答吴晦叔》,收載于《晦庵文集》卷四二。

張栻《答朱元晦秘書》

　　某今夏止酒，又戒生冷，意思頗覺勝常年，一味善噉飯耳。昨見所與劉樞書，聞郡中既以再辭之狀申省，今且當謹俟之也。伯恭聞居深山間，想甚勝。向來聚生徒之多，聞亦有議之者，曾得其詳否？伯逢止酒甚勇，在渠誠爲不易也。所諭釋氏存心之說，非特甚中釋氏之病，亦甚有益于學者也，但“何有于我哉”，文義細詳之，只是謂此數者非獨有于我，正欲學者進于此也，故程子謂勉人學當如是也。吕氏之說，誠是添字較多。若尹氏謂“人孰能若孔子者哉”，又恐以“若”字易“有”字，亦恐未安。大意固是聖人示人以近，故以此數者自居。若曰“孰能若我”，則又恐非聖人辭氣耳。“吾有知乎哉”，尋常只承程子之說，若文勢則上一句疑辭也，下一句斷辭也，猶曰“君子多乎哉？不多也”，不識如何？《南軒集》卷二一。

　　【案】書中有云“某今夏止酒，又戒生冷”，故推知其撰于淳熙元年（1174）秋間。

張栻《答朱元晦秘書》

　　示及諸君操舍出入之說，吕子約所論病痛頗多，後一說亦頗得之，然其間似未子細。按孟子此章首以牛山之木爲喻，又以夜氣爲說，而引孔子之言爲證，以明人之不可不操而存也。心本無出入，然操之則在此，舍之則不在焉。方其操而存也，謂之入可也，本在內也。及其舍而亡也，謂之出可也，非心出在外，蓋不見乎此也。無時者，言其乍入乍出，非入則出也，莫知其所止也。此大概言人之心是如此，然其操之則存者，是亦可見心初未嘗有出入也。然則學者其可不以主一爲務乎？吕子約之說既誤以乍存乍亡爲感之用，而後說如謂心之本體不可以存亡言，此語亦未盡。存亡相對，雖因操舍而云，然方其存時，則心之本體固在此，非又于此外別尋本體也。子約又謂當其存時，未能察識而已遷動，是則存是一心,察識又是一心,以此一心察彼一心,不亦膠擾支離乎? 但操之則存,操之之久且熟,則天理寖明,而心可得而盡矣。《南軒集》卷二〇。

【案】朱熹《答吕子約》有云:"蓋操之而存,則只此便是本體,不待別求。惟其操之久而且熟,自然安于義理而不妄動,則所謂寂然者,當不待察識而自呈露矣。今乃欲于此頃刻之存,遽加察識以求其寂然者,則吾恐夫寂然之體未必可識,而所謂察識者,乃所以速其遷動而流于紛擾急迫之中也。"《晦庵文集》卷四七。本書所云"示及諸君操舍出入之説,吕子約所論病痛頗多",當即指此。朱熹《答吕子約》約撰于淳熙元年(1174)夏秋間,本書撰于其後。

張栻《答朱元晦秘書》

畫僧只是一到城南經營,即爲劉樞閉在湘。春作圖帳,到今未出兩紙,只是想象模寫,得其大都,其間有欠闕及未似處,今日送往,它時別作得重寄也。書樓、山齋方治材未立,南皐未有屋成,即謂之蒼然觀耳。書樓欲藏數百卷書,及列諸先生像。此二字亦求兄寫,當不惜也。《南軒集》卷二一。

【案】張栻下書(《通鑑綱目》想見次第)云及"九月間曾拜書送《城南圖》并録小詩去,且求書樓大字",《南軒集》卷二二。即指本書,當撰于淳熙元年(1174)九月間。

張栻《答朱元晦秘書》

向來略有疑于辭受之際者,無它,只爲既已堅辭,後來只是堂中檢坐不許辭免指揮,未曾再被君命,疑以爲未可也。今承來諭,蓋已備曉。但某尋常或慮兄剛厲之過,今寬裕乃爾,足見矯揉之功也。

夷、齊事舊承用五峰之説,謂夷、齊讓國,故見伐國事不是,不食周粟,在夷、齊身分上當然,是能全其清者也。因諭及,細思之,非謂前日已曾如此,今日更不得如彼,只是清者之見自如此耳,如何?《中庸章句》如"道不遠人"章，文義亦自有疑，此便即行，容續條去。所謂欲作一略解，甚善。某近來看《論語》諸書，文義間時亦覺平易中有味處。病後醫者戒以少作文字，未欲下筆。冬間有可求教者，旋寫去。盍簪之樂，時見夢寐，未知何日果遂耶？馳想馳想。《南軒集》卷二一。

【案】本書中云及"病後醫者戒以少作文字，未欲下筆。冬間有可求教者，旋寫去"，故推知其約撰於淳熙元年（1174）秋末。

張栻《答朱元晦秘書》

按《固陵錄》，游公元符三年十月庚戌除監察御史，今已改定。"考其言行而溯師友之淵源，體之吾身而明義理之正當"，下句中字固有未安。元晦欲作"即其所至，而益求其所未至"，恐亦未安。蓋方建祠作記，使學者知所景慕，而遽云求其所至，則語意似迫露，學者將未能識其所至，而遽指其所未至，在薄俗不得不防其然也。今更定云"即其所至，而益究夫問學之無窮"，則可見向上更儘有事，意味似長也，不知如何？《南軒集》卷二〇。

【案】本書中所云"即其所至，而益究夫問學之無窮"，即張栻《建寧府學游胡二公祠堂記》中語，《祠堂記》又云："蓋隆興癸未，知府事陳侯正同始祠游公于東廡之北端；後六年，轉運副使任侯文薦、判官芮侯燁又以邦人之請命祠胡公，且徙游公之祠爲東西室于堂上，未畢而皆去。又五年，今轉運副使沈侯樞始因其緒而卒成之，而教授王定方遂以書來屬某爲記。"《南軒集》卷一一。推知其時在淳熙元年（1174）中。

張栻《答朱元晦》

《通鑑綱目》，想見次第，甚有益于學者也。垂諭胡致堂所論五王不誅武后事，偶無別本在此檢得，然亦大綱記得。其說武氏誠當誅，畢竟既立其子，難誅其母，如來教所云。至于予奪輕重之間，不過告于唐家宗廟，廢置幽處之耳。然以中宗之昏庸，其復之如反手耳，亦豈是長策？

以某愚見，五王若有伊、周之見，則當時復唐家社稷，何必須立中宗？中宗雖是嘗爲武后所廢，然嘗欲傳位與后父，是其得罪宗廟，不可負荷，已自著見。五王若正大義，于唐家見存子孫中公選一人，以承天序，告于宗廟，誅此老嫗，則義正理順，唐祚有太山之安矣。試思之如何？

“不復夢見周公”章，恐只當從程子之説，夢寐之間，亦思念周公之事，如見其人，然猶云見堯羹墻之類也。若謂真見周公于夢，周公不可見而見之，夢而有妄，恐非聖人之心也。若傅説，却是世上真有個傅説，非妄也。“何有于我哉”，某後來只改作“何獨我有之”之意，程子所謂使學者勉進乎此者也。若如向來所謂尹子之説“孰能若孔子者哉”，終恐非聖人辭氣耳。近晦叔理會“久假而不歸，烏知其非有”，謂雖使其久假不歸，亦憒不知非己物。某恐孟子之意，爲此言却是開其自新之路，曰“烏知其非己有也”，謂至其能久假而不歸，雖未敢便謂其能有之，亦安知其非己有乎？辭氣蓋完全也，如何？

九月間，曾拜書送《城南圖》，併録小詩去，且求書樓大字，不知曾達否？都不見來書説及耳。書樓已成，只是三間，字稍大于月榭可也，願早得之。

牛、李所爭維州事，當如何處置？温公之説然否？《南軒集》卷二二。

【案】書中有云“九月間，曾拜書送《城南圖》，併録小詩去”，故推知其約撰于淳熙元年(1174)末。

張栻《致朱熹書》

【案】真德秀《西山文集》卷三四《跋任漢州所藏朱文公與南軒先生書帖》云：“按南軒先生二書皆將去桂林時作，任侯所藏文公先生帖，正其往復者也。當乾道、淳熙間，二先生更相師友，以斯文爲己任，一言論，一著述，反復講磨，必極其至當而後已。此書所論《中庸》近思，蓋其一也。夫以二先生之學，可謂深造自得者矣，而猶汲汲于友朋之助如此，況學者乎！文公記濂溪書堂，以爲斯文之傳，惟天所界，乃得與焉。此帖所謂發明天命之意是也。夫濂溪生千載之後，而接孔、孟不傳之統，信天之所畀矣。二先生並時而出，講明斯道，以續周、程之正脉，謂非天意可乎？雖然，天非獨私于二先生，二先生亦未嘗以自私也。學者誠能因其言以求其心，由下學之功馴致于上達之地，則道在我矣。若曰二公天人，匪學可到，習卑守陋，姑以自賢于世俗而已，豈惟非二先生之心，實有負于天也。文公有不謂命之云，意或在是，故併及之。」由「按南軒先生二書皆將去桂林時作」，張栻除静江之命在淳熙元年（1174），淳熙二年到任，則知張栻嘗撰有兩書，約在淳熙元年冬或淳熙二年初。

張栻《答朱元晦》

某黽勉南來，視事逾旬矣。廣右比之它路最爲廣莫，而雕瘁則最甚。蠻落睽盱，邊備寡弱，日夜關慮，固當以安静爲本，然要須在我有隱然之勢，則安静之實乃可保。方考究料理，不敢苟目前也。遠方法度廢弛，惟以身率之，立信明義，庶幾萬一。諸路土丁，祖宗良法，今虚籍雖存，而其實都亡。方尋繹舊規，若此事有緒，庶幾邊防差壯。誠之已來，未到也。南來朋舊闊遠，殊重離索之嘆。偶府中遣人買茶，略附此紙，少定，專人去相看。共父想已到建康，責任甚重，臨行，亦略獻區區也。《南軒集》卷二二。

【案】據《張宣公年譜》，淳熙元年（1174）詔除張栻知静江府，經略安撫廣南西路。二年二月二十四日抵郡蒞職。《南軒集》卷二八《與曾節夫撫幹》。本書言「視事逾旬矣」，則在三月十日左右。

朱熹《答張敬夫三月十四日》

熹昨承誨諭五王之事，以爲但復唐祚而不立中宗，則武曌可誅，後患亦絕。此誠至論。但中宗雖不肖，而當時幽廢特以一言之失，罪狀未著，人望未絕。觀一時忠賢之心，與其募兵北討之事，及後來諸公説李多祚之語，則是亦未遽爲獨夫也。乃欲逆探未形之禍，一旦舍之而更立宗室，恐反爲計校利害之私，非所以順人心、乘天理，而事亦未必可成也。愚慮如此，然而此外又未見別有長策，不知高明以爲如何？

若維州事，則亦嘗思之矣。唐與牛、李蓋皆失之也。夫不知《春秋》之義而輕與戎盟，及其犯約攻圍魯州，又不能聲罪致討，絶其朝貢，至此乃欲效其失信叛盟之罪而受其叛臣，則其義有所不可矣。然還其地可也，縛送悉怛謀，使肆其殘酷，則亦過矣。若論利害，則僧孺固爲大言以恐文宗，如致堂之所論，而吐蕃卒不能因維州以爲唐患，則德裕之計不行，亦未足爲深恨也。計高明于此必有定論，幸并以見教。牛論正而心則私，李計譎而心則正。

“何有于我哉”，後來思尹子説誠未安，竊意只是不居之詞。聖人之言此類甚多，不以俯就爲嫌也。“惡知其非有也”，頃時亦嘗爲説，正如晦叔之意。後來又以爲疑，乃如尊兄所諭。今細思之，却不若從晦叔之説，文意俱順，法戒亦嚴，不啓末流之弊也。如何如何？《晦庵文集》卷三一。

【案】本書乃承張栻上書（《通鑑綱目》），當撰于淳熙二年（1175）三月十四日。

張栻《答朱元晦》

某黽勉所職，無補是懼。目前幸歲稔盜息，人情相安，但環視一路，可爲寒心者多，亦切考究，以其大者控陳矣。伯恭相聚計講論，彼此之益甚多，恨不得從容于中也。寄示學者講論一紙。所論萬物皆備一段，意亦近裏。大抵不能反身則自不與己相干，它人飽食，何與己事？反身而至于誠，則樂莫大矣。誠則實能有之也。又論未感時四端混爲一理，却有未安。未感時雖是渾然，而所謂四端之理固已具于中，及其感則形見也。聖智巧力，某後來改舊説頗詳，續録呈。武氏事誠有難處，維州之説，正是鄙心，尚有少曲折，後便併盡。久假不歸，當從晦叔。韓、曾用財之説，甚善甚善。某此間應接賓客民事，通近兩時，又將兩時退而考究，紬繹訪問。此外尚得讀書餘暇，有可見教，不惜示及。《南軒集》卷二三。

【案】朱熹上書（熹昨承誨諭五王之事）言及五王未誅武則天事與"若維州事，則亦嘗思之矣。唐與牛、李蓋皆失之也"云云，本書則云"武氏事誠有難處，維州之說，正是鄙心"，知承朱熹上書。又據呂祖謙《入閩記》，淳熙二年（1175）四月一日呂祖謙至五夫與朱熹相會講論。本書"伯恭相聚計講論"云云，即指朱、呂五夫之會事，故推知其約撰于五、六月間。

張栻《答朱元晦》

某守藩倏八閱朔矣，佩聖人"心誠求之"之訓，味"哀矜勿喜"之言，日夜黽勉悚惕之不暇。所幸綱紀粗定，人情頗相信，向又歲事極稔，盜賊屏戢，目前僥倖無它。而環視一路，可寒心事極多。邊備兵政，亦隨力葺理。保甲一事，亦頗有條理。惟是自靜江之外，諸郡歲計闕匱異常，甚至官吏乏俸，軍兵乏糧，此亦何以為郡，坐視民愈困。比有請願與憲漕共考究一路財賦底裏，通融均濟之計，幸蒙賜可，才此詳講熟慮，庶幾有以少寬。然其間曲折亦多，又不敢欲速也。學校略與整修，士子中亦有好資質，時呼一二來郡齋，與之講論，庶知向方。三先生祠甚設，有小記，納去。凡此不敢不盡區區耳。官寮其初頗有拘束之嘆，蓋習于放縱已久，今却極相安，有樂趨事之意。其間亦有數人愨實可委，其餘隨力使得自展。有不率者，先之以訓督，不悛而後加以法，邇來覺得斂縮者多也。此路向來盜賊之多，正緣配隸之人萃焉，例皆逃逸為害，比嚴首捕之科，明其賞罰，接踵而至，幾無日無之，收其強壯以為效用，故少戢也。然廣中之人亦自多犯法徒流，常有刑不足以勝奸宄，使人愧懼。恐兄見念，欲知其詳，故縷縷及之。

靜江氣象開廓，風氣疏通，覺得無瘴癘寒暄之候，殊不異湘中。環城諸山奇變，柳子厚所謂"拔地峭堅，林立四野"，此語足以盡其大概。近觀水東諸岩，空明寬敞，惟龍隱最為勝絕。蓋在小溪之濱，水貫其中，深窈停洑，以舟入焉，石色特青潤，嶙峻變怪，殊可喜也。某日間亦得暇讀書，但覺向來語言多所未安，尤不敢輕易立辭。

《中庸》末章自“衣錦尚絅”而下，反復引《詩》，明慎獨始終之道，區區朝夕惟從事于此，而未之有進也。誠之在此，極得其助，近亦得暇讀《中庸章句》。晦叔許一來，已遣人取之，旦夕可到，相與講磨，庶少慰離索也。

共父處人回得書，請祠之意甚濃，聞所施爲大抵類長沙。長沙之人，今歲緣茶賊之擾害，人甚思之。但某前書勸渠謙虛，使人得以自盡，人才大小皆有用處，而報書謂“到江上尤不見有人才”，某實懼此語。天下事豈獨智力能辦？通都會邑，豈無可器使者？恐吾恃聰明以忽之，彼無以自見耳，若當大任，恐有所妨。方欲作書述此意，亦望兄自以己意開廣之。今日達官如是公，誠亦不易得，望之深耳。

伯恭今次講論如何？得渠書，云兄猶有傷急不容耐處，某又恐伯恭却有太容耐處。然吾曹氣習之偏，乘間發見，誠難消化，想兄存養有道，如某病痛，多兢兢之不遑，正有望時加砭劑也。陸子壽兄弟如何？肯相聽否？子澄長進否？擇之亦久不聞問矣。

無咎昨寄所編《祭儀》及《呂氏鄉約》來，甚有益于風教。但《鄉約》細思之，若在鄉里，願入約者只得納之，難于揀擇。若不擇，而或有甚敗度者，則又害事；擇之，則便生議論，難于持久。兼所謂罰者可行否？更須詳論。精處若閑居行得，誠善俗之方也。

賀州有林君勳《本政書》，想亦須見，謾附一本。其間固多未盡，然其人一生用工于此，其說亦着本可貴。此外又于其家求得數書，有論屯田項目，亦甚有工。才抄録，續當奉寄。此公所至有惠政，乃是廣中人才之卓然者，殊惜其不得施用也。所欲言甚多，未易殫究，餘見別紙。《南軒集》卷二二。

【案】本書中云“某守藩倏八閲朔矣”，推知撰于淳熙二年(1175)十月中。據《朱熹年譜長編》卷上，五月底，朱、呂一行至鉛山鵝湖會陸九淵兄弟論學，六月上旬分別而歸。本書中"伯恭今次講論如何"、"陸子壽兄弟如何"之問，即就鵝湖之會而發。

朱熹《答張敬夫十二月》

熹窮居如昨，無足言者。但遠去師友之益，兀兀度日，讀書反己，固不無警省處，終是旁無彊輔，因循汩没，尋復失之。近日一種向外走作、心悅之而不能自已者，皆準止酒例戒而絕之，似覺省事。此前輩所謂"下士晚聞道，聊以拙自修"者。若充擴不已，補復前非，庶其有日。舊讀《中庸》慎獨，《大學》誠意、毋自欺處，常苦求之太過，措詞煩猥。近日乃覺其非，此正是最切近處、最分明處，乃捨之而談空于冥漠之間，其亦誤矣。方竊以此意痛自檢勒，懍然度日，惟恐有怠而失之也。

至于文字之間，亦覺向來病痛不少。蓋平日解經最爲守章句者，然亦多是推衍文義，自做一片文字，非惟屋下架屋，説得意味淡薄，且是使人看者將注與經作兩項功夫做了，下稍看得支離，至于本旨，全不相照。以此方知漢儒可謂善説經者，不過只説訓詁，使人以此訓詁玩索經文。訓詁、經文不相離異，只做一道看了，直是意味深長也。《中庸》、《大學章句》緣此略修一過，再録上呈。然覺其間更有合刪處。《論語》亦如此草定一本，未暇脱稿。《孟子》則方欲爲之，而日力未及也。

近又讀《易》，見一意思。聖人作《易》，本是使人卜筮以決所行之可否，而因之以教人爲善。如嚴君平所謂"與人子言依于孝，與人臣言依于忠"者，故卦爻之辭，只是因依象類，虛設于此，以待扣而決者，使以所值之辭決所疑之事。似若假之神明，而亦必有是理而後有是辭。但理無不正，故其丁寧告戒之詞皆依于正。天下之動，所以正夫一而不繆于所之也。以此意讀之，似覺卦、爻、《十翼》指意通暢，但文意字義猶時有窒礙。蓋亦合純作義理説者，所以彊通而不覺其礙者也。今亦録首篇二卦拜呈。此説乍聞之必未以爲然，然且置之，勿以示人，時時虛心略賜省閲，久之或信其不妄耳。

傷急不容耐之病，固亦自知其然，深以爲苦而未能革。若得伯恭朝夕相處，當得減損。但地遠，不能數見爲恨耳。此間朋友絕少進益者，擇之久不相見，覺得病痛日深。頃與伯恭相聚，亦深嘆今日學者可大受者殊少也。奈何奈何？子壽兄弟氣象甚好，其病却是盡廢講學而專務踐履，却于踐履之中要人提撕省察，悟得本心，此爲病之大者。要其操持謹質，表裏不二，實有以過人者。惜乎其自信太過，規模窄狹，不復取人之善，將流于異學而不自知耳。《鄉約》之書，偶家有藏本，且欲流行，其實恐亦難行，如所喻也。然使讀者見之，因前輩所以教人善俗者而知自修之目，亦庶乎其小補耳。《晦庵文集》卷三一。

【案】本書有"傷急不容耐之病"云云，乃承張栻上書（某守藩倏八閱朔矣）中"云兄猶有傷急不容耐處"之語而發，故知其撰于十二月間。又，題下"十二月"三字，《晦庵文集》校記云浙本作"十一月"。

朱熹《答張敬夫集大成説》

孔子之謂集大成，集，合也，言合衆理而大備于身也。或曰集謂合樂，成謂樂之一變，此即以樂譬之也。集大成也者，金聲而玉振之也。金聲也者，始條理也；玉振之也者，終條理也。始條理者，智之事也；終條理者，聖之事也。此以樂明之也。金聲之變無窮，玉聲首尾如一。振之者，振而節之，猶今樂之有拍也。凡作樂者，始以金奏而後以玉振之，猶聖人之合衆理而備于身也。條理，衆理之脉絡也。始窮其然而縷析毫分者，智也；終備于身而渾然一貫者，聖也。二者惟孔子全之，三子則始不盡而終不備也。漢兒寬論封禪，亦云"兼總條貫"，金聲而玉振之意亦如此，疑此古樂家語也。知譬則巧也，聖譬則力也。猶射于百步之外也，其至爾力也，其中非爾力也。此復以射明之也。射之所以中者，巧也。其所以至者，力也。中雖在至之後，然其必中之巧，則在未發之前也。孔子巧力兼全，至而且中，三子力而不巧，各至其至而不能中也。若顏子，則巧足以中，特力未充而死耳。

承示及集大成説。發明詳備，此説大意不過如此。今所欲論者，正在言語氣象、微細曲折之間。然則來説似頗傷冗，費脚手，無餘味矣。"金"、"玉"二字，正是譬喻親切有功處，今却不曾說及，只做"始"、"終"

字看了。如此則《孟子》此一節譬喻全是剩語矣。舊見學者所傳在臨安時說此一段，却似簡當，然亦不能盡記。熹舊所解又偶爲人借去，不及參考得失。然記得亦似太多。今略說如前。竊謂似此已是不精約，使人無可玩味了。若更著外來意思言語，即愈支離矣。不審高明以爲如何？《晦庵文集》卷三一。

【案】張栻下書（某黽勉于此）云"所寄《孟子》數義無不精當"，當指本書，推知其乃朱熹上書（熹窮居如昨）之別紙，亦撰于淳熙二年（1175）十二月間。

張栻《答朱元晦》

某黽勉于此，亦復一載，幸人情粗相安。惟是思爲久遠之計，早夜不敢遑寧耳。本路鹽法，正緣諸州荒寂，都無甚所入，全仰漕司撥鹽息以爲歲計。往年行客鈔，賣數極不多，却有折米錢甚重，民深病之，因此致盜賊。後來故改爲官般，而罷折米。中間廣東以爲不便而爭之，再行客鈔。然所賣數多，蓋要足漕司歲計與諸郡之用，只一二年，鈔大積壓，諸州例窘急，而漕計亦不足，于是復行官般。只以靜江言之，若無此，便無以支梧。今靜江措置頗有倫緒，不抑賣，不增價，公私皆便之，鹽價反賤于客鈔之時。若諸州俱能如此，則當不至爲害。但諸州漕司撥得息少，彼無以自足，則增抑之事從此而生，故某有前日論奏。後來漕司蔽護，不肯增給。近頗得要領，已再言之，恐可遂也。大抵此路窮薄，祖宗時全仰外路應副，今每歲反應副外路。鄂渚大軍錢、靖州歲計錢及買馬錢合二十一萬緡，則安得不費力？極本窮源而論之，須于此減得，然後鈔法可行；不然，則立致敗闕也。恐欲知曲折，略此布之。

《虞帝廟碑》已求得季克字，甚古，磨崖比舊刻處乃大勝。蓋舊刻多罅縫填補，今缺文皆是填補處脱落。今所磨却甚平完，見議下手刊刻也。所寄《孟子》數義無不精當。某近頗得暇，再刪改舊說，方得十數段，俟旋寫去求教。可欲之謂善，誠當指人而言，如橫渠之說，蓋凡可欲者善而不可欲者惡也。人之所爲有可欲而無不可欲者，則之人也謂之善人。"信"字亦如來論，皆是指人而言。如此下語，如何？金聲玉振之説，條理云者，只是有倫緒而不紊之謂。始條理者，析衆理于毫釐也；終條理者，備衆理于一貫也。若指條理爲脉絡，却恐未順。《中庸》、《大學章句》亦已詳讀，有少商量處，須更子細反復也。《易説》未免有疑。蓋《易》有聖人之道四，恐非爲卜筮專爲此書。當此爻象，如此處之則吉，如此處之則凶，聖人所以示後世，若筮得之者固當如此處。蓋其理不可違，而卜筮固在其中矣。如蜀莊則專用之于卜筮者也，然亦不敢輕論，俟更深考。山中諸詩紆餘淡泊，諷之不能已，但覺其間猶時有未和平之語，此非是語病，正恐發處氣禀所偏，尚微有存也，更幸深察之。游誠之官期到，行已旬日。其人明決有力，向來良得其助，但義理講儘少涵泳，辭色間多與人忤，正須深下工夫乃佳耳。陳擇之今却留此，通曉民事，好商量，但講論多有成説爲礙耳。近見季克寄得蘄州李士人周翰一文來，殊無統紀。其人所安本在釋氏，聞李伯諫爲其所轉，可慮可慮。方耕道聞氣象差勝舊，書辭亦然，可喜。但適遭府公新政，科配諸州錢物不少，渠雖力與之辯，不肯承當，恐踪迹或不能久安耳。《南軒集》卷二三。

　　【案】本書有"《易説》未免有疑"云云，乃答朱熹上書"近又讀《易》，見一意思"。另據本書中"某黽勉于此，亦復一載"，知其撰于淳熙三年(1176)二月間。

朱熹《答敬夫孟子説疑義》

　　《告子篇》論性數章。

　　按此解之體，不爲章解句釋，氣象高遠。然全不略説文義，便以己意立論，又或別用外字體貼，而無脉絡連綴，使不曉者展轉迷惑，粗曉者一向支離。如此數章論性，其病尤甚。蓋本文不過數語，而所解者文過數倍。本文只謂之性，而解中謂之太極。凡此之類，將使學者不暇求經，而先坐困于吾説，非先賢談經之體也。且如《易傳》已爲太詳，然必先釋字義，次釋文義，然後推本而索言之。其淺深近遠，詳密有序，不如是之匆遽而繁雜也。大抵解經但可略釋文義名物，而使學者自求之，乃爲有益耳。

夜氣不足以存。解云："夜氣之所息能有幾？安可得而存乎？"

按此句之義，非謂夜氣之不存也。凡言存亡者，皆指心而言耳，觀上下文可見。云"仁義之心"，又云"放其良心"，又云"操則存，舍則亡，惟心之謂與"，正有"存亡"二字，意尤明白。蓋人皆有是良心而放之矣，至于日夜之所息而平旦之好惡與人相近者，則其夜氣所存之良心也。及其旦晝之所爲有梏亡之，則此心又不可見。若梏亡反覆而不已，則雖有日夜之所息者，亦至微薄而不足以存其仁義之良心矣，非謂夜氣有存亡也。若以氣言，則此章文意首尾衡決，殊無血脉意味矣。程子亦曰："夜氣之所存者，良知良能也。"意蓋如此。然舊看《孟子》未曉此意，亦只草草看過也。

大體小體。

此章之解意未明，而説太漫。蓋唯其意之未明，是以其説不得而不漫也。按本文"耳目之官不思而蔽于物"，"心之官則思"，此兩節方是分別小體之不可從，而大體之當從之意。解云："從其大體，心之官也。從其小体，耳目之官也。"只此便多却"從其"四字矣。下文始結之云："此二者皆天之所以與我者，但當先立乎其大者，則小者不能奪耳。"此章內"先立乎其大者"一句方是説用力處，而此句內"立"字尤爲要切。據今所解，全不曾提掇著"立"字，而只以思爲主。心不立而徒思，吾未見其可也。于是又有君子徇理、小人徇欲之説，又有思非泛而無統之説，又有事事物物皆有所以然之説，雖有心得其宰之云，然乃在于動而從理之後。此由不明《孟子》之本意，是以其説雖漫而愈支離也。七八年前，見徐吉卿説曾問焦某先生爲學之要，焦云："先立乎其大者。"是時熹説此章正如此解之支離，聞之惘然不解其語。今而思之，乃知焦公之學于躬行上有得力處。

反身而誠。解云："反身而至于誠，則心與理一"云云。

按此解語意極高，然只是贊咏之語。施之于經，則無發明之助；施之于己，則無體驗之功。竊恐當如張子之説，以"行無不慊于心"解之，乃有落著。兼"樂莫大焉"，便是"仰不愧、俯不怍"之意，尤愨實有味也。若只懸空説過，便與禪家無以異矣。

　　所過者化，所存者神。解中引程子、張子之説合而爲一。

　　按此程子、張子之説自不同，不可合爲一説。程子云："所過者化，是身所經歷處；所存者神，所存主處便神。"是言凡所經過處人皆化也，而心所存主處，便有鼓舞風動之意，不待其居之久而後見其效也。"經歷"及"便"字尤見其意。又引"緩來動和"及《易傳·革卦》所引用，亦可見。今以《孟子》上下文意求之，恐當從程子爲是。張子説雖精微，然恐非本文之意也。

　　君子不謂命也。

　　此一章前一節文意分明，然其指意似亦止爲不得其欲者而發。後一節古今説者未有定論，今讀此解，説"智之于賢者"、"聖人之于天道"兩句極爲有功，但上三句却似未穩。蓋但云"出于自然"，則只似言性，而非所以語命矣。頃見陳傅良作此論，意正如此，方以爲疑，不知其出于此。豈嘗以是告之耶？熹竊謂此三句只合依程子説"爲禀有厚薄"，亦與下兩句相通。蓋聖與賢則其禀之厚，而君子所自以爲禀之薄而不及者也。然則此一節亦專爲禀之薄者而發。

　　可欲之謂善，有諸己之謂信。

　　竊詳所解，熹舊説亦然。自今觀之，恐過高而非本意也。蓋此六位爲六等人爾。今爲是説，則所謂善者，乃指其理而非目其人之言矣，與後五位文意不同。又舊説"信"爲"自信"之意，今按此六位皆它人指而名之之辭，然則亦不得爲"自信"之"信"矣。近看此兩句意思似稍穩當，蓋善者人之所同欲，惡者人之所同惡。人之爲人，有可欲而無可惡，則可謂之善人矣。然此特天資之善耳，不知善之爲善，則守之不固，有時而失之。惟知其所以爲善而固守之，然後能實有諸己而不失，乃可謂之信人也。張子曰："可欲之謂善，志仁則無惡也。誠善于心之謂信。"正是此意。不審高明以爲如何？此説"信"字未是，後別有説。

　　前書所示《孟子》數義皆善，但“條理”字恐不必如此説，蓋此兩字不能該得許多意思也。“始條理”、“終條理”，猶曰“智之事”、“聖之事”云爾。“條理”字不須深説，但“金”、“玉”二字却須就“始”、“終”字上説得有來歷乃佳耳。《易》之説固知未合，亦嘗拜稟，姑置之，以俟徐考矣。大抵平日説得習熟，乍聞此説，自是信不及。但虛心而微玩之，久當釋然耳。若稍作意主張求索，便爲舊説所蔽矣。此書近亦未暇卒業，却看得《周禮》、《儀禮》一過，注疏見成，却覺不甚費力也。亦嘗爲人作得數篇記文，隨事頗有發明，卒未有人寫得。俟送碑人回，附呈求教也。心氣未和，每加鐫治，竟不能悛。中間嘗覺求理太多而涵泳之功少，故日常匆迫而不暇于省察，遂欲盡罷生面功夫，且讀舊所習熟者而加涵養之力，竟復汨没，又不能遂。大抵氣質動擾處多，難收斂也。且如近讀二《禮》，亦是無事生事也。

　　蘄州文字亦嘗見之，初意其説止是不喜人闢佛而惡人之溺于佛者。既而考之，其間大有包藏，遂爲出數百言以曉之，只欲俟伯諫歸而示之，未欲廣其書也。近年士子稍稍知向學，而怪妄之説亦復蠭起，其立志不高、見理不徹者皆爲所引取，甚可慮也。間嘗與佛者語，記其説，亦成數篇，後便并附呈次。

　　昨夕因看《大學》舊説，見“人之所親愛而辟焉”處，依古注讀作“譬”字，恐于下文意思不屬。據此，“辟”字只合讀作“僻”字，蓋此言常人于其好惡之私常有所偏而失其正，故無以察乎好惡之公，而施于家者又溺于情愛之間，亦所以多失其道理而不能整齊也。如此讀之，文理極順，又與上章文勢正相似。且此篇惟有此五“辟”字，卒章有“辟則爲天下僇”，“辟”字亦讀爲“僻”，足以相明。但“畏敬”兩字初尚疑之，細看只人所懾憚，如見季子位高金多之比云爾。此説尤生，不知尊意以爲如何？然此非索而獲之，偶讀而意思及此耳。近年靜中看得文義似此處極多，但不敢一向尋求，而于受用得力處則亦未有意思耳。《晦庵文集》卷三一。

【案】本書中有云"《易》之説固知未合，亦嘗拜稟，姑置之，以俟徐考矣"，又云"蘄州文字亦嘗見之"，乃承張栻上書（某郵勉于此）中所云"《易説》未免有疑。蓋《易》有聖人之道四，恐非爲卜筮專爲此書"、"近見季克寄得蘄州李士人周翰一文來，殊無統紀"等而言，故推知其當撰于淳熙三年（1176）中。

張栻《答朱元晦》

某近聞建寧書坊何人將《癸巳孟子解》刻版，極皇恐。非惟見今删改不亭，恐誤學者，兼亦甚不便，日夜不違。已移文漕司及府中日下毁版，且作書抵鄭、傅二公矣，更望兄力主張，移書若言之，且諭書坊，不勝幸甚。此价回，欲知已毁之報，甚望之。《南軒集》卷二四。

【案】據張栻《孟子説序》，其書成于乾道癸巳（九年，1173年）十月，故題曰《癸巳孟子説》。《癸巳孟子説》卷首。又據張栻此下（《孟子解》板）與（出處之計竟何如）二書中所云，知本書撰于淳熙三年（1176）中。

張栻《答朱元晦》

某幸粗安常，近緣憲、漕兩臺俱闕官，不免時暫兼攝，雖事緒頗多，然一路滯獄苛征得以决遣蠲放，不敢不盡心也。向來慮所論乞增撥諸州一分鹽息錢及增邊州米錢事，會適蒙恩旨施行，因得子細奉承。且爲一路思久遠根本之計，椿貯四十萬緡于諸州，以權衡鹽法，接借本脚，而又措置防異日漕司增鹽、諸州抑賣及妄費等弊頗詳，一一列上。若非今次攝漕事，則亦無由料理得也。此是一路性命所係，前日幾爲小人盡刮以獻。前後文字俟一一録去。此事一定，則拙者欲秋凉後丐歸長沙舊廬耳。虞帝廟磨崖已刻得有次第，前日打得數字護附呈。兩日以霖雨，不曾打得也。磨崖之傍，近因取石，遂鑿開一岩頗佳，岩之後正臨皇澤之灣。今欲當户爲亭以瞰之，岩曰韶音，亭曰南風，亦恐欲知。

《中庸集解》已成，只是覆尤溪版，納一部去。見刻《三家昏喪祭禮》，溫公、橫渠、伊川。未畢也。《孟子》欲再改過，終緣公務斷續，蓋雖退食，其于庶事又有當考究思慮者，不敢放下耳。偶有少事，具見別紙。速遣此价，它未能及，俟碑成再遣人去，正惟爲道義重。《南軒集》卷二四。

【案】張栻《跋三家昏喪祭禮》云其“于是刻于桂林郡之學宮云。淳熙三年六月甲戌朔旦”。《南軒集》卷三三。本書云“見刻《三家昏喪祭禮》，未畢也”，故推知其撰于淳熙三年（1176）六月間。

朱熹《答張敬夫》

古禮惟冠禮最易行。如昏禮須兩家皆好禮，方得行。喪禮臨時哀痛中，少有心力及之。祭禮則終獻之儀，煩多長久，皆是難行。看冠禮比他禮却最易行。《朱子語類》卷八九。

【案】《朱子語類》卷八九云：“敬夫嘗定諸禮可行者，淳錄云：在廣西刊《三家禮》。乃除冠禮不載。問之，云：‘難行。’某答之云：‘古禮惟冠禮最易行。’淳錄云：‘只一家事’。如昏禮須兩家皆好禮，淳錄云：‘礙兩家，如五兩之儀，須兩家是一樣人，始得。’方得行。喪禮臨時哀痛中，少有心力及之。祭禮則終獻之儀，煩多長久，皆是難行。看冠禮比他禮却最易行。賀孫。○淳錄少異。”據張栻上書（某幸粗安常）云“見刻《三家昏喪祭禮》，未畢也”，知本書乃承其書而作。

張栻《答朱元晦》

奉教，以《禮書》中不當去冠禮，事甚當。是時正欲革此間風俗，意中欲其便可奉行，故不覺疏略如此，見已改正。如冠禮乃區區久欲講者，當時欲留此一段，候將來商議定耳。比者長沙亦略考究爲之說，其間固多未安，今謾錄呈，願兄裁定示誨。此事乃人道之始，所係甚重，所謂冠禮廢，天下無成人也，惟早留意，幸幸。虞廟樂章所以未刻者，緣有少疑。辭固高古有餘味，但如“神降集兮巫屢舞”之類，恐涉于不敬。又此邦之人尚鬼，訛怪百端，恐愚民不識用意之所在，傳訛爲怪異恍忽，故未敢刻,更幸詳之,見教乃得奉承耳。所謂天德剛明,非幹母之蠱者所能開迪,此論之至當。某之愚,近思之亦謂然。如□□□輩難責,蓋未免要它官職耳,不知寫與伯恭,渠謂如何? 若只如□□□所執,恐終無益。下梢了得個渾身無病痛,出來已是大噁,竟何益也? 然此論切不可輕出,已是被人憚吾輩之深,未有益而空先重其疾耳。《南軒集》卷二四。

【案】本書乃承朱熹上書(古禮惟冠禮最易行)而撰。

張栻《答朱元晦》

《孟子解》板,不謂鄭少嘉全不解人意,早晚賀倅李宗甫歸,當令攜書往見趙守,專辦此事,須煩李君面看劈版。是時亦拜書,煩力一言也。

某已遣人行,偶復記有一事,再此具布。《虞廟碑》中"肦嚮"字,此間有舊日監本《西漢書》,檢得《甘泉賦》中"肦嚮豐融",乃是從"向"。古字固多通用,遂不復改,幸照悉。《南軒集》卷二四。

【案】本書乃撰于張栻上書(某近聞建寧書坊何人將《癸巳孟子解》刻版)以後。又據張栻下書(出處之計竟何如)有云"《孟子解》等鋟版得遂,漫去。非兄致力,豈能便爾",知本書撰于其前。

張栻《答朱元晦》

出處之計竟何如? 須著一出否?《孟子解》等鋟版得遂,漫去。非兄致力,豈能便爾,感幸感幸。向來固屢蒙諭及,是時已復不能收拾,要是因循皇恐耳。近年讀書頗覺平易中意味,向來多言,徒爾爲贅,欲下手痛加删正,終以官守事奪,不敢草草耳。所部自增給齹息之後,頗可支梧,橫斂苛征得以嚴戢。比復有請,漕司輒增撥鹽數,諸州輒增鹽價,並以違制論;諸州將鹽息撥入公庫,充燕飲饋送等費,並坐贓論。已蒙如請行下。又請以見在二十萬緡專樁充漕司買幹鹽本,二十萬緡專備借諸州搬鹽本。此乃是一路根本,一毫不得妄動,每歲終申省。蓋無此,鹽法便倒了,一路便受害,向來幾爲妄吏羡獻,是絶一路命根也,可懼可懼。此請亦已行下，同運司措置椿管應濟矣。趙若海若得疏通曉事，便自見此。今日正要漕臣得人，庶幾一定之論可以凝固也。諸邊悉寧，但未陰雨之計，不可不素整。今静江教兵頗成次第矣，邊頭所患少財亦已有請，庶幾規摹悉定，有可繼之實耳。偶有一項錢，爲三邊州請爲回易之本，若得此，三年之間招補將兵闕額，修堡塞，利器械，可有永久隱然之勢，無南顧之慮矣。適會新憲到官，未一月而殂，拙者復通攝兩臺，事緒雖多，然凡事血脉究見，不敢不竭鄙心也。續候聞出處定論，別專人修問次。《南軒集》卷二三。

　　【案】據《朱熹年譜長編》卷上，淳熙三年(1176)六月，以執政龔茂良等舉薦，除朱熹秘書省秘書郎，朱熹七月辭，未允，八月再辭，並請祠，九月差主管武夷山沖佑觀。本書中云"出處之計竟何如？須著一出否？"即指此事。故推知其約撰于淳熙三年秋間。

張栻《答朱元晦》

　　諭及《大學》中"人之其所親愛而辟焉"處，當讀作"僻"字，反復詳之，甚顯然，且是上下文義貫穿，無可疑者。其理則于修身、齊家極爲要切，《易傳》所謂妻孥之言雖失而多從，所憎之言雖善爲惡，亦是意也。想静中玩繹，多所發明，恨未得盡扣耳。某數年來務欲收斂，于本原處下工，覺得應事接物時差帖帖地，但氣習露見處未免有之，一向鞭辟，不敢少放過，久久庶幾得力耳。冬夜殊得讀書之暇，溫繹舊説，見得其間縱有説得是處，亦復少味，益恨向來言之容易，甚思得閑，從頭整頓過。所欲面承者，蓋非一事也。自甲午病後，雖痛節飲，但向來有酒積在腹間，才飲一兩杯，便覺隱隱地，遂禁絕不復飲，蓋亦效賢者之決也，以此益覺精力勝前耳。于所講論皆無疑，獨《易説》未得其安，亦恐是從來許多意思未能放下，俟更平心易氣徐察之也。所謂若稍作意主張，便爲舊説所蔽，此豈獨讀《易》爲然，凡書皆爾；豈獨説書爲然，凡事皆爾。理道本平鋪放着，只被人起意自礙了。然此是非要它不思量，蓋只爲正有害于思耳。《南軒集》卷二三。

【案】書中言"諭及《大學》中'人之其所親愛而辟焉'處，當讀作'僻'字"，知承朱熹上書(《告子篇》論性數章)。又書中云"冬夜殊得讀書之暇"，故知其撰于淳熙三年(1176)冬。

張栻《答朱元晦秘書》

諭及"《易》與天地準"以下一章，細看惟文義聯屬處猶有所未達，方更詳之，恐有定論，幸見教。近看"和順于道德而理于義"，恐正是謂《易》書之義，蓋與上四句立語同，後一句乃是總括聖人作《易》，所謂生蓍倚數、立卦生爻，理義皆窮理盡性至命之事也，不識如何？《南軒集》卷二一。

【案】張栻下書(晦叔留此旬餘)有云"'《易》與天地準'章，後來愚意亦近是，然不如來説之詳明，更不寫去"，正與本書"諭及'《易》與天地準'以下一章"云云相合，是知本書在前，而朱熹答之，張栻再作下書(晦叔留此旬餘)，故推知本書約撰于淳熙三年(1176)季冬。

張栻《答朱元晦》

某比者蒙誤恩因任，辭而不獲，極用悚皇。但再三思之，事理有不容久冒昧于此，想兄亦悉其詳，身之利害非所問，正恐或至貽害一路。蓋帥司事動涉邊防，而皆係屬密院耳。少俟開正後，當力控陳，其間曲折，遠書未易具布也，兄何以幸教之？本路諸事幸粗定，諸州例頗舒，若得計臺以根本爲念，不爲新奇，不迫以舊逋，庶乎可以望休息。但他人所見類多不與此意同，奈何？然在區區不敢不竭誠盡力也，苟一日未去此，則不敢少忽耳。《南軒集》卷二三。

【案】本書中言"比者蒙誤恩因任"，指"上聞公治行，且未嘗叙年勞，乃詔特轉承事郎，進直寶文閣再任"。朱熹《晦庵文集》卷八九《右文殿修撰張公神道碑》。故張栻《進職因任謝表》有云："内閣分華，進其寓直；介藩因任，錫以贊書。……伏念臣昨承人乏，來守嶺隅，忽坐閲于兩秋。"《南軒集》卷八。張栻于淳熙二年（1175）二月到郡，過三年秋即可稱"閲于兩秋"。又本書中云及"少俟開正後，當力控陳"，"開正"指新年初一，故推知其當撰于淳熙三年末。

張栻《答朱元晦秘書》

晦叔留此旬餘，備詳動止，繼而游掾來，亦能道近況，欣釋爲多。見前後與諸人論操舍出入之説，剖析極子細，最後答游掾之語尤完。吕子約雖知聖人此四句正是論心，然未能明別其間始終真妄邪正之所歸，故遂指其乍存乍亡爲感用，此其差亦不小，來示似未以此告之耳。近因游掾來，理會出入字，有答之之語，録呈，未知尊意何如。"《易》與天地準"章，後來愚意亦近是，然不如來説之詳明，更不寫去。

近來士人雖亦有漸向裏者，然往往爲邪説引取，大抵是不肯于鈍遲處下工，要求快便，故差錯耳。蘄州之説淺陋，不足動人，自是伯諫天資低所致。若臨川□□，其説方熾，此尤可慮者。吾曹惟當務勉其在己者，若立得無一毫滲漏，則自是孚信，有非口舌所能遮挽回也。伯恭已造朝，兩得書，聞上聰明，肯容直言，但陰盛陽微，未見復亨之象耳，奈何奈何！《南軒集》卷二一。

【案】本書中言"伯恭已造朝，兩得書，聞上聰明，肯容直言"，據《吕祖謙年譜》，吕祖謙淳熙三年（1176）十月二十九日赴臨安任秘書省秘書郎兼國史院編修官、實録院檢討官，十一月五日供職，預修《徽宗實録》，故推知本書約撰于淳熙四年初。

張栻《答朱元晦》

石子重、陳明仲、魏應仲三書煩爲自使轉達。林擇之久不聞問，今何如？近復有何人相從？長遠者誰？誠實肯作工夫耐久者，極難得也。鄭自明直言，亦不易容受，其直固是可喜事，但未見用其言，而自明兩遷矣，在言者亦更須審顧也。趙若海固爲才健，但近來出按諸郡，拘覈錢物，殊有過當處。凡郡之財悉拘入漕司寄椿庫，遂致有無錢支俸散衣處。昨日報却與廣東詹漕兩易，渠尚未歸也，詹却頗有氣味，舊熟識之。但渠素主張行鈔法，渠未見此路利害，得其來，同作一家事，共議其至當，尤幸耳。本路緣數劇盜皆就擒，遠近殊恬静。邊上緣向來多是姑息不立，壞却綱紀，近頗修正二三矣。大抵議論往往墮一偏，孟浪者即要功生事，委廢者一切放倒，爲害則均耳。《南軒集》卷二三。

【案】張栻下書（前時承書中諭及狄梁公書法甚善）云及"本路新漕詹君儀之體仁"，而本書云及"昨日報却與廣東詹漕兩易"，故知本書在前，約撰于淳熙四年（1177）春間。

張栻《答朱元晦》

尊嫂已遂葬事否？卜其宅兆，固當審處。然古人居是邦即葬是邦，蓋無處無可葬之地，似不必越它境，費時月，泛觀而廣求也。君子舉動，人所師仰。近世風俗深泥陰陽家之論，君子固不爾，但恐聞風失實，流弊或滋耳。更幸裁之。《南軒集》卷二三。

【案】朱熹妻劉氏卒于淳熙三年（1176）十一月，葬于四年四月中。《朱熹年譜長編》卷上。故推知本書約撰于四年春、夏之際。

張栻《答朱元晦》

前時承書中諭及狄梁公書法，甚善，使梁公親聞之，亦當爲法受惡無所辭，此義烏可不立也？管寧之徒亦誠如所示。栻近因讀《春秋胡氏傳》，覺其間多有合商量處。程先生之說雖少，然總領略具矣。本路新漕詹君儀之體仁，豈弟愛民，凡事可以商量，又趨向正，孜孜以講學爲事，時過細論，殊慰孤寂。舊在嚴陵相見，頗惑佛學，今却不然，亦得伯恭之力，其人恐有可望也。二廣亦有二三士人肯思慮能自立者，但向來無師承，方告以所當循之序耳。《南軒集》卷二三。

【案】張栻下書(學中重刻《責沈》)有云"詹漕體仁孜孜講學,每相見,職事之外即商確義理,殊爲孤寂之慰",而本書有"本路新漕詹君儀之體仁"云云,知在其前,約撰于夏時。詹體仁名儀之,嚴州人。"乾道間,張宣公守鄉郡,呂成公分教,公方家食,日以問學爲事。淳熙二年公知信州,時朱文公、呂成公俱在鵝湖,往復問辨無虛日。及帥廣東,首以濂溪舊治立祠曲江上,張宣公爲之記。"《景定嚴州續志》卷三。故本書中有所謂"舊在嚴陵相見"之語。

張栻《答朱元晦》

《章句序》文理暢達,誦繹再四,恨未見新書體製耳。《近思錄》誠爲有益于學者之近思,前此伯恭尚未寄來也。某比改定,得《語解》數篇,未及寫去。《先進》以後,後來過目,有可示教,一一條示,至幸至望。

游誠之誠長進,但向來相聚,見其病多在"矜"之一字,亦嘗力告之,若不痛于此下工,則思慮雖親切,亦終必失之耳。今在彼,動心忍性處多,于渠當復有深益。某若祠請得遂,徑歸城南,温繹舊書,甚幸。但近年極思與君子一相見,何日得爾耶?儻居閑,當漸可圖也。是間學校、廟宇已成,頗爲雄壯。書閣、講堂次第而立,齋厨亦然。大抵類長沙學,而木植規範似過之,恐早晚去此,求記不及,已令具始末及畫圖,旦夕專人走前。它懷此未能具布。《南軒集》卷二四。

【案】朱熹《静江府學記》撰于淳熙四年(1176)冬十一月己未日南至,云:"静江守臣廣漢張侯栻適以斯時一新其府之學,亦既畢事,則命其屬具圖與書,使人于武夷山間謁熹文以記之。"《晦庵文集》卷七八。又《章句序》指《論語章句序》,張栻下書(《論語章句》精確簡嚴)云及"《論語章句》精確簡嚴,足以詔後學",而本書云"《章句序》文理暢達,誦繹再四,恨未見新書體製耳";另本書云"《近思錄》誠爲有益于學者之近思,前此伯恭尚未寄來也",而張栻下書(學中重刻《責沈》)云及"《近思錄》方議刻,欲稍放字大耳",故知撰于其前。

張栻《答朱元晦》

學中重刻《責沈》，納一軸并十本去。《近思錄》方議刻，欲稍放字大耳。詹漕體仁孜孜講學，每相見，職事之外即商確義理，殊爲孤寂之慰，其趣向亦難得也。本路州縣間人才尋常不敢忽，有思慮、有才力者亦得數人。有邕州倅吳儞者，雖是粗疏，然忠義果斷，疾惡如讎，緩急可用，亦謾及之。《南軒集》卷二三。

【案】張栻《跋了翁責沈》云“建康留守劉公得真迹而刻之，以墨本來寄。某謂斯文之傳，誠有補于世教，獨恐遠方之士艱于得見，乃復刻于桂林學宫云”。末署“淳熙四年六月戊子”。《南軒集》卷三五。另據本書所云“學中重刻《責沈》”，故推知本書約撰于淳熙四年（1176）夏、秋之際。

張栻《答朱元晦》

《論語章句》精確簡嚴，足以詔後學。《或問》之書，大抵固不可易之論，但某意謂此書却未須出。蓋極力與辯説，亦不能得盡，只使之誦味《章句》，節節有得，則去取之意與諸家之偏，當自能見之。不然，却恐使之輕易趨薄耳。《南軒集》卷二四。

【案】據《朱熹年譜長編》卷上，朱熹于淳熙四年（1176）六月中撰成《論語集注》、《或問》、《孟子集注》、《或問》等。本書中所謂《論語章句》，當指《論語集注》。故推知其書約撰于淳熙四年秋間。

張栻《答朱元晦秘書》

某已拜書，偶有少事，數日來方見李壽翁侍郎申明，乞依舊法，義米各椿穀在逐鄉都分中，曾見此文字否？此説殊當，但朝廷下諸路常平司與州郡相度，目前諸人例以爲不可行，可嘆。然壽翁所條似未盡，而户部鋪法固已沮之矣。區區之意以爲可行，但須條畫詳密乃可。望兄試爲思而處之，畫項見教，附此人回，幸甚。聞向來兄在鄉所措置斂散米事，今極有倫理。其間利病甚切，想究復之甚熟矣，顒俟顒俟。

如湘中辛卯之旱，浮徙者無數。徙者後來得歸十無二三。此説得行，當無此患。文字恐未見，録一本去。

胡明仲《論語詳説》雖未能的當，然其間辯説，似亦有益于學者也。有欲板行者，于兄意如何？《章句》、《或問》書中所引周氏説爲誰，某未見此書也。再三思《或問》所條析，誠恐前輩説中偏處有誤後學，不可以不辯。但一一辯析，恐未能盡，又似太費力，只舉其大者與其條目使人推尋之，如何？然前所寄數紙詳讀，又于愚慮所益固已不少，恨未得盡見之也。蓋其間非獨可正一事一義，于其立言病痛來歷處究極之甚精也。《南軒集》卷二一。

【案】張栻上書（《論語章句》精確簡嚴）有云“《或問》之書，大抵固不可易之論，但某意謂此書却未須出”，而本書又云“再三思《或問》所條析，誠恐前輩説中偏處有誤後學，不可以不辯”，推知約撰于其後。

張栻《答朱元晦秘書》

吳晦叔八月間遂不起，極可傷惜。湘中遂失此講學之友，豈復可得！近聞已葬矣。有子方數歲也，想亦爲動懷。伯恭見報已轉對，未知所言竟云何。英州固爲病痛不小，但其去也，殊有所係，近事想悉聞之，使人憂心，不遑假寐。又伏思之，吾君勤儉之德，天必將相之，有所開悟，所恨臣下不能信以發志耳。建康屢得書，亦念歸也。其它遠書莫盡。《南軒集》卷二一。

【案】據朱熹《南岳處士吳君行狀》，吳翌（字晦叔）卒于淳熙四年（1176）八月三日，年四十九。《晦庵文集》卷九七。又據呂祖謙《與朱侍講元晦》（某冗食册府已十閱月）云及“某冗食册府已十閱月……對班不出此月下旬”，《東萊集》別集卷八。呂書撰于八月上、中旬。另據本書中“伯恭見報已轉對，未知所言竟云何”，故推知其撰于九月中。

張栻《答朱元晦》

　　某丐祠，乃不獲命，一味皇恐，已再具請，度必蒙矜允。黽勉于此且三年矣，此間氣燥而風烈，久處其間，豈得無所傷？加以灾患、悲悼之餘，尤覺費調護。又況事理自當閑退，此請若尚未遂，當更力言耳。然未去間，種種不敢少忽，遠近幸寧静，人情相安，頗覺省力，但義不得不求歸。顧惟主恩曾未有毫髮之報，區區何敢有懷安之念哉！兒子護亡室之喪已抵長沙，以此月喪事，卜地得之湘西山間，某頃嘗見之，頗爲穩密。惟是自失梱助，家事細大無不相關。今凡百悉從痛省，只覺恬静之爲安矣。《論語》日夕玩味，覺得消磨病痛，變移氣質，須是潛心此書，久久愈見其味。舊説多所改正，它日首以求教。向來下十章《癸巳解》，望便中疏其繆見示。兄閑中想得專精于文字間，殆亦天意也。《中庸》、《大學章句》極涵蓄有味，它解想皆用此體。《通鑑》工夫今何如？有相從者否？近東廣一二士來相見，篤茂可喜，此間士人似未及之，良才美質，何處無也。《南軒集》卷二三。

　　【案】據《張宣公年譜》，張栻妻宇文氏卒于淳熙四年（1176）八月，又張栻于淳熙二年二月到静江府任。本書云“黽勉于此且三年矣”，又云“兒子護亡室之喪已抵長沙，以此月喪事，卜地得之湘西山間”，推知其約撰于淳熙四年冬。

朱熹《與張敬夫論癸巳論語説》

　　學而時習之。

　　程子曰：“時復紬繹。”本文作“思繹”，今此所引，改“思”爲“紬”，不知何説？學者之于義理，當時紬繹其端緒而涵泳之也。“學而時習之”，此是《論語》第一句，句中五字雖有虛實輕重之不同，然字字皆有意味，無一字無下落，讀者不可以不詳，而説者尤不可以有所略也。學之爲言效也，以己有所未知，而效夫知者以求其知；以己有所未能，而效夫能者以求其能之謂也。“而”者，承上起下之辭也。“時”者，無時而不然也。

“習”者，重複溫習也。“之”者，指其所知之理、所能之事而言。言人既學矣，而又時時溫習其所知之理、所能之事也。蓋人而不學，則無以知其所當知之理，無以能其所當爲之事。學而不習，則雖知其理、能其事，然亦生澀危殆而不能以自安。習而不時，則雖曰習之，而其功夫間斷，一暴十寒，終不足以成其習之之功矣。聖言雖約，而其指意曲折深密而無窮蓋如此。凡爲解者，雖不必如此瑣細剖析，然亦須包含得許多意思，方爲完備。今詳所解，于“學而”兩字全然闊略，而但言紬繹義理以解“時習”之意。夫人不知學，其將何以知義理之所在而紬繹之乎？且必曰“紬繹義理之端緒而涵泳之”，又似義理之中別有一物爲之端緒，若繭之有絲，既紬繹出來，又從而涵泳之也。語意煩擾，徒使學者胸中擾擾，拈一放一，將有揠苗助長之患，非所以示人入德之方也。**說者，油然内慊也**。程子但言“浹洽于中則說”，雖不正解“說”字，而“說”字之意已分明。既述程語，而又增此句，似涉重複。且“慊”者，行事合理而中心滿足之意，施之于此，似亦未安。

　　孝弟也者，其爲仁之本與？

自孝弟而始，爲仁之道，生而不窮。按有子之意，程子之説正謂事親從兄、愛人利物莫非爲仁之道。但事親從兄者本也，愛人利物者末也。本立然後末有所從出，故孝弟立而爲仁之道生也。今此所解，語意雖高而不親切。**其愛雖有差等，而其心無不溥矣**。此章“仁”字正指愛之理而言耳。《易傳》所謂“偏言則一事”者是也。故程子于此但言“孝弟行于家，而後仁愛及于物”，乃爲實指事而言。其言雖近，而指則遠也。今以“心無不溥”形容，所包雖廣，然恐非本旨，殊覺意味之浮淺也。

　　巧言令色。

若夫君子之修身，謹于言語容貌之間，乃所以體當在己之實事，是求仁之要也。此意甚善。但恐須先設疑問以發之，此語方有所指。今無所發端而遽言之，則于經無所當，而反亂其本意矣。如《易傳》中發明經外之意，亦必設爲問答以起之。蓋須如此，方有節次來歷，且不與上文解經正意相雜，而其抑揚反覆之間，尤見得義理分明耳。

　　爲人謀而不忠。

處于己者不盡也。“處”字未安。

　　道千乘之國。

信于己也。“己”字未安。**自使民以時之外**。此句無所當，恐是羨字。

　　毋友不如己者。

不但取其如己者，又當友其勝己者。經但言"毋友不如己者"，以見友必勝己之意。今乃以"如己"、"勝己"分爲二等，則失之矣。而其立言造意，又似欲高出于聖言之上者。解中此類甚多，恐非小病也。

慎終追遠。

慎，非獨不忘之謂，誠信以終之也。追，非獨不忽之謂，久而篤之也。以"慎"爲不忘，"追"爲不忽，若舊有此説，則當引其説而破之。若初無此説，則此兩句亦無所當矣。且下文兩句所解亦未的當。凡事如是，所以養德者厚矣。慎終追遠自是天理之所當然、人心之所不能已者，人能如此，則其德自厚而民化之矣。今下一"養"字，則是所以爲此者，乃是欲以養德，而其意不專于慎終追遠矣。厚者德之聚，而惡之所由以消靡也。此語于經無當，于理未安。

父在觀其志。

志欲爲之而有不得行，則孝子之所以致其深愛者可知。此章舊有兩説：一説以爲爲人子者，父在則能觀其父之志而承順之，父没則能觀其父之行而繼述之，又能三年無改于父之道，則可謂孝矣。一説則以爲欲觀人子之賢否者，父在之時，未見其行事之得失，則但觀其志之邪正；父没之後，身任承家嗣事之責，則當觀其行事之得失。若其志與行皆合于理，而三年之間又能無改于父之道，則可謂孝矣。此兩説不同，愚意每謂當從前説所解爲順。若如後説，則上文未見志行之是非，不應末句便以"可謂孝矣"結之也。今詳此解蓋用後説，然謂父在而志不得行可以見其深愛，則又非先儒舊説之意矣。經文但有一"志"字，乃是通邪正得失而言，如何便見得獨爲"志欲爲之而不得行"，又何以見夫"致其深愛"之意耶？三年無改于父之道，志哀而不暇它之問也。又曰"三年無改"者，言其常也，可以改而可以未改者也。此句之説，惟尹氏所謂"孝子之心有所不忍"者最爲愨實。而游氏所謂"在所當改而可以未改"者，斟酌事理尤得其當。此解所云"志哀而不暇它之問"者，蓋出謝氏之説，其意非不甚美，然恐立説過高，而無可行之實。蓋事之是非可否日接于耳目，有不容不問者。君子居喪，哀戚雖甚，然視不明、聽不聰，行不正、不知哀者，君子病之，則亦不應如是之迷昧也。所謂"可以改而可以未改"者，則出于游氏之説，然又失其本指。蓋彼曰"在所當改"，則迫于理而不得不然之辭也。今曰"可以改"，則意所欲而冀其或可之辭也。二者之間，其意味之厚薄相去遠矣。又此經所言，亦爲人之父不能皆賢，不能皆不肖，故通上下而言，以中人爲法耳。今解又云"三年無改者，言其常也"，似亦非是。若言其常，則父之所行，子當終身守之可也，豈但以三年無改爲孝哉？

　　　信近于義。

　　恭謂貌恭。又曰：恭而過于實，適所以招耻辱。恭不近禮，謂之無節而過卑則可，謂之"貌恭而過實"，則失之矣。且貌恭而過實，亦非所以取耻辱也。言而不可復則不可行，將至于失其信矣。或欲守其不可復之言，則逆于理而反害于信矣。此結句似不分明，恐未盡所欲言之曲折也。竊原本意，蓋曰欲其言之信于人，而不度于義者，復之則害于義，不復則害于信，進退之間，蓋無適而可也。故君子欲其言之信于人也，必度其近于義而後出焉，則凡其所言者，後無不可復之患矣。恐須如此説破，方分明也。

　　　就有道而正焉。

　　異世而求之書。本文未有此意，恐不須過説。或必欲言之，則別爲一節而設問以起之可也。

　　　貧而樂，富而好禮。

　　進于善道，有日新之功，其意味蓋無窮矣。此語不實。

　　　《詩》三百。

　　其言皆出于惻怛之公心，非有它也。"惻怛"與"公心"字不相屬。"非有它也"，乃嫌于有它而解之之辭，然亦泛矣。《詩》發于人情，似無"有它"之嫌。若有所嫌，亦須指言何事，不可但以"有它"二字概之也。

　　　無違。

　　"生事之以禮"，以敬養也。"死葬之以禮"，必誠必信也。"祭之以禮"，致敬而忠也。專言敬則愛不足，專言誠信則文不足，"忠"字尤所未曉，然致敬而忠，恐亦未足以盡祭禮。大率聖人此言至約，而所包極廣，條舉悉數猶恐不盡，況欲率然以一言該之乎？

　　　十世可知。

　　若夫自嬴秦氏廢先王之道，而一出于私意之所爲，有王者作，其于繼承之際，非損益之可言，直盡因革之宜而已。此一節立意甚偏而氣象褊迫，無聖人公平正大、隨事順理之意。且如此説，則是聖人之言不足以盡古今之變，其所謂百世可知者，未及再世而已不驗矣。嘗究此章之指，惟古注馬氏得之。何晏雖取其説，而復

亂以己意，以故後來諸家祖習其言，展轉謬誤，失之愈遠。至近世吳才老、胡致堂始得其
説，最爲精當。吳説有《續解》、《考異》二書，而《考異》中此章之説爲尤詳，願試一觀，或有
取焉。大抵此二家説其它好處亦多，不可以其後出而忽之也。

　　非其鬼而祭之，諂也。

　　無其鬼神，是徒爲諂而已。聖人之意，罪其祭非其鬼之爲諂，而不譏其祭無其
鬼之徒爲諂也。諂自惡德，豈論其有鬼無鬼、徒與不徒也哉？

　　《韶武》。

　　聖人之心，初無二致，揖遜征伐，時焉而已。此理固然，但此處解"美"、
"善"兩字而爲此説，似以舜、武心皆盡美，而武王之事有未盡善，則"美"字反重而"善"字反
輕，爲不倫耳。蓋美者聲容之盛，以其致治之功而言；善者致美之實，以其德與事而言
也。然以德而言，則性之反之雖有不同，而成功則一；以事而言，則揖遜征伐雖有不同，而
各當其可。則聖人之心，亦未嘗不同也。

　　仁者能好人惡人。

　　仁者爲能克己。此語似倒，恐當正之。

　　無終食之間違仁。

　　"無終食之間違仁"，是心無時而不存也。"造次顛沛必于是"，主一
之功也。此二句指意不明，語脉不貫，初竊疑其重複，既而思之，恐以上句爲成德之事，
下句爲用功之目。若果如此，則當改下句云"所以存其心也"，乃與上文相應，庶讀者之易
曉。然恐終非聖人之本意也。

　　無適無莫。

　　或曰異端無適無莫而不知義之與比，失之矣。夫異端之所以不知
義者，正以其有適有莫也。異端有適有莫，蓋出于程子之言。然譏其無適莫而不知
義，亦謝氏之説。言雖不同，而各有所指，未可遽以此而非彼也。若論先後，則正以其初無
適莫而不知義，故徇其私意以爲可否，而反爲有適有莫。既有適莫，故遂不復求義之所在，
而卒陷于一偏之説也。

　　求爲可知。

　　若曰使己有可知之實，則人將知之，是亦患莫己知而已，豈君子之
心哉？此説過當。若曰"所謂求爲可知者，亦曰爲其所當爲而已，非謂務皎皎之行以求聞
于人也"，則可矣。

一以貫之。

道無不該也，有隱顯内外本末之致焉。若無隱顯内外本末之致，則所謂一貫者，亦何所施哉？此意其善，然其辭則似生于辨論反覆之餘者。今發之無端，則無所當而反爲煩雜。若曰"聖人之心于天下事物之理無所不該，雖有内外本末隱顯之殊，而未嘗不一以貫之也"，則言順而理得矣。

欲訥于言。

言欲訥者畏天命，行欲敏者恭天職。言行自當如此，不必爲畏天命、恭天職而然。今若此言，則是以言行爲小，而必稱天以大之也。且言行之分屬未穩當，行之欲敏，獨非畏天命耶？

晝寢。

知抑精矣。"抑"字恐誤。

臧文仲。

世方以小慧爲知。小慧似非所以言臧文仲。

季文子。

非誠其思。此語未善。

顏淵、季路侍。

爲吾之所當爲而已，則其于勞也奚施？"施勞"，舊説皆以"施"爲"勿施于人"之"施"；"勞"者，勞辱之事。今如此説，語不分明。子細推尋，似亦以"施"爲夸張之意，"勞"爲"功勞"之"勞"，其意雖亦可通，但不知"施"字有如此用者否耳？必如此説，更須子細考證，説令明白乃佳。存乎公理。此句亦未善。

質勝文則野。

失而爲府史之史，寧若爲野人之野乎？此用楊氏"與其史也，寧野"之意，然彼亦以爲必不得已而有所偏勝，則寧若此耳。今解乃先言此，而又言"矯揉就中"之説，則既曰"寧爲野人之野"矣，又何必更説"修勉而進其文"乎？文理錯雜，前後矛盾，使讀者不知所以用力之方。恐當移此于"矯揉就中"之後，則庶乎言有序而不悖也。

人之生也直。

罔則昧其性，是冥行而已矣。此説似好。然承上文"直"字相對而言，則當爲"欺罔"之"罔"。

中人以下。

不驟而語之以上，是亦所以教之也。孟子言“不屑之教誨，是亦教誨之”，蓋爲不屑之教誨，已是絶之而不復教誨，然其所以警之者亦不爲不至，故曰“是亦教誨之”而已矣。所謂“亦”者，非其正意之辭也。若孔子所言“中人以下未可語上”，而不驟語之以性與天道之極致，但就其地位，告之以切己著實之事，乃是教之道正合如此，非若不屑之教誨，全不告語，而但弃絶以警之也。今曰“是亦教誨之也”，則似教人者不問其人品之高下，必盡告以性與天道之極致，然後始可謂之教誨。才不如此，便與絶而不教者無異。此極害理，非聖門教人之法也。且著此一句，非惟有害上文之意，覺得下文意思亦成躐等，氣象不佳。試思之。若但改云“不驟而語之以上，是乃所以漸而進之，使其切問近思而自得之也”，則上下文意接續貫通，而氣象無病矣。此所撰《集注》已依此文寫入矣。

敬鬼神而遠之。

遠而不敬，是誣而已。“誣”字未安。

知仁動静。

知之體動，而静在其中，仁之體静，而動在其中。此義甚精，蓋周子《太極》之遺意，亦已寫入《集注》諸説之後矣。但在此處讀之，覺得有急迫之病，略加曲折，別作一節意思發明乃佳。大抵此解之病在于太急迫而少和緩耳。

子見南子。

過衛國，必見寡小君。孔子居衛最久，不可但言“過衛”。見小君者，禮之當然，非特衛國如此也。夫子聽衛國之政，必自衛君之身始。此理固然，然其間似少曲折。只如此説，則亦粗暴而可畏矣。試更思之，若何？

博施濟衆。

不當以此言仁也。仁之道不當如此求也。但言不當，而不言其所以不當之故，不足以發聖人之意。先言仁者，而後以“仁之方”結之。立人、達人，仁也；能近取譬，恕也。自是兩事，非本一事而先言後結也。

述而不作。

聖人所以自居者，平易如此。“平易”二字説不著。老彭、孔子事同，而情性功用則異。孔子賢于堯、舜，非老彭之所及。人皆知之，自不須説。但其謙退不居而反自比焉，且其辭氣極于遜讓，而又出于誠實如此，此其所以爲盛德之至也。爲之説者，正當于此發其深微之意，使學者反復潛玩，識得聖人氣象，而因以消其虚驕傲誕之習，乃爲有力。今但以“平易”二字等閒説過，而于卒章忽爲此論，是乃聖人鞠躬遜避于前，而吾黨爲之攘袂扼腕于後也。且無乃使夫學者疑夫聖人之不以誠居謙也乎哉？大率此解多務發明言外之意，而不知其反戾于本文之指，爲病亦不細也。

默而識之。

默識非言意之所可及，蓋森然于不睹不聞之中也。又云：世之言默識者，類皆想像億度，驚怪恍惚，不知聖門實學貴于踐履，隱微之際，無非真實。默識只是不假論辨而曉此事理，如侯子辨揔老之説是已。蓋此乃聖人之謙詞，未遽説到如此深遠處也。且此説雖自踐履言之，然其詞氣則與所謂驚怪恍惚者亦無以相遠矣。

子之燕居。

聖人聲氣容色之所形，如影之隨行。聲氣容色不離于形，同是一物。影之于形，雖曰相隨，然却是二物。以此況彼，欲密而反疏矣。且衆人聲氣容色之所形，亦其有于中而見于外者，豈獨聖人爲然哉？

志于道。

藝者所以養吾德性而已。上四句解釋不甚親切，而此句尤有病。蓋藝雖未節，然亦事理之當然，莫不各有自然之則焉。曰“游于藝”者，特欲其隨事應物各不悖于理而已。不悖于理，則吾之德性固得其養然，初非期于爲是以養之也。此解之云，亦原于不屑卑近之意，故恥于游藝而爲此説以自廣耳。又按張子曰：“藝者，曰爲之分義也。”詳味此句，便見得藝是合有之物，非必爲其可以養德性而後游之也。

自行束脩以上。

辭氣容色之間，何莫非誨也，固不保其往爾。“誨”字之意，恐未説到辭氣容色之間，亦未有不保其往之意也。蓋“吾無隱乎爾”，乃爲二三子以爲有隱而發。“不保其往”，乃爲門人疑于互鄉童子而發，皆非平日之常言，不應于此無故而及之也。若以禮來者，不以一言告之，而必俟其自得于辭氣容色之間，又先萌不保其往之意，則非聖人物來順應之心矣。此一章之中説過兩節意思，尤覺氣迫而味短也。

憤悱。

憤則見于辭氣，悱則見于顏色。此兩字與先儒説正相反，不知別有據否？

子謂顏淵。

其用也，豈有意于行之？其舍也，豈有意于藏之？聖人固無意必，然亦謂無私意期必之心耳。若其救時及物之意皇皇不舍，豈可謂無意于行之哉？至于舍之而藏，則雖非其所欲，謂舍之而猶無意于藏，則亦過矣。若果如此，則是孔、顏之心漠然無意于應物，推而後行，曳而後往，如佛、老之爲也。聖人與異端不同處正在于此，不可不察也。程子于此但言"用舍無與于己，行藏安于所遇者也"。詳味其言，中正微密，不爲矯激過高之説，而語意卓然，自不可及，其所由來者遠矣。程子又云："樂行憂違，憂與樂皆道也，非己之私也。"與此相似，亦可玩味。

子行三軍則誰與？

"臨事而懼，好謀而成"，古之人所以成天下之事而不失也，豈獨可行三軍而已哉？臨事而懼，好謀而成，本爲行三軍而發，故就行三軍上觀之，尤見精密。蓋聖人之言雖曰無所不通，而即事即物，毫釐之間又自有不可易處。若如此解之云，是乃程子所謂"終日乾乾，節節推去"之病矣。

子所雅言。

性與天道，亦豈外是而它得哉？固是如此，然未須説。

子不語。

語亂則損志。"損志"二字未安。

弋不射宿。

不忍乘危。"乘危"二字未安。

奢則不孫。

聖人斯言，非勉學者爲儉而已。聖人深惡奢之爲害，而寧取夫儉之失焉，則其所以勉學者之爲儉，其意切矣。今爲此説，是又欲求高于聖人，而不知其言之過、心之病也。温公謂"楊子作《玄》，本以明《易》，非敢別作一書以與《易》競"。今讀此書，雖名爲説《論語》者，然考其實，則幾欲與《論語》競矣。鄙意于此深所未安，不識高明以爲如何？

曾子有疾，召門弟子。

形體且不可傷，則其天性可得而傷乎？此亦過高之説，非曾子之本意也。且當著明本文之意，使學者深慮，保其形體之不傷而盡心焉，是則曾子所爲丁寧之意也。且天性亦豈有可傷之理乎？

孟敬子問之。

將死而言善，人之性則然。此語太略，幾不可曉，恐當加詳焉。動容貌者，動以禮也。正顏色者，正而不妄也。出詞氣者，言有物也。動容貌則暴慢之事可遠，正顏色則以實而近信，出詞氣則鄙倍之意可遠。此説蓋出于謝氏，以文求之，既所未安；而以義理觀之，則尤有病。蓋此文意但謂君子之所貴乎道者，有此三事，動容貌而必中禮也，正顏色而非色莊也，出詞氣而能合理也。蓋必平日莊敬誠實，涵養有素，方能如此。若其不然，則動容貌而不能遠暴慢矣，正顏色而不能近信矣，出詞氣而不能遠鄙倍矣。文勢如此，極爲順便。又其用功在于平日積累深厚，而其效驗乃見于此，意味尤覺深長。明道、尹氏説蓋如此，惟謝氏之説以動、正、出爲下功處，而此解宗之。夫經但云“動”，則其以禮與否未可知；但云“正”，則其妄與不妄未可見；但云“出”，則其有物無物亦未有以驗也。蓋夫子嘗言“非禮勿動”，則動容固有非禮者矣。今但曰“動”，則暴慢如何而遽可遠乎？又曰“色取仁而行違”，則正色固有不實者矣。今但曰“正”，則信如何而遽可近乎？又曰“出其言不善”，則出言固有不善者矣。今但曰“出”，則鄙倍如何而遽可遠乎？此以文義考之，皆所未合。且其用力至淺而責效過深，正恐未免于浮躁淺迫之病，非聖賢之本指也。

　　弘毅。

弘由充擴而成。此句似説不著。

　　民可使由之。

使自得之。此亦但謂使之、由之耳，非謂使之知也。

　　蕩蕩乎民無能名焉。

無所不該，而其用則密。只廣大便難名，不必言其用之密也。

　　禹，吾無間然矣。

皆所以成其性耳。禹之所行，皆理之所當然，固是本出于性，然禹亦爲其所當爲而已，非以其能成吾性而後爲之也。

　　子絶四。

絶而不復萌。此顔子不貳過之事，非所以語孔子，蓋此“絶”字猶曰“無”耳。然必言“絶”而不言“無”者，見其無之甚也。

　　顔淵喟然嘆曰。

“約我以禮”，謂使之宅至理于隱微之際。侯氏曰：“博文，致知格物也。約禮，克己復禮也。”其説最善。此解説得幽深，却無意味也。必曰“如”者，言其始見之端的者然也。此句亦不可曉。

　　未見好德。

　　衆人物其性。此語未安。蓋性非人所能物，衆人但不能養其性而流于物耳，性則未嘗物也。

　　語之而不惰。

　　不惰，謂不惰其言也。夫子之言昭然發見于顏子日用之中，此之謂不惰。“惰”字乃怠惰之義。如所解，乃墜墮之義，字自作“墮”。或有通作“墮”者，不作“惰”也。且其爲説，又取禪家語墮之意，鄙意于此尤所未安也。

　　衣敝縕袍。

　　不忮不求之外，必有事焉。此語不可曉。

　　可與共學。

　　或者指權爲反經合道、驚世難能之事。世俗所謂權者，乃隨俗習非、偷安苟得，如《公羊》祭仲廢君之類耳，正不謂驚世難能之事也。

　　唐棣之華。

　　《唐棣》之詩，周公誅管、蔡之事。《論語》及《詩·召南》作“唐棣”，《小雅》作“常棣”，無作“棠”者。而《小雅》“常”字亦無“唐”音。《爾雅》又云：“唐棣，棣；常棣，栘。”則唐棣、常棣自是兩物。而夫子所引，非《小雅》之《常棣》矣。且今《小雅·常棣》之詩，章句聯屬，不應別有一章如此，蓋逸詩爾。《論語》此下別爲一章，不連上文。范氏、蘇氏已如此説。但以爲思賢之詩，則未必然耳。或説此爲孔子所刪《小雅》詩中之一章，亦無所考。且以文意參之，今《詩》之中當爲第幾章耶？

　　食饐而餲。

　　聖人所欲不存，豈有一毫加于此哉？此句不可曉。

　　出三日，不食之矣。

　　或出三日，則寧不食焉。按經文，此句乃解上文“祭肉不出三日”之意，言所以三日之中食之必盡，而不使有餘者，蓋以若出三日，則人將不食而厭弃之，非所以敬神惠也。

　　不可則止。

　　有不合于正理，則從而止之。按經文意，“不可則止”，但謂不合則去耳。後篇論朋友處，"不可則止"，文意正同。今爲此説，穿鑿費力，而不成文理，竊所未安。且兩句文同，不應指意頓異如此也。

　　點，爾何如？

　　"曾子非有樂乎此也"至"故行有不揜焉也"。此論甚高，然反復玩之，則夸張侈大之辭勝，而愨實淵深之味少。且其間文意首尾自相背戾處極多，且如所謂"曾子非有樂乎此也，蓋以見夫無不得其樂之意耳"，只此一句，便自有兩重病痛。夫謂曾子非有樂乎此，此本于明道先生"簞瓢陋巷非有可樂"之説也。然顏、曾之樂雖同，而所從言之則異，不可不察也。蓋簞瓢陋巷實非可樂之事，顏子不幸遭之，而能不以人之所憂改其樂耳。若其所樂，則固在夫簞瓢陋巷之外也。故學者欲求顏子之樂，而即其事以求之，則有沒世而不可得者，此明道之説所以爲有功。若夫曾晳言志，乃其中心之所願而可樂之事也。蓋其見道分明，無所係累，從容和樂，欲與萬物各得其所之意，莫不靄然見于詞氣之間。明道所謂"與聖人之志同，便是堯、舜氣象"者，正指此而言之也。學者欲求曾晳之胸懷氣象，而捨此以求之，則亦有沒世而不可得者矣。夫二子之樂雖同，而所從言則其異有如此者。今乃以彼之意爲此之説，豈不誤哉？且夫子之問，欲知四子之所志也。四子之對，皆以其平日所志而言。今于曾晳之言，獨謂其特以見夫無所不得其樂之意，則是曾晳于夫子之問獨不言其平日之所志，而臨時信口撰成數句無當之大言，以夸其無所不樂之高也。如此則與禪家拈槌竪拂、指東畫西者何以異哉？其不得罪于聖人幸矣，又何喟然見與之可望乎？至于此下雖名爲推説曾晳之意者，然盡黜其言而直伸己見，則愚恐其自信太重，視聖賢太輕，立説太高，而卒歸于無實也。且所謂"無不得其樂"者，固以人而言之矣。而其下文乃以"天理自然，不可妄助，不可過及，不可倚著"者釋之，則未知其以理而言耶？抑以人言之耶？以理而言，則與上文"得其所樂"之云似不相應；以人而言，則曾晳之心艱危恐迫，傾側動搖，亦已甚矣，又何以得其所樂而爲天理之自然耶？其以爲"叙秩命討，天則所存，堯、舜所以無爲而治者"，則求諸曾晳之言，殊未見此曲折。且此既許之以聖人之事矣，又以爲聖門實學存養之地，則是方以爲學者之事也。若曰姑以爲學者之事而已，而又以爲行有所不揜焉，則是又并所謂有養者而奪之也。凡此數節，殊不相應，皆熹之所不能曉者。竊惟此章之旨，惟明道先生發明的當，若上蔡之説，徒贊其無所系著之意，而不明其對時育物之心，至引列子禦風之事爲比，則其雜于老、莊之見，而不近聖賢氣象尤顯然矣。凡此説中諸可疑處，恐皆原于其説。竊謂高明更當留意，必如橫渠先生所謂"濯去舊見，以來新意"者，庶有以得聖賢之本心耳。《論語》中大節目似此者不過數章，不可草草如此説過也。

　　克己復禮。

“斯言自始學至成德皆當從事”至“無所見夫克矣”。此一節意思，似亦因向來以克己爲後段事，故有此反復之論。今但如此發之無端，恐亦須設問答以起之。

子帥以正。

其有不率者，則明法敕罰以示之，亦所以教也。理固如此，但此處未應遽如此說，奪却本文正意耳。《易》曰“明罰敕法”，此倒其文，不知別有意否？

直躬。

“世之徇名而不究其實者”至“幾何其不若是哉”。此不知所指言者謂何等事，文意殊不明也。

爲命。

“雖然”至“言外之意也”。恐聖人未有此意，但作今自推説，却不妨耳。

人也。

以其有人之道也。古注云：“猶《詩》‘所謂伊人’。”此説當矣。《莊子》曰：“之人也，物莫之傷。”亦與此同。若曰“有人之道”，極言之則太重，管仲不能當；淺言之則太輕，又非所以語管仲也。

孟公綽。

趙、魏老在當時號爲家事治者。此句不可曉，恐傳本有誤字。

正謫。

程子曰云云。此解恐當用致堂説，向見伯恭説亦如此。

古之學者爲己。

所以成物，特成己之推而已。按此“爲人”，非成物之謂。伊川以“求知于人”解之，意可見矣。若學而先以成物爲心，固失其序，然猶非私己者，恐亦非當時學者所及也。呂與叔《中庸序》中亦如此錯解了。

不逆詐。

孔注文義爲順。按孔注文義極不順，惟楊氏説得之。“抑”者，反語之詞，如云“求之與，抑與之與”、“硜硜然小人哉，抑亦可以爲次矣”，皆略反上文之意也。

微生畝。

包注訓“固”爲陋，此解是。恐亦未安。

諒陰。

大君敕五典以治天下，而廢三年之達喪。經文未有此意，短喪自是後世之失。若欲發明，當別立論而推以及之，不可只如此説，無來歷也。

修己以敬。

敬有淺深，敬之道盡，則修己之道亦盡，而安人、安百姓皆在其中。此意甚善。但"敬有淺深"一句，在此于上下文並無所當，反使人疑修己是敬之淺者，安百姓是敬之深者。今但削去此四字及下文一"亦"字，則意義通暢，自無病矣。

原壤。

"幼而孫弟"至"見其弊之所自也"。恐聖人無此意。今以爲當如是，推之則可耳。

予一以貫之。

所謂"約我以禮"者歟？此説已見"顏淵喟然"章。此亦子貢初年事。既曰當其可，則子貢是時應已默契夫子之意矣。後來所言夫子之得邦家者，安知不由此而得之？何以知其爲初年事耶？此等既無考據，而論又未端的，且初非經之本意，不言亦無害也。

子張問行。

人雖不見知，而在己者未嘗不行。夫子之言，言其常理耳。人雖不知，別是一段事，未應遽説以亂夫子之意。向後別以己意推言則可耳。參前倚衡，使之存乎忠信篤敬之理也。此謂言必欲其忠信，行必欲其篤敬，念念不忘而有以形于心目之間耳。若不責之于言行之實，而徒曰"存其理而不舍"，亦何益哉？

卷而懷之。

猶有卷而懷之之意，未及潛龍之隱見。恐不須如此説。

志士仁人。

仁者，人之所以生也，苟虧其所以生者，則其生也亦何爲哉？志士仁人所以不求生以害仁者，乃其心中自有打不過處，不忍就彼以害此耳，非爲恐虧其所以生者而後殺身以成仁也。所謂成仁者，亦但以遂其良心之所安而已，非欲全其所以生而後爲之也。此解中常有一種意思，不以仁義忠孝爲吾心之不能已者，而以爲畏天命、謹天職，欲全其所以生者而後爲之，則是本心之外別有一念，計及此等利害重輕而後爲之也。誠使真能捨生取義，亦出于計較之私，而無懇實自盡之意矣。大率全所以生等説，自它人旁觀者言之，以爲我能如此則可，若挾是心以爲善，則已不妥帖。況自言之，豈不益可笑乎？《呂覽》所載直躬證父一事而載取名事，正類此耳。

　　放鄭聲，遠佞人。

　　非聖人必待戒乎此也，于此設戒，是乃聖人之道也。此是聖人立法垂世之言，似不必如此説。然禹以丹朱戒舜，舜以"予違汝弼"責其臣，便説聖人必戒乎此，亦何害乎？此蓋尊聖人之心太過，故凡百費力主張，不知氣象却似輕淺迫狹，無寬博渾厚意味也。

　　一言終身行之。

　　行恕則忠可得而存矣。此句未安，當云"誠能行恕，則忠固在其中矣"。

　　誰毁誰譽？

　　毁者指其過，譽者揚其美。此説未盡。愚謂：毁者，惡未至此而深詆之也；譽者，善未至此而驟稱之也。非但語其已然之善惡而已。誰毁誰譽，謂吾于人無毁譽之意也。聖人之心仁恕公平，實無毁譽，非但無其意而已。有所譽必有所試，因其有是實而稱之。此亦未盡。試猶驗也，聖人或時有所譽者，雖其人善未至此，然必嘗有以驗之，而知其將至是矣。蓋聖人善善之速，惡惡之緩，而于其速也，亦無所苟焉。又曰：可毁可譽在彼。又曰：不云有所毁，聖人樂與人爲善也，必有所試而後譽，則其于毁亦可知矣。若如此説，則是聖人固常有毁，但于此著其有譽而匿其有毁，以取忠厚之名也，而可乎？毁，破壞也，如器物之未敗而故破壞之，聖人豈有是乎？

　　禮樂征伐自天子出。

　　天子亦豈敢以爲己所可專，而加私意于其間哉？亦曰奉天理而已。意見"原壤夷俟"、"子張問行"章。

　　三愆。

　　言而當其可，非養之有素不能也。聖人此言只是戒人言語以時，不可妄發，未説到此地位也。言及之而不言，當言之理不發也。此語甚怪，蓋爲養之有素所牽而發耳。然若如此，則是自見不到，有隱于人矣。

　　生而知之。

　　其至雖一，而其氣象規模終有不同者。此一節當删去，于解經之意亦未有所關也。

子謂伯魚。

"爲"者，躬行其實也。按諸先生多如此説，意極親切，但尋文義恐不然耳。"爲"只是誦讀講貫，"墻面"只是無所見。《書》所謂"不學墻面"，亦未説到不躬行則行不得處也。

患得之。

所爲患得者，計利自便之心也。此句解得文義不分明，而語意亦不親切。

君子有惡。

"以子貢之有問"至"抑可知矣"。夫子之問，未見惡人之疑。子貢之對，亦未見檢身之意。

三仁。

皆稱爲仁，以其不失其性而已。此説"仁"字恐不親切。

荷篠。

植杖而芸，亦不迫矣。止子路宿，則其爲人蓋有餘裕。又曰行以避焉，隘可知也。此語自相矛盾。

不施其親。

引尹氏説。尹氏固佳，然不知"施"字作如何解？若如謝氏，雖亦引"無失其親"爲解，然卻訓"施"爲"施報"之"施"，則誤矣。此等處須説破，令明白也。陸德明《釋文》本作"弛"字，音詩紙反，是唐初本猶不作"施"字也。呂與叔亦讀爲"弛"，而不引《釋文》，未必其考于此，蓋偶合耳。今當從此音讀。

士見危致命。

楊氏曰云云。似不必如此分別。

君子學以致其道。

致者，極其致也。恐當云："致者，極其所至也。"自未合者言之，非用力以致之，則不能有諸躬。道固欲其有諸躬，然此經意但謂極其所至耳，不爲有諸躬者發也。若曰有諸躬，則當訓"致"爲"致師"之"致"，如蘇氏之説矣。然本文意不如此。

大德小德。

小德，節目也。此章説甚佳，但以《記》所謂"後其節目"者觀之，則此二字似甚當。

子夏之門人小子。

“君子之道孰爲當先而可傳”至“循其序而用力耳”。詳本文之意，正謂君子之道本末一致，豈有以爲先而傳之，豈有以爲後而倦教者？但學者地位高下不同，如草木之大小自有區別，故其爲教不得不殊耳。初無大小，雖分而生意皆足，本末雖殊而道無不存之意也，“焉可誣也”，蘇氏得之。“有始有卒”，尹氏得之。此章文義如此而已。但近年以來，爲諸先生發明本末一致之理，而不甚解其文義，固失其指歸。然考之程書，明道嘗言：“先傳後倦，君子教人有序，先傳以近者小者，而後教以遠者大者，非是先傳以近小，而後不教以遠大也。”此解最爲得之。然以其言緩而無奇，故讀者忽之而不深考耳。

孟莊子。

孟莊子所以不改，意其事雖未盡善，而亦不至于悖理害事之甚與？莊子乃獻子之子。獻子賢大夫，其臣必賢，其政必善。莊子之賢不及其父，而能守之終身不改，故夫子以爲難，蓋善之也。此臨川鄧丈元亞説，諸家所不及也。

仲尼焉學？

萬物盈于天地之間，莫非文、武之道，初無存亡增損。近年説者多用此意，初若新奇可喜，然既曰“萬物盈于天地之間”，則其爲道也，非文、武所能專矣。既曰“初無存亡增損”，則“未墜于地”之云，又無所當矣。且若如此，則天地之間可以目擊而心會，又何待于賢者識其大、不賢者識其小，一一學之，然後得耶？竊譯文意，所謂“文武之道”，但謂周家之制度典章爾。孔子之時猶有存者，故云“未墜也”。大抵近世學者喜聞佛老之言，常遷吾説以就之，故其弊至此。讀者平心退步，反復于句讀文義之間，則有以知其失矣。

生榮死哀。

生榮死哀，無不得其所者也。所解不明，似謂天下之人其生皆榮、其死皆哀，無不得其所者，不知是否？若如此説，則不然矣。子貢言夫子得邦家時其效如此，范氏所謂“生則天下歌誦，死則如喪考妣”者是也。

謹權量。

此亦帝王爲治之要。此篇多闕文，當各考其本文所出而解之。有不可通者，闕之可也。“謹權量”以下皆武王事，當自“周有大賚”以下至“公則悦”爲一章。蓋興滅國、繼絶世、舉逸民，當時皆有其事，而所重民食喪祭，即《武成》所謂“重民五教，惟食喪祭”者也。《晦庵文集》卷三一。

【案】張栻上書（某丐祠）云"向來下十章《癸巳解》，望便中疏其繆見示"，則知本書即與辨説者，約撰于淳熙四年（1177）冬。

張栻《答朱元晦》

某新歲來，即欲申前請，適以買馬事方興，不免少待。近已畢事，即日走价控陳，執事者漠然不以爲意。今力具劄子至上前，度可必得請，想當在後月末也。如或尚未得，隨即更請，以得爲期。非惟己分時義所當退閑，兼久處炎方，某頑軀雖幸差健，然恐氣血未免爲所蒸薄。兒子素來氣弱，哀苦之後遂得肺疾，尤非熱地所宜，殊爲之憂慮耳。遠方之人似頗相信，凡百易于號令，比初到甚省力。但朝廷既無相知者，脱有意外，深懼不相應，此尤宜速去耳。詹體仁愨實肯講學，不易得，但未免弱，蓋膽薄而少決。今日善類多有此病，在此每力扶之，終似覺難。以此思剛明之資誠不易得，相與任重行遠，要須得若人輩耳。來論□□之病，鄙意政謂然，亦屢告之，覺得似安于此，然力箴救之，不可已也。氣稟與家學之説誠然，不能矯正，只是剛明不足耳。□□□一種議論，後生輩淪入心府，已覺流弊，甚害觀□□意亦近之。渠一對之後，又復且隨衆而處，亦何能爲有無哉？此特爲尊兄言之可耳。近得劉子澄書云：□□正似范淳父避世金馬，此是何議論？金馬豈避世之地耶？范淳父當時同温公修書，事自不同，温公所稱，意自別耳。尊兄閑静中玩理甚精，每得來書，論學及政及評品人才，未嘗不犁然有當，而躍然有省，且慨然有嘆也。吾曹豈私于所好哉？自覺理有不可易者，要當相與貞固勉厲而已。數年來，尤思一會見講論，未知何日得遂耶？《中庸》、《大學》中三義，復辱詳示，今皆無疑，但截取程子之意，似不若只載云"程子曰'此一節子思喫緊爲人處，讀者其致思焉'"，則已是拈出此眼目，使人不敢容易看過矣。如《易傳》中多有如此等意思，誠解經之法也，如云感通之理，知道者默而觀之可也。更幸詳之。《學記》得兩石甚堅潤且厚，見磨治刻字，當檢點子細，日俟額字之來耳。所要碑刻文字，寄去數具別紙。

林擇之可念，當時似不必如此遠去耳。今亦分俸薄助之，附此便告，幸爲轉達。吳門踪迹亦見別紙。陳、鄭兩書已付吳德夫，但鄭君已赴銓矣。吳晦叔已葬，子殊幼弱耳。湘中士人有周奭者，舊嘗相從，近來此相訪，頗覺長進，似是後來可望者，蓋天資元來剛介，今却肯作工夫耳，以母老不得久留，今歸矣。有新貴州守陳唐弼過此，頗有志于事爲，于邊防、兵法、屯田等事皆曾講究，乃一有用之才。其父規，紹興間與劉信叔同守順昌者也，亦恐欲知。游誠之時得書否？心極不能忘之，然要須更加鋤治之功耳，亦幸時因書告語，此等資質宜有以成就之。石子重之對如何？後來有何學子及人才中有可見語者？因書却幸筆及。英州兩遣人看之，數日前得書，頗似悔前非，有欲閑中讀書之意，未知如何？又恐爲釋氏乘此時引將去也。義利交戰，卒爲利所奪；君子小人相好，卒爲小人所泪，蓋亦理勢之必然。此渠前日之爲，亦不勝其責也，然誠是終可憐耳。建康數通問否？近日意思作爲復如何？此僻遠，終是疏得音書，且都不知事耳。《南軒集》卷二三。

【案】本書云“吳晦叔已葬”，據朱熹《南岳處士吳君行狀》，吳晦叔葬于四年(1177)九月三日。《晦庵文集》卷九七。又書中言“某新歲來”，則當撰于淳熙五年春。

張栻《答朱元晦》

《語説》荐荷指諭，極爲開警。近又删改一過，續寫去求教。私心甚欲一相會，若得至長沙，當有可議耳。伯恭既已轉對，恐當爲去就計。近見臺臣論程學云云，如伯恭在彼，尤不應恝然也。石子重向來聞在三衢辭召命，甚善。今聞已到闕，未知所言何如耳。其它大抵非遠書可達也。學舍已成，方敢請諸邑有行義士人入其中爲表率。嶺外風俗尤弊，雖未易遽正，然不敢不開端示漸，如喪、祭、婚姻間亦頗有肯革者。理義存乎人心，但患啓迪薰陶之未至耳。《南軒集》卷二四。

【案】本書中所云“《語説》荐荷指諭”之“《語説》”，乃指上述朱熹《與張敬夫論癸巳論語説》。又據《宋史・孝宗本紀三》，淳熙五年(1178)"春正月辛丑，侍御史謝廓然乞戒有司，毋以程頤、王安石之説取士。從之"。本書又云"近見臺臣論程學"云云，正指此事，故推知其約撰于淳熙五年二月間。

朱熹《答張敬夫》

諸論一一具悉。比來同志雖不爲無人，然更事既多，殊覺此道之孤，無可告語，居常鬱鬱。但每奉教喻，輒爲心開目明耳。子澄所引馬、范出處，渠輩正坐立志不彊而聞見駁雜，胸中似此等草木太多，每得一事可借以自便，即遂據之以爲定論，所以緩急不得力耳。近來尤覺接引學者大是難事，蓋不博則孤陋而無徵，欲其博則又有此等駁雜之患。況其才質又有高下，皆非可以一格而例告之。自非在我者充足有餘而又深識幾會，亦何易當此責耶？

周君恨未之識，大率學者須更令廣讀經史，乃有可據之地。然又非先識得一個義理蹊徑，則亦不能讀，正惟此處爲難耳。

建康連得書，規模只如舊日。前日與之書，有兩語云："憂勞惻怛雖盡于鰥寡孤獨之情，而未有以爲本根長久之計；功勳名譽雖播于兒童走卒之口，而未有以喻乎賢士大夫之心。"此語頗似著題，未知渠以爲如何？然亦只説得到此，過此尤難言也。尋常戲謂佛氏有所謂大心衆生者，今世絶未之見。凡今之人營私自便，得少爲足，種種病痛，正坐心不大耳。

子重語前書已及之，所言雖未快，然比來衆人已皆出其下矣。交戰雜好之説，誠爲切至之論，吾輩所當朝夕自點檢也。誠之久不得書，如彼才質，誠欠追琢之功，恨相去遠，無所效力也。陳唐弨者，舊十餘年前聞其爲人，每恨未之識。此等人亦可惜沉埋遠郡，計其年當不下五六十矣。吳儆者，聞對語亦能不苟，不易不易。此等人材與溫良博雅之士，世間不患無之，所恨未見。前所謂大心衆生者，莫能揔其所長而用之耳。

寄示書籍石刻，感感。近作《濂溪書堂記》，曾見之否？謾內一本。發明天命之意，粗爲有功，但恨未及所謂“不謂命”者，闕却下一截意思耳。此亦是玩理不熟，故臨時收拾不上。如此非小病，可懼也。《學記》刻就，幸早寄及。只作兩石，不太大否？《近思》舉業三段及橫渠語一段并錄呈，幸付彼中舊官屬正之。或更得數字説破增添之意尤佳。蓋閩、浙本流行已廣，恐見者疑其不同，兼又可見長者留意此書之意，尤學者之幸也。《中庸章句》只如舊本，已如所戒矣。近更看得數處穩實，尤覺日前功夫未免好高之弊也。《通鑑綱目》近再修至漢、晉間，條例稍舉，今亦謾錄數項上呈。但近年衰悴目昏，燈下全看小字不得，甚欲及早修纂成書。而多事分奪，無力謄寫，未知何時可得脱稿求教耳。《晦庵文集》卷三二。

【案】本書中連言“子澄所引馬、范出處”、“周君恨未之識”、“建康連得書”、“子重語前書已及之”云云，乃承張栻上書（某新歲來）而答。故推知其撰于淳熙五年（1178）春夏間。所言“建康”，指時知建康府劉珙。

張栻《答朱元晦》

此間歸長沙，一水甚便，只數日陸行，到清湘登舟，春夏間不十日可泊城南書院堤下矣。學中見刻《易傳》，湖、廣間難得此本耳。《近思錄》中可惜不載得説舉業處，幸寫示，尚可添入。是兄一手所編書，此不欲自添也。舍弟數數拜書否？隱齋著語，願亟見之。《南軒集》卷二三。

【案】朱熹《右文殿修撰張公神道碑》云張栻淳熙“五年除秘閣修撰、荆湖北路轉運副使，改知江陵府，安撫本路”。《晦庵文集》卷八九。《宋史全文》卷二六下淳熙五年（1178）“五月甲午朔，詔知靜江府張栻除秘撰，令再任，以栻久任閫帥，績效有聞也”。其再任爲四年事，此云“五年”誤。書中有云“到清湘登舟，春夏間不十日可泊城南書院堤下矣”，當爲其知改任後所擬之歸程，故推知其約撰于淳熙五年五、六月間。

張栻《答朱元晦》

共父一病，遽至薨逝，聞問慟哭，傷痛奈何！積望至此，亦殊未易。時多艱虞，喪此柱石，深爲天下痛惜之。不但朋友相與之私情，想同此心也，奈何奈何！其家事今如何？嗣子頗能立否？凡事相悉倚賴，賢者當亦不惜力也。葬事在幾時？有定論否耶？某義當往哭，適此拘攣，今且專价去，俟到武昌，更再遣往。臨書涕零，不勝情也。《南軒集》卷二四。

【案】據朱熹《劉樞密墓記》，劉珙（字共父）卒于淳熙五年（1178）七月三日。《晦庵文集》卷九四。又據本書中"共父一病，遽至薨逝"，推知張栻本書約撰于是年七月間。

張栻《答朱元晦》

某受任上流，到郡恰一月，顧此地在今日至重，豈譾陋所能勝？然亦不敢妄自菲薄，黽勉激昂，期爲遠計。第承積弊之餘，綱紀委地，無一事不當整頓，今頗有條緒，邦人似相信愛。邊備深可寒心，軍政極壞。今軍事在都統，財賦屬總司，所謂帥臣者，其所當爲，要是以固結民心爲本，使斯民皆有尊君親上、報國疾讎之心，則以守固，以戰剋矣。此路民貧悴尤甚，它處田多未墾，茅葦彌望，坐失上策，于今幾年。義勇民兵實多強壯，但久不核其籍，且數年不教，其勢因循。見行整頓此事，在于人情亦似樂之，然其間曲折之宜，正須精密乃可。帥司兵但有神勁馬、步合千人，騎軍共父所制也。方一新隊伍，嚴紀律，明節制，兵雖不多，要是規摹不可不立。荆鄂大軍屯營在此者亦萬五千餘人，非復岳侯向日規摹。近日曾喚來射，亦全不成次第。兵將輩見帥司治軍，似頗有愧色。前此其軍擾郡中，百姓不可言，某務以信義開懷待之，而號令則不可少犯，頗肅然，無敢干者。襄陽去此平原四百餘里耳，然向來虜不曾出此者，以糧運費力之故。顧此亦何足恃，但此間乃吳、蜀腰領，自襄陽至此，要當以死守之。往年劉信叔號名將，張安國素豪俊，然爲帥時才聞邊上少警，便倉皇要爲移治江北之計，此乃大繆，不知縱虜使至此，更有甚世界！此皆不知義，亦不知勢也。某孤危之踪，獨荷主上照見，使爲此來，然實不敢自保其久于此，惟是深懼一日必葺之義，思效萬分。而獨力更無人相助，欲辟一二官屬，未知得與否耳。范伯逵夫田文字前日來時遍尋不見，輒更求一本，及兄有可損益于其間者，併願聞之，甚望。《南軒集》卷二四。

　　【案】據張栻《袁州學記》張栻于“淳熙五年秋八月某來宜春”，應州學教授李中等請，撰此《學記》，時在“是月庚戌”，《南軒集》卷九。即十九日。故知張栻約八、九月之際抵江陵府蒞職。本書云“某受任上流，到郡恰一月”，當撰于是年九、十月之際。

張栻《答朱元晦》

　　懇辭再四，不獲，就國爲宜。一境之民，得蒙被詩書之澤，何其幸哉！某居官如常，但比之靜江，應接頗多，殊覺少暇耳。所幸遠近頗寧肅，雨澤霑足，高下之田悉得就耕。京西界中有賊過北界，劫其縣，殺其令，歸途涉本路境，追捕得數輩，梟于境上。其中有虜中官員亡奴過來勾引京西賊劫本縣。天下之惡一也，亦縛送之。邊頭之人初頗不安，賴此安靜。但孤踪殊不敢自保，然苟尚留此，每事不敢不黽勉。義勇近來振激之，頗覺它時可用，爲之立節制總紀，使各受縣宰節度，寓以階級，向來科擾迎送役使之類並罷，專一令防盜，暇時習武。若今冬未以罪去，當更聚閱整齊之。本路副都統兵寨在此，而身留襄陽，比來此相見，其人乃郭杲，亦明快可與語，問某此間得無爲守備乎？緩急有堡寨否？某應以“此間出門即是平原，走襄陽僅六百里，所恃者襄、漢立得定折衝捍蔽耳，太尉當力任此事，要兵要糧，此當往助，若放賊入肝脾裏，人心瓦碎，何守備爲？向來劉信叔、張安國皆有緩急移保江北之論，乃大繆也，使賊到此地，何以爲國？守臣但當握節而死耳”。渠頗悚然。然某所恃者有此二萬來義勇，所當整頓，緩急有隱然之勢也。今專務固結其心，愛養其力，庶幾一旦可共生死，第一義也。到此半年，所見如此，謾恐欲知。劉寶學志銘，正月半間專遣价走送其家，至今無耗，殊不可曉。今録本去拜呈，恐未之見也。共父遂葬，聞之不覺泪落。渠此間置神勁馬軍及經理義勇兩事可書，但是時爲政，猶未及晚年在建康時耳。《南軒集》卷二四。

【案】據朱熹《劉樞密墓記》，劉珙于淳熙六年（1179）二月乙巳葬于甌寧縣。《晦庵文集》卷九四。本書又云“到此半年”，指張栻到江陵府任已半年，故推知其約撰于淳熙六年三月間。

張栻《答朱元晦》

伯恭近遣人送藥與之，未回。渠愛敝精神于閑文字中，徒自損，何益！如編《文海》，何補于治道？何補于後學？徒使精力困于翻閲，亦可憐耳。承當編此文字，亦非所以承君德。今病既退，當專意存養，此非特是養病之方也。《南軒集》卷二四。

【案】據《呂祖謙年譜》，呂祖謙于淳熙六年（1179）正月因得中風疾而請祠；二十四日進所編《文海》一百五十卷。四月初離京歸婺；是月，孝宗以《文海》“有益治道”，賜名《皇朝文鑑》，命翰林學士周必大撰序。由此推知，本書約撰于淳熙六年四月中。

朱熹《致張栻書》

濂溪先生嘗領是邦，祠像之立，視他州尤不可以緩，子盍爲我記其意？《南軒集》卷一○《南康軍新立濂溪祠記》。

【案】張栻《南康軍新立濂溪祠記》：“淳熙五年秋，詔新安朱侯熹起家爲南康守。越明年三月至官，慨然思所以仰稱明天子德意者，首以興教善俗爲務，力立濂溪周先生祠于學宮，以河南二程先生配，貽書其友人張某曰：‘濂溪先生嘗領是邦……’”，署時“淳熙六年六月戊子朔”。《南軒集》卷一○。知朱熹有書致張栻，則是書當在淳熙六年（1179）晚春、夏中。

張栻《答朱元晦》

仁風義氣，想已周浹四境，重稅厚供，想已考究，本末備見，求牧與芻，固當然也。某于此有所見，亦不敢以隱，但亦精審而後發耳。辰、沅等五郡刀弩手事，近歲爲誕謾觀望者所害。比列上爲久遠計，諸司皆恐未合，時論雖知其是，有不敢聯銜者，不免徑自以聞，便蒙開可，爲明主可爲忠言，士大夫往往負之耳。如茶引、會子、上供皆目前大利害，見考究以次陳也。惟是孤踪不敢自保，然一日必葺之義，不敢少墮耳。義勇事屢承問及。共父向來在此入奏，謂義勇武藝勝大軍，緩急可調發，某實未見其然。然其人多强壯，倉卒足爲荆渚之衛，以壯上流，平時可以捕察盜賊，此則然耳。共父御此輩未免姑息，如免役一事極害事，後來至縣道無人可差役，中下以下户反受深害，今亦修正其事。又縣道不能節度，豈有是理？亦明示節制，使知縣而不任，則去之可耳。比有總首徑申本司保明，差一部將，不經縣道，不免懲治，使知循序，此最要務也。然義勇尋常多有所患，若如率斂等事，一切禁止，所以恤之者固不可不盡，而于節制則不可不明耳。若今冬聚教，某未以罪去，當更一一整頓之。但患武將極難得，亦是近年以來進退在近習之門，所取皆誕謾之輩，壞得人才狼狽，極可慮耳。所諭傳聞之説，甚皇恐，不知何以得此？連日循省，緣初到時承縱盜之後，不免重賞，連獲江湖間積年殺人之賊，以正典刑。又有一賀之美者，乃一路囊橐渠魁，六七年來激茶客爲盜，誤官軍使敗，且假盜以報冤，用此致家貲累鉅萬。一路之人怨毒之深，畏之甚如虎狼，不免逮捕按誅，徙其妻子，盡没其貲，歸之有司而不有之，併按治憲司大吏向來受賂故縱者。今年茶客盡循約束，無一夫敢持兵行于途者，此一事之力爲多，恐或者便以爲嗜殺耳。近數月以來，既幸無新盜，而舊盜已多得，亦無所用刑矣。但昔人哀矜勿喜之意，每切味之，要須使此氣味無間斷耳。尚氣之言，亦每防有主張過當處，亦不敢不聞而警之也。近按一郡守，素來凶險，事極披猖，不得而已，異時恐亦不在祝大任之下。因思諸葛忠武李平、廖立之事固是公道,然亦由德盛感人之深,乃能致然,每使人愧昔賢耳。《南軒集》卷二四。

【案】本書中所云"仁風義氣,想已周浹四境",乃指朱熹淳熙六年(1179)三月蒞任南康軍知軍,首布榜牒,下教三條,以養民力、敦風俗、砥士風。《朱熹年譜長編》卷上。故推知本書約撰于朱熹初蒞職之夏間。

張栻《答朱元晦》

幸安職守,今年雨暘以時,可望一稔。盜賊頗戢,刑罰亦省,獨兵戈間弊病非一,掇其尤者列聞,它不遑卹也。兄近來爲況何如?教令既孚,當益無事,且須爲少留否?相從今後有何人?須得暇議論。某此間但有長沙梁仁伯秀才在此,資質亦頗淳篤。近有澧州教授傅夢泉來相見,乃是陸子靜上足。其人亦剛介有立,但所談學多類揚眉瞬目之機。子靜此病曾磨切之否?亦殊可懼。《南軒集》卷二四。

【案】本書中云"今年雨暘以時,可望一稔",又詢及朱熹"近來爲況何如?教令既孚,當益無事,且須爲少留否?"故推知其約撰于淳熙六年(1179)夏秋之際。

張栻《答朱元晦》

梁仁伯主簿偕來者,日夕得暇即講論,近頗長進,偶以其祖母病復歸,殊覺落莫。子澄有新功否?甚恨未識之。伯恭聞復喪偶,多難如此,可念可念。有澧州教授傅夢泉者,資稟剛介,亦殊有志,但久從陸子靜,守其師說甚力。此人若肯聽人平章,它日恐有可望也。《南軒集》卷二四。

【案】據呂祖謙《祔芮氏志》,呂妻芮氏卒于淳熙六年(1179)七月二十八日。《東萊集》卷一三。本書云"伯恭聞復喪偶",知其約撰于淳熙六年八月間。

張栻《答朱元晦》

《濂溪先生祠記》乃遂刻石，對之愧汗。臥龍想見勝概，欲賦一詩，續當寄上。近作每得之輒有開益。《別籍異財榜文》甚佳，此間却不至有如此太甚者。大抵近北州民間以易道説，非湖、嶺間比也。重九日出郊二十里間，遂登龍山，四顧雲水渺然，亦復壯觀。平原中獨有此山，亦不高，蜿蜒如龍蛇耳。堤岸係一方之命，尋常極草草，夏潦盛時，其不爲魚者，幸耳。近城一堤十數里，最所恃者，今爲之久遠之計，不敢草草也。《南軒集》卷二四。

【案】《濂溪先生祠記》，即張栻《道州重建濂溪周先生祠堂記》，有云："舂陵之學舊有先生祠，實紹興某年向侯子忞所建，至于今淳熙五年，趙侯汝誼以其地之狹也，下車之始，即議更度之……既成，使來謁記。"《南軒集》卷一〇。又本書中云及"重九日出郊二十里間，遂登龍山"，故推知本書約撰于淳熙六年(1179)九月間。

張栻《答朱元晦》

少懇。比對郡學開一城門，正直江湖。舊有門曰恩波，在近處，久塞，今移于此。緣舊學出門即墻面，今爲開闢，氣象甚佳。因爲樓于上，登覽遂爲一郡之冠，以曲江樓名之。蓋張曲江來爲長史時，有《登江陵郡城南樓詩》，故用以名，欲求尊兄爲記，幸不惜落筆，以爲此邦形勢之重。樓之下即是白水河，河之外即大湖瀲，瀲之外即荆江，如高沙湖之類皆在指顧，以至峽州諸山，亦隱隱見于雲水之外也。《南軒集》卷二四。

【案】本書有云"欲求尊兄爲記，幸不惜落筆"，後朱熹撰《江陵府曲江樓記》于"淳熙己亥十有一月己巳日南至"。《晦庵文集》卷七八。故推知本書約撰于淳熙六年(1179)秋、冬之際。

附：

張栻《同元晦擇之游岳道遇大雪馬上作》

驅車望衡岳，群山政參差。微風忽南來，雲幕爲四垂。炎官挾蓐收，從以萬玉妃。庭煥亦何有，尺璧仍珠璣。奇貨吾敢居，妙意良自知。林巒倏變化，轍迹平高低。喬松與修竹，錯立呈瑰姿。清新足遐寄，浩蕩多餘思。平生湘南道，未省有此奇。況復得佳友，晤言相追隨。茅簷舉杯酒，旅榻誦新詩。更約登絕頂，同觀霽色時。《南軒集》卷一。

張栻《詩送元晦尊兄》

君侯起南服，豪氣蓋九州。頃登文石陛，忠言動宸旒。坐令聲利場，縮頸仍包羞。却來臥衡門，無愧自日休。盡收湖海氣，仰希洙泗游。不遠關山阻，爲我再月留。遺經得紬繹，心事兩綢繆。超然會太極，眼底無全牛。惟茲斷金友，出處寧殊謀。南山對床語，匪爲林壑幽。白雲政在望，歸袂風颼飀。朝來出別語，已抱離索憂。妙質貴強矯，精微更窮搜。毫釐有弗察，體用豈周流。驅車萬里道，中途可停輈。勉哉共無斁，邈矣追前修。《南軒集》卷一。

張栻《次韵元晦擇之雪中見懷》

流水浩無息，游雲去不休。我思在何許，起步三徑幽。男子四方志，胡爲守一丘。盍簪未可期，此意空綢繆。平生子朱子，砥柱屹橫流。探古獨遐觀，萬象供雙眸。結友得林子，苦心事窮搜。看渠清介姿，便可披羊裘。昔者千里駕，共我風雪游。永言清絕景，秖以好語酬。居然隔年別，却喜翰墨留。詩來尚記憶，知子不我尤。講習今難忘，離索古所憂。但當勉耘耔，歲晚儻可收。《南軒集》卷二。

張栻《廬山有勝處曰臥龍南康朱使君始築茅繪諸葛武侯像于其中以書屬予賦詩寄題此篇》

廬山遷靈宅，佳處固非一。頗聞臥龍勝，幽深諒難匹。懸瀑瀉琮琤，石壁兩崒嵂。草木被光輝，波瀾動回没。今年朱使君，下馬恍若失。徘徊領妙趣，指點築茅室。爲愛臥龍名，英姿慨超軼。于焉儼繪事，長風起蕭瑟。仿佛梁父吟，尚想翁抱膝。慘澹風雲會，飄忽日月疾。獨存經世心，千載詎可泯。褰裳欲從之，雲濤渺寒日。《南軒集》卷三。

張栻《上封有懷元晦》

憶共朱夫子，登臨冰雪中。劇談無俗調，得句有新功。別去雁橫浦，重來月滿空。遙憐今夕意，清夢儻相同？《南軒集》卷四。

張栻《和元晦擇之有詩見懷》

作別又如許，何當置我旁。卷舒書在手，展轉月侵床。合志師千載，相思謾一方。臨風三嘆息，此意渺難量。《南軒集》卷五。

張栻《自烏石渡湘思去歲與朱元晦林擇之偕行講論之樂賦此》

朝來一舸渡湘水，山色橫秋真可憐。忽憶去年聯騎客，沙邊搔首意茫然。《南軒集》卷五。

張栻《城南雜咏二十首》

納湖

原原錫潭水，匯此南城陰。岸花有開落，水盈無淺深。

東渚

團團凌風桂，宛在水之東。月色穿林影，却下碧波中。

咏歸橋

四序有佳趣，今古蓋共茲。橋邊獨微吟，回首忘所之。

船齋

窗低蘆葦秋，便有江湖思。久已倦垂綸，游魚不須避。

麗澤

長哦伐木篇，佇立以望子。日暮飛鳥歸，門前長春水。

蘭澗

藝蘭北澗側，澗曲風紆餘。願言植根固，芬芳長慰予。

山齋

疊石小崢嶸，修篁高下生。地偏人迹罕，古井轆轤鳴。

書樓

高樓出林杪，中有千載書。昔人不可見，倚檻意何如。

蒙軒

開軒僅尋丈，水竹亦蕭疏。客來須起敬，題榜了翁書。

石瀨

流泉自清寫，觸石短長鳴。窮年竹根底，和我讀書聲。

卷雲亭

雲生山氣佳，雲卷山色静。隱几亦何心，此意相與永。

柳堤

前年種垂柳，已復如許長。長條莫攀折，留待映滄浪。

月榭

危闌明倒影，面面湧金波。何處無佳月，惟應此地多。

濯清亭

芙蓉豈不好，濯濯清漣漪。採之不盈把，怊悵暮忘飢。

西嶼

繫舟西岸邊，幅巾自來去。島嶼花木深，蟬鳴不知處。

琮琤谷

幽谷竹成陰，懸流着石清。不妨風月夕，來此聽琮琤。

梅堤

亭亭堤上梅，歷歷波間影。歲晚憶夫君，寂寞烟渚静。

聽雨舫

風吹渡頭雨，摵摵蓬上聲。欣然會心處，端復與誰評？

采菱舟

散策下亭阿，水清魚可數。却上采菱舟，乘風過南浦。

南阜

湘水接洞庭，秋山見遥碧。南阜時一登，搔首意無數。《南軒集》卷七。

張栻《游岳尋梅不獲和元晦韵》

眼看飛雪灑千林，更着寒溪水淺深。應有梅花連夜發，却煩詩句連夜寫愁襟。《南軒集》卷七。

張栻《用元晦定王臺韵》

珍重南山路，驅羸幾度來。未登喬岳頂，空説妙高臺。曉霧層層斂，奇峰面面開。山間元自樂，澤畔不須哀。《南軒集》卷七。

張栻《和朱元晦韵》

一見瓊山眼爲青，馬蹄不覺渡沙汀。如今誰是王摩詰？爲寫清新入畫屏。《南軒集》卷七。

張栻《和元晦馬迹橋》

便請行從馬迹橋，何須乘鶴篸叢霄。殷勤底事登臨去，不爲山僧苦見招。《南軒集》卷七。

張栻《和元晦後洞山口晚賦》

石裂長藤瘦，山圍野路深。寒溪千古思，喬木四時陰。更得尋幽侶，何妨擁鼻吟。笑看雲出岫，誰似此無心？《南軒集》卷七。

張栻《和元晦雪壓竹韵》

山行景物總清奇，知費山翁幾許詩。雪急風號聯騎日，月明霜净倚闌時。《南軒集》卷七。

張栻《和元晦懷定叟戲作》

路入青山小作程，每逢佳處憶吾人。山林朝市休關念，認取臨深履薄身。《南軒集》卷七。

張栻《和元晦咏畫壁》

松杉夾路自清陰，溪水有源誰復尋？忽見畫圖開四壁，悠然端亦慰予心。《南軒集》卷七。

張栻《和元晦方廣版屋》

葺蓋非陶埴，年深自碧差。如何亂心曲，不忍誦秦詩。《南軒集》卷七。

張栻《和元晦咏雪》

兀坐竹輿穿澗壑，仰看石徑接烟霞。是間故有春消息，散作千林瓊玉花。《南軒集》卷七。

張栻《和元晦林間殘雪之韵》

眼中光潔盡瓊瑶，未覺鬱藍宮殿遥。石壁長林冰箸落，鏘然玉佩響層霄。《南軒集》卷七。

張栻《和元晦晚霞》

早來雪意遮空碧，晚喜晴霞散綺紅。便可懸知明旦事，一輪明月快哉風。《南軒集》卷七。

張栻《和元晦贈上封長老》

上方元自好，一榻有餘清。秖趁晨鐘起，寧聞山鳥聲。高僧足幽事，野客富詩情。試問峰頭景，今朝作麼生？《南軒集》卷七。

張栻《和元晦醉下祝融》

雲氣飄飄禦晚風，笑談噓吸滿心胸。須臾斂盡還空碧，露出天邊無數峰。《南軒集》卷七。

張栻《和元晦十六日下山之韵》

歸袂隨雲起，籃輿趁雪明。山僧苦留客，世故却關情。小倚枯藤杖，聊聽絶澗聲。如何山下客，一笑已來迎。《南軒集》卷七。

朱熹《奉同張敬夫城南二十咏》

納湖

詩筒連畫卷，坐看復行吟。想像南湖水，秋來幾許深？

東渚

小山幽桂叢，歲暮靄佳色。花落洞庭波，秋風渺何極！

咏歸橋

緑漲平湖水，朱欄跨小橋。舞雩千載事，歷歷在今朝。

船齋

考槃雖在陸，滉漾水雲深。正爾滄洲趣，難忘魏闕心。

麗澤堂

堂後林陰密，堂前湖水深。感君懷我意，千里夢相尋。

蘭澗

光風浮碧澗，蘭杜日猗猗。竟歲無人採，含薰只自知。

書樓

君家一編書，不自圯上得。石室寄林端，時來玩幽賾。

山齋

藏書樓上頭，讀書樓下屋。懷哉千載心，俯仰數椽足。

蒙軒

先生湖海姿，蒙養今自閟。銘坐仰先賢，點畫存彖繫。

石瀨

疏此竹下渠，漱彼澗中石。暮館繞寒聲，秋空動澄碧。

卷雲亭

西山雲氣深，徙倚一舒歎。浩蕩忽褰開，爲君展遐眺。

柳堤

渚華初出水，堤樹亦成行。吟罷天津句，薰風拂面涼。

月榭

月色三秋白，湖光四面平。與君凌倒景，上下極空明。

濯清

涉江採芙蓉，十反心無斁。不遇無極翁，深衷竟誰識？

西嶼

朝吟東渚風，夕弄西嶼月。人境諒非遥，湖山自幽絕。

琼琤谷

湖光湛不流，嵌竇亦潛注。倚杖忽琼琤，竹深無覓處。

聽雨舫

綵舟停畫槳，容與得欹眠。夢破篷窗雨，寒聲動一川。

梅堤

仙人冰雪姿，貞秀絕倫擬。驛使詎知聞，尋香問烟水。

采菱舟

湖平秋水碧，桂棹木蘭舟。一曲菱歌晚，驚飛欲下鷗。

南阜

高丘復層觀，何日去登臨？一目長空盡，寒江列暮岑。《晦庵文集》卷三。

朱熹《登嶽麓赫曦堂聯句乾道丁亥冬九日》

泛舟長沙渚，振策湘山岑。晦翁。烟雲眇變化，宇宙窮高深。懷古壯士志，憂時君子心。敬夫。寄言塵中客，莽蒼誰能尋？晦翁。《晦庵文集》卷五。

朱熹《次敬夫登定王臺韵》

今朝風日好，抱病起登臺。山色愁無盡，江波去不回。客懷元老草，節物又疏梅。且莫催歸騎，憑欄更一杯。《晦庵文集》卷五。

朱熹《七日發嶽麓道中尋梅不獲至十日遇雪作此自此後係南岳唱酬》

三日山行風繞林，天寒歲暮客愁深。心期已誤梅花笑，急雪無端更滿襟。《晦庵文集》卷五。

朱熹《大雪馬上次敬夫韵》

仙人喬岳頂，散髮吹參差。喚我二三友，集此西南垂。列筵命洛公，侑坐迎江妃。導之千羽旄，投以萬璧璣。繽紛一何麗！晻靄難具知。衆真亦來翔，恍覺叢霄低。茫茫雲霧合，一一瓊瑤姿。回首謝世人，千載空相思。吾衰怯雄觀，未敢探此奇。短衣一匹馬，幸甚得所隨。天寒飲我酒，酒罷賡君詩。人生易南北，復此知何時？《晦庵文集》卷五。

朱熹《風雪未已決策登山用敬夫春風樓韵》

披風蘭臺宮，看雨百常觀。安知此山雲，對面隔霄漢。群陰匝寰區，密雪渺天畔。峨峨雪中山，心眼悽欲斷。吾人愛奇賞，遞發臨河嘆。我知沍寒極，見睍今當泮。不須疑吾言，第請視明旦。蠟屐得雁行，籃輿或魚貫。《晦庵文集》卷五。

朱熹《十三日晨起霜晴前言果驗再用敬夫定王臺韵賦詩》

北渚無新夢，南山有舊臺。端能成獨往，未肯遽空回。磴滑新經雪，林深不見梅。急須乘霽色，何必散銀杯！《晦庵文集》卷五。

朱熹《敬夫用熹定王臺韵賦詩因復次韵》

新詩通造化，催出火輪來。雲物低南極，江山接漢臺。心期千古迥，懷抱一生開。回首狂馳子，紛紛政可哀。《晦庵文集》卷五。

朱熹《馬上口占次敬夫韵》

幾日城中歌酒昏，今朝匹馬向烟村。迎人況有南山色，勝處何妨倒一尊！《晦庵文集》卷五。

朱熹《馬上舉韓退之話口占》

昨日風烟接混茫，今朝紫翠接青蒼。此心元自通天地，可笑靈宮枉炷香。《晦庵文集》卷五。

朱熹《雪消溪漲山色尤可喜口占》

頭上瓊岡出舊青，馬邊流水漲寒汀。若爲留得晶熒住？突兀長看素錦屏。《晦庵文集》卷五。

朱熹《馬迹橋》

下馬驅車過野橋，橋西一路上雲霄。我來自有平生志，不用移文遠見招。《晦庵文集》卷五。

朱熹《登山有作次敬夫韵》

晚峰雲散碧千尋，落日衝飈霜氣深。霽色登臨寒夜月，行藏只此驗天心。《晦庵文集》卷五。

朱熹《方廣道中半嶺小憩次敬夫韵》

不用洪崖遠拍肩，相將一笑俯寒烟。向來活計蓬蒿底，浪說江湖極目天。《晦庵文集》卷五。

朱熹《道中景物甚勝吟賞不暇敬夫有詩因次其韵》

穿林踏雪覓鐘聲，景物逢迎步步新。隨處留情隨處樂，未妨聊作苦吟人。《晦庵文集》卷五。

朱熹《崖邊積雪取食甚清次敬夫韵》

落葉疏林射日光，誰分殘雪許同嘗？平生願學程夫子，恍憶當年洗俗腸。《晦庵文集》卷五。

朱熹《方廣聖燈次敬夫韵》

神燈照夜惟說，皓月當空不用尋。個裏忘言真所得，便應從此正人心。《晦庵文集》卷五。

朱熹《羅漢果次敬夫韵》

目勞足倦登喬岳，吻燥腸枯到上方。從遣山僧煮羅漢，未妨分我一杯湯。《晦庵文集》卷五。

朱熹《蓮花峰次敬夫韵》

月曉風清墮白蓮，世間無物敢爭妍。如何今夜峰頭雪，撩得新詩續舊篇？《晦庵文集》卷五。

朱熹《奉題張敬夫春風樓乾道丁亥冬至》

隆堂謹前規，傑閣聳奇觀。憑欄俯江山，極目眇雲漢。主人沂上翁，顧肯吟澤畔。俯仰一喟然，沖融無間斷。我來抑何幸，屢此承晤嘆。平生滯吝胸，渙若層冰泮。繼今兩切切，保合勤旦旦。萬事儘紛綸，吾道一以貫。《晦庵文集》卷五。

朱熹《方廣睡覺次敬夫韵》

風簷雪屋澹無情，巧作寒窗静夜聲。倦枕覺來聽不斷，相看渾欲不勝清。《晦庵文集》卷五。

朱熹《自方廣過高臺次敬夫韵》

素雪留清壁，蒼霞對赤城。我來陰壑晚，人説夜燈明。貝葉無新得，蒲人有舊盟。咄哉寧負汝，安敢負吾生！《晦庵文集》卷五。

朱熹《石廩峰次敬夫韵》

七十二峰都插天，一峰石廩舊名傳。家家有廩高如許，大好人間快活年。《晦庵文集》卷五。

朱熹《行林間幾三十里寒甚道傍有殘火温酒舉白方覺有暖意次敬夫韵》

千林一路雪毬堆，吟斷飢腸第幾回？温酒正思敲石火，偶逢寒燼得傾杯。《晦庵文集》卷五。

朱熹《福嚴讀張湖南舊詩》

樓上低回摻別袖，山中磊落見英姿。白雲未屬分符客，已有經行到處詩。《晦庵文集》卷五。

朱熹《穹林閣讀張湖南七月十五夜詩咏嘆久之因次其韵》

南岳天下鎮，祝融最高峰。仰干幾千仞，俯入一萬重。開闢知何年？上有釋梵宮。白日照雪屋，清宵響霜鏞。極知瑰特觀，仙聖情所鍾。雲根有隱訣，讀罷凌長風。《晦庵文集》卷五。

朱熹《過高臺攜信老詩集夜讀上封方丈次敬夫韵》

十年聞説信無言，草草相逢又黯然。借得新詩連夜讀，要從苦淡識清妍。《晦庵文集》卷五。

朱熹《自上封登祝融峰絶頂次敬夫韵》

衡岳千仞起，祝融一峰高。群山畏突兀，奔走如曹逃。我來雪月中,歷覽快所遭。捫天滑青壁,俯壑崩銀濤。所恨無十犗,一掣了六鼇。遄歸青蓮宮,坐對白玉毫。重閣一徙倚,霜風利如刀。平生山水心,真作貨食饕。明朝更清澈,再往豈憚勞。中宵撫世故,劇如千蝟毛。嬉游亦何益,歲月今滔滔。起望東北雲,茫然首空搔。《晦庵文集》卷五。

朱熹《和敬夫韵》

蠟屐風烟隨處別,下山人事一番新。世間不但山中好,今日方知此意真。《晦庵文集》卷五。

朱熹《二詩奉酬敬夫贈言并以爲別》

我行二千里,訪子南山陰。不憂天風寒,況憚湘水深。辭家仲秋旦,稅駕九月初。問此爲何時?嚴冬歲云徂。勞君步玉趾,送我登南山。南山高不極,雪深路漫漫。泥行復幾程,今夕宿櫧洲。明當分背去,惆悵不得留。誦君贈我詩,三嘆增綢繆。厚意不敢忘,爲君商聲謳。

昔我抱冰炭,從君識乾坤。始知太極蘊,要眇難名論。謂有寧有迹,謂無復何存。惟應酬酢處,特達見本根。萬化自此流,千聖同兹源。曠然遠莫禦,惕若初不煩。云何學力微?未勝物欲昏。涓涓始欲達,已被黃流吞。豈知一寸膠,救此千丈渾!勉哉共無斁,此語期相敦。《晦庵文集》卷五。

朱熹《次韵擇之懷張敬夫》

往時聯騎向衡山,同賦新詩各據鞍。此夜相思一杯酒,回頭猶記雪漫漫。《晦庵文集》卷五。

朱熹《萬安遇長沙便欲附書不果》

長沙一別兩悠悠,夢想清湘帶橘洲。欲寄行人數行字,行人不作置書郵。《晦庵文集》卷五。

朱熹《有懷南軒老兄呈伯崇擇之二友二首》

憶昔秋風裏,尋盟湘水傍。勝游朝挽袂,妙語夜連床。別去多遺恨,歸來識大方。惟應微密處,猶欲細商量。

積雨芳菲暗，新晴始豁然。園林媚幽獨，窗戶愜清妍。晤語心何遠，<small>謂日與擇之講論。</small>書題意未宣。<small>謂數收伯崇近書。</small>懸知今夜月，同夢舞雩邊。<small>《晦庵文集》卷五。</small>

朱熹《雪中與林擇之祝弟登劉圃之宴坐岩有懷南岳舊游賦此呈擇之屬和併寄敬夫兄》

風雪集歲晏，掩關聊自休。今辰展遐眺，倚此寒岩幽。同雲暗空室，皓彩迷林丘。崩奔小澗歇，飛舞增綢繆。仰看鸞鶴翔，俯視江漢流。乾坤有奇變，潁洞驚兩眸。三酌不自温，倚杖空冥搜。悲歌動華薄，璀璨忽滿裘。向來一杯酒，浩蕩千里游。亦復有茲賞，微言寄清酬。解攜今幾許？光景逝不流。懷人眇山岳，省己紛愆尤。對此奇絶境，一懷生百憂。茫然發孤咏，遠思誰能收？<small>《晦庵文集》卷五。</small>

朱熹《奉同都運直閣張丈哭敬夫張兄張丈有詩敢次元韵悲悼之極情見乎詞伏幸采覽二首》

秀翁威略憺華戎，遺恨車書久未同。喜有象賢堪嗣事，故知鴻業自無窮。蕃宣合奏三年最，風采俄驚一旦空。根本平生有深計，遺書不但子囊忠。

不應世道即漂淪，何事今年失此人？禮樂端能懷益友，琴笙忍遽樂嘉賓？亦知游好曾通譜，却記登臨唤卜鄰。兩首悲詩數行泪，感傷那復鬬清新！<small>張丈垂顧，適聞訃音，爲罷郡宴。敬夫向嘗約熹徙居湖之上，蓋相語于裴公臺上云。《晦庵文集》卷七。</small>

竹通判

竹通判，名里未詳。嘗任州通判。

張栻《答竹通判啓》

義形辭色，識辨安危。惟險阻之備嘗，宜功名之立致。豈期歲月之久，尚爾淹遲；乃于州縣之間，更煩關決。頃自吴門之別，繼爲南楚之歸。痁痺雖勤，書辭莫及。知有斷金之義，偶同退鷁之飛。兹承專价之臨，首辱朋緘之問。辭旨敷暢，展讀再三。事理分明，惟知感嘆。駑驥伏櫪，無忘驤首之時；鵾鶚在天，更看沖霄之翼。《南軒集》卷八。

【案】本書撰時未詳。待考。由"頃自吴門之別"，知張栻嘗與竹通判相會于蘇州。

附　録

存疑

張栻《賀定帥寶文正啓》

伏以魯史書元，謹天地化生之始；羲文畫泰，貴聖賢道長之初。伏惟某官才茂天資，學探經奧。遇會光華之旦，徊翔侍從之班。兹暫委于兵藩，宜亟膺于召節。履是元正之吉，茂迎神貺之多。某阻奉慶觴，第深馳咏。《五百家播芳大全文粹》卷二六。

【案】定帥，當指定州帥臣或定州知州，然建炎時定州已在金人治下，張栻生于南宋初，當不會撰作本書致定州帥臣以賀"新正"。或"定"字有誤，抑或誤題撰者名。今作存疑條收入，待考。

徵引書目

史料

《艾軒集》,(宋) 林光朝,上海古籍出版社影印文淵閣《四庫全書》本。

《(弘治) 八閩通志》,(明) 陳道、黃仲昭纂修,齊魯書社 1996 年《四庫全書存目叢書》本。

《寶慶四明志》,(宋) 羅濬等,清咸豐四年刻《宋元四明六志》本。

《寶真齋法書贊》,(宋) 岳珂,上海古籍出版社影印文淵閣《四庫全書》本。

《北窗炙輠錄》,(宋) 施德操,上海古籍出版社影印文淵閣《四庫全書》本。

《驂鸞錄》,(宋) 范成大,中華書局 2002 年《范成大筆記六種》本。

《陳亮集》,(宋) 陳亮,中華書局 1974 年版。

《誠齋集》,(宋) 楊萬里,中華書局 2007 年《楊万里集箋校》本。

《池北偶談》,(清) 王士禎,中華書局 1982 年版。

《淳熙三山志》,(宋) 梁克家,中華書局《宋元方志叢刊》影印本。

《淳熙嚴州圖經》,(宋) 陳公亮等,中華書局《宋元方志叢刊》影印本。

《大清一統志》,(清) 乾隆中奉敕撰,上海古籍出版社影印文淵閣《四庫全書》本。

《澹軒集》,(宋) 李呂,上海古籍出版社影印文淵閣《四庫全書》本。

《道命錄》,(宋) 李心傳,齊魯書社 1996 年《四庫全書存目叢書》本。

《道園學古錄》,(元) 虞集,上海古籍出版社影印文淵閣《四庫全書》本。

《定齋集》,(宋) 蔡戡,上海古籍出版社影印文淵閣《四庫全書》本。

《東萊呂太史集》，（宋）呂祖謙，浙江古籍出版社 2008 年《呂祖謙全
　　集》本。

《東南紀聞》，（元）佚名，上海古籍出版社影印文淵閣《四庫全書》本。

《讀朱隨筆》，（清）陸隴其，上海古籍出版社影印文淵閣《四庫全書》本。

《二程文集》，（宋）程顥、程頤，中華書局 2002 年《二程集》本。

《方壺存稿》，（宋）汪莘，上海古籍出版社影印文淵閣《四庫全書》本。

《方輿勝覽》，（宋）祝穆，中華書局 2003 年版。

《鳳墅帖》，（宋）曾宏父，湖北美術出版社 2002 年《中國法帖全集》本。

《浮溪集》，（宋）汪藻，上海古籍出版社影印文淵閣《四庫全書》本。

《（雍正）福建通志》，（清）郝玉麟等，上海古籍出版社影印文淵閣《四
　　庫全書》本。

《（乾隆）福寧府志》，（清）朱珪、李拔，上海書店出版社 2012 年版。

《復齋先生龍圖陳公文集》，（宋）陳宓，綫裝書局 2004 年《宋集珍本叢
　　刊》本。

《攻媿集》，（宋）樓鑰，上海商務印書館《四部叢刊初編》本。

《（正德）姑蘇志》，（明）王鏊，上海書店出版社《天一閣藏明代方志選
　　刊續編》本。

《古今合璧事類備要》，（宋）謝維新，上海古籍出版社 1992 年影印本。

《（雍正）廣東通志》，（清）郝玉麟等，上海古籍出版社影印文淵閣《四
　　庫全書》本。

《（雍正）廣西通志》，（清）金鉷等，上海古籍出版社影印文淵閣《四庫
　　全書》本。

《癸巳孟子説》，（宋）張栻，中華書局 2015 年《張栻集》本。

《癸辛雜識》，（宋）周密，中華書局 1988 年版。

《龜山先生文靖楊公年譜》，（宋）黃去疾，四川大學出版社 2003 年《宋
　　人年譜叢刊》本。

《翰苑群書》，（宋）洪遵，上海古籍出版社影印文淵閣《四庫全書》本。

《（萬曆）合州志》，（明）劉芳聲、田九垓，北京圖書館《日本藏中國罕見地方志叢刊》本。

《鶴林玉露》，（宋）羅大經，中華書局 1983 年版。

《鶴山先生大全文集》，（宋）魏了翁，上海商務印書館《四部叢刊初編》本。

《（同治）衡陽縣志》，（清）彭玉麟、殷家俊，江蘇古籍出版社 2002 年《中國地方志集成》本。

《後村集》，（宋）劉克莊，上海古籍出版社影印文淵閣《四庫全書》本。

《後村先生大全集》，（宋）劉克莊，上海商務印書館《四部叢刊初編》本。

《胡宏集》，（宋）胡宏，中華書局 1987 年版。

《胡澹庵先生文集》，（宋）胡銓，綫裝書局 2004 年《宋集珍本叢刊》本。

《（雍正）湖廣通志》，（清）邁柱等，上海古籍出版社影印文淵閣《四庫全書》本。

《皇宋中興兩朝聖政》，（宋）佚名，北京圖書館出版社 2007 年版。

《黃氏日抄》，（宋）黃震，上海古籍出版社影印文淵閣《四庫全書》本。

《篁墩文集》，（明）程敏政，上海古籍出版社影印文淵閣《四庫全書》本。

《晦庵先生語錄大綱領》，（宋）佚名，北京圖書館出版社 2003 年《中華再造善本叢書》本。

《晦庵先生朱文公文集》，（宋）朱熹，上海古籍出版社、安徽教育出版社《朱子全書》本。

《嘉泰吳興志》，（宋）談鑰，中華書局《宋元方志叢刊》影印本。

《澗泉日記》，（宋）韓淲，商務印書館《叢書集成初編》本。

《建炎以來朝野雜記》，（宋）李心傳，中華書局 2000 年版。

《建炎以來繫年要錄》，（宋）李心傳，上海古籍出版社 1992 年版。

《（嘉靖）建陽縣志》，（明）馮繼科等，上海古籍書店《天一閣藏明代方志選刊》本。

《劍南詩稿》，（宋）陸游，中華書局 1976 年《陸游集》本。

《江城名迹》，（清）陳弘緒，上海古籍出版社影印文淵閣《四庫全書》本。

《（乾隆）江南通志》，（清）趙宏恩等，上海古籍出版社影印文淵閣《四庫全書》本。

《江西詩徵》，（清）曾燠輯，上海古籍出版社《續修四庫全書》本。

《江西通志》，（清）謝旻等，上海古籍出版社影印文淵閣《四庫全書》本。

《脚氣集》，（宋）車若水，上海古籍出版社影印文淵閣《四庫全書》本。

《縉雲先生文集》，（宋）馮時行，綫裝書局 2004 年《宋集珍本叢刊》本。

《金華黃先生文集》，（元）黃溍，上海古籍出版社《續修四庫全書》本。

《經濟文衡》，（宋）滕珙，上海古籍出版社影印文淵閣《四庫全書》本。

《經義考》，（清）朱彝尊，中華書局 1998 年版。

《京口耆舊傳》，（宋）佚名，上海商務印書館《叢書集成初編》本。

《景定建康志》，（宋）周應合，中華書局《宋元方志叢刊》本。

《景定嚴州續志》，（宋）鄭瑤等，上海商務印書館《叢書集成初編》本。

《敬鄉錄》，（元）吳師道，上海商務印書館《叢書集成初編》本。

《九華集》，（宋）員興宗，上海古籍出版社影印文淵閣《四庫全書》本。

《克齋集》，（宋）陳文蔚，上海古籍出版社影印文淵閣《四庫全書》本。

《（寶慶）會稽續志》，（宋）張淏，中華書局《宋元方志叢刊》影印本。

《困學紀聞》，（宋）王應麟，上海商務印書館《四部叢刊初編》本。

《攬轡錄》，（宋）范成大，中華書局 2002 年《范成大筆記六種》本。

《浪語集》，（宋）薛季宣，上海古籍出版社影印文淵閣《四庫全書》本。

《（萬曆）雷州府志》，（明）歐陽保篆，中國社會科學出版社 2014 年版。

《離騷草木疏》，（宋）吳仁傑，上海古籍出版社影印文淵閣《四庫全書》本。

《禮部集》，（元）吳師道，上海古籍出版社影印文淵閣《四庫全書》本。

《蓮峰集》，（宋）史堯弼，上海古籍出版社影印文淵閣《四庫全書》本。

《兩朝綱目備要》，（宋）佚名，上海古籍出版社影印文淵閣《四庫全書》本。

《兩漢刊誤補遺》，（宋）吳仁傑，上海古籍出版社影印文淵閣《四庫全書》本。

《兩宋名賢小集》，（宋）陳思編、（元）陳世隆補，上海古籍出版社影印文淵閣《四庫全書》本。

《（隆慶）臨江府志》，（明）管大勳、劉松，上海古籍書店《天一閣藏明代方志選刊》本。

《六研齋三筆》，（明）李日華，上海古籍出版社影印文淵閣《四庫全書》本。

《六藝之一録》，（清）倪濤，上海古籍出版社影印文淵閣《四庫全書》本。

《陸九淵集》，（宋）陸九淵，中華書局1980年版。

《蘆浦筆記》，（宋）劉昌詩，中華書局1986年版。

《蘆溪文集》，（宋）王庭珪，上海古籍出版社影印文淵閣《四庫全書》本。

《漫塘集》，（宋）劉宰，上海古籍出版社影印文淵閣《四庫全書》本。

《梅屋集》，（宋）許棐，上海古籍出版社影印文淵閣《四庫全書》本。

《勉齋集》，（宋）黃榦，上海古籍出版社影印文淵閣《四庫全書》本。

《勉齋先生黃文肅公年譜》，（宋）鄭元肅、陳義和，巴蜀書社1995年《宋編宋人年譜選刊》本。

《閩中理學淵源考》，（清）李清馥，上海古籍出版社影印文淵閣《四庫全書》本。

《洺水集》，（宋）程珌，上海古籍出版社影印文淵閣《四庫全書》本。

《南澗甲乙稿》，（宋）韓元吉，上海古籍出版社影印文淵閣《四庫全書》本。

《南宋館閣録》，（宋）陳騤，中華書局1998年版。

《南宋館閣續録》，（宋）佚名，中華書局1998年版。

《南岳倡酬集》，（宋）朱熹、張栻、林用中，上海古籍出版社影印文淵閣《四庫全書》本。

《盤洲文集》，（宋）洪适，上海古籍出版社影印文淵閣《四庫全書》本。

《佩文齋書畫譜》，（清）孫岳頒等輯，浙江人民美術出版社 2014 年版。

《齊東野語》，（宋）周密，中華書局 1983 年版。

《清獻集》，（宋）杜範，上海古籍出版社影印文淵閣《四庫全書》本。

《慶元黨禁》，（宋）樵川樵叟，上海商務印書館《叢書集成初編》本。

《全宋文》，曾棗莊、劉琳主編，上海辭書出版社、安徽教育出版社 2006 年版。

《儒林宗派》，（清）萬斯同，上海古籍出版社影印文淵閣《四庫全書》本。

《（嘉靖）瑞安縣志》，（明）劉畿、朱綽，揚州古籍書店 1982 年版。

《（正德）瑞州府志》，鄺璠、熊相，上海書店出版社《天一閣藏明代方志選刊續編》本。

《山堂肆考》，（明）彭大翼，上海古籍出版社 1992 年影印本。

《珊瑚木難》，（明）朱存理，浙江人民美術出版社 2012 年版。

《雙溪類稿》，（宋）王炎，上海古籍出版社影印文淵閣《四庫全書》本。

《紹興十八年同年小錄》，（宋）佚名，上海古籍出版社影印文淵閣《四庫全書》本。

《式古堂書畫彙考》，（清）卞永譽，上海古籍出版社影印文淵閣《四庫全書》本。

《書集傳》，（宋）蔡沈，上海古籍出版社影印文淵閣《四庫全書》本。

《水心文集》，（宋）葉適，中華書局 1961 年《葉適集》本。

《說郛》，（元）陶宗儀，上海古籍出版社影印文淵閣《四庫全書》本。

《四朝聞見錄》，（宋）葉紹翁，中華書局 1989 年版。

《（雍正）四川通志》，（清）黃廷桂等，上海古籍出版社影印文淵閣《四庫全書》本。

《四庫全書總目》，（清）永瑢等，中華書局 1981 年版。

《四六標準》，（宋）李劉，上海古籍出版社影印文淵閣《四庫全書》本。

《四書蒙引》，（明）蔡清，上海古籍出版社影印文淵閣《四庫全書》本。

《嵩山文集》，（宋）晁說之，上海商務印書館《四部叢刊續編》本。

《宋會要輯稿》，(清) 徐松等輯，上海古籍出版社 2014 年版。

《宋名臣言行錄外集》，(宋) 李幼武，上海古籍出版社影印文淵閣《四庫全書》本。

《宋詩紀事》，(清) 厲鶚，上海古籍出版社 1983 年版。

《宋詩紀事補遺》，(清) 陸心源，山西古籍出版社 1997 年版。

《宋史》，(元) 脫脫等，中華書局 1985 年版。

《宋史全文》，(元) 佚名，上海古籍出版社影印文淵閣《四庫全書》本。

《宋史翼》，(清) 陸心源，浙江古籍出版社 2016 年版。

《宋元學案》，(清) 黃宗羲原著，(清) 全望道等補修，中華書局 1986 年版。

《宋宰輔編年錄校補》，(宋) 徐自明撰，王瑞來校補，中華書局 1986 年版。

《遂初堂書目》，(宋) 尤袤，中華書局 2006 年《宋元明清書目題跋叢刊》本。

《鐵琴銅劍樓藏書目錄》，(清) 瞿鏞，上海古籍出版社 2000 年版。

《鐵網珊瑚》，(明) 趙琦美，上海古籍出版社影印文淵閣《四庫全書》本。

《萬姓統譜》，(明) 凌迪知，上海古籍出版社影印文淵閣《四庫全書》本。

《王十朋全集》，(宋) 王十朋，上海古籍出版社 1998 年版。

《渭南文集》，(宋) 陸游，中華書局 1976 年《陸游集》本。

《文定集》，(宋) 汪應辰，上海古籍出版社影印文淵閣《四庫全書》本。

《文獻集》，(元) 黃溍，上海古籍出版社影印文淵閣《四庫全書》本。

《文獻通考》，(元) 馬端臨，中華書局影印本。

《文忠集》，(宋) 周必大，上海古籍出版社影印文淵閣《四庫全書》本。

《吳郡志》，(宋) 范成大等，江蘇古籍出版社 1999 年版。

《吳文正集》，(元) 吳澄，上海古籍出版社影印文淵閣《四庫全書》本。

《吳興備志》，(明) 董斯張，上海古籍出版社影印文淵閣《四庫全書》本。

《五百家播芳大全文粹》，(宋) 魏齊賢、葉棻，上海古籍出版社影印文淵閣《四庫全書》本。

《西山讀書記》,(宋)真德秀,上海古籍出版社影印文淵閣《四庫全書》本。

《西山公集》,(宋)蔡元定,(明)蔡有鯤輯,齊魯書社1997年《四庫全書存目叢書》之《蔡氏九儒書》本。

《西山先生真文忠公文集》,(宋)真德秀,上海商務印書館《四部叢刊初編》本。

《西岩集》,(元)張之翰,上海古籍出版社影印文淵閣《四庫全書》本。

《習學記言序目》,(宋)葉適,中華書局1977年版。

《咸淳毗陵志》,(宋)史能之,中華書局《宋元方志叢刊》影印本。

《咸淳臨安志》,(宋)潛說友,中華書局《宋元方志叢刊》影印本。

《(光緒)湘潭縣志》,(清)陳嘉榆、王闓運,台北成文出版社1970年《中國方志叢書》影印本。

《新安文獻志》,(明)程敏政,黃山書社2004年版。

《新安志》,(宋)羅願,中華書局《宋元方志叢刊》影印本。

《新刊南軒先生文集》,(宋)張栻,中華書局2015年《張栻集》本。

《續編兩朝綱目備要》,(宋)佚名,中華書局1995年版。

《續宋編年資治通鑑》,(宋)劉時舉,上海古籍出版社影印文淵閣《四庫全書》本。

《延平答問》,(宋)朱熹,上海古籍出版社、安徽教育出版社《朱子全書》本。

《夷堅志》,(宋)洪邁,中華書局1981年版。

《隱居通議》,(元)劉壎,上海商務印書館《叢書集成初編》本。

《瀛奎律髓》,(元)方回,上海古籍出版社1993年版。

《永樂大典》,(明)解縉等,中華書局1986年版。

《游宦紀聞》,(宋)張世南,中華書局1981年版。

《于湖居士文集》,(宋)張孝祥,上海古籍出版社2009年版。

《（同治）餘干縣志》，（清）陳志培、王廷鑑，江蘇古籍出版社 1996 年《中國地方志集成》本。

《豫章文集》，（宋）羅從彥，上海古籍出版社影印文淵閣《四庫全書》本。

《玉海》，（宋）王應麟，江蘇古籍出版社、上海書店出版社 1988 年版。

《（同治）玉山縣志》，（清）黃壽祺、吳華辰等，台北成文出版社《中國方志叢書》本。

《（康熙）袁州府志》，（清）施閏章、袁繼梓，北京圖書館出版社 1996 年《北京圖書館古籍珍本叢刊》本。

《雲莊劉文簡公年譜》，（宋）沈僩，四川大學出版社 2003 年《宋人年譜叢刊》本。

《雜學辨》，（宋）朱熹，上海古籍出版社影印文淵閣《四庫全書》本。

《張宣公年譜》，（民國）胡宗楙，北京圖書館出版社 1999 年影印版。

《（雍正）浙江通志》，（清）嵇曾筠等，上海古籍出版社影印文淵閣《四庫全書》本。

《（嘉定）鎮江志》，（宋）盧憲，清嘉慶間《宛委別藏》本。

《直齋書録解題》，（宋）陳振孫，上海古籍出版社 1987 年版。

《止齋先生文集》，（宋）陳傅良，上海商務印書館《四部叢刊初編》本。

《至元嘉禾志》，（元）徐碩，中華書局《宋元方志叢刊》影印本。

《朱子年譜》，（清）王懋竑，中華書局 1998 年版。

《朱子實紀》，（明）戴銑輯，上海古籍出版社《續修四庫全書》本。

《朱子遺集》，束景南輯，上海古籍出版社、安徽教育出版社《朱子全書》本。

《朱子語類》，（宋）黎靖德，中華書局 1986 年版。

《竹洲集》，（宋）吳儆，上海古籍出版社影印文淵閣《四庫全書》本。

《竹洲集》，（宋）吳儆，商務印書館 2005 年影印文津閣《四庫全書》本。

《拙齋文集》，（宋）林之奇，上海古籍出版社影印文淵閣《四庫全書》本。

今人論著

《讀〈南軒集〉小札》，楊世文，《宋代文化研究》（第 22 輯），四川大學出版
　　社，2016 年 7 月。

《讀〈南軒集〉劄記》，楊世文，《蜀學》（第 8 輯），巴蜀書社，2014 年 4 月。

《古書畫過眼要錄》，徐邦達，湖北美術出版社 1987 年版。

《桂林石刻總集輯校》，杜海軍，中華書局 2013 年版。

《吕祖謙年譜》，杜海軍，中華書局 2007 年版。

《陸游年譜》，于北山，上海古籍出版社 1985 年版。

《二十史朔閏表》，陳垣，古籍出版社 1956 年版。

《宋代蜀學研究》，胡昭曦，巴蜀書社 1997 年版。

《宋代札子及其形制考叙》，吕書慶，《中國書法》2006 年 12 月。

《宋登科記考》，龔延明、祖慧，江蘇教育出版社 2005 年版。

《宋人生卒行年考》，李裕民，中華書局 2010 年版。

《宋人軼事彙編》，周勳初，上海古籍出版社 2014 年版。

《宋人傳記資料索引》，昌彼得等，中華書局 1988 年版。

《汪藻〈浮溪集〉誤收詩文考》，戎默，《中國典籍與文化》2016 年 1 月。

《楊萬里年譜》，蕭東海，上海三聯書店 2007 年版。

《楊萬里年譜》，于北山，上海古籍出版社 2006 年版。

《葉適年譜》，周夢江，浙江古籍出版社 2006 年版。

《張栻與吕祖謙往來書信編年考證》，任仁仁，《歷史文獻研究》（第 35
　　輯），華東師範大學出版社，2015 年第 2 期。

《周必大年譜長編》，王聰聰，華東師範大學 2014 年博士學位論文。

《朱熹年譜長編》，束景南，華東師範大學出版社 2001 年版。

《朱熹佚文輯考》，束景南，江蘇古籍出版社 1991 年版。

《朱熹與陳亮往來書信編年考證》，顧宏義，《文史》，中華書局 2017 年第
　　2 輯。

《朱熹與陸九淵兄弟往來書信編年考證》，顧宏義，《蘭州學刊》2016 年

第 7 期。

《朱學論集》，陳榮捷，華東師範大學出版社 2007 年版。

《朱子門人》，陳榮捷，華東師範大學出版社 2007 年版。

《朱子書信編年考證》，陳來，上海人民出版社 1989 年版。